U0640706

地方物流与供应链系列报告

广东省物流业发展报告

GUANGDONG LOGISTICS DEVELOPMENT REPORT

（2022—2023）

主编　广东省现代物流研究院

GUANGDONG PROVINCIAL INSTITUTE OF MODERN LOGISTICS

中国财富出版社有限公司

图书在版编目（CIP）数据

广东省物流业发展报告．2022—2023／广东省现代物流研究院主编．—北京：中国财富出版社有限公司，2023.12

（地方物流与供应链系列报告）

ISBN 978－7－5047－8026－3

Ⅰ．①广…　Ⅱ．①广…　Ⅲ．①物流—经济发展—研究报告—广东—2022—2023　Ⅳ．①F259.276.5

中国国家版本馆 CIP 数据核字（2023）第 222644 号

策划编辑	王　靖	**责任编辑**	庞冰心	**版权编辑**	李　洋
责任印制	尚立业	**责任校对**	杨小静	**责任发行**	敬　东

出版发行	中国财富出版社有限公司		
社　　址	北京市丰台区南四环西路 188 号 5 区 20 楼	**邮政编码**	100070
电　　话	010－52227588 转 2098（发行部）		010－52227588 转 321（总编室）
	010－52227566（24 小时读者服务）		010－52227588 转 305（质检部）
网　　址	http：//www.cfpress.com.cn	**排　　版**	宝蕾元
经　　销	新华书店	**印　　刷**	宝蕾元仁浩（天津）印刷有限公司
书　　号	ISBN 978－7－5047－8026－3/F·3606		
开　　本	787mm×1092mm　1/16	**版　　次**	2023 年 12 月第 1 版
印　　张	23　　**彩　页**　0.5	**印　　次**	2023 年 12 月第 1 次印刷
字　　数	515 千字	**定　　价**	180.00 元

广东省物流业发展报告（2022—2023）

编　委　会

广东省物流业发展报告（2022—2023）

编写人员及支持单位

主　　编： 陈海权　曾亮兵

副 主 编： 吴乐燕　王俊柳

编辑部主任： 陈梓博

主要成员： 张艳平　朱佳蕾　张嘉桀　李　佳　樊鸿钰

王　锋　罗湖桥　梁婉婷　何泳怡　杜尚霖

吴诗一　古　洋　何碧莹　叶　莲　葛冰艳

曾　欢

支持单位： 广东省发展和改革委员会

广东省商务厅

广东省交通运输厅

广东省各地级以上市商务主管部门

前　言

2022 年，面对延宕反复的疫情形势和复杂严峻的国际国内环境，广东坚持稳中求进工作总基调，高效统筹疫情防控和经济社会发展，有力有效应对超预期因素冲击，持续推进稳经济一揽子政策和接续措施迅速落地见效，全年经济在波动中有所恢复。根据《2022 年广东省国民经济和社会发展统计公报》数据，2022 年，广东实现地区生产总值 129118.58 亿元，比上年增长 1.9%。其中，第一产业增加值增长 5.2%，第二产业增加值增长 2.5%，第三产业增加值增长 1.2%。三次产业结构比重为 4.1∶40.9∶55.0；全年完成货运量 36.42 亿吨，同比下降 8.6%；完成货物周转量 28438.54 亿吨公里，增长 0.1%。随着运输保通保畅工作持续发力，物流货运降幅逐步收窄运行企稳，全年货运量、货物周转量降幅分别比上半年收窄 0.6 个、1.4 个百分点。2022 年 10 月，货物周转量由前三季度下降 0.1% 转为增长 0.6%，货运市场抵住压力，持续缓慢恢复。港口生产持续回升，全年港口货物吞吐量完成 204802 万吨，下降 2.3%，降幅较第三季度收窄 2 个百分点。

广东省物流业内驱动力增强，向质量求发展，向服务要效益，供应链一体化服务能力进一步优化，促进了物流市场规模稳定增长，物流服务供给的质量稳步提升。虽然疫情的反复扰动影响广东消费市场，全年增速呈现前高后低波动起伏现象，但总体保持恢复增长态势，表现出了强大的市场韧性、市场活力，为快递物流、冷链物流、医药物流、农村物流等商贸物流业态的发展奠定了坚实基础。根据广东省物流行业协会数据，2022 年，全省社会物流总额达到 345667 亿元，占全国的 9.94%，社会物流总额继续增长；全省社会物流总费用为 18113 亿元，物流总费用与 GDP 的比率为 14.03%，物流费用规模增速减缓，提质增效成果有所显现；全省物流业增加值为 11170 亿元，物流业增加值占 GDP 的 8.65%，物流业增加值占第三产业增加值的 15.74%。2022 年，广东是全国快递业务量唯一突破 300 亿件大关的省份。开行中欧、中亚、东南亚等方向国际货运班列数量同比增加 123.9%，跨境电商进出口规模达到 6454 亿元，规模占全国总量的 31%。

广东省相关政府部门积极贯彻国家发展现代物流业指示精神，多举措优化物流业政策环境。广东省人民政府办公厅印发《广东省推进多式联运发展优化调整运输结构实施方案》，助力加快构建安全、便捷、高效、绿色、经济的现代化综合交通运输体系。广东省人民政府办公厅印发《广东省推进冷链物流高质量发展“十四五”实施方案》，明确了全省“十四五”时期推进冷链物流高质量发展的主要目标和重点任务。广东省发展和改革委员会印发《广东省“十四五”现代流通体系建设实施方案》，提出要构建“通道＋枢纽＋网络”的现代物流运行体系，现代流通体系建设为全省做实做强新发展格局战略支点提供有力支撑。

本书自2010年公开出版第一辑以来，一直致力于为读者总结和反映广东省物流业发展实际情况、广东省物流业发展最新动态、广东省物流业发展最新模式、广东省物流业发展先进理念和做法等信息，积极顺应新的发展形势和热点，使报告题材和内容更加丰富、新颖，更符合广大读者的需求，是读者全面、深入了解广东省物流业发展的重要读物。

本书的编写得到了广东省发展和改革委员会、广东省商务厅、广东省交通运输厅、各地级以上市商务主管部门等的大力支持，在此致以衷心的感谢！

由于时间和精力有限，书中难免存在错漏，恳请各位读者批评指正，也欢迎各位读者提出宝贵意见和建议。

编　者

2023年9月

目　录

第一部分　综合与专题

第二部分　区域发展

附 录

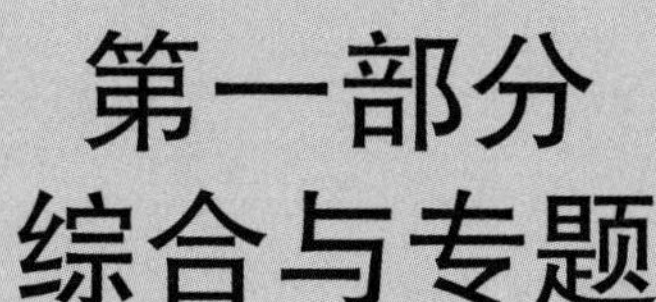

第一部分 综合与专题

我国物流业发展 2022 年回顾与 2023 年展望*

一、2022 年我国物流业发展回顾

2022 年，中共二十大确定了全面建成社会主义现代化强国、实现第二个百年奋斗目标、以中国式现代化全面推进中华民族伟大复兴的中心任务。国务院办公厅印发的《“十四五”现代物流发展规划》提出了到 2025 年基本建成供需适配、内外联通、安全高效、智慧绿色的现代物流体系的主要目标，描绘出中国式现代物流体系建设的宏伟蓝图。我国物流业立足新发展阶段，贯彻新发展理念，构建新发展格局，全力推进高质量发展，保持平稳复苏势头，为统筹新冠肺炎疫情防控和经济社会发展作出了重要贡献。

（一）2022 年我国物流业发展取得的新进展

2022 年，我国物流业在新冠肺炎疫情影响、需求不足、成本上升等多重压力下，总体实现平稳运行，取得了一系列新进展。这主要表现在八个方面。

一是主要经济指标平稳增长。2022 年，在总体需求不振的情况下，全年社会物流总额 347.6 万亿元，同比增长 3.4% 左右，增速略高于 2020 年同期水平；物流业总收入 12.7 万亿元，同比增长 5% 左右。铁路、冷链、快递等专业物流领域保持较高增速。国家铁路全年完成货物发送量 39 亿吨，同比增长 4.7%，增速为近三年来最高；冷链物流市场规模全年超过 4900 亿元，同比增长 7.2% 左右；快递业务量累计完成 1105.8 亿件，比上年净增 22.8 亿件。2023 年 1 月，中国制造业采购经理指数（PMI）重回荣枯线以上，为 50.1%，比上月回升 3.1 个百分点，表明经济出现回暖势头，开始走高。

二是保通保畅发挥重要作用。2022 年，新冠肺炎疫情对物流业的影响远超之前两年，物流保通保畅任务艰巨。国务院建立物流保通保畅工作领导机制，不断调整优化防疫通行管控措施，统筹指导地方保通保畅工作。广大物流企业创新服务模式，通过运输中转接力、人员跨区调动、设施共享共用、无接触配送等多种方式，排除万难解决居民生活、企业生产物资应急保障难题，全力维护疫情防控和复工复产“生命线”。卡车司机、快递小哥、外卖骑手、仓库管理员等从业人员迎难而上，冲锋在前，奋战

* 供稿人：何黎明，中国物流与采购联合会会长。文章发表于《中国流通经济》2022 年第 3 期。

在物流一线，物流保通保畅“主力军”作用得到社会广泛认可。

三是市场主体集中度稳步提升。2022 年，规模企业逆势增长，市场份额稳步增加。2022 年年底，全国 A 级物流企业超过 8600 家。供应链服务、冷链物流、网络货运、质押监管等专业领域 A 级物流企业加快成长，在细分市场发挥示范带动作用。中国物流 50 强企业收入合计近 2 万亿元，入围门槛较上年提高 20 亿元。其中，多家企业收入规模超千亿元。一批头部企业对标对表具有国际竞争力的现代物流企业，奋力追赶超越。大型物流企业加大战略调整、上市融资、兼并重组力度，向规模化、网络化、集约化方向发展。中小物流企业中有不少依托大型企业集团，参与分工协作；有部分聚焦“专、精、特、新”方向，寻找特色市场；有部分转行或歇业。

四是供应链创新应用进入新阶段。2022 年，产业链供应链安全稳定面临严峻挑战，特别是对产业链条长的汽车、家电、电子、装备制造等产业影响程度加深。现代物流适应制造业智能化、服务化趋势，与相关产业深度融合，逐步渗透供应链全链条各环节，有效增强产业链供应链韧性与安全性。中国物流与采购联合会协助国家发展和改革委员会（以下简称“国家发展改革委”）组织物流业与制造业深度融合创新发展典型案例宣传推广工程。越来越多的制造企业主动深化与物流企业的战略合作、设施改造、流程优化、信息对接、标准规范工作，推动生产制造全链条降低物流成本。商务部、中国物流与采购联合会等 8 家单位公布 2022 年全国供应链创新与应用示范城市和示范企业名单，15 个示范城市和 106 家示范企业入选。“全国供应链创新与应用优秀成果展”影响力显著提升，行业示范和推广效果明显。

五是物流网络建设持续推进。2022 年，国家发展改革委将 25 个国家物流枢纽纳入年度建设名单，入选该名单的物流枢纽已扩围至 95 个；年内公布了第二批 24 个国家骨干冷链物流基地，入选该名单的冷链物流基地已达 41 个。中国物流与采购联合会发布第六次全国物流园区调查报告，全国规模以上物流园区达 2553 家，其中 3/4 的园区已进入运营状态。国家发展改革委、交通运输部公布第四批 46 个多式联运示范工程创建项目；交通运输部、财政部公布 2022 年国家综合货运枢纽补链强链首批 15 个城市名单。亚洲首个专业货运枢纽机场——鄂州花湖机场建成投运。跨境电商海外仓建设获得政策支持，城市大仓物流设施受到重视，农村县域物流网点下沉结网，物流网络建设正在成为区域经济发展的新支点。

六是智慧物流彰显新活力。2022 年，无人配送车、智能物流柜在抗疫保供中发挥重要作用，助力解决“最后一公里”难题。一批智能卡车企业与物流企业开展战略合作，使其商业化应用更进一步。物流园区、配送中心、物流仓库智能化改造力度加大，智慧物流园区、智能仓储设施升级换代。截至 2022 年第三季度，全国网络货运平台总数已达 2382 家；2022 年，全国即时物流平台订单数预计超过 400 亿单。物流企业集成系统更新升级，提供一体化、线上化、智能化供应链集成服务。31 个城市入选第三批绿色货运配送示范工程创建城市，新能源货运车辆成为车市亮点，轻型电动配送车辆加快推广，换电重卡、氢能示范获得政策支持。数字化转型、智能化改造、绿色化升级提速，智慧物流为传统物流运行模式注入新活力。

七是国际物流不断开辟新赛道。2022 年，俄乌冲突叠加严峻国际形势，中欧班列开行受到阶段性影响。物流企业积极调整应对，全年中欧班列开行 1.6 万列、发送货物 160 万标准箱，同比分别增长 9%、10%；西部陆海新通道货运保持强劲增长势头，全年发送货物 75.6 万标准箱，同比增长 18.5%；中老铁路开通一年累计运送货物 1120 万吨，开行跨境货物列车 3000 列。跨境电商保税模式、仓储设施、服务平台助力中小企业进出口便利化，成为国际贸易增长热点。海关数据显示，2022 年，我国跨境电商进出口规模（含 B2B）为 2.11 万亿元，现代物流为之提供了有力支撑。国内快递企业纷纷发力海外市场，深度布局东南亚、拉美、中东等地区，结合当地市场复制“中国快递模式”，寻找物流“新蓝海”。

八是助企纾困政策密集出台。2022 年国家出台了多项物流业支持政策。2022 年 5 月，国务院印发《扎实稳住经济的一揽子政策措施》，要求统筹加大对物流枢纽和物流企业的支持力度。1000 亿元交通物流专项再贷款、货车司机贷款延期还本付息等政策惠及物流行业。国家发展改革委、工业和信息化部、财政部、交通运输部、商务部等部门按照职责分工，分别针对公路货运、冷链物流、民航物流、医药物流等领域出台指导意见。各省市区政府在贯彻国务院及有关部门政策基础上，结合本地实际，创造性地制定一系列地方性政策，推动现代物流发展政策环境持续改善。

（二）2022 年我国物流业发展存在的困难和问题

2022 年，我国物流业尽管取得了一系列新进展，但也存在诸多困难和问题。

一是物流供需不匹配。一方面表现为低水平重复竞争、恶意压价、车多货少矛盾愈演愈烈；另一方面表现为个性化、高水平物流供给依然不足，全程一体化供应链服务难以满足需求。

二是供给结构不平衡。比如，在运输结构上，公路运力相对过剩，铁路运力相对不足；在城乡结构上，总体仍然呈现“城强乡弱”状态，特别是县域物流亟待加强；在内外结构上，内强外弱，国际物流布局存在短板。

三是资源利用不充分。比如，在有些城市群、都市圈，“一库难求”，甚至存在不分青红皂白“疏解”物流功能的情况；在有的三四线城市，存在不考虑实际需求，盲目“摊大饼”的现象，新建物流设施得不到充分利用。

四是政策制度不协调。一些好政策出现“中梗阻”，亟待深化落实；物流管理政出多门，地方保护和地区封锁难题待解，全国统一大市场建设任重道远。总之，从目前情况看，我国物流业距离供需适配、内外联通、安全高效、智慧绿色的现代物流体系与物流强国目标还有相当大的差距，还有很长的路要走。

二、2023 年我国物流业发展展望

2023 年是全面贯彻落实中共二十大精神的开局之年，是“十四五”规划承上启下的关键一年，是新冠疫情防控进入新阶段后的第一年。我国现代物流韧性强、潜力大、活力足，中国式现代物流体系建设必将抓住新机遇，迈开新步伐，展现新作为。

（一）认真研究十大趋势

展望 2023 年，中国式现代物流体系融合创新、高质量发展的基本面不会改变，但也会面临新的机遇和挑战。对以下物流业发展的十大趋势，我们应认真研究，积极应对。

一是需求规模扩张趋势。随着新冠疫情防控政策的优化调整，经济运行将总体回升，预计产业物流、居民消费和进出口物流需求将出现较快复苏势头。

二是供给结构调整趋势。随着产业升级与消费升级，全社会将对物流供给质量提出新的更高要求。物流企业要进一步提质、增效、降本，努力实现质的有效提升与量的合理增长。

三是基础设施效能提升趋势。产业集聚、乡村振兴、区域协调发展有助于物流基础设施效能的提升，具体而言，有助于其调整布局，适应需求；升级改造，完善功能；互联成网，提高综合利用水平。

四是供应链提档升级趋势。随着现代化经济体系建设的深入推进，现代物流需要深度融入先进制造业、商贸流通业以及金融服务业，增强产业链供应链韧性与安全性。

五是物流数字化转型趋势。随着产业数字化、数字产业化的推进，数字经济、物流平台、智慧物流成为物流企业转型升级的核心竞争力，数据成为物流企业的核心资源。

六是国际物流补短板趋势。国内国际双循环新发展格局构建、“一带一路”建设、物流强国建设均离不开国际物流的支持，必须尽快补齐国际物流短板。

七是物流成本上升趋势。总体而言，物流运行所必需的土地、燃油、人工等各项成本大概率仍将高位运行，物流企业将面对高成本、低收费、优服务、强竞争的市场环境。

八是物流运作绿色低碳化趋势。美丽中国建设要求发展绿色低碳物流，“公转铁”“公转水”、多式联运、绿色运输、绿色仓储、绿色包装、绿色配送等成为发展方向。

九是人力人才短缺趋势。随着我国老龄化、少子化问题的加剧，物流运行所依托的人口红利逐渐减少，特别是专业型、创新型、复合型人才和卡车司机、快递小哥、仓库管理员等操作型人才短缺问题将越来越突出。

十是政策环境持续优化趋势。党中央、国务院前期推出的一系列助企纾困政策将逐步落地见效，并将有接续政策出台。从 2023 年各省市区“两会”传出的消息看，地

方政府对现代物流的重视程度达到新高度，干货满满的政策措施陆续出台。我国物流业有望迎来新一轮恢复性增长的新时期，行业整体好转、平稳运行、前景可期。

（二）着力做好六个方面的工作

2023 年，为扎实推进中国式现代物流体系建设，为中国式现代化提供有力支撑，我国物流业要以习近平新时代中国特色社会主义思想为指导，全面贯彻落实中共二十大精神，按照《“十四五”现代物流发展规划》部署，认清形势，抓住机遇，守正创新，埋头苦干，坚持走高质量发展道路。具体而言，应着力做好六个方面的工作。

一是着力加强高质量供给，把恢复和扩大消费摆在优先位置。要重点关注市场恢复、消费扩大与升级等趋势，把握食品冷链、即时零售、社区电商、医疗保健等消费热点，特别是传统消费线上化的市场机遇。深化物流与生产、流通与消费联动融合，依托数字经济，变革即时物流模式，促进消费线上线下结合。加大“最后一公里”物流保障力度，关注城市物流改造升级，完善城乡物流网络，健全分级配送网络体系。特别是抓住乡村振兴、新型城镇化建设机遇，推动城乡双向物流畅通。此外，也要密切关注房地产、新基建、新能源等领域的政策动态，抢抓社会投资变化带来的新需求。

二是着力统筹推动现代物流与相关产业融合发展，使之深度融入现代化产业体系。要重点关注汽车、家电、电子、医药、服装等产业链条长、配套环节多的产业，以及粮食、矿产、能源、关键零部件等对国计民生和经济安全影响大的产业，促进双向投资、流程嵌套与信息对接，以互信互利、包容共生、长期主义为原则构建战略合作伙伴关系。从为制造企业提供产前产后服务的采购和销售物流，逐步向生产过程中的生产物流渗透，提供全程一体化、集约化的供应链物流服务。努力向供应链各环节延伸，打造供应链集成服务体系，支持敏捷制造、精益生产、战略性新兴产业等高端制造业发展，确保产业链供应链循环畅通，推动传统产业向全球价值链中高端迈进。

三是着力练好企业内功，深化提质、增效、降本工作。逐步从简单的降本增效转向以提高质量效率为重点的质量与效率型降本。由传统单一环节运输仓储提供商向仓干配一体化物流服务商转变，由低附加值物流服务商向专业化、全程一体化供应链服务商转变。要善于突破行业边界，逐步从企业自身降本转向全链条结构性降本，在更大范围内实现基于市场资源有效配置的系统性降本。由自成体系、各自为政的传统业务模式向企业协同、设施联动、共同配送、共享平台、生态融合的业务模式转变。通过与客户共同成长、与产业深度融合、与生态协同发展，在更深层次、更宽领域推动全社会物流成本降低。

四是着力推动基础设施提档升级、互联互通、发挥整体效能。依托国家物流枢纽联盟，引导物流枢纽资源整合、业务协同、联网运行。支持国家骨干冷链物流基地、示范物流园区、多式联运场站、城市配送中心、物流末端网点智慧化、网络化发展。结合区域协调发展战略，围绕城市群和都市圈，加大物流存量资源整合利用，根据区域产业特点和需求，合理调整优化物流布局。以高质量、高效率、低成本的物流投资环境吸引产业集群和商圈集聚，努力打造具有区域辐射带动能力的流通支点和枢纽经济示范区。

五是着力实施创新驱动，加快动能转换，打造新技术、新模式、新生态。支持物流企业经营管理、物流操作、客户服务等业务数字化转型，创新数字化应用场景，培育数字化服务能力。有序推动无人化技术装备应用。分类推动传统基础设施改造升级，支持新型基础设施建设与改造。持续开展全国供应链创新与应用示范城市和示范企业创建工作，以此引领促进物流企业向供应链服务商转型。支持网络货运、即时物流等平台经济健康发展，带动线上线下加快融合。促进物流信息互联互通，推动物流资源共享，培育物流新业态，打造数字驱动、协同共享的智慧物流新生态。

六是着力推进更高水平的对外开放，增强产业链供应链韧性与安全性。引导和培育一批具有国际竞争力的现代物流和供应链服务企业，跟随中国制造和中国基建“走出去”。加快境外物流网点铺设，深化与国外物流企业的合作，更加紧密地融入国际物流网络。发展全货机、跨境直达运输、“门到门”物流服务，增强国际物流服务能力。强化“一带一路”沿线物流服务，逐步实现设施联通，物流畅通。抓住区域全面经济伙伴关系协定（Regional Comprehensive Economic Partnership，RCEP）等区域协定带来的机遇，加快东盟、中俄、中亚等国际物流大通道和网络建设。围绕跨境电商、内外贸一体化等现实需求，铺设国际快递物流服务网络。着力构建关键原材料、重要商品、重要零部件等全球供应链履约服务体系，增强产业链供应链韧性与安全性。

广东省物流业发展 2022 年回顾与 2023 年展望*

一、2022 年广东省经济发展总体情况

面对反复的疫情形势和复杂严峻的国内外环境，2022 年，广东省坚持稳中求进工作总基调，高效统筹疫情防控和经济社会发展，有力有效应对超预期因素冲击，持续推进稳经济一揽子政策和措施迅速落地见效，全年经济在波动中有所恢复。

根据《2022 年广东国民经济和社会发展统计公报》数据，2022 年，广东省实现地区生产总值 129118.58 亿元，比上年增长 1.9%（见图 1－1）。其中，第一产业增加值增长 5.2%，第二产业增加值增长 2.5%，第三产业增加值增长 1.2%。三次产业结构比为 4.1∶40.9∶55.0。分区域看，珠三角核心区地区生产总值占全省比重 81.1%，东翼、西翼、北部生态发展区分别占 6.1%、7.1%、5.7%（见表 1－1）。

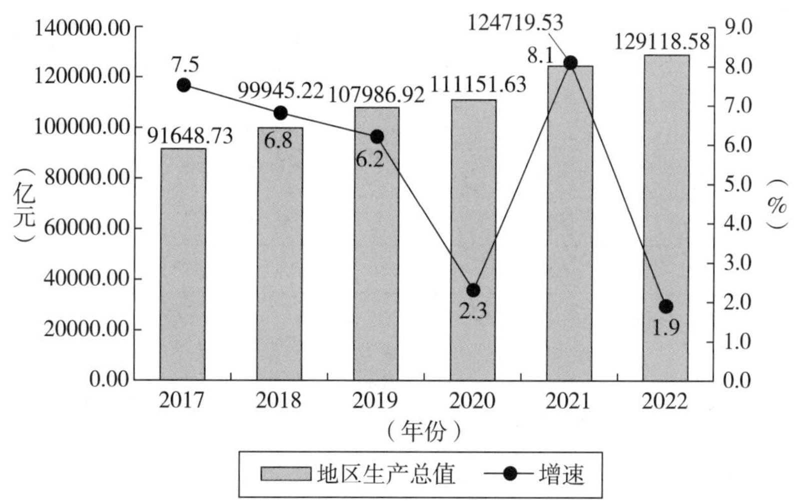

图 1－1　2017—2022 年广东省地区生产总值及增速

资料来源：《2022 年广东国民经济和社会发展统计公报》。

* 供稿人：吴乐燕，广东省现代物流研究院。

表1-1　　2022年广东省分区域主要指标

区域	地区生产总值（亿元）	比上年增长（%）	规模以上工业增加值增长（%）	固定资产投资增长（%）	社会消费品零售总额增长（%）	地方一般公共预算收入增长（%）
珠三角核心区	104681.81	2.1	2.4	0.4	1.6	2.0
东翼	7913.42	0.6	-7.6	-13.4	-0.1	2.0
西翼	9152.2	0.8	-3.0	-10.6	1.8	0.7
北部生态发展区	7371.15	0.9	-0.6	-14.4	0.4	4.9

资料来源：《2022年广东国民经济和社会发展统计公报》。

分季度看，2022年年初广东经济平稳开局，但受部分口岸城市疫情暴发影响，主要指标在3月有所回落，第一季度地区生产总值增长3.3%；进入第二季度，疫情叠加俄乌冲突带来的冲击进一步加剧支柱行业产业链供应链紧张态势，上半年地区生产总值增速回落至2.0%；第三季度，随着5月下旬以来国内疫情防控形势逐渐好转，国务院迅速出台一系列政策稳定经济增长，主要经济指标显著恢复，但受限于上年同期较高基数，前三季度地区生产总值增速小幅回升至2.3%；进入第四季度，中心城市先是遭受疫情严重冲击，随后在疫情防控进入新阶段后企业又面临员工到岗率不足的考验，全年以1.9%的增速收官（见表1-2）。

表1-2　　2022年不同季度广东省地区生产总值

时间	地区生产总值（亿元）	增长（%）	第一产业		第二产业		第三产业	
			增加值（亿元）	增长（%）	增加值（亿元）	增长（%）	增加值（亿元）	增长（%）
第一季度	28498.79	3.3	976.15	6.7	10920.95	4.8	16601.69	2.1
上半年	59518.40	2.0	2166.01	5.9	24183.37	2.9	33169.02	1.1
前三季度	91723.22	2.3	3684.39	5.2	37229.55	3.3	50809.28	1.3
全年	129118.59	1.9	5340.36	5.2	52843.51	2.5	70934.71	1.2

资料来源：根据广东省统计信息网数据整理。

二、2022年广东省物流业发展回顾

（一）物流业在保通保畅中发挥重要作用

物流畅通是产业链供应链稳定高效的基础，物流业在经济社会发展中发挥着不可替代的重要作用。2022年以来，新冠肺炎疫情反反复复，深圳、广州、东莞等几个中心城市相继出现严重疫情，在疫情防控管制下，生产暂停、复工延迟、隔离管制等对物流和运输行业造成了前所未有的冲击。在国务院物流保通保畅工作领导机制下，广

东省成立了广东省物流保通保畅工作领导小组办公室，不断调整优化防疫通行管控措施，统筹指导全省保通保畅工作。11月，全省因散发多发的疫情导致中断的接触性服务行业呈现复苏态势，全省交通运输相关行业从物流层面全力保障全市生活物资保供工作，实施货源、运输、配送等全流程监控。各高速公路收费站落实好鲜活农产品运输车辆绿色通道政策，优先保障应急物资、生活物资、重点生产物资等运输车辆便捷高效通行。物流、快递、冷链、农产品运输等企业积极落实各项保通保畅工作，面对冲击积极主动采取各种措施，攻坚克难，有效保障了产业链循环和民生稳定。

（二）物流行业总体规模保持平稳发展

2022年，面对复杂的外部环境，广东省物流业内驱动力增强，向质量求发展，向服务要效益，供应链一体化服务能力进一步优化，促进了物流市场规模稳定增长，物流服务供给的质量稳步提升。根据广东省物流行业协会数据，2022年，全省社会物流总额达到345667亿元，占全国的9.94%，社会物流总额继续增长；全省社会物流总费用为18113亿元，物流总费用占GDP的14.03%，物流费用规模增速减缓，提质增效成果有所显现；全省物流业增加值为11170亿元，物流业增加值占GDP的8.65%，物流业增加值占第三产业增加值的15.74%（见表1－3）。

表1－3　2019—2022年广东省物流业规模数据

年份	2019	2020	2021	2022
社会物流总额（亿元）	264000	296800	331926	345667
社会物流总费用（亿元）	15200	15600	17472	18113
社会物流总费用/GDP（%）	14.12	14.10	14.05	14.03
物流业增加值（亿元）	8306	9143	10351	11170

资料来源：广东省物流行业协会。

（三）货运市场受疫情影响全年低位运行

2022年，受疫情反复及市场供需的影响，全年广东省货物运输市场低位运行，货运周转量实现正增长（见图1－2）。广东省全年完成货运量36.42亿吨，同比下降8.6%；完成货物周转量28438.54亿吨公里，增长0.1%。第一季度是传统货运淡季，再加上香港、深圳疫情形势紧张，市场呈现季节性波动，随着运输保通保畅工作持续发力，货运市场降幅逐步收窄，运行企稳，全年货运量和货物周转量分别比上半年收窄0.6个、1.4个百分点。到10月，货物周转量由前三季度下降0.1%转为增长0.6%，货运市场抵住压力，持续缓慢恢复。从不同运输方式看，公路货运量完成24.25亿吨，下降9.4%；公路完成货物周转量2710.33亿吨公里，下降9.1%。水路货物周转量上半年持续负增长，但降幅逐步收窄，至7月实现增长0.3%，下半年增幅逐步提高，10月在全球节日订货量的带动下增长8.4%，为月度同比增幅最高值。港口生产持续回升，广东省全年港口货物吞吐量完成204802万吨，下降2.3%，降幅较第三季度收窄2个百分点；其中，外贸货物吞吐量66239万吨、下降4.2%，内贸货物吞吐量138563万吨、下降1.3%；随着12月全省防疫政策优化，港口装卸效率逐步恢复正常，积压货物得到较快处理，当月港口货物吞吐量、集装箱吞吐量同比分别增长4.1%、11.2%。铁路完成货运量9374万吨，下降4.5%；完成货物周转量362.74亿吨公里，增长0.1%；钢铁及有色金属、石油、化工品是铁路运输的主要产品，完成货运量6612万吨，占全省铁路货运量高达70.5%，完成货物周转量314.50亿吨公里。

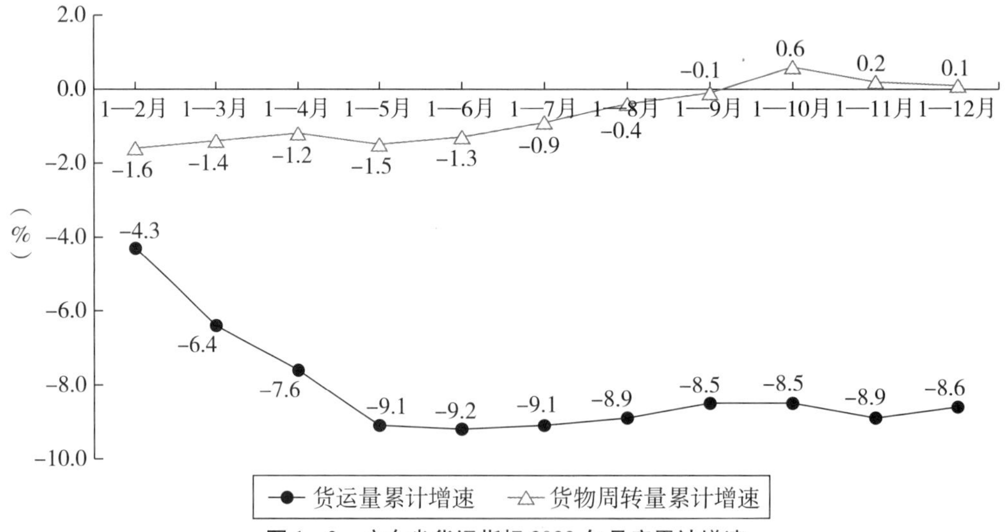

图1－2　广东省货运指标2022年月度累计增速

资料来源：根据广东省统计信息网数据整理。

（四）消费市场恢复增长驱动商贸物流发展

2022年，促消费稳增长一系列措施得到有效开展，广东省内消费需求持续释放，城乡市场稳步增长，新型消费模式较快发展，必需品类商品增势良好，全年实现社会消费品零售总额44882.92亿元，比上年增长1.6%。虽然疫情的反复扰动影响广东省消费市场，全年增速呈现前高后低波动起伏现象，但总体保持恢复增长态势，表现出了强大的市场韧性、市场活力，为快递物流、冷链物流、医药物流、农村物流等商贸物流业态的发展奠定了坚实基础。

从快递物流看，广东省快递业务量突破300亿件，是全国快递业务量唯一突破300亿件大关的省份，但在需求稳定、竞争冲击等因素的影响下，行业发展日趋成熟，增速面临换挡期。2022年，广东省快递业务量累计完成301.4亿件，同比增长2.3%，增幅比上年回落30.4个百分点，改变了2017年以来一直保持30%左右快速增长的态势。其中，粤西地区城市快递业务量增速较快，湛江、茂名、阳江三地市的增速均超过30%，而深圳、广州两市则由于基数规模大，受疫情影响深，快递业务量出现了负增长。

从冷链物流看，自2020年以来，大量资本进入冷链市场，目前广东省冷链物流市场格局基本形成并稳定发展，市场的规模化、集聚化程度提升。广东省供销系统充分发挥在经营网络、运营基础、服务能力和发展资源方面的优势，省市县供销合作社通过产权联合、项目合作、资产对接、业务整合等方式，上下联合、省部共建，集聚各级供销合作社力量，共同推进冷链网络建设。截至2023年2月，广东省供销合作社冷链骨干网已在全省18个地级市布局项目74个、规划库容160万吨；已建成和运营项目32个、库容75万吨。

从农村物流看，网络和物流是支撑农村电商发展的重要基础，农村电商消费市场的兴起也带动农村物流规模扩大。2022年，广东省乡村消费增速快于城镇，消费品零售额增长6.3%。广东省通过加强县域商业体系建设，第一批遴选了14个县（市）建设国家县域商业行动示范县，不断完善综合商贸服务中心和物流配送中心，打造乡镇有商贸中心、村村通快递的三级物流服务体系。

（五）国际物流克服内外影响稳定外贸形势

受全球经济复苏不均衡、供应链瓶颈难以彻底缓解、人民币汇率波动、省内疫情频发且严重等因素的影响，2022年广东省外贸艰难运行，实现外贸进出口总值8.31万亿元，同比增长0.5%，增速落后于全国平均水平。在外贸面临需求收缩、供给冲击、预期转弱三重压力的巨大挑战和不确定性下，国际物流企业努力克服国际航运运力紧张、国际市场向东南亚转移、深港通关口岸关闭、物流劳动力成本提升等困难，不断创新开拓新渠道、新模式，积极应对不利影响，稳定外贸形势。

从国际班列看，2022年广东省共开行中欧、中亚、东南亚等方向国际货运班列965列，同比增加123.9%，全年新增了江门北、广州南沙港南站、广州国际港3个新始发站点，现有始发站点已扩展至9个，广州国际港、广州增城西、深圳平湖南等站点可实现每月开行近30列的常态化天班运营。打造了“中欧班列+海铁通”“中欧班列+陆海通”等海陆铁多式联运项目，助力泛珠三角地区制造业打开欧洲、非洲、东南亚市场。

从跨境电商物流看，广东省已经实现了跨境电商零售一般出口、B2B直接出口、出口海外仓三种跨境电商出口模式全业态落地，出口目的地涵盖马来西亚、沙特阿拉伯等200多个国家和地区。广东省商务厅数据显示，2015年至2022年，广东省跨境电商进出口从148亿元增至6454亿元，规模扩大40多倍，年均增速72%，规模占全国总量的31%；2022年国际/港澳台快递业务量累计完成11.3亿件，广州保税物流进出口大幅增长23.2%，有力拉动了广州外贸增长。

从国际外贸展看，疫情封控结束后，企业对“出海”期盼尤为强烈，广东省相关政府部门落实资助企业赴境外参展、打造线上广东商品境外展览平台、支持线下“代参展”等多项新策，通过包机赴海外开展经贸交流、参加实体展览。11 月以汽车、家电、消费电子等为重点在全球开展系列产销对接活动，组织了多批企业代表包机赴新加坡、马来西亚等国参展；12 月组织了近年规模最大的包机出国参展团赴阿联酋参加 2022 年第十三届中国（阿联酋）贸易博览会。

（六）物流市场主体规模化发展

经过疫情三年的市场调整，小微企业适应市场趋势加速业务创新，中大型企业发挥龙头集聚效应向规范化、规模化发展。从物流企业数量看，企查查数据显示，截至 2023 年 7 月 15 日，广东物流相关企业有 22 万余家，供应链物流相关企业 45356 家，位居全国第一，山东省、上海市供应链物流相关企业数量分别为 13279 家、12047 家，排名第二和第三，广东供应链物流产业主要集中在深圳，深圳共有供应链物流相关企业 30817 家，占全省 67.9%。从 A 级物流企业数量看，截至 2023 年 2 月底，广东共有 A 级物流企业 553 家，其中，5A 级 40 家、4A 级 302 家、3A 级 192 家、2A 级 18 家、1A 级 1 家，区域集中在广深两地市，其中广州 158 家、深圳 303 家，广深数量占全省的比重高达 83.4%。对比其他省份，广东物流企业集聚发展特征显著且龙头企业数量更多，其中，5A 级企业数量在全国最多。从规模化发展看，截至 2023 年 7 月 15 日，广东以“物流”命名、登记状态正常、实缴资本 5000 万元以上的企业共 505 家，排名全国第二，仅次于江苏省（668 家）；广东上市的物流企业共 234 家，其中 A 股 8 家、港股 1 家、新三板 19 家、新四板 206 家，上市企业数量为全国最多，占全国的 15.9%，是全国唯一数量超过 200 家的省份，远高于排名第二的山东（179 家）。

（七）物流枢纽网络建设加快

国内国际综合运输大通道是国内国际双循环必要依托，货运枢纽城市、大型物流枢纽作为综合运输大通道的核心节点，在国内国际双循环的流通链条中发挥着内联外畅的重要作用。近年，广东省积极推进综合交通枢纽一体化建设，实施国家综合货运枢纽补链强链，提升物流枢纽的运输服务质量，推动物流高质量发展。一是广州市入选国家综合货运枢纽补链强链首批城市。2022 年 7 月，《交通运输部办公厅　财政部办公厅关于做好国家综合货运枢纽补链强链工作的通知》发布，启动了国家综合货运枢纽补链强链首批申报工作，广州市在众多城市中脱颖而出，成功入选。广州市制定了《广州国家综合货运枢纽补链强链三年实施方案（2022—2024 年）》，系统实施“361 行动计划”开展补链强链工作，确定广州空港（13 个项目）、海港（6 个项目）、陆港（6 个项目）三大核心组团项目，2022 年度完成投资约 91.3 亿元，完成率达 107%。二是加快推进国家物流枢纽建设。2022 年，广州空港型国家物流枢纽成功获批，目前广东共有国家物流枢纽 6 个，包括广州港口型国家物流枢纽、深圳商贸服务型国家物流枢纽、佛山生产型国家物流枢纽、深圳空港型国家物流枢纽、深圳港口型国家物流枢纽、广州空港型国家物流枢纽。广州空港型国家物流枢纽将依托白云国际机场、综合保税区，建设亚太航空物流中心，加强与广州港口型、佛山生产服务型以及深圳空港型、港口型、商贸服务型国家物流枢纽的协同联动，积极打造服务粤港澳大湾区、辐射全球的航空物流门户网络。三是积极打造国家骨干冷链物流网络内外循环门户节点。2020 年以来，东莞、江门、湛江分别入选国家骨干冷链物流基地建设名单。江门国家骨干冷链物流基地 2022 年成功入选，基地设置台山和开平两个片区，总占地面积约 120 公顷，按规划将增加冷库库容超 100 万立方米，具备仓储服务、普通加工、精深加工、公路冷链区域分拨、冷链物流多式联运组织、应急冷链物流等基本功能。湛江国家骨干冷链物流基地 2023 年成功入选，基地由麻章片区和遂溪片区两部分组成，总占地面积约 103 公顷，按规划将新增冷库库容 100 万立方米，麻章片区以水产品冷链物流为主，遂溪片区以农产品冷链物流为主，两个片区功能互补，共同对接粤港澳大湾区、海南自贸区。

（八）绿色交通物流发展全国领先

绿色智能化发展是交通物流行业高质量发展的必由之路，近年来，广东绿色智能交通、物流运输从无到有、从小到多规模化发展。一是新能源车辆应用规模全国领先。广东是我国重要的新能源汽车生产基地，目前已经形成了广州、深圳、佛山新能源汽车核心集聚区，以及以东莞、中山、惠州、肇庆等为代表的关键零部件及新材料配套项目集中区。近年来，广东新能源汽车产量规模高速增长，2022 年全省新能源汽车产量 129. 73 万辆，同比增长 142. 3%，在全国占比近两成。二是不断加快“绿色港口”建设，推动水运绿色高质量发展。全省内河港口岸电在全国范围内率先实现了全覆盖，船舶靠岸即可一键扫码充电，实现了用电身份验证、岸电状态监控、用电信息采集、整体用电情况统计等全过程各环节全打通。三是全力建设绿色货运配送示范工程。2021 年，广州、深圳经过三年的建设达到城市绿色货运配送示范工程创建预期目标，成功获得“绿色货运配送示范城市”称号。2022 年，珠海、佛山两市进入第二批城市绿色货运配送示范工程工作验收期，进一步健全完善城市绿色货运配送建设长效机制，巩固提升示范成效。2022 年年底，韶关成功入选第三批绿色货运配送示范工程创建城市，韶关正发挥粤港澳大湾区的“菜篮子”“米袋子”“果盘子”“花瓶子”的区域优势，加快城乡绿色低碳、集约高效的物流配送体系和配送模式建设。四是顺丰控股股份有限公司引领绿色物流供应链发展。2022 年，新增新能源车辆运力 4911 辆，截至 2022 年年底，累计投放新能源车辆超过 26000 辆，在义乌、合肥、香港等 9 个产业园发展光伏发电项目。积极践行包装减量化、再利用、可循环、可降解，2022 年通过轻量化、减量化等绿色包装技术，减少原纸使用约 4. 7 万吨，减少塑料使用约 15 万吨，在北京、广州等地累计投放超过 6251 万个全降解包装袋“丰小袋”。

（九）宏观政策促进物流行业快速恢复

国家政策方面，2022 年，国家宏观政策以扩大内需、促进经济发展为核心，同时高度重视物流业发展，有利于物流行业增速恢复。2022 年 12 月，中央经济工作会议明确把“着力扩大内需、恢复和扩大消费”放在 2023 年宏观调控的优先位置，中共中央、国务院印发《扩大内需战略规划纲要（2022—2035 年）》，国家发展改革委发布《“十四五”扩大内需战略实施方案》，扩大内需成为国家政策发力的重点，随着消费和制造业的恢复，也将给物流行业的发展带来机遇。5 月，国务院办公厅印发《“十四五”现代物流发展规划》，是现代物流领域首份国家级的五年规划，推动物流行业现代化建设上升到国家战略。1 月，国家发展改革委印发《“十四五”现代流通体系建设规划》，我国流通体系建设开启新篇章，成为地区“十四五”时期经济和社会发展的重要任务。一系列专项物流规划文件相继出台，例如，国务院印发《“十四五”现代综合交通运输体系发展规划》、民航局印发《“十四五”航空物流发展专项规划》、交通运输部等 5 部门印发《关于加快推进冷链物流运输高质量发展的实施意见》等，政策措施陆续出台助推现代物流业迎来新一轮恢复性增长。

省政策方面，广东省相关政府部门积极贯彻国家发展现代物流业指示精神，多举措优化物流业政策环境。2022 年 12 月，广东省发展改革委印发《广东省“十四五”现代流通体系建设实施方案》，提出要构建“通道 + 枢纽 + 网络”现代物流运行体系，现代流通体系建设为全省做实做强新发展格局战略支点提供有力支撑。9 月，广东省人民政府办公厅印发《广东省推进冷链物流高质量发展“十四五”实施方案》，明确了全省“十四五”时期推进冷链物流高质量发展的主要目标和重点任务。8 月，广东省人民政府办公厅印发《广东省推进多式联运发展优化调整运输结构实施方案》，助力加快构建安全、便捷、高效、绿色、经济的现代化综合交通运输体系。在助企纾困政策方面，广东省在贯彻国务院及有关部门政策的基础上，结合本地实际，相关政府部门推出一系列地方政策，促进现代物流发展的政策环境持续改善。为了进一步做好交通物流助企纾困工作，广东省交通运输厅与银行、保险和金融系统共同研究提出“交通运输行业的税费减免”“推动金融系统对交通运输企业减费让利”等 16 条贯彻落实建议，建议被纳入了《广东省贯彻落实国务院〈扎实稳住经济的一揽子政策措施〉实施方案》《广东省促进服务业领域困难行业恢复发展的若干措施》等政策文件。根据中国人民银行广州分行数据统计，至 2023 年 3 月末，广东省累计已有 1900 余家交通物流市场主体获得专项再贷款超过 54 亿元，有 250 余家市场主体超过 430 亿元的金融需求得到解决，广东省交通运输厅先后梳理 286 家重点纾困企业，推动实现金融机构 100% 对接，交通物流领域金融支持与服务保障有力，政银企对接服务机制不断拓展完善。

三、当前广东省物流业发展面临形势

（一）货运市场各项指标逐渐恢复增长

2023 年以来，广东物流行业克服众多市场不利因素，在经济企稳回升、市场需求回暖的带动下，货运市场各项指标逐渐实现正增长。2023 年 1 月至 6 月，广东全省货运量完成 17. 93 亿吨，货物周转量完成 13237. 83 亿吨公里，比上年同期分别增长 3. 6%，4. 7%。其中，水路货运拉动作用较为明显，水路货运量从 2023 年 2 月开始，实现每月保持两位数正增长态势，扭转了 2022 年全年负增长的局面。外贸市场积极适应国际形势变化，港口外贸快速恢复增长，港口货物吞吐量上半年累计完成 10. 6 亿吨，同比增长 7. 5%；外贸货物吞吐量上半年累计完成 3. 55 亿吨，同比增长 10. 35%。在疫情影响逐渐消减、消费政策效应逐渐显现的作用下，消费市场的逐渐恢复，带动快递市场加速复苏。2023 年 1 月至 6 月，快递业务量累计完成 162. 2 亿件，同比增长 11. 9%，从 2 月起每月累计增速均超过上年同期速度。随着稳经济政策措施效果进一步显现，疫情影响消退，市场信心逐步恢复，在上半年物流货运市场持续恢复的基础上，预测 2023 年广东全省物流行业总体运行情况对比 2022 年将更加乐观，各项指标将实现正增长。2023 年 1—6 月广东省货运量同比增速如表 1 - 4 所示。

表 1 - 4　　2023 年 1—6 月广东省货运量同比增速　　单位：%

月份	货运量	公路货运量	水路货运量	铁路货运量	港口吞吐量
1 月	-32. 1	-40. 2	-18. 4	-1. 8	-10. 5
2 月	35. 1	46. 2	18. 8	10. 6	21. 6
3 月	10. 6	9. 9	15. 2	-3. 6	11. 3
4 月	5. 4	3. 2	15. 0	-11. 4	6. 1
5 月	7. 1	5. 6	11. 2	8. 4	7. 1
6 月	5. 0	1. 7	11. 2	25. 8	12. 2

资料来源：根据广东省统计信息网数据整理。

（二）产业升级促进物流业与制造业深度融合

近年来，中美贸易摩擦、新冠疫情等外部冲击重塑全球产业链，我国制造业以劳动力总量和成本为核心的传统比较优势逐步弱化，我国产业链外迁和国际竞争力减弱的现象明显。当前，全球生产布局重构加速，实现我国产业链升级，既是全球生产布局重构的被动需求，也是保障新发展格局得以高质量实现的主动应对路径。近年来，广东省以重大产业和重大项目作为增强全省发展后劲、加快产业优化升级的重要抓手，立足于“稳”，重点培育壮大新一代电子信息、绿色石化、智能家电、汽车产业、先进材料等“十大战略性支柱产业集群”；着眼于“进”，加快培育发展半导体与集成电路、高端装备制造、智能机器人、区块链与量子信息、前沿新材料等“十大战略性新兴产业集群”。但广东省中小物流企业众多，物流在制造企业作为供应链链主的产业链中，往往处于整个产业链供应链的配套生产环节，依托制造环节采购生产销售的服务功能需求而存在，物流业与制造业之间更多是简单的供需关系，产业融合成熟度不够。要认识到产业升级提速对产业链供应链现代化提出了更高要求，物流环节作为产业链供应链重要的一环，与制造业的深度融合创新发展至关重要，物流服务能力的提升有助于创造产业价值链，促进产业链供应链提质升级。

（三）现代流通体系需要物流更高效率运行

我国经济社会转向高质量发展，新一轮科技革命和产业变革加速推进，供给侧结构性改革不断深化，人民对美好生活的需要日益增长。“十四五”时期，国家提出现代流通体系建设，建设现代流通体系是构建以国内大循环为主体、国内国际双循环相互促进的新发展格局的一项重要战略任务。为贯彻落实国家发展改革委《“十四五”现代流通体系建设规划》，统筹推进全省现代流通体系建设，广东省制定了《广东省“十四五”现代流通体系建设实施方案》，强调以现代物流和现代商贸流通两大体系为载体，强化交通运输、金融、信用三方面支撑，加快推进现代流通体系建设。现代流通体系建设要求推动上下游、产供销、内外贸一体衔接，需要物流更高效地衔接供给和需求。当前，广东省物流业面临着城市更新建设用地不足、与城市规划协调性不足的问题，尤其是以广州、深圳等城市为代表的中心城区物流业态用地受限问题突出，由于历史原因，很多物流设施大多由私营企业依靠租赁方式获取用地使用权后提供，物流配套设施落后，流通分拨服务能力、高标准物流交付能力不足，无法支撑实现现代流通体系“商品和要素更加顺畅”的建设目标。

（四）碳达峰、碳中和要求物流践行绿色低碳

中共二十大报告明确提出，实现碳达峰、碳中和是一场广泛而深刻的经济社会系统性变革。广东省认真落实党中央、国务院关于碳达峰、碳中和决策部署，稳步有序推进碳达峰、碳中和工作，单位地区生产总值能耗、单位地区生产总值二氧化碳排放水平继续保持全国先进行列，以占全国约7%的能耗支撑了全国10.9%的经济总量。近年来，广东省积极探索符合广东实际、具有广东特点的碳达峰、碳中和实现路径，出台了《中共广东省委　广东省人民政府关于完整准确全面贯彻新发展理念推进碳达峰碳中和工作的实施意见》和《广东省碳达峰实施方案》，印发省级碳排放核算指南和地市碳达峰方案编制大纲。作为节能降碳的重点行业，在“双碳”目标背景下，物流行业肩负着节能降碳的重要使命，发展绿色物流是物流企业实现新旧动能转换、由大变

强，推动物流高质量发展的必然选择。但物流行业的绿色低碳转型面临着绿色物流相关政策和标准落地难、短期利益与长期发展目标的矛盾阻碍绿色物流发展等问题。

四、促进广东省物流业发展的措施建议

（一）依托生产性服务业集聚区，推动“物流＋”融合创新发展

2023 年 6 月，广东省印发《中共广东省委　广东省人民政府关于高质量建设制造强省的意见》，提出“谋划打造 100 个生产性服务业集聚示范区、200 家生产性服务业示范平台和 2000 家生产性服务业示范企业，推动生产性服务业向专业化和价值链高端延伸”。依托全省正在建设的十大战略性支柱产业、十大战略性新兴产业，大力发展生产性服务业集聚区建设，支持物流企业与生产制造、商贸流通企业深度协作，创新供应链协同运营模式，拓展冷链物流、线边物流、电商快递等物流业态。推进物流与生产、制造、采购、分销、结算等服务有机融合，营造物流与产业互促发展生态。引导国家物流枢纽加强与工业园区、商品交易市场等统筹布局、联动发展，支持广州、深圳、佛山等城市争创国家物流枢纽经济示范区，培育壮大枢纽经济。积极推进佛山生产服务型国家物流枢纽建设，充分发挥国家物流枢纽对接干线运力、促进资源集聚的显著优势，支撑制造业高质量集群化发展。

（二）把握消费市场恢复趋势，推动现代商贸流通体系建设

2023 年以来，我国经济社会全面恢复常态化运行，各项宏观政策协同发力，全国消费品市场整体呈平稳恢复态势。“促消费”在 2023 年广东多地的政府工作报告中多次被提到，地位突出。受到多重超预期因素冲击，2022 年广东先后出台《广东省进一步促进消费若干措施》（促消费 9 条）、《广东省加大力度持续促进消费若干措施》（促消费 16 条），省市两级发放消费券超 20 亿元。从发放消费券、进行消费补贴，到打造各类消费活动，从文旅消费到餐饮、住宿、汽车、家电、购房等，广东各地市促消费活动与举措频出，线上线下、需求侧与供给侧相结合，全面促进消费复苏。物流业把握市场恢复、消费扩大与升级等趋势机遇，借助全省加快推进广州、深圳建设国际消费中心城市，建设大湾区国际消费枢纽，扩大汽车、家电、信息消费的东风，以《广东省“十四五”现代流通体系建设实施方案》为指引，加快完善现代商贸流通体系建设，重点推进农产品流通、城乡多层次商贸网络、冷链物流、电商物流、快递物流等消费流通业态发展。

（三）推进交通强国先行示范省建设，构建综合交通运输体系

中共中央、国务院先后印发《交通强国建设纲要》和《国家综合立体交通网规划纲要》，广东要实施好《关于贯彻落实〈交通强国建设纲要〉的实施意见》《广东省综

合立体交通网规划纲要》，加快实施交通强国五大试点任务和交通强省“十大工程”，更好地服务“双区”建设战略，全面推动交通强省建设，打造一批交通强省示范城市。加快推进交通运输高质量发展，推动行业从“规模速度型”转向“质量效率型”，优化存量资源配置，保证优质增量供给，加快完善“三横六纵两联”综合立体交通网主骨架，统筹推进公路、铁路、水运、民航融合发展，打造“轨道上的大湾区”和世界级港口群、机场群，完善一体化综合交通体系。全面实施科技兴交、数字交通战略，培育发展交通运输新技术、新模式，推进实施交通运输科技示范工程，利用“互联网+”、物联网、云计算、大数据等信息技术，稳步推进智慧高速公路、数字铁路建设。

（四）大力发展多式联运，进一步优化调整运输结构

引导开展粤港澳大湾区货运“一单制”应用试点，支持有关行业协会和综合性物流企业构建多式联运信息共享机制，应用集装箱多式联运运单，推动各类单证电子化，探索建立完善货物装载交接、安全管理、支付结算等规则体系，实现“一单到底、一票结算、一次委托、一口报价”。壮大多式联运市场主体，推动国家第三批、第四批多式联运示范工程的项目加快创建工作，新培育 2～3 个国家多式联运示范工程，鼓励港口航运、铁路货运、航空寄递、货代企业及平台型企业等加快向多式联运经营人转型。支持粤港澳大湾区相关企业依托港口、疏港铁路和珠三角高等级航道开展铁水、江海联运试点，构建供港澳民生物资绿色通道和联运专线，打造精品联运示范线路。加快大宗物资运输“公转铁、公转水”，支持有关港口码头拓展提升各类物资集散能力，引导具备条件的工矿、粮食等企业将货物“散改集”，逐步将大宗物资中长距离运输转向铁路、水路，短距离运输时优先采用封闭式皮带廊道或新能源车船。

广东省交通运输发展2022年回顾与2023年展望*

2022年，全省交通系统深入学习贯彻中共二十大精神，按照习近平总书记关于“疫情要防住、经济要稳住、发展要安全”的重要要求，在省委、省政府的领导和交通运输部的悉心指导下，统筹做好行业疫情防控和运输保障、投资建设、安全稳定、改革发展等重点工作，圆满完成年度各项目标任务。2023年是全面贯彻中共二十大精神的开局之年，是认真落实省委十三届二次全会、省委经济工作会议和全省高质量发展大会、全国交通运输工作会议精神的重要一年。中共二十大对加快建设交通强国作出战略部署，提出要建设高效顺畅流通体系、加快推进交通运输结构调整优化、推动交通清洁低碳转型、强化重大基础设施安全保障体系建设。本文重点回顾总结2022年广东省交通运输工作，分析形势，展望2023年交通运输发展趋势。

一、2022年广东交通运输发展整体情况

（一）交通建设投资不断加大

2022年，广东充分发挥交通先行官作用，加快推动交通基础设施建设，科学调增交通投资计划，确保交通投资应统尽统，坚持每月一调度，积极稳定投资规模，不断优化项目前期审批流程，保在建、促新开、强储备，抓设计、管过程、优造价，形成更多有效投资。全省公路水路交通建设投资2163.8亿元，居全国第四，超额完成年度奋斗目标，同比增长9.8%；省管铁路投资983.7亿元，超出原计划25.5%。高速公路用地报批创历史新高，22项（段）高速公路用地获自然资源部批复。珠海市香海大桥等9个项目约240公里建成通车，新开工惠霞高速等11个项目约486公里。

铁路项目方面，茂名博贺港铁路建成，广湛、广花城际等24项1773公里续建省管铁路项目建设加快，广佛西环、深江高铁等13项447公里省管铁路项目新开工建设。公路项目方面，全省建成高速公路240公里，新增高速公路里程169公里，新增高速公路车道里程1002公里，持续推进深中通道、黄茅海通道等47项约1714公里高速公路续建项目，新开工惠霞高速等10个高速公路项目。港航项目方面，广州港南沙港区四期全自动化集装箱码头主体工程建设完成，东江、北江上延、顺德水道等航道工程勘

---

* 根据广东省交通运输厅网站材料及2022年度广东省交通运输工作总结整理，整理人：王锋，广东省现代物流研究院。

察设计工作持续推进，崖门出海航道二期、矾石水道航道工程建设推动工作加快。航空项目方面，广东在建设世界级机场群上赓续发力，白云机场三期、深圳机场第三跑道、珠海机场改扩建等项目不断推进。一是广州白云机场三期持续推进。广州白云国际机场三期扩建工程是我国民航机场建设史上规模最大的改扩建工程，建成后，将汇集航空、高铁、城际、长途汽车、旅游大巴、网约车、公交、出租车、社会车辆等交通方式，以全天候、一体化换乘联通白云机场与广州中心城区、珠三角城市群、粤港澳大湾区，对于有效提升广州国际性综合交通枢纽能级、促进粤港澳大湾区交通基础设施互联互通具有重要意义。二是深圳机场第三跑道建设也有重大进展，迈进建设“快车道”。2022 年 6 月，深圳机场第三跑道扩建工程项目外海堤管板组合桩沉桩施工顺利完成，标志着机场第三跑道稳步迈进建设“快车道”。深圳机场第三跑道于 2021 年开建，计划于 2025 年建成投运，能满足包括世界最大客机 A380 等各类大型客机起降。三是珠海机场改扩建工程迎来重要进展。2022 年 4 月，珠海机场改扩建工程项目完成了 T2 航站楼主楼工程屋面钢结构网架整体提升的作业，标志着航站楼主楼整个钢结构屋面全部单元提升到位，是 T2 航站楼屋面网架整体提升完成的关键一环，“湾区之翼”网架基本定位成型，露出精美骨骼。

（二）交通运输治理体系逐步完善

一是在交通标准化管理方面。2022 年，广东省交通运输标准化管理委员会成立并完成了智慧航道、数字农村公路、“两客一危一重”等系统联动展示等工作。二是在农村公路管理方面。2022 年，广东省人民政府成立广东省农村公路“路长制”领导小组，并印发了《广东省农村公路扩投资稳就业更好服务乡村振兴攻坚方案》，统筹推进广东省农村公路建设、管理、养护、运营和路域环境整治等工作，完善、落实农村公路发展保障制度，切实解决农村公路发展存在的突出矛盾和问题。三是在金融支撑方面。2022 年，广东省打破常规、创新机制，全速推动国家政策性开发性金融工具项目——公路港航基金项目落地实施，省并联审批专班着力加快有关基金项目前期审批，省交通运输厅成立基金项目工作专班和设计审批专班，实行设计审批“三同步工作制”“三天工作制”，项目投资额、签约金额、投放金额在全省各行业领域均排名第一。

（三）交通运输创新驱动和智慧发展持续加强

2022 年，广东省在国家交通控制网和智慧公路试点建设验收、公共交通自动驾驶规模化运营、养护公路示范路、数字交通运输厅建设、智慧港口等方面取得成效。一是完成新一代国家交通控制网和智慧公路试点建设验收。作为交通运输部新一代国家交通控制网和智慧公路的首批试点省份，广东省智慧公路建设初见成效，深圳外环高速公路实现了基于 BIM（建筑信息模型）的建设和日常养护支撑，隧道内北斗卫星信号全覆盖；南沙大桥、乐广高速公路具备车路通信和 21 种场景的车路协同技术应用能力。二是广东省推动“广州城市公共交通自动驾驶规模化运营先导示范工程”获交通运输部批准开展试点工作。三是广东省积极创建养护公路示范路，全省干线公路技术状况检测和路面自动化采集实现100%全覆盖。四是以“数字交通运输厅”建设为引领，广东按照“1168”总体架构推进综合运输业务协同平台建设。五是印发《广东省“十四五”智慧港口建设指导意见》，推动智慧港口建设工作，启动“数字铁路”建设。梳理涉水部门职能“两清一图”，构建智慧水运“一网统管”格局。

（四）绿色低碳交通发展稳步推进

一是绿色低碳交通发展责任进一步压实。2022年，面对“双碳”目标下交通运输绿色低碳转型发展实际需要，广东省交通运输厅进一步提高政治站位，结合行业高质量发展实际需要，成立了广东省交通运输绿色低碳发展工作领导小组，由厅主要领导担任组长，立足推进交通运输业“双碳”工作，建立常态化工作机制，进一步加强全省交通运输行业绿色低碳转型发展工作任务的组织领导和统筹协同，落实省委、省政府的相关决策部署，更好地服务经济社会全面绿色转型。

二是新能源使用不断加速。2022年，在新能源、清洁能源车船推广方面，全省累计推广应用新能源营运车39万余辆（含合规网络预约出租汽车），全省城市公交领域电动化率达98.6%，新能源营运车辆规模居全国第一。全省各地市签订LNG改造合同的船舶214艘，完成改造下水123艘，检验发证101艘。目前，全省LNG单燃料动力船舶共151艘，位居全国第一。同时，随着“珠水百年”号和“广游20”号正式投入运营，珠江游纯电动船运力规模位居全国前列。在用能配套设施方面，持续推进绿色出行“续航工程”，优化调整高速公路服务区充电设施布局，推进服务区充电设施建设。截至2022年年底，全省累计完成1300多座充电桩建设工作，充电停车位约2300个，圆满完成交通运输部年度充电设施建设任务，基本实现高速公路服务区充电设施（快充站）全覆盖。同时，积极开展内河港口岸电建设使用，加快推进广东省港口岸电监测模块的优化升级，港口岸电使用率逐步提升。全省码头泊位岸电设施覆盖率达83.4%，超额完成交通强国建设试点任务确定的70%目标，其中内河港口岸电设施600多套，在全国率先实现省级全覆盖。2022年全省内河岸电总用电量约90万度，同比增长11.7%，实现较快增长。

二、2023年广东交通运输发展重点

（一）加速推进交通强国先行示范省建设

全面贯彻《交通强国建设纲要》《国家综合立体交通网规划纲要》，落实广东省《关于贯彻落实〈交通强国建设纲要〉的实施意见》《广东省综合立体交通网规划纲要》及“十四五”各专项规划，加快实施交通强国五大试点任务和交通强省“十大工

程”，更好地服务“双区”建设战略，全面推动交通强省建设，打造一批交通强省示范城市。加快建设高质量的综合立体交通网。加快完善“三横六纵两联”综合立体交通网主骨架，统筹推进公路、铁路、水运、民航融合发展，打造“轨道上的大湾区”和世界级港口群、机场群，完善一体化综合交通体系。构建便捷顺畅的城市群交通网，加快跨江跨海重大通道工程建设，推进高速公路技术改造，助力形成环珠江口100公里“黄金内湾”，通过交通基础设施互联互通有效支撑广州、深圳、珠江口西岸、汕潮揭、茂湛五大都市圈的高效连接和互动发展。打造高品质的基础交通网，推进普通国省道和“四好农村路”建设，服务支撑“百县千镇万村高质量发展工程”，促进城乡和区域协调发展。加快美丽公路、绿色公路建设，助力绿美广东生态建设。打造多层级一体化综合交通枢纽，大力支持广州、深圳加快建设国际交通枢纽，支持珠海、汕头、湛江建设全国性综合交通枢纽，支持其余地市创建区域性综合交通枢纽和一般枢纽，提升交通枢纽能级。

（二）全力巩固扩大公水铁交通项目建设投资

按照固定资产投资增长8%的目标和“三年工程两年干”的要求，广东省全年计划完成公路水路投资2367亿元、省管铁路投资1100亿元，在确保安全和质量的前提下，统筹加快各类交通基础设施建设。一是全速推进高速公路建设。投资1240亿元，加快推进在建项目51项1964公里，计划建成珠海鹤州至高栏港高速二期、韶惠高速龙门至惠州段等13项354公里（新增里程250公里），计划新开工广州机场高速改扩建、惠州稔平环岛高速等13项648公里。重点推进深中、狮子洋、黄茅海等跨江跨海通道建设，加快南雄至信丰、龙川至寻乌、阳春至信宜、湛江至南宁等出省通道规划建设。抓好梅州至泉州等高速公路前期工作，加快推进京港澳高速粤境清远佛冈至广州太和段、广州至东莞段等项目改扩建。积极推进普通国省道改造和“四好农村路”攻坚。普通国省道计划投资460亿元，建设里程（含新改建和路面改造）1000公里。农村公路计划投资309亿元，在省民生实事有关“四好农村路”建设任务基础上自我加压，计划新改建农村公路6583公里（含3789公里通建制村“单改双”工程、2724公里路网联结工程等），改造288座危旧桥梁，完成村道安全防护工程3539公里。二是大力推进港航建设。投资207亿元，加快推进南沙港区国际通用码头、盐田港区东作业区集装箱码头工程等63项在建项目，计划建成16项，新开工22项。推进北江上延、顺德水道项目开工建设，确保南沙港区四期工程等按期投产，推进东江、韩江、锦江、清远三线船闸工程，汕头港广澳港区三期工程等项目前期工作。三是抓好铁路建设。投资150亿元，重点加快广州东部公铁联运枢纽、深圳西丽枢纽等项目建设。积极推进国家综合货运枢纽补链强链工作，深入推进广州有关补链强链示范城市建设，支持更多城市做好申报。加快省管铁路建设。投资1100亿元，加快广湛、深江、珠肇、梅龙高铁和粤东城际等37项在建项目，计划建成广汕、汕汕高铁（至汕头南）和新白广、珠机城际二期、广佛南环等8项511公里（含高铁349公里、城际铁路152公里、疏港铁路及专用线10公里），计划新开工10项416公里。

（三）统筹做好疫情防控与交通物流保通保畅

不断调整完善交通领域疫情防控措施和应对策略，确保实现平稳转段和稳定接续，确保公路服务区、重点客货枢纽等持续稳定运行。持续做好物流保通保畅。统筹加强全省港口、机场、铁路货站等重点枢纽的跟踪调度，确保枢纽设施服务不停、中转不断、运行有序。畅通物流运行微循环。加强对物流园区、邮件快件处理中心等物流节点的跟踪调度，保障各领域重点企业、重点单位的运输需求，更好地解决重要物资物流配送“最后一公里”和“最后100米”难题。做好“澳车北上”服务，配合推动“港车北上”，深入用好管好港珠澳大桥，合力做好与港澳间公路、水路、铁路等客运服务保障工作。

（四）着力抓好交通运输安全生产工作

深刻认识安全生产工作的极端重要性，深刻吸取交通领域重大事故教训，切实加强行业安全生产管理，坚决遏制重大事故，坚决避免重特大事故。压实行业安全生产责任。健全“党政同责、一岗双责”和“三管三必须”安全生产责任体系，落实风险管控和隐患排查治理双重预防机制。巩固提升交通运输安全生产专项整治三年行动成果，紧盯重点领域、重点地区、重点时段，抓好道路运输、水路运输、城市公共交通、交通工程等安全监管。强化交通基础设施安全监管。深化平安百年品质工程创建示范，争创5～10个部级示范项目。加强普速铁路沿线安全环境治理，抓好省管铁路安全监管。推进公路安全设施和交通秩序管理精细化提升行动、公路灾害防治工程和农村公路安全生命防护工程。加强港口、航道基础设施安全防护和重大危险源管理。强化交通基础设施技术状况监测。完善交通运输应急管理机制。组织做好应急救援队伍建设和应急演练，着力抓好台风、寒潮等极端天气的预警预防，全面加强防灾、减灾、救灾的交通运输保障工作。

（五）全面增强运输服务质量和保障能力

总结推广春运经验成效，扎实做好节假日和重要节点的全省交通保安全、保畅通、优服务等工作。全面推广“出行即服务”理念，深化实施旅客联程运输专项行动。推进粤港澳大湾区“一票式”联程客运和“一单制”联程货运服务体系建设。指导佛山创建国家公交都市示范城市，支持广州港创建国家多式联运示范工程、韶关创建绿色货运配送示范城市。推动高速公路车辆救援服务地方标准出台，提升救援服务效能。持续做好服务区升级改造，力争各地市都有标志性特色化服务区。做好“司机之家”建设工作。加大行业惠企纾困力度。继续落实高速公路差异化收费政策，深化收费公路长期可持续发展政策研究。持续推进道路运输“省内通办、跨省通办”提质增效工作。悉心指导帮助行业广大市场主体用足用好各类惠企纾困政策措施，着力推动物流降本增效，切实减轻企业负担，营造良好发展环境。

（六）持续提升行业治理能力和治理水平

协调推动《广东省危险货物道路运输安全管理条例》《广东省道路货物运输超限超载治理办法》等立法。严格抓好交通执法，抓好道路客运、危险品运输、治超等专项执法，严肃查处“黑车”等非法营运行为。举一反三狠抓交通执法领域问题长效整改，推进执法领域突出问题整治常态化，确保严格、规范、公正、文明执法。加强行业信用建设和新业态发展，夯实“信用交通省”建设，加大对守信主体的激励和对失信主体的惩戒力度。引导和支持交通行业各类新业态、新模式、新经济健康规范发展，抓紧抓实交通领域涉稳问题专项治理任务，针对驾驶员培训、网约车、出租车和项目“邻避”等重点、热点、难点问题，及时妥善排查化解矛盾纠纷。深化交通领域“放管服”改革，大力推动行业简政放权，按程序压减和下放省级行政职权事项，推进涉企审批服务改革，合力优化营商环境，更好地服务横琴、前海、南沙三大平台建设。

（七）创新引领智慧交通绿色交通发展

培育发展交通运输新技术、新模式，推进实施交通运输科技示范工程，实施行业“基建＋科技”融合，强化标准领航作用。利用“互联网＋”、物联网、云计算、大数据等信息技术，以“数字交通运输厅”改革建设为引领，稳步推进智慧高速公路、数字铁路建设，推进交通运输部新基建重点工程粤港澳跨海智慧通道工程建设，推动港珠澳大桥数字化、智能化运营维护。深入打造绿色生态交通，印发《广东省交通运输绿色低碳发展纲要》，加快推进柴油车污染治理。全面推进绿色公路建设，力争创建10～30个省级绿色公路示范工程。落实广东省深化治理港口船舶水污染物方案，推动港口岸电使用率同比增长20%以上，推动琼州海峡省际客滚船码头实现岸电设施全覆盖使用。加快推进内河船舶LNG动力应用工作。

（八）全面加强党的建设和队伍建设

全面学习、全面掌握、全面落实中共二十大精神，深刻领悟“两个确立”的决定性意义，不断增强“四个意识”、坚定“四个自信”、做到“两个维护”，将中共二十大精神转化为加快建设交通强省的强大精神力量，确保落实到全省交通运输工作的全过程和各方面。坚定不移全面从严治党、治交，始终保持反腐倡廉的高压态势，深化以案促改，严明纪律规矩，坚决做好省委专项巡视整改工作“后半篇文章”，打造阳光交通、廉洁交通。加强机关作风建设，锲而不舍落实中央八项规定精神，以严基调强化正风肃纪，持续深化纠正“四风”。狠抓交通队伍和行业自身建设。坚持新时代好干部标准，加强交通人才培树，大力锻造忠诚、干净、有担当的交通高素质专业化干部队伍。深化交通模范机关创建，锻造坚强有力的行业基层党组织。压实意识形态工作责任制，加强新闻舆论宣传，提升交通政务媒体的传播力、引导力、影响力、公信力。弘扬交通精神，培树行业典型，讲好新时代交通故事。

广东省铁路货物运输发展2022年回顾与2023年展望*

一、2022年广东省铁路货物运输发展总体情况

（一）货物运输总量再创历史新高

2022年，广东省铁路货物运输总量（不含南宁局管辖部分）达13866.7万吨，同比增加211.4万吨，增幅1.5%。其中货物发送量5509.5万吨，同比减少23.9万吨，减幅0.4%；货物到达量8357.2万吨，同比增加235.3万吨，增幅2.9%（见表1－5）。

表1－5　2021年、2022年广东省合资（地方）公司铁路货物运量

合资公司		发送量（万吨）		同比（%）	到达量（万吨）		同比（%）
		2021年	2022年		2021年	2022年	
广深公司	广坪段	701.9	607.4	－13.5	2453.8	2335.3	－4.8
	广深段	1181.7	1049.9	－11.2	870.9	894.4	2.7
东北外绕公司		19.9	45.6	129.1	71.6	117.0	63.4
广珠公司		904.4	1136.0	25.6	366.6	471.2	28.5
赣韶公司		31.9	27.0	－15.4	64.0	84.6	32.2
三茂公司		1105.5	1123.1	1.6	1905.9	1906.4	0.0
茂湛公司		144.4	188.7	30.7	370.3	537.3	45.1
广梅汕公司		1309.9	1207.5	－7.8	1538.6	1540.5	0.1
平南公司		10.4	6.0	－42.3	111.4	76.8	－31.1
海南公司		19.9	14.7	－26.1	127.6	145.1	13.7
广东地铁		103.6	103.4	－0.2	241.2	248.5	3.0
合计		5533.4	5509.5	－0.4	8121.9	8357.2	2.9

资料来源：广铁集团。

* 供稿人：陈敏，中国铁路广州局集团有限公司货运部。

（二）科学统筹，基础工作有序推进

1. 劳动组织改革迈出新步伐

一是稳妥推进物流园移交。按照广铁集团公司统一部署，将广东省内新开通的物流园、货场移交广东粤通铁路物流有限公司经营管理，为延伸货运服务链条和拓展经营领域创造条件。二是深化站货一体化建设。完成了管内焦柳线、渝怀线、娄邵线、湘桂线、石长线、漳龙线、畲汕线 7 条线移交车务段管理工作。一体化管理后不仅达到分流 609 人、实现量小站点精细管理的目的，而且有利于统筹指挥线上运输、站内取送和点上装卸全流程畅通，提高了货运生产效率。三是推进货运集中办理。将分散在货运站的需求受理、运单制票、收款对账、内交付、理赔等内勤业务集中统一办理。将 237 个营业厅整合为 30 个综合服务岗，提供应急、军运、国际联运等纸质业务。集中后的 122 人以及综合服务岗的 130 人将完成原各站点 466 人的内勤业务，减少用工 214 人，减幅 45.92%。

2. 物流基地建设有序推进

一是引入社会资本进行投资和参与经营。对小塘西货场，基于货场扩能条件，对货场整体的承包经营进行公开招商，筹集资金 3200 万元进行扩能改造。对量小的肇庆货场，通过公开招商，筹集资金 2800 万元扩能改造，将铁路运量提升到 80 万吨/年。二是协调推进广州国际港一期，茂名东、黄圃、松棚等物流基地项目建设。广州国际港一期、茂名东已开通投产，为货运增运增收强化了能力保障。三是加快推进铁路专用线建设。中科炼化危化品专用线等 3 条专用线验收投产。四是组织对坪石、春湾等 4 个货场实施短平快改造，主要实施堆场地面硬化、货场给排水改造等。

（三）对接市场，货运增量成效显著

1. 扎实开展货运增运增收大会战攻坚战

一是扩大战略合作“客户群”。加强与大型企业战略合作，与 27 家大客户签订 7580 万吨协议运量，较 2021 年协议量增加 875 万吨，并在运力保障、价格政策等方面向战略客户倾斜，引导战略客户进一步提升铁路运输占比。二是紧盯大宗物资运量兑现。把握国家支持基建行业、制造业的有利时机，紧盯钢厂电厂协议运量兑现，做好电煤保供运输。2022 年，共发送钢材 1536 万吨，同比增长 6.6%；煤炭 2387 万吨，同比增长 16.8%。三是扩大海铁联运集装箱运量。充分发挥靠海优势，以定点开、定点到、定点装卸、定区域堆放的班列组织模式，满足客户对时效稳定的核心需求。2022 年广州、深圳港口完成海铁联运集装箱 59.7 万标准箱，同比增长 23.6%。四是扩大商品车运量。加强与广汽集团、比亚迪公司的战略合作，抓好广汽丰田、深圳比亚迪和广州小鹏等项目营销，对广汽、一汽部分高端车型采用“快运班列 + 商品车”运输新模式。2022 年完成商品车发送 84.3 万台，同比增长 19.4%。五是组织开好国际班列。

努力克服俄乌冲突影响，充分利用铁路口岸能力提升、中老铁路开通的有利契机，大力提升国际班列开行数量。2022 年开行中欧班列 1262 列，同比增长 29.8%；其中广东省开行 754 列，同比增长 93.8%。

2. 全力开展“两化两制”市场攻坚

一是加快推进立项项目落地。对目前已经立项的板块项目，加快推进落实，尽快转化成实际增量。二是组织各板块组、网格化营销团队，继续深入市场开展调研，全力开拓市场，挖掘潜在增量货源，促进增运增收。三是加强广东湛江中科炼化化工品货源组织，做好商品车运输组织方案调整和公转铁货源营销，全面开展市场攻坚，齐心协力解决影响上量的各种问题。

（四）多措并举，货运安全保持基本稳定

1. 扎实开展安全生产大检查活动

一是制定《广州局集团公司 2022 年货运安全生产大检查实施方案》，明确整治重点及推进计划。二是开展危险货物运输专项整治，全年检查整治危险货物运输相关问题 1219 个。三是开展集装箱货物混装运输安检专项整治，全年检查整治集装箱货物混装运输问题 137 个。四是开展货运安全检测设备配置和运用专项整治。五是充分发挥监控分析、铁眼执法仪、视频监控等作用，加强疫情防控常态化下的现场安全管控。

2. 开展劳动安全专项攻关

一是按照装卸作业标准和人身安全“九禁止”要求，严格落实装卸防护信号安撤保管、作业区域警示与防护、防护人员配置等劳动安全卡控措施。二是整治横越正线安全隐患。对需横越站场、正线作业的站点，要求加强与运转值班员的联系，了解作业时间；固定行走线路，双人防护并执行“一站、二看、三确认、四通过”和“眼看、手比、口呼”制度，确保安全。三是整治登高作业安全隐患。大力推进货车装载状态高清视频监控系统建设，使用自拍杆等方式，减少登顶检查安全隐患；加强监装卸，严肃考核在车帮站立、行走等行为。

3. 进一步做好货物运输疫情防控工作

一是落实扫码、查验、测温要求，进入货运场所，须扫场所码、查验健康码和核酸证明、测量体温，符合要求方可放行。二是严把受理承运关，对进口冷链食品，严格执行入境检验检疫合格证明、核酸检测合格证明、消毒证明、海关放行通知等查验制度，对不符合条件的，一律不予承运。三是强化个人防护，一线作业人员落实“三件套”上岗工作措施，严防工作接触性疫情传播，同时重点岗位人员要加大核酸检测频次，做好健康监测。四是与疾控部门加强联系，关注属地疫情动态，制定预案应对突发疫情，发生涉及货运疫情，及时处置。

二、广东省铁路货物运输发展展望

2023 年，广东省铁路货物运输发展将围绕“建设高效顺畅的流通体系”，破解铁

路运输发展中的短板问题和难点问题，坚持问题导向和目标导向，进一步深化供给侧改革，确保铁路货运再上新台阶。重点抓好以下三项工作。

（一）强化货运安全管理，确保货运安全稳定

1. 健全完善规章制度

结合95306系统升级、集中办理等业务变化，及货运工种职名优化、支线一体化等改革工作推进，进一步规范《货细》《作业指导书》等基础资料编制，实现工作流程、工作重点等更精细、更精准。

2. 深化标准化规范化建设

优化考评机制，对标验收、动态管理和考核激励相融合，强化责任落实和过程控制，以达标争先氛围促进站段将“双化”建设贯穿日常，实现常态达标，争创标杆。按照集团公司“按专业打造标杆”的要求，积极推进示范车间建设和标杆车间创建。

3. 深化双重预防机制落实

以“时时放心不下”的高度责任感，全力抓好双重预防机制的有效落实，全力防范化解各类安全风险隐患，全力整治“黑天鹅”“灰犀牛”事件。

4. 紧盯现场作业关键管控

重点抓好起重机械“十不吊”、装卸作业人身安全“九禁止”、流动式机械“倒车五步法”、F－TR型锁平车卸集装箱“点动试吊”等关键作业环节管控，整治简化作业、惯性“两违”等问题，提高装卸作业质量，确保作业安全。全面抓好货物混装运输受理、进站、安检、装车、问题货物处置、卸车等作业环节卡控，杜绝匿报、谎报货物品名或夹带危险品运输等问题。

（二）强化经营管理，促进货运增运增收

1. 全面提升企业经营质量

一是密切运价与“两化两制”营销联动，快速响应市场需求，通过价格引导，充分利用运输资源，提高铁路市场份额，完善随行就市的价格调整机制。二是建立健全集中办理条件下运价项目审批、执行制度办法，利用95306系统功能完善和货运营销层级提升契机，进一步扩大运价项目透明度和铁路运价政策的传播面，吸引社会货源通过铁路运输。三是大力推进95306系统运价管理功能的使用，通过系统实现运价项目申报、审批、执行、评价全程留痕，全周期盯控，运用系统卡控运价项目执行条件，严格防范运价管理领域的廉政风险。

2. 优化货运产品设计，提高经营效益

一是持续完善铁路货运产品的运输组织方案，实现货运产品多渠道供给、定制化、个性化、差异化服务。二是加快推进白货班列货源的挖掘与开发，优化班列服务供给，加强运输组织，稳定班列运输时效，增加班列开行数量和质量；坚持以收入为导向，

精准实施运价策略，提升白货运输市场份额；深化与大型生产制造企业战略合作，融入企业供应链，提供全流程、定制化运输产品，逐步扩大班列冠名范围。三是推进集装化运输，提高怕湿货物集装化运输比例。鼓励客户对集装化用具及配套装卸机械的投入，加快推进集装化运输设施设备改造，满足现代集装化物流发展需要；创新和开发集装化运输新设备、新技术。

3. **深化战略合作**

一是深化路企合作。与主要发电、煤炭、钢铁等大型企业开展战略合作，签订年度运量互保协议锁定基础运量，2023 年力争签订战略合作协议运量 7680 万吨，同比增加 100 万吨。二是深化路地合作。准确把握地方推进运输结构调整、促进“国内国际双循环”、扩大内需的新政策、新措施、新规划等内容，及时制定铁路物流市场变化应对方案；进一步对接地方政府，确保集疏港铁路、大型厂矿企业铁路专用线建设按计划有序推进。三是深化路港合作。按照“一港一策”原则，针对不同的港口、不同的货物品类制定营销方案，大力推动港口增量，力争大宗货物铁水联运 2023 年完成 4400 万吨，同比增长 160 万吨。四是实施大客户战略，提高铁路运输量。扩大货运大客户群，提升运力保障、物流延伸等服务质量，探索推广物流总承揽、物流基地联营、全程供应链等服务领域。五是深化路港联合营销，推进大宗货物“公转铁”。建立沿海和内河码头铁水联运公共信息平台，推动铁水联运一单制运输；推进集装箱铁水联运、港口集疏运铁路专用线等“公转铁”重点项目建设，打通沿海港口、内河主要码头铁水联运“最后一公里”；推动大宗货物及中长距离货物运输向铁路有序转移。

4. **提升商品车、集装箱和白货运量**

一是提升商品车运量。围绕广汽集团商品车运输，以南沙、增城西、广州国际港为试点，组织开行客车化商品车班列，打造稳定、可持续、高质量的商品车铁路运输现代物流服务体系。加强商品车铁路运输新载具研发，与中铁特货公司、汽车主机厂共同研发框（板）架式汽车专用集装箱，提升铁路商品车运输市场竞争力。二是提升集装化水平。加强对区域内货源的摸查，优化集装箱装箱方案与运输方案，最大限度做到“宜箱尽箱”。紧盯砂石骨料市场需求变化和矿山复工复产变化情况，用好敞顶箱箱源充足的优势，灵活运用运价手段吸引公路货源转为铁路运输。加快集装化用具研发和推广，重点推广中科炼化、农夫山泉托盘运输模式，提高作业效率，降低企业运输成本。三是提升白货班列运量。充分利用珠三角地区白货产品产量大、质量好、市场广的优势，深入开展市场营销，不断挖掘新货源、开发新项目。2023 年力争新开发 2 ~ 3 趟新班列。

5. **持续开好中欧班列，推动共建“一带一路”高质量发展**

一是密切关注国际局势走向和国际海运价格的变化，及时协调平台公司采取对策，加强铁路内部协作，确保中欧班列稳定开行，更好地服务地方经济和进出口贸易的发展。二是落实《广东省关于研究推动中欧班列有关工作的情况报告》，重点发展广州国际港、增城西、平湖南站为主要始发枢纽站，打造广东省中欧班列集结中心；积极参与班列货源组织，协助平台企业增加班列开行列数，开拓新的班列线条，让中欧班列充分发挥高效、优价、联通的优势，更好地服务地方经济和进出口贸易的发展；加强铁路内部协作，为中欧（亚）班列提供更加高效、优质的铁路运输服务，不断提升班列市场竞争力，稳定、扩大班列客户群和市场份额。

（三）增强服务能力，实现提质增效

1. 优化营销体系机制，提升货运服务能力

一是推进货运服务中心建设。按照国铁集团的有关要求，优化货运服务中心管理，全面提升集团货运服务质量。按照“一网通、一网办”的工作思路，依托既有货运营销大数据系统和集中办理智能辅助系统信息技术资源，打通内外部系统、内部各系统间的信息流、业务流，真正实现 95306 系统智能受理、自动计费、自动统计。二是组织营销团队开展网络化营销。继续加大市场挖掘力度，不断开发新的项目，同时根据客户需求，综合考虑铁路货运供给能力，协调各方资源，合力解决重点难点问题，推进项目有效实施，将项目预计运量转化为实际的货运增量。三是健全板块营销考核激励机制。制定板块营销团队激励考核办法，对各板块项目组，设定装车数、发送吨、经营收入等定量指标和创新性等定性指标进行综合评价。同时，实行专门激励，对完成专业化开发工作目标并带来货运增量的营销团队，阶段性地给予适当奖励，充分激发营销人员努力开发更多增运增收项目的积极性。

2. 加快物流基地建设

力争广州国际港（二期）、平湖南（二期）、肇庆大沙等铁路货场和物流园开工建设，提升广东省铁路货运能力。加快专用线建设，力争明年建成开通南海一汽大众专用线、清远电厂专用线、茂名港铁路博贺新港区专用线。

3. 推动货运物流信息建设，实现铁路智慧物流

建设铁公水联运智慧物流服务平台，以广州港、深圳港、岳阳城陵矶港等为重点，推进与港口、船公司等企业物流数据共享；研发铁路物流园服务系统，推进智慧货场建设，提升铁路物流服务能力和智能化水平；打造“广货通”物流服务信息平台，提供物流增值服务，打造物流新业态，降低客户物流成本；推进货运安全监测系统建设，实现货运安全检测与处理信息的联网综合监控。

广东省水路货物运输发展2022年回顾与2023年展望*

一、2022年广东省水路货物运输发展总体情况

（一）水路货物运输呈收缩态势

2022年，广东省水路货物运输总量整体收缩，货物周转量实现平稳增长。根据广东省统计局数据，2022年广东省水路货物运输总量97628万吨，同比下降8.9%；水路货物运输周转量25005.04亿吨公里，同比上升1.3%；水路货物周转量平均运距2561.3公里，水运在长距离运输上的优势进一步发挥，拉动全省货物周转量增速1.1个百分点。从全年走势来看，水路货运市场走势基本和往年一致，上半年为传统货运淡季，受台风降水等因素影响，水路货物周转量持续负增长但降幅逐步收窄，至7月实现增长0.3%，下半年增幅逐步提高，10月在圣诞备货期的带动下增长8.4%，为全年月度同比增幅最高值。

2022年全球能源供应趋紧，广东省港口货运吞吐量整体呈下降趋势。根据《2022年广东省国民经济和社会发展统计公报》数据，广东省2022年港口货物吞吐量完成204802万吨，同比下降2.3%。其中，外贸货物吞吐量66239万吨，同比下降4.2%；内贸货物吞吐量138563万吨，同比下降1.3%。港口集装箱吞吐量7064.83万标准箱，同比下降0.2%。12月随着防疫政策优化，港口装卸效率逐步恢复正常，积压货物得到较快处理，港口货物吞吐量、集装箱吞吐量同比分别增长4.1%、11.2%。

（二）港口基建投资规模不断加大

根据《2022年度广东省交通运输工作总结》数据，2022年广东省公路水路交通建设投资2163.8亿元，居全国第四，超额完成年度奋斗目标，同比增长9.8%。2022年固定资产投资新增港口万吨级码头泊位新增吞吐能力6166万吨。广东省重点项目安排中，计划2022年港航工程新增港口年通过能力3000万吨，到2022年年底，总通过能力达19.6亿吨。其中，重点建设项目中的港口码头项目共有27项，包括7项投产项目、13项续建项目、7项新开工项目。目前全省已实现300多个内河码头和靠泊内河

---

* 供稿人：梁婉婷，广东亚太经济指数研究中心。

船舶的 60 多个沿海码头生活垃圾投放、收集设施全覆盖。

（三）港航运输能力持续上升

广东省已形成以主要港口为引领、地区性重要港口共同发展的总体格局，以粤港澳大湾区为核心的世界级港口群正加速形成。广东交通的“非凡十年　交通非凡”报道显示，广东省亿吨大港达到 6 个，新增万吨级泊位 45 个，新增港口货物通过能力 2. 8 亿吨、集装箱 854 万标准箱；内河航道通航总里程 1. 2 万公里，居全国第二，完成西江 3000 吨级、北江 1000 吨级等航道扩能升级，新增内河高等级航道 505 公里，实现 3000 吨级船舶由大湾区直达广西，1000 吨级船舶经北江直达韶关市区。总体上，全省港口发展实现了从供给紧张到总体适应的巨大转变，在促进综合立体交通网建设、服务经济贸易发展、推进产业布局优化、支撑区域战略实施、践行生态绿色发展中发挥了重要作用。

（四）航道智能化建设持续发展

以西江干线和珠三角高等级航道为主的内河高等级航道网基本形成，广东省水路货运航道智能化建设持续发展。一是建设智慧航道。广东智慧航道建设工程不断集成嵌入多维度的智能化体系模块，通过打通多方数据、让数据多跑路，并让其产生更大价值。二是建设综合运行监测平台。广东航道综合运行监测平台通过“8 + 1”模块的呈现方式，让航道维护的信息研判、决策能力、管理效率及服务得到大幅跃升，航道要素的智能实时感知成为现实。三是建设智能决策中心。基于航道综合运行监测平台，广东航道打造智能决策中心，助力实现全局可视、协同运行。智能决策中心具有两大功能，其一是实时掌握航道情况，便于对航道进行精细化管理，其二是通过全面收集航道基础信息及船舶航行轨迹等数据，匹配航道运行需要的最优资源，提高航道运行效率。

（五）绿色水路运输建设稳定推进

广东省正构建以珠三角港口集群为核心，粤东、粤西港口集群为发展极的“一核两极”发展格局，携手港澳建设粤港澳大湾区世界级港口群，推进建设绿色安全港航。2022 年 8 月 19 日，中国海油旗下中海油广东水运清洁能源有限公司投资建设的德庆悦城液化天然气（LNG）船舶加注站项目开工，是广东省内河航运绿色发展示范工程建设的首座固定 LNG 船舶加注站，同时也是国内最大规模绿色航运示范工程首座 LNG 船舶加注站。“气化工程”促进珠江流域航运绿色发展，加注站将建设 3000 吨级加注泊位 1 个，趸船上设两座 250 立方米 LNG 储罐，可满足 100 艘以上船舶的加注需求。“十四五”期间，广东省计划新建或改造约 1500 艘 LNG 动力船舶。全面完工后，船用 LNG 年需求量约 40 万吨，将替代油品消费约 39 万吨。据初步测算，这将使广东省船舶氮氧化物和颗粒物排放分别降低 12.6% 和 19.5%，对于推动大气污染防治具有重要意义。

二、2022 年广东省水路货物运输发展存在的主要问题

（一）协同联动发展水平有待提高

广东省内不同地区的港口资源利用程度存在较大差异，未实现港口间的协同联动。首先，港口基础设施建设不协调。广东省内不同地区的港口基础设施建设存在重复建设和资源浪费的情况。不同地区的港口设施和服务缺乏统一的标准和规范，导致港口水路货物运输效率低下。其次，广东省港航运输网络连接不够紧密。广东省内不同地区的港口之间以及港口与内陆之间的运输网络连接不够紧密，不同地区的港口之间缺乏协作和配合，难以形成协同效应。最后，广东省港口管理信息化水平有待提高。广东省缺乏统一的信息平台和数据共享机制，导致不同地区的港口之间信息不畅通，难以实现信息共享和协同作业。

（二）内河高质量发展有待加强

广东省拥有优良的内河运输网络，但受产业分布、航道条件及港口布局等影响，全省各地区内河航运发展水平仍不均衡，高等级航道主要集中在珠江三角洲区域，粤东西北地区航道等级较低，沿江地区水运优势未能得到充分发挥。一是广东省内不同地区的经济发展水平存在较大差异，导致不同地区对水路货物运输的需求和利用程度也不同。二是不同地区的港口建设水平存在差异，部分地区由于港口基础设施建设不完善，导致水路货物运输能力不足，从而影响整个广东省的水路货物运输发展水平。三是不同地区的运输企业服务能力存在差异，导致水路货物运输的效率和质量参差不齐。四是部分地区政府对水路货物运输发展的支持力度不足，导致水路货物运输企业难以获得足够的政策支持，从而阻碍了广东省内河航运发展的提高。

（三）绿色生产安全建设有待加强

广东省水路货运绿色平安港口建设有待加强，主要是因为当前广东省内的港口在环保和安全方面仍存在问题。从环保方面来看，重货运轻船舶、大排量船舶、低效能船舶的存在严重制约了水运绿色发展的进程。重货运轻船舶、大排量船舶、低效能船舶通常能源消耗量较大，导致能源浪费，增加碳排放。同时，缺乏完善的监管制度导致船舶污染监管薄弱，废气、废水的排放对环境造成污染，严重影响水质和生态平衡。从安全方面来看，广东省内的港口存在设备老化、管理不善和作业不规范等现象。近年来，我省重大险情和较大事故时有发生，在各种风险隐患交织叠加下，水路运输领域的安全生产风险仍不容忽视。

三、促进广东省水路货物运输发展的措施建议

（一）完善水路货运基础建设

为贯彻落实国家规划提出的发展目标，需完善水路货运基础建设，推进和支持地区性重要航道、港口、保障系统建设，打牢水运发展基础。一方面，围绕“一核一带一区”区域发展格局的构建，加强统筹规划，推动港口错位发展、分工协同、优化配置，全省港口规划布局一盘棋、物流服务一张网、开发建设一张图，优化运输网络，提升水路货运发展质量，增强运输综合实力。另一方面，推进基础设施建设，如公路连通、航道扩容、港口枢纽增效等工作，构筑世界级跨江跨海通道网络，推动大湾区内外实现高水平互联互通。深入推进运输结构优化调整，降本增效，强化港口枢纽作用，推进各种运输方式有效衔接，加强铁水联运、江海联运发展，持续提高港口运转效率和安全性。以国土空间规划为基础，促进港产城融合发展。贯彻水资源综合利用方针，推动涉水行业协调发展。

（二）提高水运现代化服务水平

着力提升运输服务能力水平，充分发挥内河水运优势，与产业、物流、城镇建设、沿海开发、水利治理良性互动。一是提升水运综合服务能级。加强港口战略支点和航道内引外联作用，提高水运服务效能，服务和融入国家发展大局。二是促进提升产业链供应链韧性。准确把握新形势新要求，加快构建现代水运物流体系，确保产业链供应链稳定畅通。三是推进水运业数字化转型，提高水运服务效率。利用先进的信息技术提高水运服务效率，推进数字化、网络化、智能化等现代化技术的应用。四是创新服务模式，提高水运服务水平。通过创新服务模式，提高服务质量，满足客户的需求，提升水运服务业的市场竞争力。五是加强人才培养，提高水运服务人才素质。加强水运服务业人才队伍建设，提高服务人员的专业素质和服务水平，为水运服务业的发展提供人才保障。

（三）加强绿色水路货运发展建设

树立绿色发展理念，切实推进资源节约与环境友好型的低碳绿色水运建设，增强可持续发展能力，提高生态文明水平。一是优化港口布局和结构，通过合理规划港口布局和结构，提高港口运营效率，减少资源浪费和环境污染。二是推广清洁能源，如液化天然气（LNG）、电力等，以减少船舶排放的污染物。三是加强航道疏浚和维护，提高航道水深和通航能力，降低船舶航行阻力，减少能源消耗和排放。四是加强船舶污染防治，包括船舶垃圾、污水、废气等的处理和排放监管。五是发展智能航运，通过推广应用智能航运技术，提高航运效率和安全性，减少对环境的影响。

广东省航空物流发展 2022 年回顾与 2023 年展望*

2022 年，新冠肺炎疫情对民航运输生产影响的深度和持续性远超预期。根据中国民用航空局《2022 年民航行业发展统计公报》发布的统计数据，2022 年，全国民航行业累计实现营业收入 6328. 9 亿元，比上年下降 15. 8%；亏损 2174. 4 亿元，比上年增亏 1374. 6 亿元，经历了前所未有的困难。全行业坚持稳中求进的工作总基调，积极应对安全压力、疫情防控、经营亏损等不利因素交织叠加的局面，稳住了行业发展的基本盘。

一、2022 年我国航空物流发展总体情况

（一）运输总周转量情况

2022 年，全行业完成运输总周转量 599. 28 亿吨公里，比上年下降 30. 1%（见图 1－3）。国内航线完成运输总周转量 387. 86 亿吨公里，比上年下降 39. 5%，其中，港澳台航线完成 2. 30 亿吨公里，比上年下降 23. 6%；国际航线完成运输总周转量 211. 42 亿吨公里，比上年下降 1. 9%。

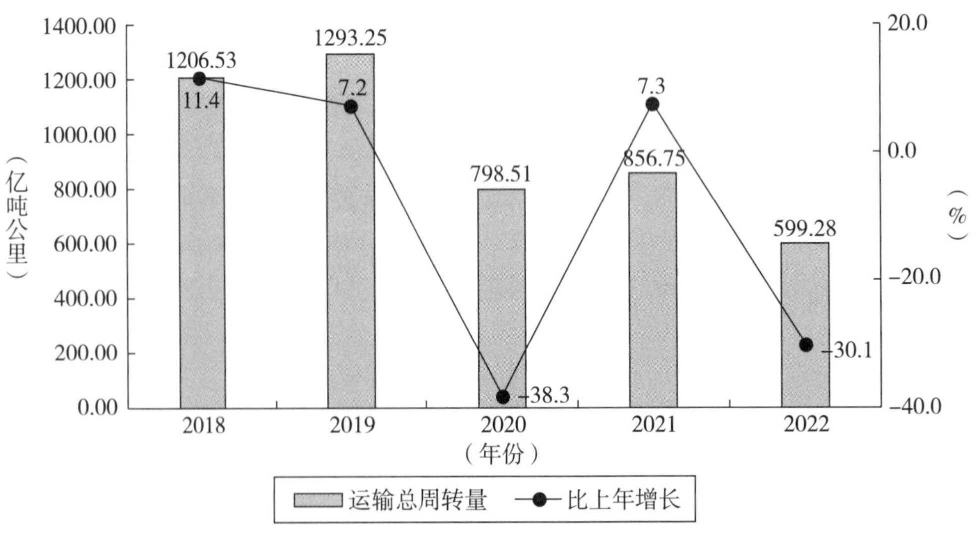

图 1－3　2018—2022 年中国民航运输总周转量

资料来源：中国民航局。

* 供稿人：万青，广州民航职业技术学院。

（二）货邮周转量情况

2022 年，全行业完成货邮周转量 254.10 亿吨公里，比上年下降 8.7% 地（见图 1－4）。国内航线完成货邮周转量 52.30 亿吨公里，比上年下降 25.9%，其中，港澳台航线完成 1.73 亿吨公里，比上年下降 24.6%；国际航线完成货邮周转量 201.79 亿吨公里，比上年下降 2.8%。

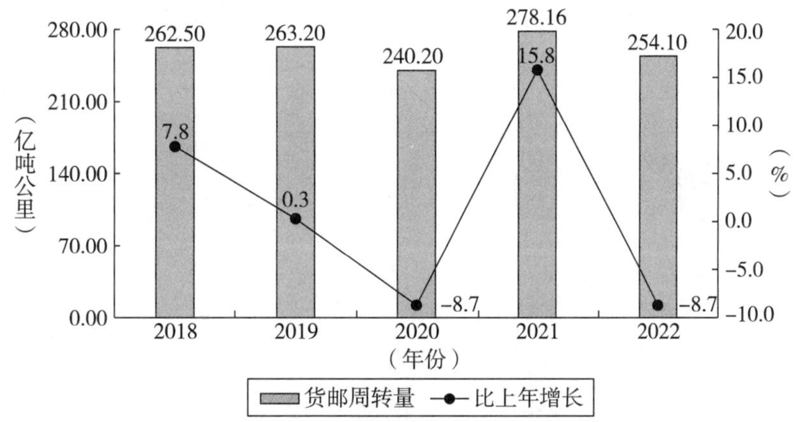

图 1－4　2018—2022 年中国民航货邮周转量

资料来源：中国民航局。

（三）货邮运输量情况

2022 年，全行业完成货邮运输量 607.61 万吨，比上年下降 17.0%（见图 1－5）。国内航线完成货邮运输量 343.79 万吨，比上年下降 26.1%，其中，港澳台航线完成 14.74 万吨，比上年下降 22.4%；国际航线完成货邮运输量 263.82 万吨，比上年下降 1.1%。

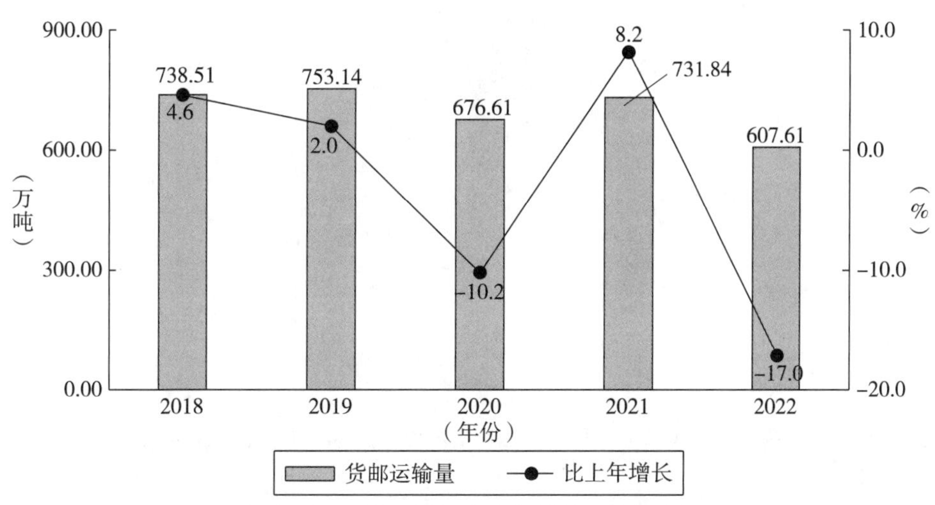

图 1－5　2018—2022 年中国民航货邮运输量

资料来源：中国民航局。

（四）货邮吞吐量情况

2022 年，全国民航运输机场完成货邮吞吐量 1453.05 万吨，比上年下降 18.5%（见图 1－6）。其中，2022 年东部地区完成货邮吞吐量 1069.70 万吨，比上年下降 17.6%；中部地区完成货邮吞吐量 126.01 万吨，比上年下降 20.7%；西部地区完成货邮吞吐量 215.10 万吨，比上年下降 21.1%；东北地区完成货邮吞吐量 42.24 万吨，比上年下降 19.3%。由数据可见，东部地区运输机场货邮吞吐量仍然在全国占比最大（见图 1－7）。

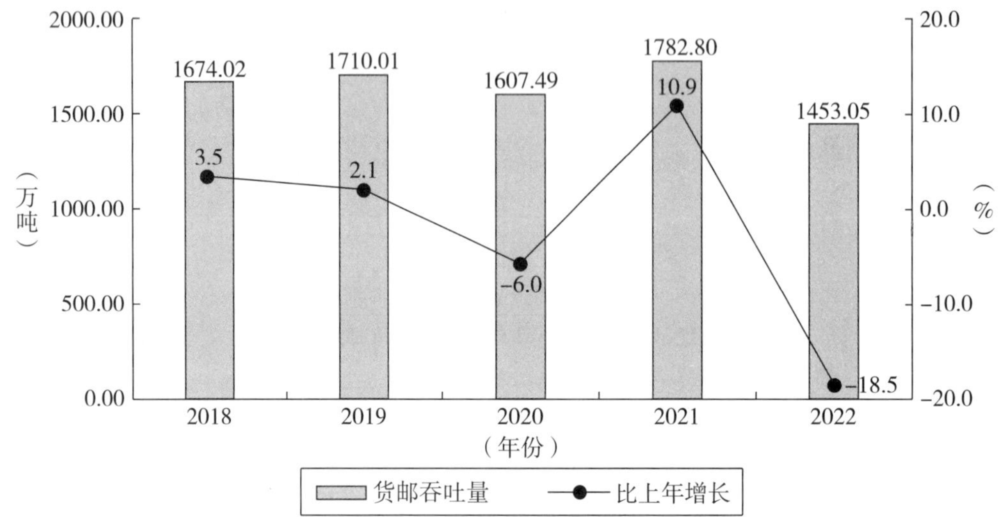

图 1－6　2018—2022 年中国民航运输机场货邮吞吐量

资料来源：中国民航局。

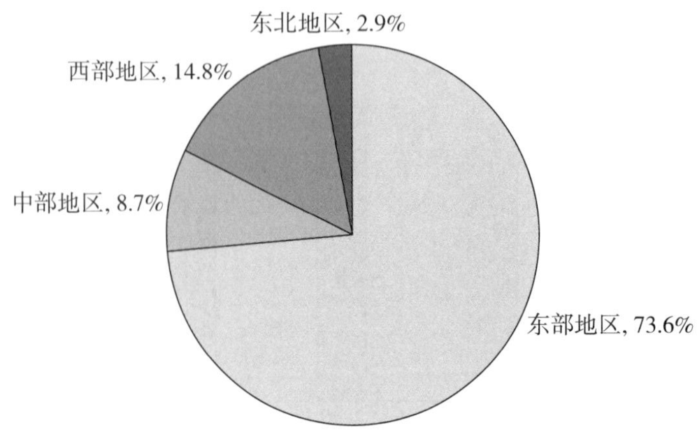

图 1－7　2022 年中国民航运输机场货邮吞吐量（按地区分布）

资料来源：中国民航局。

2022 年，全国年货邮吞吐量 1 万吨以上的运输机场有 51 个，较上年减少 10 个，完成货邮吞吐量占全部境内运输机场货邮吞吐量的98.5%，占比较上年下降0.2个百分点。北京、上海和广州三大城市运输机场货邮吞吐量占全部境内运输机场货邮吞吐量的43.4%，较上年下降1.5个百分点。年货邮吞吐量1万吨以下的运输机场有203个，较上年净增16个，完成货邮吞吐量占全部境内运输机场货邮吞吐量的1.5%，较上年提高0.2个百分点。2022年全国31个省区市货邮吞吐量及增速如表1－6所示。

表1－6　　2022年全国31个省区市货邮吞吐量及增速

地区	增速排名	货邮吞吐量（万吨）			地区	增速排名	货邮吞吐量（万吨）		
		2022年	2021年	增减（%）			2022年	2021年	增速（%）
全国合计	—	1453.1	1782.8	－18.5	上海	16	330.2	436.6	－24.4
河北	1	4.5	3.5	29.5	海南	17	18.9	25.4	－25.4
广西	2	16.4	15.4	6.5	甘肃	18	5.8	7.9	－26.4
湖北	3	30.5	32.5	－6.2	湖南	19	15.6	21.3	－26.7
广东	4	345.6	369.9	－6.6	贵州	20	8.5	12.0	－29.3
四川	5	63.0	68.0	－7.3	北京	21	111.6	158.7	－29.7
江苏	6	59.5	65.3	－8.8	新疆	22	12.2	17.8	－31.1
黑龙江	7	10.0	11.2	－10.6	山西	23	4.5	6.6	－31.5
河南	8	62.6	70.7	－11.4	天津	24	13.2	19.5	－32.5
浙江	9	99.5	112.6	－11.7	内蒙古	25	4.4	6.8	－34.8
重庆	10	41.6	47.9	－13.1	西藏	26	3.2	5.0	－35.3
安徽	11	8.5	10.0	－15.0	吉林	27	6.2	9.8	－36.7
山东	12	45.6	54.8	－16.7	宁夏	28	2.6	4.3	－39.0
辽宁	13	26.0	31.3	－16.9	陕西	29	21.1	41.1	－48.7
云南	14	34.5	43.0	－19.7	青海	30	1.6	3.6	－55.6
福建	15	41.1	52.6	－21.7	江西	31	4.4	17.9	－75.7

资料来源：中国民航局。

注：由于四舍五入原因，计算结果略有差异，本表数据保持与中国民航局官网一致。

国际航空枢纽完成货邮吞吐量954.2万吨，较上年下降18.5%；区域枢纽完成货邮吞吐量438.1万吨，较上年下降16.6%；非枢纽机场完成货邮吞吐量60.7万吨，较上年下降30.1%。

二、2022年广东省航空物流发展情况

（一）广东省航空物流发展整体情况

1. 货邮吞吐量情况

2022年全省货邮吞吐量约345.5万吨，全省机场平均同比下降6.6%，低于全国机

场平均下降水平（－18.5%）。广州白云机场、深圳宝安机场货邮吞吐量继续保持全国第二和第三的位置，广州、深圳两大机场继续保持着全省航空物流枢纽的市场地位（见表1－7）。全国航空货邮吞吐量排名第一的仍是上海浦东机场，吞吐量是排名第二的白云机场的1.65倍，但上海浦东机场货邮吞吐量2022年下降21.7%，降幅仅次于北京首都机场（见表1－8）。

表1－7　　2022年广东省民航机场货邮吞吐量排名

机场	货邮吞吐量			
	名次	2022年（吨）	2021年（吨）	增速（%）
合计	—	3455472.9	3699006.6	－6.6
广州/白云	2	1884082.0	2044908.7	－7.9
深圳/宝安	3	1506955.0	1568274.5	－3.9
珠海/金湾	45	28462.2	40046.8	－28.9
揭阳/潮汕	47	24974.1	31235.0	－20.0
惠州/平潭	59	6905.2	8556.4	－19.3
湛江/吴川	72	3834.5	5794.8	－33.8
梅州/梅县	144	257.7	187.8	37.2
佛山/沙堤	221	2.2	2.6	－15.4

注：名次指在全国机场2022年数据中的排名。
资料来源：中国民航局。

表1－8　　2022年我国民航货邮吞吐量前十排名

机场	货邮吞吐量			
	名次	2022年（万吨）	2021年（万吨）	增速（%）
上海/浦东	1	3117215.6	3982616.4	－21.7
广州/白云	2	1884082.0	2044908.7	－7.9
深圳/宝安	3	1506955.0	1568274.5	－3.9
北京/首都	4	988674.6	1401312.7	－29.4
杭州/萧山	5	829831.4	914063.0	－9.2
郑州/新郑	6	624654.1	704748.9	－11.4
成都/双流	7	529873.1	629422.2	－15.8
重庆/江北	8	414775.4	476723.1	－13.0
南京/禄口	9	377920.8	359138.5	5.2
昆明/长水	10	310122.2	377225.4	－17.8

资料来源：中国民航局。

2. 机场航班起降架次情况

机场航班起降架次是反映机场运输能力的重要指标。2022 年，广东省民航机场起降架次总量为 61 万架次，比上年同期下降了近 29%，运力减少约三成，下降率高于全国平均水平。即便如此，2022 年白云机场航班起降总架次仍位于全国第一，是全国最繁忙的机场（见表 1－9）。

表 1－9　　2022 年广东省民航机场起降架次排名

机场	起降架次			
	名次	2022 年（架次）	2021 年（架次）	增速（%）
合计	—	610033	858979	－29.0
广州/白云	1	266627	362470	－26.4
深圳/宝安	2	235693	317855	－25.8
珠海/金湾	56	39487	69073	－42.8
揭阳/潮汕	62	32953	50333	－34.5
惠州/平潭	106	10951	18749	－41.6
湛江/吴川	88	16604	28206	－41.1
梅州/梅县	159	3598	6139	－41.4
佛山/沙堤	149	4120	6154	－33.1

注：名次指在全国机场 2022 年数据中的排名。

资料来源：中国民航局。

（二）粤港澳大湾区航空物流发展情况

无论从人口数量还是从 GDP 总量等综合方面都表明，粤港澳大湾区是中国乃至全球最具发展活力的经济区域之一，为航空发展提供了实力雄厚的机场和优质的平台。民航中南地区管理局 2023 年 4 月下旬在广州组织了粤港澳大湾区民航高质量发展会议，根据会议精神，粤港澳大湾区将构建以香港、广州、深圳国际航空枢纽多核驱动，澳门、珠海等机场多点联动的区域协同发展新格局，提升广州国际航空枢纽的规模和功能，打造质量卓越的深圳国际航空枢纽，提升珠海机场保障能力，打造澳门机场多功能中小型机场典范，发挥香港机场国际货运枢纽龙头作用，增强广州、深圳机场货运枢纽功能，提升国际中转能力和服务效率，进一步提高粤港澳大湾区航空物流服务国际竞争力，推进大湾区航空物流高端化发展。

多年来，香港国际机场航空货运一直是全球机场翘楚，但 2022 年受疫情影响，航空货物吞吐量出现下滑，从 2021 年的 502.5 万吨，下滑到 2022 年的 419.9 万吨，整体下降 16.4%。根据国际机场协会的统计数据，香港机场货运吞吐量仍然位居全球首位。

三、2023 年广东省航空物流发展展望

进入后疫情时代后，有利和不利因素叠加，一方面疫情影响消退，国内经济进入正常发展阶段，有利于广东省航空运输企业航空物流的发展；另一方面全球经济收缩，衰退和通货膨胀笼罩在欧美等主要出口市场，且随着全球供应链的恢复，海运和陆运市场恢复正常，疫情期间航空货运业务暴涨的局面回归常态，大量时间敏感性低的货物回归成本更低的海运和陆运市场，给 2023 年的航空物流带来冲击。

（一）全球经济收缩，航空货运面对近年来最为严峻、残酷的市场环境，发展增速总体回落

2023 年 1 月，世界银行和联合国对 2023 年全球经济增长的预测值分别下调至 1.7% 和 1.9%，这是 30 年来的最低值。据国际航空运输协会预测，2023 年全球航空货邮运输量将减少 4.3% 至 5770 万吨；航空公司货运收入约为 1494 亿美元，同比减少 25%。2023 年第一季度，根据已公布的全球主要货运航空公司财务报告，轻则收入下降 1/3，重则腰斩，无论是航空公司还是物流企业，海外市场转弱和空运价格回落是导致航空货运业务收入集体下降的两个主要因素。

广州白云国际机场 2023 年前三个月中，除 2 月国内航线和地区航线货邮吞吐量有轻微同比增长外，1 月和 3 月均有不同程度的同比下降，第一季度合计 42.2 万吨，同比下降 16.37%，深圳宝安国际机场情况类似。

从航空货运市场格局上来看，中美航空货运需求降温，中欧航空货运替代效应继续存在，东盟市场有望继续发力，尤其是在 RCEP 生效后，持续利好航空货运。

（二）航空货运企业和快递企业殊途同归，朝综合物流服务商转型

在严峻的外部环境下，国内大型航空物流企业都将“综合物流服务商”作为发展目标，把跨境电商、冷链、制造业运输等作为自己的市场增量。南航货运物流公司 2018 年成立至今，拥有国内最大的宽体全货机机队，也在朝着整合货运资源，建立市场化经营机制，形成完整的航空物流产业链，打造具有航空特色的综合物流服务供应商的方向发展。

5 月 25 日，深圳机场披露了关于投资设立全资子公司的公告，投资设立子公司以完善深圳机场国际货运发展功能，通过打造专业化国际物流运营管理团队，增强深圳机场物流发展核心竞争力；有效提高深圳机场货运业务保障能力，满足深圳机场国际航空货运业务日益增长的发展需求。

除了传统的货运航空公司，快递企业的航空竞赛不断升级，顺丰与鄂州花湖机场，菜鸟与深圳宝安国际机场打造各自的航空物流枢纽。这些航空物流企业正在从航空干线运输转变到国际化全链条的竞争，尤其是通过逐渐构建端到端的能力，发挥资源整

合优势，自建、收购、强化全链条的把控，构建一站式服务的能力。

（三）跨境电子商务成为民航货运行业增长动力来源

在2023年的德国慕尼黑国际航空货运展览会上，业内人士普遍认为，随着越来越多的消费者和企业跨境消费和采购，电子商务可能成为行业的最大增长动力。在市场增量方面，中国跨境电商B2C出口年均复合增速56%，2022年中国跨境电商进出口交易额高达2.11万亿元，跨境电商物流中有60%的货量采用直邮的模式，主要靠航空进行运输。能不能进一步释放跨境电商小件直邮的市场潜力，挖掘跨境电商的发展空间，对于空运来说是一个新的增量。

2020年1月18日，南航白云物流公司跨境电商（出口）处理中心正式揭牌运作，当年跨境电商进口处理量5908万票，以25.6%年均增速快速成长。2023年5月16日，南方航空物流股份有限公司国际货站正式投入运营，该货站将进一步疏通广州出口货物服务保障通道，为众多跨境电商企业提供完整优质的临空产业链服务，助力粤港澳大湾区跨境电商贸易高质量发展。2022年南航物流共处理广州出口跨境电商货物超11万吨，同比增长11%。

除跨境电商外，高科技产业和冷链等航空偏好型产业发展将继续支撑广东省国际航空物流发展。

广东省快递物流发展 2022 年回顾与 2023 年展望*

一、2022 年广东省快递物流发展总体情况

2022 年是党和国家历史上极为重要的一年。中共二十大胜利召开，描绘了全面建设社会主义现代化国家的宏伟蓝图。广东省快递物流行业在以习近平同志为核心的党中央坚强领导下，以习近平新时代中国特色社会主义思想为指导，为广东经济社会发展作出了积极贡献。

（一）快递业务总量和收入全国第一

2022 年广东省快递业务总量和业务收入两个指标均稳居全国第一，广东省快递物流业发展态势良好，稳中有进。根据《2022 年广东省邮政行业发展统计公报》数据，2022 年，全省快递业务量完成 301.4 亿件，同比增长 2.3%（见图 1-8）；快递业务收入完成 2510.3 亿元，同比增长 2.3%（见图 1-9）；快递业务收入占全省邮政行业总收入的比重为 84.5%，比上年下降了 8.0 个百分点；快递与包裹服务品牌集中度指数 CR8 为 74.9。

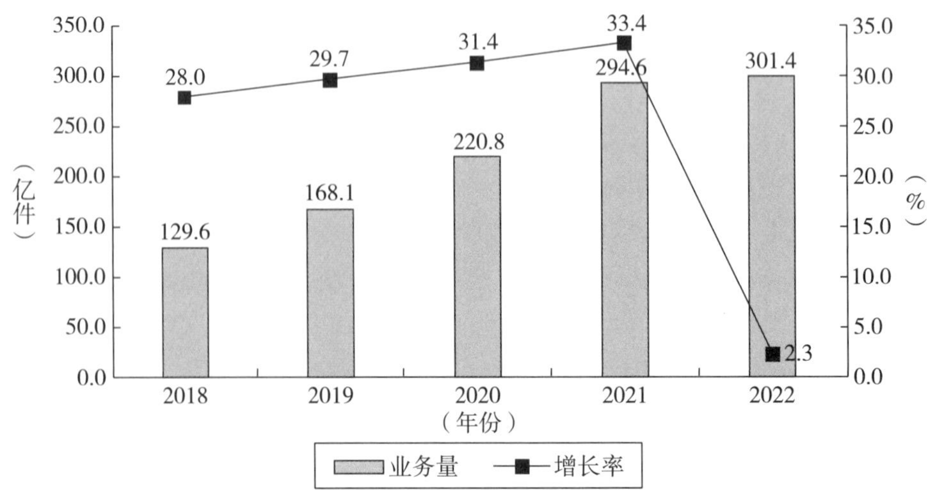

图 1-8　2018—2022 年广东省快递业务量发展情况

资料来源：《2022 年广东省邮政行业发展统计公报》。

* 供稿人：陈梓博，广东省现代物流研究院。

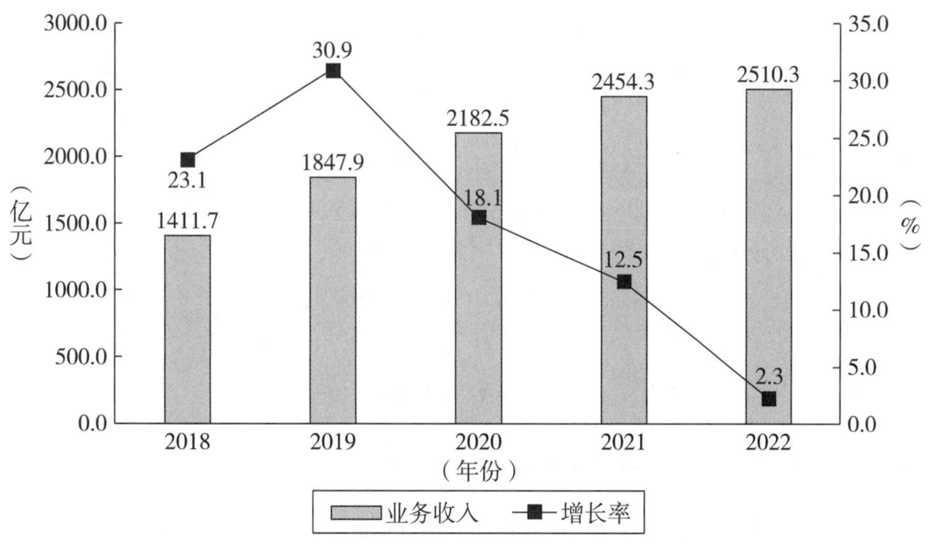

图 1－9　2018—2022 年广东省快递业务收入情况

资料来源：《2022 年广东省邮政行业发展统计公报》。

（二）快递业务结构总体稳定

根据《2022 年广东省邮政行业发展统计公报》数据，2022 年快递业务结构与 2021 年基本相同，总体稳定。其中，同城快递业务量完成 33.7 亿件，同比下降 13.4%；异地快递业务量完成 256.3 亿件，同比增长 5.0%；国际/港澳台快递业务量完成 11.3 亿件，同比下降 2.4%。同城、异地、国际/港澳台快递业务量占全部比例分别为 11.2%、85.1% 和 3.7%。2022 年，同城快递业务收入 164.2 亿元，同比下降 18.6%；异地快递业务收入 1455.7 亿元，同比增长 1.0%；国际/港澳台快递业务收入 537.8 亿元，同比增长 4.0%。同城、异地、国际/港澳台快递收入占全部比例分别为 6.5%、58.0% 和 21.4%。

（三）快递业务区域集中于珠三角和粤东地区

根据《2022 年广东省邮政行业发展统计公报》数据，2022 年，珠三角、粤东、粤西、粤北地区快递业务量比重分别为 74.2%、23.4%、1.6%、0.7%，快递业务收入比重分别为 83.6%、13.7%、1.4%、1.3%。珠三角地区完成快递业务量 223.8 亿件，同比下降 0.5%；实现业务收入 2098.0 亿元，同比增长 0.5%。粤东地区完成快递业务量 70.6 亿件，同比增长 10.0%；实现业务收入 344.8 亿元，同比增长 12.5%。粤西地区完成快递业务量 4.7 亿件，同比增长 34.6%；实现业务收入 34.1 亿元，同比增长 12.5%。粤北地区完成快递业务量 2.2 亿件，同比增长 18.0%；实现业务收入 33.3 亿元，同比增长 8.5%。快递业务量排名前十位的城市依次是广州、深圳、揭阳、东莞、汕头、佛山、中山、潮州、惠州、阳江，其快递业务量合计占全部快递业务量的比重达到 96.2%。

（四）快递行业基础设施建设进一步完善

根据《2022 年广东省邮政行业发展统计公报》数据，2022 年广东快递服务营业网点 2.3 万处，比上年年末增加 0.2 万处，其中设在农村的 0.5 万处，比上年年末减少 0.1 万处。全省邮政行业拥有国内快递专用货机 109 架，比上年同期增加 21 架。拥有汽车 5.0 万辆，比上年年末增加 0.5 万辆，其中，快递服务汽车 3.8 万辆，比上年年末增加 0.2 万辆。全省快递服务网路条数 2.9 万条，比上年年末增加 988 条；快递服务网路长度（单程）935.3 万公里，比上年年末增加 109.2 万公里。

（五）政策持续支持快递行业发展

2022 年，《农业农村部　广东省人民政府共同推进广东乡村振兴战略实施 2022 年度工作要点》提出，优化农村快递网点布局，实施“快递进村”工程，构建县镇村三级农村物流网络；《广东省“十四五”节能减排实施方案》提出，强化快递包装绿色转型，加快推进同城快递环境友好型包装材料全面应用。广东省发展改革委印发《广东省循环经济发展实施方案（2022—2025 年）》提出，深入实施快递包装绿色转型行动；支持符合条件的城市和快递企业开展可循环快递包装规模化应用试点示范，大幅提升循环中转袋（箱）应用比例；推动电商与生产商合作，实现重点品类的快件原装直发；支持建立快递包装产品合格供应商制度，推动生产企业自觉开展包装减量化；鼓励电商、快递企业与商业机构、便利店、物业服务企业等合作设立可循环快递包装协议回收点，投放可循环快递包装的专业化回收设施；到 2025 年，电商快件基本实现不再二次包装，邮政快递网点禁止使用不可降解的塑料包装袋、塑料胶带、一次性塑料编织袋。

（六）快递行业科技创新水平不断提高

根据中国邮政快递报社数据，到 2022 年 12 月为止，深圳顺丰总部研发人员超过 6000 人，涵盖无人机及自动化、大数据及产品等领域的专家和高端技术人才，取得了多项专利；广州中通华南快件处理中心流水线全程自动作业，成为数字化技术助力行业生产效率提升的生动写照；东莞占地面积超 50 万平方米的一体化智能物流中心“京东亚洲一号”仓内，配备了国际领先自动化设备技术。抢抓粤港澳大湾区建设重大发展机遇，广东邮政局把科技创新“关键变量”变成高质量发展的“最大增量”，奋力推动行业科技创新走在全国前列，不断增强行业发展动能。目前，在广东的行业技术研发中心共有 5 家，为行业科技创新水平的持续提升提供了重要支撑和保障。

（七）国际快递业务不断拓展

2022 年，广东省政府印发中国（韶关）等 8 个跨境电子商务综合试验区实施方案，强调抓好韶关、河源、汕尾、阳江、清远、潮州、揭阳、云浮 8 个跨境电子商务综合试验区建设工作，推动全省贸易高质量发展，其中，明确支持“快递出海”工程。除云浮外，其他 7 个综试区方案均明确，将通过链接金融、物流快递、电子商务平台、外贸综合服务企业等，为跨境电子商务企业提供物流、金融等供应链服务。除揭阳外，其他 7 个综试区方案均明确，要形成布局合理、层次分明、衔接顺畅、功能齐全的跨境物流分拨配送和运营服务体系。政策将进一步推动快递企业与国际市场的连接，提供更便捷、高效的国际物流服务，为促进广东的经济发展和国际贸易作出更多积极贡献。

二、广东省快递物流行业发展存在的主要问题

（一）快递行业区域发展不均衡

2022 年，粤西、粤北地区的快递业务量增长速度快，但从总体比例上看，粤西、粤北地区快递业务量比重分别为 1.6%、0.7%，广东快递行业区域发展不均衡现象仍十分明显。快递行业的发展与地域的经济、人口分布等因素有关。珠三角发达地区、大城市及经济发展较好的地区快递需求旺盛，而粤西、粤北等发展落后地区快递需求相对较少。这也导致了资源投入方面的差异，粤西、粤北地区的快递行业发展相对落后于其他地区。

（二）快递包装绿色转型亟须加快

2022 年广东省快递业务总量稳居全国第一，快递行业不断发展，在大大便利人们生产生活的同时，也产生了大量的包装废弃物，按业内每个快递包装 0.2 公斤的标准计算，2022 年广东省快递垃圾约有 602.8 万吨，对资源和环境形成了较大压力。虽然省政府和省发展改革委等均发布了有关快递包装绿色化转型的相关政策，但由于目前社会对快递绿色化转型的重视程度还不够高，快递包装浪费现象仍旧比较明显。因此，亟须加强引导，进一步促进快递包装绿色转型。

（三）农村快递成本居高不下

目前，广东省已经实现村村通快递，但“快递进村”可持续性差、末端服务能力弱依旧。由于农村地区村落较为分散，居住人口数量较少，快递业务量小，同时路途较长导致人工派送成本较高，因此一直以来，快递公司对农村市场的扩张十分缓慢，虽然在政府支持下这一格局有所改变，但总体而言，快递公司投资农村的信心仍旧不足，再加上价格战导致快递行业的单票利润趋减，进一步削减了企业对农村快递的投资信心。

（四）“快递出海”工程难度较大

一是不同国家和地区对进出口货物的监管要求迥异，导致快递公司在进军海外市

场时必须应对烦琐的行政程序和清关手续，这意味着操作上的复杂性和额外的经营成本。二是快递业务本身独特的特点给拓展海外市场带来一定的困难。物流网络的全球化与物流环节的复杂性使得快递企业需要投入大量人力、物力和技术来确保国际快递的安全、质量和时效性。然而，与不同国家和地区的运输系统和商事环境相匹配是一个富有挑战性的课题。三是国际贸易的不确定性和市场需求的快速变化也给广东国际快递业务带来了压力。快递企业必须具备灵活的业务模式和快速应对能力，以应对不断变化的贸易环境和客户需求。这对组织架构、技术支持和人力资源管理提出了更高的要求。

三、促进广东省快递物流行业发展的措施建议

（一）着力推动粤西北农产品电商快递发展

粤西、粤北地区农业较为发达，通过推动农产品电商发展，可以拉动快递业快速增长。一是完善粤西、粤北地区农村电子商务公共服务体系。鼓励大型电子商务企业、流通企业以县镇为重点，下沉供应链和新型交易模式，推动农村流通设施和业态融入现代流通体系。支持农村产业融合发展示范园建设，畅通农产品线上线下多渠道流通，促进农村产业融合发展。建设农村电商快递协同发展示范区，打造快递服务现代农业示范项目，支撑农业转型、农民增收。实施“互联网＋”农产品出村进城工程，建立健全适应农产品网络销售的供应链体系、运营服务体系和支撑保障体系。二是完善快递收寄配套。加强粤西、粤北地区农村电子商务、快递物流配送人员培训，强化实操技能。加强冷链基础设施建设。鼓励电子商务平台与快递物流企业深入合作。

（二）持续推进快递绿色转型工作

一是大力推进绿色生产，建立和完善内部规章制度，建立快递包装治理工作体系和管理台账，运用科学技术推动形成绿色生产方式；二是严守包装物料采购关，严防不符合国家绿色包装标准的包装箱、包装袋、胶带等封装物品进入生产各环节；三是在末端网点设置包装物绿色回收装置；四是将包装减量化、绿色化等要求纳入收件服务协议；五是提升循环中转袋（箱）、标准化托盘、集装单元器具的应用比例，使用低克重、高强度快递包装纸箱、免胶纸箱；六是通过包装结构优化减少填充物使用。

（三）完善农村快递物流体系建设

完善农村快递物流基础设施建设。一是科学规划县域快递物流产业园区。通过科学规划，将县域内的邮件快件处理场地、客运站、货运站、电商仓储场地、供销合作社仓储物流设施等资源整合在一起，形成县级寄递公共配送中心。这样可以提高配送效率、降低物流成本，并为农村快递行业的发展创造有利条件。二是建设村级寄递物

流综合服务站。在县级寄递公共配送中心的基础上，进一步整合相关资源，建设村级寄递物流综合服务站。这些服务站可以为村民提供快递、物流、货物储存等服务，方便村民的日常生活和经济活动。三是布放智能快件箱、快递自提点，鼓励有条件的村庄布放智能快件箱和快递自提点，方便村民自主取件，减少快递员派送的工作量，提高快递配送的效率。

推进末端配送体系建设。一是与乡村振兴战略同部署。将“快递进村”工程融入乡村振兴战略，形成相互促进的关系，通过跨部门合作和政策协同，推动农村快递物流与乡村振兴战略的有效对接和协同发展。二是鼓励邮政、快递、交通、供销、电商等多方合作，整合末端寄递资源。通过合作，实现资源共享和优势互补，持续扩大建制村品牌快递企业服务进村的覆盖范围，提升“快递进村”服务水平。三是鼓励邮政、快递、交通、供销、商贸流通等物流平台共建共用末端配送网络。通过合作，共同打造覆盖农村的物流配送网络，并加快推广农村物流共同配送模式，有效降低农村末端物流成本。四是推进农村快递物流的数字化、智能化改造，提升农村寄递物流体系的信息化服务能力。引入先进的技术，如物联网、大数据、人工智能等，提高物流效率和服务质量。

（四）进一步推动“快递出海”工程发展

政府可以出台更加积极、灵活的政策，鼓励和支持快递企业拓展海外市场。简化行政程序、降低贸易壁垒、提供财政和税收优惠等激励措施，有助于提升快递企业进军海外市场的动力。快递企业应积极寻求国际合作伙伴，特别是与国际物流巨头合作建立战略合作关系。通过合资、合作或并购等方式，拓展全球物流网络和资源，实现共赢发展。此外，快递企业应加大对人才的引进和培养力度，培养具备国际化背景和专业化能力的管理人才，提高对国际市场的洞察和应变能力。同时，建立健全的管理机制和流程，提升协同配合能力，为快递出海提供强有力的组织支撑。

（五）继续推动快递行业科技创新应用

在快递行业推广应用北斗导航、区块链、物联网、云计算、大数据、5G通信等现代信息技术及智能终端、自动分拣装备，提升运营管理效率，拓展协同发展空间，推动服务模式变革，加快快递企业向综合性物流运营商转型。推进政府智慧城市平台与快递企业共同发展，实现基础平台与数字政府及相关业务系统的互联互通。支持具备条件的邮政快递企业申报建设省级工程技术研究中心和新型研发机构。应用物联网、大数据分析和人工智能等技术，实现全球物流数据实时共享与交互，提高物流运营水平和客户满意度。

广东省冷链物流发展 2022 年回顾与 2023 年展望*

一、2022 年广东省冷链物流发展总体情况

（一）冷链物流需求持续旺盛

2022 年，广东省主要生鲜农产品产量和居民可支配收入呈现双重增长态势，预制菜产业高速发展，带动冷链物流需求不断攀升。广东省统计局数据显示，2022 年广东省蔬菜产量 3999.11 万吨，比上年增长 3.7%；水果产量 1896.27 万吨，增长 3.8%；全年猪牛羊禽肉产量 475.82 万吨，增长 5.3%。其中，猪肉产量 279.81 万吨，增长 6.3%；禽肉产量 189.48 万吨，增长 4.0%。年末生猪存栏 2195.86 万头，增长 5.8%；生猪出栏 3496.79 万头，增长 4.8%。全年水产品产量 894.14 万吨，比上年增长 1.1%。其中，海水产品 458.52 万吨，增长 0.8%；淡水产品 435.61 万吨，增长 1.4%。经国家统计局统一核算，2022 年广东实现地区生产总值（初步核算数）129118.58 亿元。全年全省居民人均可支配收入 47065 元，比上年增长 4.6%。在限额以上商品零售额中，粮油、食品、饮料、烟酒类比上年增长 7.2%。广东省农业农村厅数据显示，自 2020 年预制菜进入大众视野以来，广东省在全国率先组织化、系统化推广预制菜产业，在 NCBD（餐宝典）发布的《2021 中国预制菜产业指数省份排行榜》和《2022 中国预制菜产业指数省份排行榜》中蝉联第一。

（二）行业利好政策持续落地

2022 年，广东省冷链相关政策支持加码，持续加强冷链服务体系建设。2022 年 3 月，《加快推进广东预制菜产业高质量发展十条措施》指出，“组织引领仓储冷链物流企业与预制菜生产企业对接，充分发挥省内国家骨干冷链物流基地的牵引辐射作用及粤港澳大湾区（广东·惠州）绿色农产品生产供应基地、肇庆（怀集）绿色农副产品集散基地等基础设施作用，构建以国家骨干冷链物流基地、公共型农产品冷链物流基础设施骨干网为主渠道的预制菜流通体系”。2022 年 9 月，广东省人民政府办公厅印发《广东省推进冷链物流高质量发展“十四五”实施方案》，指出“到 2025 年，基本建

---

* 供稿人：罗湖桥，广东省现代物流研究院。

成符合我省产业结构特点、适应经济社会发展需要的冷链物流体系，区域冷链物流综合实力稳居全国前列”，并在构建现代冷链物流设施网络、夯实农产品产地冷链物流基础以及提高冷链运输服务质量等方面进一步明确了发展方向。2022 年 10 月，广东省农业农村厅、省财政厅联合印发《2022 年广东省农产品产地冷藏保鲜设施建设实施方案》，指出聚焦鲜活农产品主产区、特色农产品优势区，重点围绕蔬菜、水果等鲜活农产品，兼顾广东省南药、茶叶、花卉等地方优势特色品种，合理集中建设产地冷藏保鲜设施。

（三）基础设施建设加快推进

2022 年，广东省产地与销地冷链基础设施建设提速，为推动行业高质量发展奠定了基础。2022 年 7 月，广东省财政厅发布了《广东省财政厅关于转下达 2022 年城乡冷链和国家物流枢纽建设项目中央基建投资预算的通知》，下达 2022 年城乡冷链和国家物流枢纽建设项目中央基建投资资金共计 5600 万元。2022 年 10 月，国家发展改革委发布 2022 年国家骨干冷链物流基地建设名单，江门成功入选此次建设名单。江门将通过业务对接、信息互联、设施共享等方式加强基地间冷链物流组织，谋划建设 RCEP 国际冷链物流中心，打造国家骨干冷链物流网络内外循环门户节点。据广东供销集团数据显示，至 2022 年年底，广东供销公共型冷链物流基础设施骨干网在全省 18 个市 65 个县区布局项目 74 个，规划总库容超 160 万吨，累计开工项目库容量达到 100 万吨以上，运营冷库 25 座、库容 58.3 万吨。

（四）标准体系建设不断完善

广东省大力鼓励企事业单位因地制宜参与制定冷链地方标准，加强冷链行业的规范化运作。2022 年 6 月，《物流业（冷链）资历等级标准》（T/GDLIA 7—2022）正式在全国团体标准信息平台发布，确定了物流业（冷链）的 10 个职能范畴，并将 10 个主要职能范畴细分为 38 个职能，共包含 253 个能力单元。2022 年 9 月，《预制菜冷链温度控制规范》发布，规定了预制菜在生产加工、储存、分拣、配送和销售等过程中的冷链温度控制以及预制菜产品在此过程衔接的要求。2022 年 12 月，《粤港澳食品追溯　冷链食品跨境追溯平台建设规范》发布，规定了冷链食品跨境追溯平台的术语和定义、设计原则、功能要求、数据接口要求、性能要求、部署环境要求、安全性要求、可靠性及稳定性要求、运行维护要求。

（五）数智创新驱动高质量发展

广东省以数据要素市场化配置改革为引领，加快冷链产业数智化发展步伐。随着智能分拣、智能温控等冷链技术装备升级以及数字化、物联网、区块链等技术在冷链物流领域的广泛应用，透明运输、智能调度、智能诊断等管理服务不断完善，推动冷链企业精细化管理水平持续提升。面对发展前景巨大的冷链物流产业，广州港与前海粤十达成合作，以数智化、一体化、互联网化的理念，打造智慧冷链物流中心一体化管理云平台，以数智技术赋能冷链物流园区运营管理，帮助广州港整合带动上下游资源，助力广州港南沙国际物流园建设成行业“数字化、智慧化和低碳化”的智慧冷链港口标杆，辐射带动整个华南乃至全国的冷冻食品流通行业食品质量安全水平提升和行业信息化升级。

二、广东省冷链物流发展存在的问题

（一）冷链统计监测亟须强化

广东省发展改革委《多措并举　全力推动我省冷链物流高质量发展》中明确指出，广东省冷库容量已超 700 万吨，预计到 2025 年全省冷库容量将突破 1000 万吨。广东省冷链物流市场规模正处于急剧扩张的阶段，新业态新模式不断涌现，效率和公平、创新和保护的需求更趋多元。无论是冷链政策的出台、冷链行业的良性竞争，还是冷链企业的高质量发展，都需要冷链相应统计指标作为支撑。2023 年 2 月，《国家发展改革委办公厅　国家统计局办公室关于加强物流统计监测工作的通知》强调，“鼓励有条件的地区先行先试，在社会物流统计调查制度基础上，开展冷链物流统计试点”。但统计调查主体不够明确、统计调查体系不够健全与统计管理体制不够合理等问题的存在，致使广东省冷链物流统计体系处于滞后状态，进而导致广东省冷链产业统计工作迟迟未能开展起来，严重阻碍了冷链物流产业的高质量发展。

（二）预冷技术推广应用不足

《2022 广东统计年鉴》数据显示，2010—2021 年，广东省蔬菜产量由 2550. 50 万吨增长至 3855. 73 万吨，水果产量则由 1049. 21 万吨增长至 1826. 73 万吨。果蔬产量的快速提升，对预冷技术的推广应用提出了更高的要求。尽管近年来移动预冷柜、预冷库等预冷设备的产品研发和应用场景持续拓展，但预冷时间相对较长、预冷时易失水等问题依旧制约了预冷设备使用范围的进一步扩大。“田头智慧小站”等模式虽然逐步推广，但现阶段农户、家庭农场等主体预冷技术相关知识依旧较为缺乏，果蔬预冷大部分还是通过冷库进行，导致预冷技术经济效益和生态效益不显著。

（三）现代绿色制冷技术缺乏

自保护臭氧层的《蒙特利尔议定书》和减小温室效应的《京都议定书》生效以来，逐渐限制使用氟利昂等卤代烃制冷剂已逐步成为冷库发展的必然趋势。广东省依旧存在采用氟利昂制冷系统的中小型冷库，而随着环保意识的增强，政府部门对氟利昂制冷设备的限制力度将逐步提升。氨、二氧化碳等天然物质虽然能够较好地符合国际环保标准，但现阶段其在国内的发展及应用都受到了一些限制，政府加强了对氨制冷系统的管制力度以确保冷库的安全使用，而二氧化碳制冷系统的初期投资往往要高于氟利昂制冷系统。在“碳达峰、碳中和”等限制碳排放工作的持续推进下，亟须采用更加绿色安全的现代化制冷技术来保障广东省冷库的高质量发展。

（四）冷链追溯体系仍待完善

据《广州日报》数据，近年广东省重要产品追溯平台已实现全部21个地级以上市的数据对接，并向国家重要产品追溯平台报送数据，日均传输量居全国前列，年均上传追溯数据近5000万条。改造原有传统追溯模式，优化、重构和拓展链条合成方式，逐步从原来的“选点造链”转变为“串点成链”，追溯链条合成率提升26.8%，追溯成本降低1/3。逐步实现跨地区、跨部门数据接口技术统一，面向政府、企业和社会提供“一站式”查询服务。此外，广东进口冷链食品以“随附追溯码”为切入点，华润万家、沃尔玛等均已陆续在冰柜显著位置贴码。尽管广东省冷链追溯体系已取得一定成效，但冷链追溯“阵痛”仍在。一是企业与消费者参与意愿不高，现阶段进口冷链食品的追溯体系相对完整，国内冷链追溯平台的构建及使用则以政府为主导，企业与消费者多为被动上传数据或查询相关信息，导致冷链追溯平台应用效果不够显著。二是包装二维码易受损、追溯系统兼容性差，阻碍了信息流转效率，进而影响了冷链追溯平台的运行质量。三是编码规范不统一、追溯对象信息采集管理复杂，导致部分冷链食品关键信息不完整、冷链食品追溯效果参差不齐，制约着冷链食品追溯体系信息流转功效。

三、促进广东省冷链物流发展的措施建议

（一）推行冷链长效统计工作机制

在社会物流统计调查制度基础上，鼓励广东省冷链相关协会、研究机构研发冷链物流运输基础设施和重点领域、重点环节运营关键指标体系，积极开展冷链物流发展综合性指数研究编制工作，持续完善冷链监测统计指标体系。充分发挥行业协会、冷链物流信息平台作用，加强冷链行业数据收集、分析、发布等基础工作，建立月度、季度重点指标监测台账，准确掌握冷链物流基础要素底数。适时组织开展高质效的主题监测与快速调研，围绕冷链园区、冷链物流重点企业等单位的经营情况、发展制约因素及期盼建议形成调研报告，助力政府部门科学判断冷链行业发展状况与发展态势。以数据可视化为载体，从多个维度对冷链产业微观和宏观的数据进行直观展示和监测预警分析，实现统计数据监测更便捷、更高效。

（二）加大预冷技术推广应用力度

整合专家学者、技术人员、运营人员等师资力量，通过线上教学、课堂教学、现

场教学等方式，组织形式多样的田头冷链培训活动，为农户、家庭农村及专业合作社等主体讲解田头预冷技术及运营，不断提升产地预冷设施使用效益。依托田头小站、田头冷库等预冷设施设备，针对荔枝、菠萝、沙糖橘、脐橙等广东特色优势农产品制定田头预冷、冷藏保鲜标准，形成田头保鲜技术方案，有效解决田头预冷技术瓶颈。推动成立“田头智慧小站”产业服务联盟，大力发展产地冷藏保鲜设施设备租赁等社会化服务，推广“田头冷链服务驿站”“供销田头集散中心”“移动冷库＋集配中心”等模式。

（三）持续推进绿色制冷技术研发

加大对绿色制冷技术的资源投入，加快天然工质在冷链系统中的应用。不断完善二氧化碳跨临界直冷、亚临界制冷等技术，减少果蔬冷链物流的碳排放量，为绿色制冷系统提供技术支撑。不断完善符合氨制冷新技术的法规和标准规范，为涉氨制冷企业规范化应用和监管部门规范化管理提供有力的支撑。进一步提高氨制冷系统的安全性，逐步淘汰氟利昂类制冷系统，积极鼓励企业、高校和科研院所开展新型环保制冷技术、氨和二氧化碳复叠制冷技术等技术创新和安全应用研究。充分发挥冷链行业学会、协会等社团组织的作用，开展新型绿色制冷技术安全应用培训，提高从业人员专业技能。

（四）提升冷链追溯体系运行效果

通过政府和权威机构开展追溯宣传，推动追溯理念深入人心，提高社会对果蔬冷链追溯的认可，更好地实现果蔬冷链追溯产品的优质优价和品牌建设。针对追溯产品，实行政府补贴，提高企业建设追溯系统、使用追溯系统、销售追溯产品的意愿，推动追溯产品更多走向市场、走进消费者生活。高效、快速整合各类追溯信息，实现各追溯系统间有机互联和各追溯主体间信息的互通互享，推动冷链追溯体系从“碎片化”向“系统化”迈进。支持企业根据实际情况选用具有伸缩性、耐低温、耐潮湿、附着力强的标签种类，比如不干胶或者绑带标签。推动冷链追溯平台在商品来源、检疫等方面信息追溯的基础上，增加对温度数据等质量要素与成品生产、运输等信息要素的追踪。

广东省农村物流发展 2022 年回顾与 2023 年展望*

一、2022 年广东省农村物流发展总体情况

（一）农村物流产业基础进一步增强

据广东统计信息网数据，2022 年，广东农林牧渔业总产值 0.89 万亿元，同比增长 5.4%。2022 年，广东粮食作物播种面积 3345.43 万亩，增长 0.8%，超额完成国家下达的约束性任务；粮食产量 1291.54 万吨，增长 0.9%，实现“四连增”，为近 10 年来最高水平。2022 年，全省蔬菜及食用菌产量增长 3.7%，园林水果产量增长 3.8%，茶叶产量增长 15.3%，中草药材产量增长 18.3%。盆栽观赏植物产量增长 15.6%。生猪存栏增长 5.8%；其中，能繁殖母猪存栏增长 6.9%。生猪出栏增长 4.8%，猪肉产量增长 6.3%。家禽出栏增长 4.4%，禽肉产量增长 4.0%，禽蛋产量增长 8.1%。据《2022 年广东国民经济和社会发展统计公报》数据，2022 年，全省社会消费品零售总额 44882.92 亿元，比上年增长 1.6%。其中，乡村消费品零售额 5596.24 亿元，增长 6.3%。全省居民人均可支配收入 47065 元，比上年增长 4.6%。农村居民人均可支配收入 23598 元，增长 5.8%。全省居民人均消费支出 32169 元，比上年增长 1.8%。农村居民人均消费支出 20800 元，增长 3.9%。全省居民恩格尔系数为 34.3%，比上年上升 1.1 个百分点；其中城镇为 32.8%，农村为 40.4%。

（二）农村基础设施建设发展不断推进

2022 年 12 月，广东省人民政府办公厅印发《广东省农村公路扩投资稳就业更好服务乡村振兴攻坚方案》提出，加快农村公路提档升级，补齐农村交通基础设施短板，畅通资源路、产业路、旅游路、民生路，拓展农民就业渠道。到 2025 年，完善“四好农村路”高质量发展体系，建成“等级更适当、标准更合理、结构更优化、干支更匹配”的农村公路网络，具备条件的建制村实现村村通双车道，构建安全、舒适、美丽和城乡交通一体化的农村公路新格局，全省基本实现农村公路交通现代化，“四好农村路”建设走在全国前列。

---

* 供稿人：张艳平，广东省现代物流研究院。

（三）农产品冷链物流发展政策支持力度不断加强

农产品冷链物流规划引导不断强化，政策支持力度持续加大。2022 年 1 月，广东省农业农村厅印发《广东省乡村产业发展规划（2021—2025 年）》提出，建设完善农产品冷链物流体系。实施农产品保鲜仓储与冷链物流工程，建设覆盖全省特色优势农产品主产区和主销区、从田间到餐桌的全程一体化农产品冷链物流保障体系。2022 年 4 月，中共广东省委、广东省人民政府印发《关于做好 2022 年全面推进乡村振兴重点工作的实施意见》提出，实施农产品仓储保鲜冷链物流设施建设工程，推进“田头智慧小站”成套设备补贴试点，在重要农产品主产地建设推广“田头智慧小站”，年底实现现代农业产业园区全面布点。加快供销冷链物流网建设，支持开展县域流通服务网络建设。2022 年 9 月，广东省人民政府办公厅印发《广东省推进冷链物流高质量发展“十四五”实施方案》提出，夯实农产品产地冷链物流基础。着力完善产地冷链物流设施，聚焦农产品产地“最先一公里”冷链设施短板，支持农业企业、家庭农场、农民合作社等新型农业经营主体在农产品产地重点镇和中心村，分区分片集中建设田头预冷保鲜设施。构建产地冷链物流服务网络，重点培育一批产地移动冷库和冷藏车社会化服务主体，推广“田头冷链服务驿站”“供销田头集散中心”“移动冷库 + 集配中心”等模式；完善农产品主产区村级物流服务点、农村电商服务站等配套冷链物流设施，强化干支衔接运输组织，构建“县—乡—村”产地冷链物流服务网络。创新产地冷链物流组织模式。鼓励产地冷链集配中心开展净菜、半成品加工，鼓励邮政快递企业、供销合作社和其他社会资本在农产品田头市场合作建设预冷保鲜、低温分拣、冷藏仓储等设施。

（四）政策规划持续激发农村产业发展活力

规划方面，2022 年 1 月，广东省农业农村厅印发《广东省乡村产业发展规划（2021—2025 年）》提出，到 2025 年年底，具有较强竞争力的岭南特色乡村产业体系基本建成，乡村产业发展质量效益显著提升，乡村第一、第二、第三产业深度融合，产业发展内生动力持续增强。大力发展农村电子商务。建设提升农村电子商务网络，支持电商、物流、商贸、金融、邮政、快递等各类社会资本参与农村电子商务发展。2022 年 6 月，广东省农业农村厅关于印发《广东省高标准农田建设规划（2021—2030 年）》提出，大力推动我省高标准农田建设高质量发展，实现农田基础设施显著改善；通过田间道路建设、桥涵配套，提高道路通行质量、荷载标准和通达度，合理增加路面宽度，满足农机作业、生产物流要求。

政策方面，2022 年 1 月，《广东省财政厅等 5 部门关于进一步做好全省农业信贷担保工作的通知》印发，全面加强全省农担体系建设。2022 年 2 月，《广东省自然资源厅　广东省发展和改革委员会　广东省农业农村厅　广东省林业局关于保障农村一二三产业融合发展用地促进乡村振兴的指导意见》印发，保障农村第一、第二、第三产业融合发展合理用地需求，为农村产业发展壮大留出用地空间，推动农村第一、第二、第三产业融合发展。2022 年 4 月，中共广东省委、广东省人民政府印发《关于做好 2022 年全面推进乡村振兴重点工作的实施意见》提出，要夯实农业现代化基础支撑，推进“互联网 +”农产品出村进城工程试点。推动农村消费提质升级，实施县域商业建设行动。优化农村物流快递网点布局，实现行政村通快递全覆盖。支持打造智慧物流运输快线试点。2022 年 6 月，《广东省人民政府办公厅关于进一步加强涉农资金统筹整合的实施意见》提出，创新涉农资金使用管理机制，探索完善农村投融资体制，切实提升财政支农政策效果和支农资金使用效益。2022 年 7 月，广东省人民政府办公厅印发《广东省支持 2022 年晚造粮食生产 12 条措施》，推动“以晚补早”措施落实落地，确保完成国家下达广东省的全年粮食生产目标任务。

（五）农村电商物流不断发展

近年来，广东省邮政管理局高度重视农村寄递物流体系建设工作，按照国家邮政局部署，加强与广东省交通运输等部门的工作协同，与广东省交通运输厅签订战略合作协议，推动“交快合作”，指导韶关、梅州、肇庆等市局与交通运输部门联合发文，组织行业企业进驻交通站场叠加邮政快递服务项目，推动广州从化全面开展客货邮融合发展试点工作。在广州市从化区“客货邮商融合”和高州市“电子商务 + 农村物流 + 冷链配送”成功创建第二批农村物流服务品牌的基础上，2022 年，推动梅州市兴宁市“电商物流 + 农村客货同载 + 商超联运”成功创建第三批农村物流服务品牌。同时，广东省邮政管理局持续优化协同发展体系，不断加强与广东省交通运输等部门的沟通协作，积极推广广州、茂名、梅州等地农村物流服务品牌项目经验，持续推动邮政快递企业与农村客运开展合作，充分利用交通系统现有的场地、人力、运力，推动客运寄递融合发展，加快农村寄递物流体系建设。

二、广东省农村物流发展存在的主要问题

（一）农村商业网点服务能力有待提升

依然存在镇村商贸网点覆盖率不足，商业网点标准化建设不足，服务功能不完善等问题。部分地区乡镇商贸中心未完全达到提供日用消费品零售、餐饮、维修等基本型生活服务，商业建设还不够完善。各地区便民商店大部分属于个体零散经营，缺乏龙头商贸流通企业直营、加盟连锁的村级商业网点或便民商店，夫妻店、小卖部等村级便民店缺乏标准化建设，其提供的服务大多只有日用消费品、农资售卖，邮件快递代收等，缺乏电商、电信、金融、涉农信息服务等多样化服务，无法完全保障农村居民就近享受基本生活服务。

（二）农村物流服务体系有待完善

一是现有的物流配送体系不够完善，物流企业规模较小，规模、配套等方面远远不足，目前物流延伸到行政村的只有邮政物流，其他民营物流大部分只在镇区有物流点，电商公共服务中心、电商服务站点建设严重滞后。二是农产品冷链物流建设不足。一定程度阻碍农产品的上行，影响农产品流通效率。三是村级服务不够完善，目前农村的快递业务基本通过当地“邮乐购”站点进行委托服务。主要是寄递末端（最后一公里）服务是一个薄弱环节，受“量”的影响，在一些行政村或自然村，如单独由某家快递企业开设末端服务点，其经济效益难以支撑经营，由于成本高，业务单一，存在“开得通、留不住、无效益”的困局。

（三）农产品冷链物流发展依然不足

广东省现代冷链物流体系建设虽然初显成效，但全省冷链物流基础设施分布不均，农产品冷链物流不够完善，产地预冷设施建设滞后，用地难、融资难、通行难问题仍较突出，企业专业化、规模化、网络化发展程度不高。尤其是果蔬等农产品冷链物流发展不足，果蔬冷链物流还没有形成一套完善的体系，果蔬冷链物流环节仍较为薄弱，检验检疫尚未实现全面覆盖，食品安全体系尚未健全，缺乏相关行业标准及法律法规。

（四）农村物流成本仍然过高

瓜果蔬菜等农产品保质期不长的特性导致在流通过程中腐烂损坏的风险比较大，果蔬在运输过程中产生的损耗占总成本的比例较高。自动化和信息化水平相对较低，再加上低温下的分级分类、流通加工、装卸搬运缺乏有效的自动温度控制，这都在无形中增加了许多的物流成本。另外，相对于客户，农产品寄递价过高，不利于产品通过网上销售，农产品自身价值不高，导致寄递费用占比偏高。对于寄递企业，寄递利润也不理想，目前快递依然处于供应链、价值链的最低端，以简单劳动为主，同质化、价格战愈演愈烈已成市场导向，“够便宜”成为市场的唯一选择。

三、促进广东省农村物流发展的措施建议

（一）进一步完善农村物流基础设施建设

一是推进农村物流服务设施共建共享。推动乡村配送集约化经营，发展共同配送、集中配送，打造“一点多能、一网多用、深度融合”的县域配送服务网络。完善县镇村三级物流配送体系，共建共享服务设施，提高村级站点可持续经营能力。二是进一步完善末端物流服务节点建设。推进“邮政在乡”工程，推动快递服务下

沉农村，鼓励通过驻村设点、企业合作等方式，提升快递进村服务水平。鼓励在农村地区开展智能快件箱投递和开办公共服务站收投邮件快件，完善农村末端投递服务。

（二）推进农村地区消费提质升级

一是优化农村生活服务供给。鼓励支持乡镇商贸中心、农村集贸市场、连锁便利店等完善商品品类和服务，提供符合消费需求的便民服务。鼓励开展形式多样的消费促进活动。二是促进农村便民消费。鼓励在乡镇新建、改建农村便民消费场所，在人口聚集的行政村和自然村建设居民生活服务设施，完善消费和便民服务功能。支持发展生鲜便利店，鼓励冷链保障的商品开拓农村市场，丰富农村居民消费供给。三是推进农村传统商业网点改造。鼓励商贸流通企业输出管理和服务，改造夫妻店等传统网点，发展新型乡村便利店。盘活现有邮政、快递、商超、便利店、电商服务站、助农服务中心、农村客运站点等末端网点资源，整合建设融合快递收发、代销代购等多重便民服务功能的农村便民服务站点。

（三）进一步推进冷链物流发展

一是加快推进冷链设施布局建设。把握好当前国家加大对冷链物流扶持的契机，用好地方政府专项债券等资金，加快培育建设国家骨干冷链物流基地，推动构建以国家骨干冷链物流基地为核心，产销冷链集配中心为重要节点，两端冷链物流设施为末端网点的，干支配一体、产销协同的现代冷链物流网络。推进农产品产地冷藏保鲜设施建设，完善海洋渔业配套冷链物流基础设施，在农产品产地乡镇推广“田头（塘头）智慧小站”“移动冷库＋集配中心”等模式。支持农垦冷藏保鲜库、冷链物流中心融入地方冷链物流网络。二是强化冷链设施资源整合。发挥供销系统与农业生产、消费市场联系紧密的优势，强化中小农户农产品集散、预冷、初加工等服务，加强与物流企业、销售平台对接，鼓励通过冷库资源入股、股权合作、托管经营等联合模式，对全省冷库资源进行有效整合，推动形成规模总量合理、区域分布优化的冷链物流设施网络。

（四）推动农村流通新业态新模式发展

一是推进企业供应链体系建设。鼓励商贸流通企业打造特色鲜明、服务完善的供应链服务体系，布局产业链渗透和供应链延伸，提供集中采购、统一配送、销售分析、库存管理等服务，增强农村实体店铺经营水平和抗风险能力。鼓励大型电商、供销、邮政、快递企业向农村延伸供应链。二是推进农产品出村进城。鼓励通过直播带货、网红分销等新方式，培育一批具有较强竞争力的农产品产业化运营主体，支持标准化商品化包装，提高农产品电商销售比例，推进特色农产品产销顺畅衔接、优质优价，拓宽农民就业增收渠道。三是推进县镇村物流共同配送。鼓励邮政、快递、物流、商贸流通等企业开展市场化合作，实现县镇村揽收和仓储服务共建共享。培育社会化农村物流服务企业，布局规划农村物流服务网点，提高服务网点可持续发展能力。深化交通运输与邮政快递融合，推动农村客货邮共享站场运力资源，共建运输服务网络。

广东省跨境物流发展 2022 年回顾与 2023 年展望*

一、2022 年广东省跨境物流发展总体情况

（一）业务规模稳步增长

广东跨境电商持续快速发展，目前，全省 21 个地市全部获批跨境电商综试区，实现综试区全省覆盖，数量全国第一。广东省商务厅数据显示，2015—2022 年，广东跨境电商进出口从 148 亿元增至 6454 亿元，规模扩大近 43 倍，年均增速 72%，规模占全国总量的 31%。其中，广州、深圳、佛山、东莞、珠海、汕头 6 个市发挥了重要作用，2022 年跨境电商进出口值合计 6087 亿元，占全省的 94%。根据海关总署最新发布的《中国跨境电商贸易年度报告》数据，2022 年，广东在全国跨境电商进出口总值中的占比达 43.4%，为我国稳外贸提供了重要助力。

（二）通关智慧化发展加快

海关总署广东分署积极推动智慧海关应用，提升跨境商品通关效率。2022 年，广州海关制定出台 28 条措施促外贸保稳提质，通过强化“智慧海关”建设等一系列措施进一步强化监管优化服务，推进以 5G、“AI + AR”为基础的智能化应用与海关监管深度融合，为进出口货物申报、查验、放行等各环节快速通行提供信息化支撑，实现海关监管全程“可感可知”，进出口企业“无感”通关。在各项措施的推动下，2022 年 2 月广州海关关区进、出口整体通关时间分别为 21.43 小时、1.05 小时，较 2017 年分别压缩 74.27%、90.69%。2022 年 9 月，在海关总署统一部署下，广州跨境电商零售进口商品条码应用试点上线，有助于企业提升申报准确度，加快通关速度，还能在入库理货环节大大提高商品识别准确度及商品分类识别效率，有效降低库存成本。据统计，通过商品条码管理进行全程溯源、精准监管试点以来，广州海关关区参与跨境电商商品条码申报的企业共计 738 家，已实现商品条码申报数 2154.3 万条，整体申报率达 93%。同时有超万件企业货品条码信息纳入海关基础数据库，帮助企业修正商品条码 1000 余项，条码申报正确率大幅提升。广州南沙港集装箱码头，通过低时延的 5G 网

---

* 供稿人：李佳，广东省现代物流研究院。

络，安装在泊位、吊机的数十台高清摄像机设备所采集的集装箱岸边作业视频信息迅速回传到云端，海关关员在监控中心实现远程监管。通过先进的AI技术，系统自动识别的集装箱信息与码头作业系统自动对碰，依据货物申报情况，关员向码头经营单位推送分流指令，进口货物卸货后自动分流。借助AR技术，海关与经营单位在传统码头视频监控基础上叠加堆场、泊位等各类AR标签，视频监控下的每个货物、每个场所、每个运输工具都在场景中清晰可知。得益于5G技术和智能理货、船边分流等信息化手段的应用，南沙港进出口通关速度不断提升。深圳海关依托“智能+联通”，在前海蛇口妈湾港全面应用“远程5G智能检疫系统”，实施登临检疫，提升船舶登临检疫效率和海运监管效能，助力妈湾智慧港开港一年集装箱吞吐量突破100万标准箱，是国内首个由传统码头升级改造成的自动化码头，也是粤港澳大湾区首个5G绿色低碳智慧港口。

（三）中欧班列不断提质增效

2022年以来，广东国际货运班列克服内外不利影响，开行数量逆势增长，开行频次加速提升，辐射范围不断扩大，有力推动广东外贸发展，保障产业链供应链循环畅通，对大湾区产业资源整合和高水平对外开放起到了关键作用。据海关总署广东分署统计，2022年广东共开行中欧、中亚、东南亚等方向国际货运班列965列，同比2021年增加了123.9%。广东省内海关持续开展监管模式探索，提升班列贸易便利化服务水平，支持班列将承运货物从原有的一般贸易为主，有效拓展至跨境电商、国际邮包、市场采购贸易等多种类型并可进行混搭，进一步拓展班列进出口货源。同时，广东省内海关还支持打造“中欧班列+海铁通”“中欧班列+陆海通”等海陆铁多式联运项目，为广东国际班列扩列增量提供有效助力。2022年以来，在原有站点的基础上，广东又新增了江门北、广州南沙港南站、广州国际港3个新始发站点，广东现有始发站点已扩展至9个。目前，广州国际港、广州增城西、深圳平湖南等站点可实现每月开行近30列的常态化天班运营。

（四）综合保税区快速发展

广东省综合保税区发展十分迅速，目前已有综合保税区11个，区内业务多元化发展、创新发展的内生动力不断增强。一是分拨集拼业务发展成熟。海关总署广东分署数据显示，2022年，广东省综保区内保税物流进出口超5000亿元。二是融资租赁业务稳步推进。融资租赁业务涵盖进口飞机、船舶和海洋工程结构等大型设备。广州白云机场综保区是全省首个开展飞机融资租赁实货监管的综保区，2022年该区在广州海关支持下应用“异地委托监管”，每趟次为企业节省调机成本20万元，飞机落地至验放用时压缩至1小时内。三是保税维修业务稳步发展。保税维修模式拓宽了企业的维修业务范围，让企业能够享受多项进出口流程简化及税收优惠政策，节约成本优势明显。

深圳福田保税区充分利用直接对接香港的优势，吸引苹果、中兴、联想等品牌维修业务落地。

（五）海外仓布局建设持续加码

海外仓建设持续推进，海外仓服务体系不断完善。根据深圳新闻网数据，目前，广东省级公共海外仓共计22个，其中有18个由深圳企业建设运营。广州综试区持续出台推动跨境电商高质量发展、跨境电商国际枢纽城市建设等政策，出台海外仓补贴等支持海外仓发展政策措施10条，推动企业加快海外仓布局。截至2022年，广州综试区内贝法易、中远海运、高捷、卓志、洋葱、哆啦、品晟等企业建设海外仓66个，总面积达63.76万平方米，覆盖全球28个国家和地区，服务8万余名国内外客户。深圳利用政策、产业、市场等多方面优势精准服务企业，大力支持出口海外仓业务。目前深圳企业在全球主要市场建设运营海外仓253个，建设面积286万平方米，面积排名全国前二。

（六）跨境支付便利化进一步提升

跨境电商等外贸新业态正在成为新的增长点。外汇局广东省分局针对外贸新业态“小额、高频、电子化”等特点，主动探索优化对贸易新业态市场主体的外汇服务。一方面，拓宽新业态主体资金结算渠道，支持符合条件的支付机构和银行，凭交易电子信息为跨境电商、外贸综合服务等市场主体提供高效、低成本的跨境资金结算服务。另一方面，积极优化资金结算服务，跨境电商企业可将境外仓储、物流费用与出口货款轧差结算，简化小微跨境电商企业货物贸易收支手续，年度货物贸易收汇或付汇累计20万美元以下的小微跨境电商企业无须名录登记，支持个体工商户通过个人外汇账户办理跨境电商、市场采购贸易项下的外汇结算。系列措施有力促进了贸易新业态规范发展，2022年上半年，辖区市场采购收汇57亿美元，同比增长2.8倍；新型离岸国际贸易收支37亿美元，同比增长62.3%；未纳入海关统计的网络购物收支181亿美元，同比增长49.6%，保持高增长态势。人民银行广州分行加大引导商业银行和支付机构对外贸新业态跨境人民币结算业务的支持力度，积极开展跨境电商贸易项下收付汇、跨境支付租金、跨境缴税等不同应用场景的跨境人民币结算业务创新；同时联合广州海关建立全方位、常态化的合作交流机制，促进跨境电商新业态跨境人民币业务的发展。2022年，广东省支付机构办理跨境人民币结算额4679.30亿元，同比增长36.7%。

二、广东省跨境物流发展存在的主要问题

（一）基础设施不够完善

在跨境物流基础设施建设方面，广东省存在着部分交通枢纽衔接不顺、联运链条

不通等现象，综合运输体系枢纽节点的空间布局与结构功能不完善。在港口物流方面，暂时没有构建国际航运综合服务体系，未能满足跨境电商交易次数的快速增长。航空物流方面虽然有广州和深圳物流节点城市，但是还未构建“内连外通的跨境航空物流通道”。例如，香港的机场货运航点近 100 个，而广州、深圳分别仅有 29 个、26 个。枢纽集疏运系统发展滞后，多式联运发展缓慢，全省集装箱海铁联运比例不足 1%，低于全国主要港口。粤港澳大湾区融合发展的一体化交通物流通道和枢纽网络尚未形成，跨境物流服务受制约。

（二）运输成本较高

当前，广东省作为全国第一跨境电商进出口大省，物流运输成本较高是广东省跨境电商物流存在的主要问题。在我国，跨境电商物流的成本是商品总成本的 1/3，这无疑是跨境电商贸易中巨大的成本消耗。跨境电商涉及境内和境外不同区域间的贸易，所以买卖双方在线上达成交易意向后，需要卖家在线下把货物配送给买家，而线下商品从准备发货，到进行发货，再到到达仓库这个过程中，商品通常会经过包装、运输、存放、管理等环节，并且跨境物流涉及公路、铁路、海运、航空等多种运输方式。因此，跨境物流比国内物流更为复杂，所需的物流成本也相对较高，甚至出现运输成本大于获得利润的情况。

（三）跨境运输时间长、效率低

受到疫情的影响，国际航班数量锐减，货物堆积率高，物流配送效率极低，而国际小包作为跨境电商卖家的主要使用方式，受到的影响更为严重。疫情期间，货物运送至欧美地区需要大约排仓 2～3 个月，严重影响交货时间和顾客体验，导致很多售后纠纷出现。对于时效性要求较高的国家来说，如果货物投递时效性波动大，不仅会影响卖家的信誉和利润，也会影响买方的收益和效率。跨境电商物流因为涉及的环节和不确定性因素比较多成本很高，跨境出口本来就因为距离的问题，需要更多的时间到达目的地，因此，稳定跨境物流的时效性对整个物流企业稳定收益至关重要。

（四）信息不透明阻碍跨境电商发展

目前，广东省的跨境物流信息化水平不高，物流服务商通常只关注运输时效和运输价格，忽视了运输时物流信息的作用。物流信息可以保障跨境电商卖家能实时追踪货物在跨境物流企业中的运输过程，境外客户同样也能清楚知悉货物运输情况，能够保障与跨境电商卖家的有效沟通。当跨境电商卖家与境外第三方物流企业之间的合作度与信息透明度不高时，在物流信息传递上就会存在一定的失真及延后，导致买卖双方会因为物流信息衔接不顺畅而产生摩擦。跨境电商平台无法及时跟踪货物，当遇到突发情况时，无法与消费者第一时间沟通协商，不仅容易造成经济损失，而且会影响跨境电商企业的运营效率和企业形象，阻碍了跨境电商和跨境物流的发展。

三、促进广东省跨境物流发展的措施建议

（一）完善物流基础设施建设

跨境物流的发展与基础设施建设息息相关，广东省作为物流大省，虽然物流基础设施暂居国内先进水平，但还是不能满足跨境电商贸易的发展。近几年，广东省人民政府印发《广东省综合交通运输体系“十四五”发展规划》《广东省综合立体交通网规划纲要》等文件，强调要加快交通物流基础设施建设，构建综合立体的交通发展新格局。在经济全球化背景下，居民的生活水平日益提高，“消费升级”助力品质化物流服务需求逐渐增加，广东省应当牢牢把握“一带一路”倡议的机遇，利用好粤港澳大湾区建设的区域优势，认清湾区城市的功能地位，针对性地设立跨境电商物流城市群体，配套充足的港口、码头、机场、桥梁、公路等资源。坚持以完善供给结构、创新供给模式、提高供给服务、优化供给环境为路径，努力优化物流资源配置条件，提升物流服务水平，从而节约社会物流成本，促进物流业转型升级和高质量发展。同时政府也需要在保税物流、货物通关等方面优化流程，提高跨境电商物流的运作效率。

（二）推动物流联盟模式发展

面对跨境物流运输成本较高的问题，要通过大数据信息技术来降低商品的物流运输成本。由于广东省跨境电商企业大多数为中小微型企业，规模较小，实力较弱，无法单独满足跨境物流服务的要求，因而各个联盟的跨境电商卖家便可以依靠大数据信息技术提供的数据对商品销售量情况进行分析，把目的地相同的货物大批量集中在一起，选择物流联盟模式进行发货，这样企业通过统一的运输、统一的清关，从而提升了商品的运输效率并且降低了商品的运输成本。由此可知，大力发展物流联盟模式会是广东省跨境物流运作模式的优化方向之一。

（三）推进海外仓建设

海外仓储模式受到很多物流企业的推崇和模仿。通过预测未来销量，物流企业将大批量商品通过空运或海运方式输送至海外仓库，完成线上订单后能够及时发货，利用第三方物流公司进行送达。不论是退换货还是时效性，都很好地满足了消费者的需求，并且在销售之前就能够将商品完成清关、通关和运输的工作，能够有效避免清关通关难、快递车辆不足等问题，避免高成本运输，从而确保发货效率、降低物流成本，更能帮助企业占据市场份额，提高国际知名度。大力推进海外仓建设，一是鼓励企业通过自建或租用的方式，积极开展布局和设立海外仓，以提高发货效率，提升用户体验；二是借助中欧班列，在欧洲一些国家选择合适地点，建造物流园和海外仓，以提

高班列在境外的集装箱分拨和转运能力，促进中欧物流贸易互通互联。

（四）提升跨境物流信息化水平

要充分利用大数据、云计算、物联网、射频识别技术、物流追踪系统等，并积极引进先进的技术设备，强化信息技术在各个环节的渗透作用，提高跨境物流整个运输过程的信息化、智能化水平。一是加强跨境物流基础设施建设，提高物流信息化水平，优化跨境物流运输路径、仓储环境，实时追踪物流配送，加强物流信息共享，进而解决物流运输成本高、物流配送效率低、产品损坏责任认定及产品滞留某一环节等问题。二是积极引导规模大、资金雄厚的企业探索海外需求的智慧物流配送模式，提升客户体验和附加值。

（五）加强培育跨境物流相关人才

跨境物流与传统物流相比更为复杂，所需的专业知识、涉及的业务环节都会比国内一般的物流更加丰富和烦琐。因此，要加强培育跨境物流相关人才，其实也是发现能够抵挡社会、市场、经济等多种风险的综合性人才。在人才培养方面，可以开展相关的教学培训；在教师方面，可以邀请国外优秀学者、教授来广东讲学、交流，同时，输送广东优秀教师到国外学习、深造。跨境电商行业在持续发展中不断升级，行业也从传统贸易转变为利用大数据、信息化的先进外贸形式。对于电商企业来说，应该及时更新经营观念和模式，物流企业更应该关注时事、紧跟国情，主动作出调整。广东省可以依托省内院校，开设跨境电商、国际物流专业培养相关人才；与企业合作共同建设人才培养基地、共同培养人才。

（六）加强跨境电商政策扶持

一是不断优化跨境金融服务体系，简化跨境贸易资金收付并做好跨境支付监管工作。二是建立专项扶持基金，鼓励金融机构创新跨境金融产品和服务，适当放宽融资门槛和审批限制。三是积极推进跨境电商产业集群发展试点项目，重点扶持地方特色产业集群。四是完善跨境物流数据分析服务，通过分析国际物流航线需求，增加繁忙路线的班列和航线，提升物流配送效率。

广东省绿色物流发展 2022 年回顾与 2023 年展望*

一、2022 年广东省绿色物流发展总体情况

（一）构建绿色交通，下好绿色物流构建“先手棋”

面对“双碳”目标下物流运输绿色低碳转型发展的实际需要，广东省交通运输厅进一步提高政治站位，结合行业高质量发展实际需要，于 2022 年 6 月成立了相关交通运输绿色低碳发展工作领导小组，由厅主要领导担任组长，立足推进交通运输业“双碳”工作，建立常态化工作机制。领导小组成立后，多次召开专题会议，开展调研，协同各相关处室，统筹研究编制《广东省交通运输行业碳达峰行动方案》《广东省交通运输绿色低碳发展纲要》等纲领性文件，积极做好行业绿色低碳发展战略谋划和顶层设计，抓实抓细绿色低碳交通运输工作，通过绿色交通构建，下好绿色物流发展“先手棋”。

（二）发展多式联运，赋能绿色物流高水平发展

提升运输效能，发展多式联运，构建江海陆联通的交通运输体系，是促进物流行业绿色转型的重要抓手。2022 年 7 月，全球首个江海铁多式联运全自动化码头——广州港南沙港区四期全自动化码头正式进入调试阶段，西江、北江等航运重点项目完成扩能升级，新建茂名东站至博贺港区铁路等一批多式联运骨干线路和核心枢纽相继建成运营，广梅汕铁路汕头站至汕头广澳港区铁路、湛江宝满港区铁路专用线开工建设，广东省多式联运交通网络日渐完善，多式联运承载能力和衔接水平明显提升。据统计，广东省 2022 年完成铁路货运发送量 1 亿多吨，完成集装箱海铁联运量 50 多万标准箱，同比增长 11.8%，中南、西南内陆腹地出海通道能力显著提升，海铁联运线路超过 50 条，辐射云贵川、湘赣地区等腹地区域。

（三）狠抓低碳转型，按下物流绿色转型加速键

物流的绿色转型离不开新能源和清洁能源的应用。2022 年，广东省物流行业新能

---

* 供稿人：樊鸿钰，广东省现代物流研究院。

源和清洁能源应用比例显著提升。在清洁能源车船推广方面，据电车资源统计，2022年上半年新能源物流车7.38万辆（不含交叉型乘用车和物流重卡），销量前十的城市中广东省占据4席，深圳市、佛山市、广州市、东莞市占比达到25.12%，远超其他省市，其中深圳以9610辆的优异成绩位居第一，市场占有率为13.03%，遥遥领先其他城市。据广东省交通运输厅《落实双碳目标　谱写绿色交通崭新篇章》报道，广东省各地市签订LNG改造合同的船舶214艘，完成改造下水123艘，检验发证101艘。目前，广东省LNG单燃料动力船舶共151艘，位居全国第一。同时，随着“珠水百年”号和“广游20”号正式投入运营，珠江游纯电动船运力规模位居全国前列。在用能配套设施方面，持续推进绿色出行“续航工程”，优化调整高速公路服务区充电设施布局，推进服务区充电设施建设。截至2022年年底，广东省累计完成1300多座充电桩建设工作，充电停车位约2300个，圆满完成交通运输部年度充电设施建设任务，基本实现高速公路服务区充电设施（快充站）全覆盖。积极开展内河港口岸电建设使用，加快推进广东省港口岸电监测模块的优化升级，港口岸电使用率逐步提升。广东省码头泊位岸电设施覆盖率达83.4%，超额完成交通强国建设试点任务确定的70%的目标，其中内河港口岸电设施600多套，在全国率先实现省级全覆盖。2022年广东省内河岸电总用电量约90万度，同比增长11.7%，实现较快增长。

（四）深化港口治污，贯彻绿色物流环保新理念

绿色物流尤其是港口航运，治理污染是重要一环。2022年，广东省港口码头配套建设生活垃圾投放、收集设施基本满足船舶生活垃圾上岸需求，码头配套生活污水收集、转运和处理能力不断提升。广东省各地市全部完成船舶水污染物接收、转运及处置设施建设方案，实现300多个内河码头和靠泊内河船舶的60多个沿海码头覆盖。广东省港口接收船舶含油污水近40万吨、生活污水4万余吨、生活垃圾1万多吨、化学品洗舱水1400多吨，接收量逐年提升。此外，广东省创新监管形式，建设并推广使用广东省港口船舶水污染物监测平台，平台生成电子联单供各环节监管部门查证，促使每单污染物的接收、转运和处置全过程可监测、可追溯。截至2022年年底，该平台已注册船舶、码头等企业占比已超过95%，完成6000余条电子联单。

二、广东省绿色物流存在的主要问题

（一）绿色物流起步较晚，相关支持政策不足

从整体上看，由于我国物流业起步比较晚，物流的整体水平落后于发达国家，美国、欧洲、日本等国家都是提高物流绿色化的急先锋。虽然绿色低碳发展理念一直伴随在我们身边，但大部分的政策主要围绕物流其他方面发展，如《广东省“十四五”现代流通体系建设实施方案》中绝大多数关于现代物流体系的内容是加快物流枢纽、

网络的发展，推进融合创新，仅有少部分是关于绿色物流的发展。同时，目前广东省在其他细分领域出台了专项政策，如在冷链物流领域专门出台了《广东省推进冷链物流高质量发展“十四五”实施方案》，但目前在绿色物流领域却没有专项政策去指引绿色物流应该如何发展及落实。

（二）物流企业资金匮乏，缺乏绿色转型动力

根据中国企业数据库企查猫数据显示，截至2022年7月，广东省物流行业的主要企业共有3915家，目前广东省物流行业企业的注册资本主要分布在100万元以下，相关企业数量为1031家，说明大部分都是中小型物流企业，本身可利用的资金非常有限，同时企业获得融资较少。而存续物流行业企业中，仅有32家企业有融资信息，而其中以定向增发和战略融资为主，有14家企业为战略融资，9家企业为A轮融资，其次分别为定向增发的2家和B轮的2家。此外，总体来看，广东省物流行业企业的上市率为2.51%，在上市的企业中，以新四板和新三板的企业为主。大量中小企业自身运营都存在一定的难度，更何况需要引进高端的绿色技术；加之部分企业觉得投入成本过高，短期内和收益不成比例，风险太大而不敢轻举妄动，造成企业的能源结构得不到改变，长此以往则忽略环保发展。

（三）专业技术人才不足，绿色管理水平落后

推进绿色物流发展的人才不仅要具备操作技术和理论知识，还要有绿色环保的意识。目前高校虽然设有物流专业，但是学生所学的课程中很多都是以前的知识，更新的内容非常少。很多理论知识没有涉及绿色环保这个大课题，都是追求如何进行经济转型和提高经济的发展效率。同时，企业在培养人才过程中，也存在着缺乏绿色低碳环保意识问题。省内大部分的物流企业在运作环节中都注重如何提高效率，很少注重物流的碳排放情况。在包装环节提倡绿色包装、减少不必要的纸箱、纸箱回收利用等做法能降低成本从而提升资源利用率，但这些做法只能弥补某个环节上的不足。从长久来看，对整个运营还是造成了或多或少的影响。纸箱回收不及时、二次可利用率降低等问题层出不穷，主要还是信息系统更新的不及时导致的。没有一个完善的信息化平台，导致整条供应链分配不合理；没有一条绿色化的供应链，就很难在低碳上有所作为。这不仅仅是指技术和设备需要改进，更重要的是企业需要提高绿色化管理水平。

三、促进广东省绿色物流发展的措施建议

（一）完善绿色物流政策法规引领体系

各级政府部门需要加强对物流活动的整体监管，制定更加合理和完善的物流环境标准，不断完善绿色物流发展的机制和体制，打造更加良性的政策环境，积极贯彻和

落实新发展理念。政府相关部门之间形成合力，建立更加完善的绿色物流发展政策支撑体系，从而充分发挥政策制度的合力，对当前绿色物流法律法规体系进行有效的完善。强化政府对绿色物流发展的引领作用，加强物流基础设施的建设，鼓励物流企业大力发展绿色仓储、建设绿色物流园区、配送中心等基础设施，引导物流企业加大绿色物流新技术的研发投入力度，广泛应用绿色能源。通过利益驱动和约束等方式，加强对物流企业绿色生产行为的引导，不断提升物流企业绿色发展的技术创新能力，有助于物流企业制定更加合理的发展体系。

（二）加快构建绿色物流发展理念

一是聚焦宣传培训，树牢绿色生态理念。加强绿色物流宣传，树立绿色、节能、环保和可持续发展的物流理念，将“绿色化”贯穿物流行业上下游全过程；加大绿色物流相关培训力度，组织到典型示范单位观摩交流，学习先进经验，分享应用成果，更好树立绿色低碳文明新风尚。二是构建绿色评价体系，梳理绿色物流标准。以控制和降低物流行业碳排放为目的，构建物流行业绿色发展综合评价体系，制定碳排放评价指标，明确碳排放核算标准，将物流生产要素的节约量转化为可量化的碳排放衡量指标，找准物流相关环节，针对性采取降碳措施，如在仓储环节采用环保低碳物流设备，积极探索构建零排放电力系统；分拣环节使用柔性化精准供能、精细用能、循环利用新模式；包装环节积极推动配送包装绿色化、轻量化、可循环，尽量选择可降解材料等。

（三）加大对绿色物流的金融支持力度

一是根据物流行业整体发展情况，基于绿色金融的奖惩措施，制定与绿色物流发展相关的优惠政策，引导资金流向，进而倒逼物流企业转型升级，进一步优化金融资源配置。以绿色低碳为导向，加大对绿色物流基础设施建设项目的资金支持力度。二是发挥绿色发展基金、国家新兴产业创业投资引导基金、政府引导基金等对绿色物流相关的技术创新的扶持作用，加速绿色新材料等一系列产业的成果转化。三是鼓励金融机构运用再贷款、再贴现等多种货币政策工具，加大对绿色物流的金融支持力度，对运输物流企业和货运司机开辟“绿色通道”，合理给予贷款展期和续贷安排，增加民航运输信贷投放，建立信贷、债券融资对接机制，发挥应收账款服务平台作用，支持产业链供应链稳定循环。

（四）进一步推进物流绿色技术创新

一是通过引进消化与自主创新相结合的方式，加快新能源、新材料、节能以及循环利用等绿色低碳技术的发展，推广经济性较强的绿色物流技术装备的应用，积极发展物流绿色包装、推广循环包装，减少过度包装现象，渐进实现商品包装的绿色化。

二是加强大数据、物联网、人工智能、区块链等新一代信息技术在物流领域的应用，构建绿色化、智能化、信息化的物流产业链，通过科技赋能进一步优化物流行业整体运行效率，驱动物流供应链向绿色循环、低碳发展转型升级。三是为了提升运输资源配置效率，最大限度减少运输污染排放，应大力推动发展“端到端”“门到门”的物流模式；大力发展第三方物流，简化物流配送环节，促进可回收资源的循环利用；合理规划货运网点及运输线路，从而最大限度地降低车辆空载率，实现各类资源要素充分利用；积极搭建物流供应链企业信息平台，提升物流各环节数字化水平，为提高物流系统整体运行效率提供底层数据支持。

第二部分 区域发展

广州市物流业发展2022年回顾与2023年展望*

一、2022年广州市物流业发展总体情况

（一）物流“保通保畅”有力有效

2022年，广州市加强疫情管理力度，科学精确做好物流“保通保畅”。一是加强来穗货车司机的服务管理，对重点地区报备车辆落实闭环管理。二是组织落实物流园区等重点区域的疫情防控措施。三是优化调整交通运输领域防控措施，对照国家防控方案和优化调整措施，及时取消“落地检”、离穗人员48小时核酸检测阴性证明查验、重点地区来穗货车闭环管理等措施。四是全面保障粤港跨境货物运输畅通，推进“两段式”“全接驳”“点对点”等多次工作模式转变。根据《2022年广州市国民经济和社会发展统计公报》数据，2022年，广州市全年交通运输、仓储和邮政业实现增加值1590.69亿元，比上年下降5.5%。全年港口货物吞吐量65592.03万吨，增长0.7%；其中外贸货物吞吐量14332.92万吨。全年港口集装箱吞吐量2485.76万国际标准箱，增长1.6%。全年广州白云国际机场货邮吞吐量188.46万吨。2022年广州市各种运输方式完成货物运输量及其增长速度如表2－1所示。

表2－1　　2022年广州市各种运输方式完成货物运输量及其增长速度

指标	单位	绝对数	比上年增长（%）
货物运输总量	万吨	90510.96	－7.8
铁路	万吨	2360.03	3.0
公路	万吨	48844.94	－8.2
水运	万吨	36976.81	－9.3
民航	万吨	109.84	－7.5
管道	万吨	2219.34	23.6
货物运输周转量	亿吨公里	22181.52	1.4
铁路	亿吨公里	33.37	2.3

* 供稿人：吴诗一，广东亚太经济指数研究中心；陈梓博，广东省现代物流研究院。

续　表

指标	单位	绝对数	比上年增长（%）
公路	亿吨公里	684.04	-6.2
水运	亿吨公里	21369.69	1.6
民航	亿吨公里	68.59	-3.3
管道	亿吨公里	25.83	46.1

资料来源：《2022 年广州市国民经济和社会发展统计公报》。

（二）交通物流基础设施进一步完善

根据《广州市交通运输局 2022 年工作总结和 2023 年工作计划》，2022 年广州市适度超前推进交通基础设施建设，进一步完善综合交通网络。其中惠肇高速惠城至增城段已完成核准（立项），东部公铁联运枢纽一期工程中道路工程部分初步设计已获批复，狮子洋通道、惠肇高速白云至三水段、北二环高速改扩建、广澳高速南沙至珠海段改扩建等项目初步设计已获批复，上述公路项目先行工程均已动工建设；沙湾大桥改建项目已完成联审决策，科韵路与广园快速路、北环高速公路节点等项目已完成建设方案编制和联合评审。广佛大桥系统工程（一期）、会展西路过江隧道、鱼珠隧道、小鹏汽车周边市政道路等重点工程建设加快推进。2022 年，广州市共建成广州从化至清远连州高速公路（广州段）、广州至连州高速公路花都至从化段两个高速公路项目（新增里程 27.92 公里）和云溪路（华南路—大观路）、车陂路—新滘东路隧道工程（黄埔大道至新港东路）等 13 个城市道路项目（里程共约 30.18 公里），新建改造“四好农村路”55.7 公里。

（三）快递物流业运行总体平稳有序

2022 年，广州市持续完善快递物流行业发展环境，在疫情防控的同时持续推进快递进村、快递进厂、快递出海“二进一出”工程，推动快递业与制造业融合，快递物流业运行总体平稳有序。根据《广州市邮政管理局公布 2022 年邮政行业运行情况》数据，2022 年全市邮政行业业务收入（不包括邮政储蓄银行直接营业收入）累计完成 897.30 亿元，同比增长 4.11%。其中，快递业务收入累计完成 840.43 亿元，同比增长 2.84%。全市邮政行业寄递业务量累计完成 105.28 亿件，同比下降 4.66%。其中，快递业务量累计完成 101.31 亿件，同比下降 5.13%；邮政寄递服务业务量累计完成 3.98 亿件，同比增长 8.93%。全市同城快递业务量累计完成 14.43 亿件，同比下降 8.84%；异地业务量累计完成 85.90 亿件，同比下降 4.10%；国际/港澳台业务量累计完成 0.98 亿件，同比下降 29.14%。

（四）航空货运枢纽发展提质增速

2022 年，广州市抢抓“十四五”航空物流发展新机遇，广州空港型国家物流枢纽成功纳入 2022 年国家物流枢纽建设名单，广州国际航空货运枢纽建设和广州空港经济高质量发展迈出坚实步伐。根据广州空港物流协会相关信息，白云机场现投入运营的物流设施共有 4 个航空货站及 3 个快件/邮件中心。其中，4 个航空货站包括机场国际 1 号货站、机场国内 1 号货站、南航国内货站、南航国际货站；3 个快件/邮件中心包括联邦快递亚太转运中心、顺丰速运华南转运中心、邮政广航中心。目前，广州国际航空机场三期扩建工程已启动建设，白云机场将成为一个功能更加强大的枢纽机场，最终实现 5 条跑道、2 个航站区的规划格局，并配套建成投运 4 座新航空货站，分别是国际 2 号货站、国内 2 号货站、国际 3 号货站以及联邦快递华南操作中心，白云机场物流设施终端货邮吞吐能力将达 600 万吨。

（五）物流运输服务水平持续提升

2022 年，广州市成立物流供应链稳链强链工作专班，印发实施《广州市物流供应链稳链强链工作方案》，做好 2022 年国家综合货运枢纽补链强链城市申报工作并顺利入围，物流运输服务水平持续提升。一方面，广州市加快建设专业化供应链物流体系。通过联动引进培育一批综合型重点物流企业和服务技术型重点物流企业，为固定以及大型商业客户提供多环节、多方式、一体化物流服务，提供管理、信息技术以及物流咨询和物流过程控制等支持协助。另一方面，广州市推动建设一批与制造业融合的基础性、功能性、具有公益属性的供应链物流公共服务平台，鼓励大型交通运输、生产制造企业将自营物流面向重点领域提供公共物流服务。

（六）智慧及绿色交通物流深入发展

在智慧交通建设方面，广州市深化“一个中心、三大平台”广州智慧交通体系建设，广州智慧交通总体发展水平走在全国城市前列，广州获评“2022 世界智慧城市大会·中国区出行大奖”，成为全国唯一获该奖的城市。在绿色交通方面，广州市加强交通运输“减污降碳”协同增效，积极推广应用新能源交通运输车辆。在智慧物流方面，广州市逐步开展新技术、智能设备的实战应用场景及创新项目试点，推动物流公司数字货运系统研发，连接物流产业链条上下游企业信息资源，提升货物处理效率。

二、广州市物流业发展存在的主要问题

（一）交通物流基础设施仍不够完善

广州地区交通物流基础设施亟待完善。航运方面，港口仍然存在一些结构性矛

盾，不同港区功能定位还不够清晰，综合通过能力与世界一流港口还存在一定的差距，大型专业化深水码头仍旧较少，难以适应船舶大型化发展需要，集疏运体系能力有待提升。铁路方面，广州市铁路对外辐射能力不足，北部通道接近饱和，东西向通道标准不高，市域高铁枢纽功能有待增强。公路方面，物流拟设施布局未与交通枢纽、产业功能区形成融合发展，“枢纽＋通道＋网络”的交通物流运行体系尚未形成。

（二）物流运输服务总体水平不高

广州市运输服务整体管理比较粗放，差异化、精细化、智能化、专业化水平总体不高，各运输方式间的技术及装备标准、政策和法规体系不协调，多式联运发展水平相对滞后。航空方面，国际航线网络尚不完善。铁路方面，国际铁路运输网络配套建设不足。此外，铁路专用线进港、进园不足，海铁联运比例较低，空铁联运、公铁联运“最后一公里”有待解决，物流园区整体布局零散，集约化、专业化水平有待提升，公司有待进一步壮大。

（三）智慧绿色可持续发展水平亟待增强

智慧交通方面，新型装备研发与应用有待进一步推进，基础装备有待升级，新型交通基础设施建设有待完善；行业数据感知获取分析应用能力有待强化，大数据、互联网、人工智能、区块链、超级计算机等新技术与交通运输行业融合不够深入；智能交通服务有待进一步提升。绿色交通方面，货运运输结构有待优化，货运新能源车辆有待进一步推广应用，交通运输节能降碳和污染防治工作有待进一步深化，交通生态环境保护修复有待进一步加强。

（四）传统物流企业转型升级步伐缓慢

广州物流产业处于产业链下游，投入产出率偏低，在现代产业体系中通常承担“仓库保管员”“搬运工”角色，增值能力较弱。物流企业主要集中在货物运输、贸易代理、货运代理、劳务派遣服务等价值链低端环节，在航运贸易、金融服务、信息服务等高附加值、衍生服务方面仍有较大提升空间。第三方物流、多式联运、互联网物联网融合、精益供应链管理等符合现代物流产业特征的综合型物流龙头企业不多，引领构建现代物流产业集群拉动性不足。物流上下游企业协作松散，整体协同性不足，尚未形成协同发展的产业联盟，未能充分发挥链主企业在稳定货源、加强供应链管理、行业标准制定、协同推动产业整体发展中的作用。

三、促进广州市物流业发展的措施建议

（一）大力推进交通基础设施建设

积极扩大交通有效投资，重点保障2023年计划建成开通和服务于重大交通枢纽、功能片区的重点项目的资金需求。加快完善铁路枢纽布局，推进4个国铁、9个城际、10个地铁、7个铁路交通枢纽等续建项目建设。推动完善大湾区高快速路网络，开工建设机场高速改扩建工程，建成从埔高速、佛清从高速北段，推进增天高速等9个高速公路项目和东晓南路—广州南站连接线工程等35个市本级市政路桥项目。

（二）着力提升物流运输服务水平

以建设机场、港口、陆港交通物流枢纽大通关、大口岸为重点，积极推进航空、航运、铁路国际货运信息系统与广州国际贸易“单一窗口”对接，加强交通物流公共综合信息平台建设，打通机场、港口、铁路物流及企业信用信息节点。结合数字政府建设，有序推进政府数据开放与共享，加强交通、海关、边检、商务、邮政、市场监管等多部门公共数据开放共享，推动物流企业，邮政快递企业，枢纽园区，信用、安全监管综合信息平台与专业公共物流信息平台的有效衔接，强化物流信息平台协同发展，促进物流储运、通关、追踪等信息集成共享，为便利企业生产经营和完善物流信用环境提供有力支撑。发挥物流和供应链产业联合会、行业协会作用，促进信息匹配、交易撮合、资源协同，提高物流供需匹配效率。

（三）持续组织开展多式联运服务

充分发挥南沙港、航空经济区等交通物流枢纽资源集聚作用，以铁水联运、陆空联运为重点，组织开展多种形式的多式联运服务。一是继续培育壮大多式联运经营人，支持交通物流企业创新多式联运合作模式，力求在多式联运货物交接、合同运单、信息共享、责任划分、货损理赔、物流金融等联运机制方面实现突破。二是鼓励南沙港以海铁公联运“一单制”联运机制为突破重点，系统研究多式联运外贸提单系统、信用证体系以及外贸保税运输机制等贸易规则，深入推进“一次委托”“一次保险”“一箱到底”“一次结算”一站式服务。三是支持建设多式联运海关监管中心，开展各种运输方式的货物换装、仓储、中转、集拼及配送等一体化作业，推动全面实现多式联运换装1小时内完成。四是鼓励发展电商物流航空货运航线、铁路行包专列和公路快运专线。

（四）培育现代物流和供应链市场主体

一是积极引进国际国内大型现代物流和供应链龙头企业及其区域总部、营销中心、

数据中心、结算中心、研发中心。结合产业发展和产业功能区建设实际，开展针对性招商，吸引国际一流现代物流和供应链组织运行平台龙头企业参与枢纽园区运行，积极推动一批现代供应链企业、产业项目落户。打造一批在现代物流和供应链领域具有较强自主创新能力和集成服务能力的“广州服务”供应商。二是支持本土专业服务型、综合服务型物流企业创建物流服务品牌，支持先进制造、战略新兴等产业领域的链主企业强化上下游供应链资源整合和高效组织协同，建设智慧物流公共信息平台、网络货运、智慧仓库、智能分拣等项目，使用新能源货运汽车等绿色低碳运输工具，培育一批物流供应链龙头企业。

深圳市物流业发展2022年回顾与2023年展望*

一、2022年深圳市物流业发展总体情况

2022年，深圳主动落实国家战略部署，统筹推进海陆空铁多种运输方式协调发展，稳步推进综合物流服务体系建设，推动海空双港物流稳中有进，智慧绿色交通蓬勃发展，物流业发展取得新进展、新成效。

（一）物流业发展稳中有进

根据《深圳市2022年国民经济和社会发展统计公报》数据，2022年深圳市物流行业发展向好，物流业增加值3302.23亿元，比上年增长4.0%。深圳市全年货物运输总量40893.38万吨，比上年下降6.9%，其中铁路货物运输和水路货物运输呈现正增长且增长数值较为亮眼，货物运输量分别为151.32万吨、10005.27万吨，分别比上年增长22.7%、13.0%；货物运输周转量2239.27亿吨公里，增长1.9%，其中铁路货物运输周转量2.28亿吨公里，比上年增长23.2%。深圳市全年港口货物吞吐量27242.72万吨，比上年下降2.1%；集装箱吞吐量3003.62万标准箱，增长4.4%，再创历史新高，稳居全球第四；其中，港口出口集装箱吞吐量1478.11万标准箱，比上年增长1.5%；深圳港LNG接卸量达1210.95万吨，稳居全国港口第一。深圳机场旅客吞吐量、货邮吞吐量分别达2156.34万人次、150.7万吨，均排名全国第三，其中国际货邮吞吐量71.2万吨，逆势同比增长19.4%。大力发展“湾区号”中欧、中老班列，深圳全年开行238列、发运货物2.1万标准箱，同比分别增长93.5%、82.0%，线路已覆盖德国、波兰、俄罗斯、哈萨克斯坦等国家和地区，为粤港澳大湾区参与国际经贸合作提供国际物流通道。全年快递业务量累计完成58.0亿件，同比下降3.0%；快递业务收入累计完成602.2亿元，同比下降7.2%。2022年深圳市各种运输方式完成货物运输量及增长速度如表2－2所示。

---

* 供稿人：吴诗一，广东亚太经济指数研究中心；吴乐燕，广东省现代物流研究院；部分内容根据《深圳市交通运输局2022年工作总结和2023年工作计划》整理。

表 2－2　　2022 年深圳市各种运输方式完成货物运输量及增长速度

指标	单位	绝对数	比上年增长（%）
货物运输总量	万吨	40893.38	－6.9
铁路	万吨	151.32	22.7
公路	万吨	30611.99	－12.1
水路	万吨	10005.27	13.0
民航	万吨	124.80	－11.7
货物运输周转量	亿吨公里	2239.27	1.9
铁路	亿吨公里	2.28	23.2
公路	亿吨公里	450.83	－9.5
水路	亿吨公里	1761.45	5.4
民航	亿吨公里	24.71	－3.6

资料来源：《深圳市 2022 年国民经济和社会发展统计公报》。

（二）双港物流高质量发展

一是全球湾区核心枢纽海港实现新突破。2022 年，深圳新开通大湾区组合港 11 个、海铁联运内陆港 6 个、国际班轮航线 4 条，实现粤港澳大湾区城市和广东省 7 大关区组合港航线两个“全覆盖”，大湾区组合港模式获评深圳市优秀改革案例。小漠国际物流港正式开港。盐田港东港区一期主体工程全面开工。安全引航船舶 2.3 万艘次，同比增长 2.5%。大鹏湾水域深港进出船舶实现“一次引航”，单船缩短进出港时间约 2 小时，大幅节省港航企业成本。二是国际航空枢纽能级实现新提升。新开多哈、纽约等 6 条国际货运航线，加密洛杉矶、大阪等 10 条国际货运航线，全货机航点达 57 个，其中国际及地区全货机航点达 35 个，覆盖北美洲、欧洲、亚洲、南美洲、大洋洲五大洲，通达全球 23 个国家和地区。在全国首创航空货物“按件级别”实时轨迹跟踪查询、电子雾化产品“白名单”差异化安检模式，全国首家试点航空货运短途驳运安保链项目，全球首个航空箱 CT 项目完成符合性测试。深航、南航、顺丰航空等新增投放飞机运力 14 架。机场三跑道、T1 和 T2 航站楼、樟坑径直升机场、观澜导航台迁建等项目全力推进。

（三）国家物流枢纽建设取得新成效

2019 年以来，深圳连续 3 年成功获批建设商贸服务型、空港型、港口型国家物流枢纽。2023 年 7 月 28 日，深圳又获批建设生产服务型国家物流枢纽，至此，深圳 4 种类型国家物流枢纽已全部获批。深圳稳步推进商贸服务型、空港型、港口型等国家物流枢纽建设。一是深圳商贸服务型国家物流枢纽目标是打造成为全国乃至亚洲单体规模最大的公铁多式联运中心。目前，枢纽范围内平湖南铁路货场一期工程已完工，平湖南综合物流枢纽已取得地面层及上盖项目土地使用权，并进入主体工程设计方案研究阶段。二是深圳空港型国家物流枢纽通过推动航空物流和供应链服务、临空先进制造业、临空现代服务业等产业协同发展，打造具有深圳特色的临空产业生态圈，枢纽正加紧推进机场东货运区国际转运一号货站、南货运区货代一号库等项目建设。三是深圳港口型国家物流枢纽旨在充分发挥盐田港在连接国内、国际两种资源和两个市场中的门户枢纽地位，打造服务国家“一带一路”和国内国际双循环的国际港口物流枢纽。现已建成盐田港冷链服务仓、盐田智能供应链物流园等项目，正在加快推进盐田港东作业区一期、平盐铁路改造等工程建设。四是深圳生产服务型国家物流枢纽由西北片区（宝安区）和东南片区（龙岗区）组成，依托粤港澳大湾区科技创新核心走廊，形成“一廊两翼”的空间格局，构建物流特色鲜明、功能协同互补的联合枢纽。两个区域根据各自的功能特点，相互协作、相辅相成，推进生产制造业、现代物流业“双支柱”产业融合联动。

（四）跨境电商带动物流向好发展

作为首个国家电子商务示范城市，深圳立足于挖掘进出口新潜力，积极推动货物贸易优化升级，培育产业链生态链优势，促进跨境电商高质量发展。根据深圳市商务局数据，2022 年深圳跨境电商进出口额达 1900 亿元，同比增长 2.4 倍，比 2021 年新增约 1300 亿元，成为外贸稳增长的重要推动力量。2022 年深圳市跨境电商综试区建设综合排名位列全国第一档，全年跨境电商进出口 1914 亿元，增长 2.4 倍。在跨境电商业务量爆发式、跨越式增长的带动下，深圳利用政策、产业、市场等多方面优势，精准服务企业，大力支持出口海外仓业务。截至 2023 年 1 月，深圳企业在全球主要市场建设运营海外仓 253 个，建设面积 286 万平方米，面积排名全国第二。广东 22 个省级公共海外仓，18 个由深圳企业建设运营，其中，深圳 4 家企业 7 个海外仓入选 2022 年广东省第三批公共海外仓。

（五）深入推进交通物流行业绿色低碳转型

一是运输结构持续优化。水水中转完成 752.9 万标准箱，同比增长 3.5%。运营海铁联运班列 30 条，完成运输 24.1 万标准箱、同比增长 6%。顺丰铁联多式联运示范工程通过省级验收。二是交通领域清洁化扎实推进。深圳绿色航运基金正式成立。完成华南片区首单海上国际船舶 LNG 加注，大鹏湾 LNG 枢纽港成为国内首个接卸量超亿吨的 LNG 港口。新建 6 套港口岸电设施，靠港船舶岸电使用率全国最优。港口、机场完成 324 台作业机械清洁化替代。投放新能源大客车 105 辆，更新投放新能源公交车 1491 辆、巡游出租车 3726 辆，新增纯电动物流车 6371 辆，新能源营运车辆规模保持全球第一。三是道路交通噪声治理全面加强。编制交通噪声严重污染路段治理方案，实施26条交通繁忙道路噪声监测。大力推进道路“白改黑”改造、破损路面桥面修复、声屏障维修更换等工作，新增降噪路面43.89万平方米，交通噪声治理成效初显。

（六）系统推进交通物流规划前瞻布局

一是综合规划高点定位。加快推进交通强国建设试点任务。印发《深圳建设交通强市行动计划（2021—2025年）》，启动实施海港提振行动、空港提质行动、铁路拓展行动、路网联通行动、枢纽融城行动、物流增效行动、低碳转型行动、安全守护行动、治理提升行动、智慧赋能行动10大行动共44项重点任务。编制《深港交通合作行动计划（2022—2025年）》《深圳市综合立体交通网规划》，促进综合交通协调发展。印发《深圳市现代物流基础设施体系建设策略（2021—2035）及近期行动方案》，明确构建“7+30+N”三级物流场站体系。二是专项规划适度超前。印发《深圳市港口与航运发展“十四五”规划》。开展西部港区整体布局优化、高速公路服务区布局及综合能源补给站规划、公共卫生应急物资运输枢纽建设方案等研究。开展海上休闲和客运码头专项规划实施评估。三是通道规划提前布局。规划形成1000公里“八横十三纵”高快速路网体系。完成松山湖科学城与光明科学城通道、龙坪盐通道北段、盐龙大道北延等规划研究，开展西乡—丹梓通道（横岗至宝龙段）交通设计。加快稳定广深高速改扩建技术方案。

二、深圳市物流业发展存在的主要问题

（一）枢纽与通道能级难以支撑国家战略落地

深圳获批4种类型国家物流枢纽，各枢纽定位高、服务能级大。但深圳交通枢纽与通道仍存在辐射能级偏低的问题，影响全球高端要素资源配置能力的进一步提升，制约国内经济腹地进一步拓展。深圳港口运量大但高端航运服务弱，金融、保险、法律、船舶交易等目前处于起步阶段。深圳与长三角、京津冀等城市群陆路联系超过10小时，难以实现与主要城市群之间的协同发展。

（二）港口集疏运结构不合理

深圳港直接经济腹地以珠江三角洲为主并覆盖广东全省，间接经济腹地涉及我国华南、华中和西南等泛珠三角大部分地区。港口集疏运结构中公路运输占比71.4%，水水中转27.9%，海铁联运仅0.7%。深圳港日均公路集装箱拖车超过2万辆，货运交通与城市交通冲突日趋严重，交通拥堵以及集装箱拖车尾气和噪声对市民生活影响日益加剧，拖车停放等港口配套功能占用城市发展空间现象愈发凸显，港城矛盾仍是深圳港实现可持续发展亟待解决的关键问题。

（三）物流运输绿色低碳转型任务艰巨

深圳交通物流运输仍处于能源结构、运输结构优化调整攻坚期，交通碳排放在全

市碳排放中的占比约 40%。港口集疏运体系仍以公路为主导，海铁联运、水水中转比例偏低。绿色航运发展要求逐步提高，LNG 等清洁能源动力船舶的应用和推广仍需进一步加强。深圳的物流行业主要依赖燃油车辆运输，消耗大量的化石能源，对环境造成了严重污染，包括空气、噪声、视觉等方面。随着城市建设范围的扩大，深圳的交通压力越来越大，深圳通勤圈已扩大至莞惠临深地区，但公交 1 小时可达范围仍局限在深圳机荷高速以内地区，中心城区道路拥堵里程超过 340 公里，给物流配送带来极大不便，影响交通效率，增加成本和污染。

三、促进深圳市物流发展的措施建议

2023 年，深圳市加快建设具有全球重要影响力的物流中心，加快建设交通强国城市范例，推动现代物流业高质量发展，为深圳加快打造更具全球影响力的经济中心城市和现代化国际大都市作出新的更大贡献。

（一）港航并重，开启海陆空高质量“加速跑”

一是海港方面。深圳港集装箱吞吐量冲刺 3100 万标准箱。进一步拓展提升深圳港的辐射能级。开通中山、江门等地组合港，新增组合港 4 个以上；在湖南、重庆、贵州等地布局内陆港，为内陆地区企业提供便捷、高效的出海通道，新增内陆港 6 个以上；增加深圳港直通全球主要市场航线，新增跨境电商海运快线 5 条等。大力发展汽车滚装和集装箱运输，方便深圳及周边地区汽车通过深圳港运输，推动港口汽车出口运输实现跨越式增长；推动小漠港申请整车进口资质，打造辐射粤东、通达全球的整车进出口口岸。加快建设一流港口基础设施。建成宝安综合港区一期；开工建设深圳港西部港区出海航道二期、大铲湾二期、小漠国际物流港防波堤工程；加快盐田港东作业区、深圳港引航基地等项目建设；加快推进建设亚洲船舶 LNG 及燃料油加注中心，加快组建 LNG 加注船队，推进广东大鹏液化天然气码头 2 号泊位工程建设，提升港口 LNG 仓储、转运服务能力。

二是空港方面。大力发展国际航空货运。引导航空公司和物流运营商加密通达全球主要货运枢纽航线，鼓励中外航空公司执行“客改货”和加密货运航班；开展跨境电商带电货物航空运输试点，推动跨境电商空运进出口货量增长 25% 以上，进口生鲜冷链货量增长 20% 以上。加快航空基础设施建设。完成机场东区和南区货代一号库、DHL 华南航空快件枢纽建设，开工建设机场南区新国际货站一期、空港南货运驿站等，全力推进 T1 和 T2 航站楼、观澜导航台迁建、樟坑径直升机场等项目建设。

三是物流方面。加快构建安全畅通高效的物流网络，构建“对外物流枢纽 + 城市物流转运中心 + 社区物流配送站”三级物流场站体系，全面推进平湖南商贸服务型、机场空港型、盐田港港口型、生产型国家物流枢纽建设；鼓励物流行业领军企业“走出去”拓展延伸物流服务网络，加快形成具有深圳特色的物流设施体系；大力发展跨境电商专列、冷链专列、定制化班列，协调推动深圳中欧班列月开行规模稳定在30列以上。

（二）固本强基，加快培育交通运输行业发展新动能

一是供应链方面。发展壮大物流供应链产业集群，推动新增3家百亿级供应链服务企业、1家上市供应链服务企业，认定130家以上的重点物流企业，大力推动第三方物流企业达1.4万家、第四方物流企业达4000家。大力发展适应消费需求的特色物流，推进黎光物流园、鹏深智慧保税物流综合体等项目建设，加快推进海星码头二区地块18万平方米冷库和高端仓、赤湾码头1～3号泊位后方高端冷链仓综合开发建设。

二是低空经济方面。加快建设民用无人驾驶航空试验区，加强低空经济顶层设计，培育壮大低空经济产业；建设智能融合低空系统，推进打造低空“设施网”“航路网”“通信网”“气象网”“服务网”五张网；大力拓展低空应用场景，支持美团、顺丰、东部通航等头部企业开展低空飞行试点试验，推广无人机末端配送业务；支持龙头企业加大在深投资力度，全年计划新增省、市级创新平台6家，形成3～5家龙头企业和一批低空经济企业协同发展的良好生态。

三是展会论坛方面。争取将物博会打造成全球物流行业头部展会，吸引国际知名参展商100家以上，办好深圳国际物流与供应链创新论坛、泛太平洋海运亚洲大会、国际港口链战略论坛、铁水联运高峰论坛、低空经济发展高峰论坛、全球智能网联汽车商业化创新大会等。

四是招商项目方面。紧盯交通物流行业国内20强、世界500强开展招大引优，引进智能网联头部企业来深圳市深扎根、发展，吸引低空经济领域领军企业落户深圳，与国际大型港口签约友好港，推动深圳港友好港数量达27个以上。

（三）绿色低碳，引领可持续发展“现代物流”

一是智慧物流方面。构建涵盖港口建设运营、航运公共数据服务、智慧船舶应用等智慧赋能体系，支持妈湾智慧港区建设全球首个自动驾驶混行作业港区；打造最佳体验智慧机场，全面推进旅客全流程自助服务、行李全过程跟踪等数字化应用；推动物流新技术新装备研发应用，推动重点物流企业实施物流设施装备智能化改造、物流管理数字化升级。

二是绿色物流方面。大力发展绿色清洁港口，推动港内作业车辆清洁能源占比达50%以上，出台清洁能源船舶补贴政策；推进运输结构调整，大力推进“公转铁”“公转水”，水水中转比例达25%，优化完善新能源物流车发展政策，新增8000辆新能源物流车，开展氢能冷链配送物流车应用示范；推进噪声污染严重道路专项治理，研究推广多功能储能式发光涂料等新工艺、新材料、新技术，有效降低道路噪声污染。

珠海市物流业发展 2022 年回顾与 2023 年展望*

一、2022 年珠海市物流业发展总体情况

（一）物流业整体承压前行

2022 年，新冠肺炎疫情对物流业的负面影响逐步加深，物流业整体承压前行。根据《2022 年珠海市国民经济和社会发展统计公报》数据，全市全年交通运输、仓储和邮政业增加值 68.57 亿元，同比下降 12.3%。货物运输总量 8148.41 万吨，同比下降 8.3%。其中：铁路运输 1059.01 万吨，同比增长 12.9%；公路运输 4007.82 万吨，同比下降 2.9%；水路运输 3080.71 万吨，同比下降 19.3%；航空运输 0.87 万吨，同比下降 18.2%。2022 年 1 月至 12 月：全港完成货物吞吐量 10237 万吨，同比下降 20.2%；完成港口集装箱 110 万标准箱，同比下降 46.2%。2022 年珠海金湾机场完成货邮吞吐量 2.85 万吨，同比下降 28.9%。

（二）综合交通枢纽格局基本形成

当前，珠海基本形成以港珠澳大桥为龙头，以港口、高速公路、机场、铁路、口岸为支撑的现代综合交通枢纽格局，加快向交通枢纽城市转变。2022 年，经港珠澳大桥珠海公路口岸进出口总值达 2700.3 亿元，同比增长 96.4%；港珠澳大桥跨境电商出口货值 324 亿元，同比增长 139%；大桥通行货车 20.6 万车次，同比增长 47%。经港珠澳大桥进出口收发货地已覆盖内地 31 个省、自治区、直辖市，涉及全球 235 个国家及地区。目前，经港珠澳大桥进出口的货物中，高新技术产品占比达五成以上，港珠澳大桥贸易通道作用逐渐显现。

（三）物流企业实力不断增强

截至 2022 年 12 月，全市规模以上物流企业（交通运输、仓储和邮政类）166 家。A 级以上物流企业共计 22 家，其中 1A 级物流企业 1 家，2A 级物流企业 4 家，3A 级物流企业 8 家，4A 级物流企业 7 家，5A 级物流企业 2 家。目前，京东、菜鸟、嘉里大

* 供稿单位：珠海市商务局。整理人：何泳怡，广东亚太经济指数研究中心。

通、中外运敦豪等一批龙头物流企业已在珠海市投资经营。珠海市交通枢纽型物流行业以国企为主导，包括港控集团、航空城集团、公交集团、交通集团等。仓储配送、冷链物流、跨境电商等行业以民营和外资物流企业为主。仓储企业较为集中在南屏工业园、上冲商贸物流园、白蕉工业园、保税区、高栏港等，主要是生产型、贸易型物流服务和城乡配送服务。

（四）政策扶持力度进一步加强

2022年，珠海市人民政府办公室印发《珠海市帮助市场主体纾困解难促进困难行业恢复发展若干措施》，对交通运输及物流业提出了详细的纾困扶持措施。重点对铁路、航运、航空等运输企业提出了减税、奖励、贴息等政策，例如，对基地航空公司、珠海机场等疫情防控支出，以及珠海机场运营客货运航班、客货运市场拓展等业务给予补贴，补贴总额上限为5000万元；对市交通运输行业企业疫情期间获得的银行新增贷款本金不超过1000万元的部分，按照贷款合同签订当期的贷款市场报价利率（LPR）的50%给予企业利息补贴。

二、珠海市物流业发展存在的主要问题

（一）珠港陆路运输成本偏高，港珠澳大桥跨境货车运输需求不足

珠港跨境货源集拼效率低，导致单次物流成本相对较高。根据深圳市商务部门调研数据，1辆40英尺柜的货车由香港运输至珠海，要比运输至深圳贵800～1000元（跨境司机报出的市场价格），从广州南沙到珠海的运费要比到深圳贵600～1000元/车次。另外，珠海市粤港跨境货运车辆指标在全省排倒数第二，本市企业需租用跨境车辆开展业务，难以控制运输效率和成本。

（二）大桥通关物流配套不足，运输货物品类限制多

一是带锂电池产品（符合港澳航空物流运输条件产品）、打印耗材碳粉、油墨和指甲油、香水等产品不可通过港珠澳大桥进行运输，极大地限制了大桥的通行货量；二是港珠澳大桥珠海公路口岸尚未具备进境水果、肉类、冰鲜水产品、食用水生动物的进口通关资质，从香港机场空运进口的大量高货值水果、肉类、冰鲜水产品无法经大桥进入内地市场；三是港珠澳大桥香港口岸检疫设施不完善，除鲜活水产品、冰冻禽类产品外（鲜活水产品、冰冻禽类产品检疫时间限定为晚上7点至早上5点），其他生鲜冷链产品无法经由大桥进入香港。

三、促进珠海市物流业发展的措施建议

（一）着力打造新通道高质量载体

一是充分利用跨境电商综合试验区政策优势，依托港珠澳大桥连通港澳国际机场

的物流通道，持续优化完善通关环境，以跨境物流带动跨境电商快速发展。二是推动粤港澳物流园建设，打造成粤港澳大湾区国际供应链服务中心。推动进境肉类、水果、冰鲜水产品、食用水生动物查验场所，冷链仓库，邮检作业场地等的建设使用。三是推动空港智慧物流园建设。空港智慧物流园总建筑面积10.4万平方米，建成后将成为国内单体最大的航空货站，将大幅提升珠海机场货物与邮件处理能力，未来可与香港机场形成辐射国内外的航空物流节点。四是充分利用高栏港综合保税区，推动相关产业发展壮大。高栏港综合保税区位于珠海金湾区高栏港，总面积2.5平方千米，距离广珠铁路高栏港站500米、珠海高栏国际枢纽港2公里、珠海机场16公里，于2023年2月10日正式封关运作，将重点引进发展保税加工、大宗商品仓储交易、跨境电商、国际高端产业研发和维修制造等产业。

（二）构建经贸新通道快速通关优势

一是不断完善大桥口岸“一站式”通关系统，所有货车通道功能均通过实车测试，系统运行稳定，为物流通关奠定坚实基础。二是加快推进港珠澳大桥口岸进境特定动植物及其产品海关指定监管场地申报工作。开展口岸与粤港澳物流园联动作业的可行性研究，积极争取海关部门支持，加快推动申报工作。三是推动直通香港出境跨境货车指标申请工作。加强与香港运输及物流局沟通，争取香港业界支持珠海市企业申报出境跨境货车指标。四是加快推动港珠澳大桥香港口岸完善检疫设施，保障粤西地区水果、蔬菜等经港珠澳大桥运输至香港。

（三）谋划建设粤港澳大湾区航空物流枢纽

从港珠澳大桥珠海口岸到珠海机场仅需40分钟，到香港机场仅需35分钟，到澳门机场仅需25分钟。香港机场拥有直飞全球近220个目的地的国际航线，是全球最大货运枢纽，货运量连续10余年位居全球第一。2024年香港机场第三跑道将正式投入使用，根据发展规划，到2035年香港机场货运量将达1000万吨，比目前翻番。珠海机场拥有近90个内地航点的航线，通达全国主要城市；澳门机场开通国内外通航城市50多个。充分发挥三地机场的航线互补优势，香港、澳门机场可以依托珠海机场拓展广阔的内地货源腹地，珠海机场可以借助港澳机场实现国内国际货源集聚，港珠澳三地可以合作在珠海设立国际航空物流园，集聚航空产业及其上下游企业，共同打造背靠内地、面向全球的航空物流枢纽。

佛山市物流业发展2022年回顾与2023年展望*

一、2022年佛山市物流业发展总体情况

（一）物流运行保持趋稳放缓态势

2022年，佛山市物流业务总体规模有所缩减。《2022年佛山市国民经济和社会发展统计公报》数据显示，2022年佛山全市地区生产总值12698.39亿元，比上年增长2.1%。第三产业增加值5347.46亿元，增长1.0%。在第三产业中，交通运输、仓储和邮政业下降1.7%。2022年，佛山全年公路和水路运输方式完成货运量26178.52万吨，比上年下降3.5%。其中公路运输20714.39万吨，下降7.1%；水路运输5464.13万吨，增长13.2%。完成货物周转量306.27亿吨公里，增长3.5%。其中公路运输164.83亿吨公里，下降5.7%；水路运输141.45亿吨公里，增长16.8%。全年主要港口完成货物吞吐量8558.65万吨，比上年下降8.4%。其中港口集装箱吞吐量322.25万标准箱，下降13.1%。

（二）物流基础设施建设加速完善

佛山市坚持外部联通与内部治理相结合，持续发力构建高质量物流基础设施系统。《2022年佛山市国民经济和社会发展统计公报》数据显示，2022年佛山交通运输、仓储和邮政业固定资产投资比上年增长6.7%。2022年佛山市推进重点交通运输体系规划、公路水运发展战略及相关专项规划研究编制工作，构建覆盖全市、通达湾区、联络世界的综合交通运输体系。佛山市已印发《佛山市交通发展“十四五”规划》等规划，布局佛山市“十纵十三横”920公里高速公路网和“十纵十二横”1064公里快速路网。持续推进《佛山港总体规划（修订）》，规划设置“一港五区二十二作业区”，对全市112个现有码头进行分类规划调整。推进《珠三角枢纽（广州新）机场综合交通集疏运体系规划》等专项规划研究，通过深化研究驱动交通更好地服务城市发展。佛山市谋划佛山港综合改造提升项目，系统升级改造全市港口码头，不断促进港口规模化、集约化发展和港城产深度融合。实施新增运力奖励和船舶LNG改造补贴政策，

---

* 供稿单位：佛山市商务局。整理人：罗湖桥，广东省现代物流研究院。

促进全市水运企业规模和结构优化提升。2022 年，佛山市船舶运力规模增长 30%，其中 2 万载重吨级的油船“泓富 32”投产，刷新了近年来佛山单船最大吨位纪录。

（三）物流枢纽节点布局持续优化

佛山市不断推进物流枢纽节点优化布局，现已形成涵盖国家级、区域级等多层级物流枢纽节点体系。佛山市生产服务型国家物流枢纽加快建设，佛山国际陆港作为首期项目已于 2023 年 3 月开港运营，比原计划工期提前了 15 个月。佛山国际陆港集合跨区域综合物流服务、国际供应链服务、货物出入境口岸通关综合服务、园区商贸和创新创业项目孵化等多种业态于一体。丹灶铁路物流中心、了哥山港物流园区、北滘港物流园区等区域性物流园区着力提升物流组织效率与服务能力，持续促进交通、物流、商贸、产业深度耦合。

（四）物流新业态新模式不断呈现

作为珠江西岸装备制造带龙头城市，佛山市物流业与制造业两业联动程度逐步深入，不同行业的物流供应链发展方向各异。以家具市场为例，近年来随着全屋定制的迅速发展，家具行业产品定制化、营销全渠道和服务一体化成为大趋势。佛山市乐从是世界知名的家具品牌集散地，家具销售量居全国家具市场之冠，是全国乃至全世界公认的最大规模的家具专业市场之一，家具物流供应链向数字化、智能化、一体化方向发展。此外，佛山市绿色货运配送示范城市创建工作自 2019 年年底启动，已建成安博佛山（高明）国际物流产业园、顺丰丰泰产业园（南海区）等 8 个绿色货运枢纽，累计培育 11 家绿色货运配送示范企业。此外，佛山市已建成启用城市货运配送公共信息平台，出台新能源城市配送车辆运营和城市配送信息平台资金管理办法，并大力推广新能源货车使用，全年新增新能源城市配送车辆 1114 辆，现代化、标准化、集约化的城市货运配送三级网络体系已逐步形成。

二、佛山市物流业发展存在的主要问题

（一）物流企业综合竞争力不强

佛山市物流龙头企业数量偏少，区域物流供需匹配度仍有待提高。2022 年佛山全市地区生产总值高达 12698. 39 亿元，位居广东省第 3 名，仅次于深圳和广州。但在 A 级物流企业数量上，佛山不仅落后于深圳与广州，而且位于珠海与东莞之后。广东省物流行业协会数据显示，截至 2023 年 2 月，佛山拥有 18 家 A 级物流企业，仅位居广东省第 5 名。佛山市综合性物流企业与物流龙头企业缺乏，而大量中小物流企业仍采用传统的以简单运输为主的商业模式，这都导致物流专业化、链条化、高效化水平不高，物流业对制造业高质量发展的支撑仍显不足。

（二）运输方式结构性矛盾突出

目前，佛山市货物运输结构中公路运输持续占据主导地位。公路运输承担了过多的中长距离货物及大宗货物运输，一方面，导致了道路拥堵、环境污染等问题的出现，破坏了城市居民的人居环境，极大地影响了人们的生活质量；另一方面，公路运输现阶段同质化竞争严重，大而不强、多而不专、通而不联等问题普遍存在，亟须进一步规模化、集约化发展。此外，佛山市综合运输组合效率和服务水平总体不高，多式联运发展相对滞后。在物流市场竞争加剧和客户需求日益多元化的背景下，佛山市物流企业相互之间的协同发展程度有所加深，但具备全链条整合能力的多式联运经营人依然较为缺乏，且各种运输方式基础设施衔接不紧密，导致中间转运环节的过程烦琐，多式联运推进进程缓慢。

（三）高端物流产业园区较缺乏

佛山市现有高端物流产业园数量较少，增值服务有待拓展。在存储、运输等传统业务领域，佛山市物流园区仍然存在着专业化程度不高、设施装备配套性差、综合服务能力不强等问题。在个性化物流解决方案、一站式服务等增值物流领域，佛山市现有物流园区则亟待进一步拓展此类增值业务。此外，部分物流园区虽有建设物流信息平台，但由于仅以园区本身需求为出发点，着力于入驻企业的信息化设备或服务软件的配备，且缺少统一标准和规范，导致园区信息平台服务功能不多，难以发挥数据集成共享的效用。

（四）物流存储用地供应仍紧张

由于物流存储用地大多占地大而税收少、闲置厂房改造难度大、老旧仓库设施改造升级费用高等问题的存在，佛山市物流存储用地供应仍显紧张，高质量物流设施供给不足。为了给产业升级腾出空间，佛山市部分地区选择将已有物流园区疏解外迁。但由于外迁地点多位于城市边缘地带，供电、供水、供气等生产配套基础设施与餐饮、交通、住宿等生活配套基础设施的建设皆相对滞后，物流园区的外迁积极性不高，外迁工作进展较为缓慢。另外，部分物流园区外迁后，由于缺乏合理规划，城市配送半径过大，进一步导致物流成本上升、配送延迟、服务质量下降等问题出现。

三、促进佛山市物流业发展的措施建议

（一）梯度培育优质物流企业

摸清佛山市不同发展阶段、不同类型物流企业的发展特点与共性需求，推动建立从孵化培养、成长扶持到推动壮大的优质物流企业梯度培育体系。推动制定分层分类的专项扶持政策，并借助大数据、云计算等技术手段追踪政策的执行效果，以便于灵

活调整政策策略。推动普惠服务与精准服务相结合，着力提升服务的广度、深度、精准度和响应深度，增强企业获得感。发挥佛山市产业优势，推动产业协同发展，推动物流企业与产业链上下游企业的紧密合作。积极推动产学研深层次合作，鼓励物流企业与高校、科研院所开展合作研发，助力物流企业提升核心竞争力。

（二）持续推进运输结构调整

依托粤港澳大湾区“7+5”多层节点网络多式联运示范工程，持续推动大宗货物多式联运，鼓励发展公铁联运、公水联运、江海联运。一方面，充分发挥佛山市在内河航运方面的优势，在外贸运输、集装箱运输及沿海港口集疏运等方面发挥更大的作用。对照苏州港等多式联运示范点，继续推进“大湾区组合港”“湾区一港通”等港口物流新模式的应用，推动枢纽港和支线港运行一体化进程，进而实现不同港口的航线资源优势和堆场、货源地优势互补。另一方面，依托佛山国际陆港等项目，深化建设生产服务型国家物流枢纽，打造海陆空铁邮五位一体的多式联运服务，补强港口集疏运体系，推动中欧、中亚班列发展，同时依托跨境电商通关平台、产业供应链服务平台建设，优化外贸结构，补强服务贸易链条，增强佛山制造的全球竞争力。

（三）加速物流园区转型升级

物流产业的发展已经逐步进入由数量型向高质量发展的转型阶段。围绕物流园区转型中普遍存在的“不会转、转不起、不敢转”问题，针对转型发展空间较大、改造基础良好的物流园区，一是鼓励相关行业协会、咨询单位以及科研机构开展转型诊断服务，帮助园区明确转型升级方向与举措；二是鼓励物流园区推进数智化转型，通过自动化设备的引入与云计算、人工智能等新一代通信技术的应用，推动实现园区精细化运营、节能减排与降本增效；三是推动物流园区向现代化综合物流服务商转型，在提供物业管理、信息发布、数据交换等服务的基础上，拓展基于园区的运力交易、支付结算、融资保险、信用管理等业务辅助功能。

（四）提高土地利用质量效率

在符合规划、不改变用途的前提下，鼓励物流仓储企业提高仓储用地利用率、容积率，改造现有仓库，建设立体仓、高架仓，具备条件的鼓励建设“坡道式”等多层仓储用房。对于分布在中心城区的低端物流园区，采取清理疏解为主、转型升级为辅的工作策略，有序引导传统物流业务搬迁疏解。对于被疏解物流园区的各类市场主体，尽可能减弱物流园区疏解对其业务的影响程度，保障佛山及其周边地市物流的顺畅运行。一方面，引导条件适合的大中型物流企业向已经存在并列入长远发展规划的成熟现代物流园区转移，灵活利用已有基础设施承接物流园区的既有功能；另一方面，加快改造基础良好的物流园区的转型升级进度，吸纳被疏解物流园区的各类市场主体分批进驻。

东莞市物流业发展 2022 年回顾与 2023 年展望*

一、2022 年东莞市物流业发展总体情况

（一）工业制造生产下滑，物流需求规模下降

2022 年，东莞市规模以上工业增加值下降 1.3%，其中全年全市规模以上工业五大支柱产业增加值比上年下降 1.1%，工业四个特色产业增加值下降 2.2%。高技术制造业中电子及通信设备制造业下降3.7%。先进制造业增加值比上年下降3.3%。其中，高端电子信息制造业、新材料制造业、先进轻纺制造业、石油化工产业分别较上年下降6.3%、5.8%、4.6%和1.8%。优势传统产业增加值比上年下降 2.7%，其中，家用电力器具制造业、纺织服装业、建筑材料业、家具制造业分别下降 13.0%、9.2%、6.0%和4.6%。制造业生产下滑，货物流通疲软，物流需求下降，导致物流规模明显呈下降趋势，2022 年，东莞市交通运输、仓储和邮政业增加值 234.27 亿元，较上年下降9.7%；全年货物运输总量 15114.74 万吨，较上年下降 13.4%。

（二）跨境电商全链发展，保税物流根基稳固

得益于东莞两大保税区，东莞南部和沿海镇区手机、电脑等产业集群进一步打通了“广州—深圳—香港”两小时物流圈，跨境电商“购—展—售—退”全链条发展、保税维修助力海外手机售后链条完善、保税物流传统业务根基稳固，保税物流需求越来越大，发展较为迅猛。据统计，目前东莞市共有 37 个保税仓库、19 个出口监管仓库，以及虎门港综保区和清溪保税物流中心（B 型），共有仓储经营企业约 70 家，服务于东莞市近 4500 家外贸企业。随着联易达供应链等重点项目落地东莞，东莞市保税物流增长后劲十足，2022 年，全市保税物流进出口 2976.6 亿元，同比下降10%。2022 年虎门港综保区累计进出区货值（一、二线合计）2115.96 亿元，同比增长 31.74%，其中纳入外贸统计的实际进出境（一线）货值 953.21 亿元，同比增长 48.8%。清溪保税物流中心累计进出货值 1026.52 亿元，同比增长 30.52%，其中一线纳统货值 117.02 亿元，同比增长 14.92%。

---

* 供稿人：樊鸿钰，广东亚太经济指数研究中心。

（三）冷链要素加速积聚，冷链基地建设加码

东莞市是国家发展改革委发布的首批17个国家骨干冷链物流基地之一，是辐射粤港澳大湾区的最佳区位，例如，从位于沙田的增益冷链基地出发，1.5小时可以到达粤港澳大湾区的各个城市。近年来，东莞市成功入选国家骨干冷链物流基地，无疑为冷链物流行业发展提供了重要契机。据不完全统计，东莞市共有第三方冷链物流企业约52家，冻库总面积约30万平方米，冷库总库容量约27万吨。冷链龙头企业集聚效应显现，每日优鲜、盒马鲜生、沃尔玛、永辉超市、正新鸡排等品牌的冷链区域总仓都聚集到了东莞。在龙头企业的带动之下，东莞市建设冷链物流基地的热度持续攀升，冷链物流基地建设仍在加码，从整个行业来看，作为经济社会运行的基础设施，随着人们消费水平的逐步提升，冷链物流呈现火热的发展态势。

（四）重点工程推进顺利，中欧班列助力走出去

一是东莞—香港国际空港中心项目的运行将极大提升粤港澳大湾区货物的国际通达能力。东莞—香港国际空港中心已于2023年4月18日正式运行，空港项目首创跨境安检前置，使内地优质货物直达全球220个国家和地区，有效降低物流成本，切实提高了通行效率，提升大湾区物流一体化水平。二是中欧班列物流通道助力“莞货”走出去。东莞市是制造业大市，也是重要的外贸城市。中欧班列在东莞市开行以来，对于提高“莞货莞出的比例、畅通“东莞制造”出境物流通道具有重要意义，也已经成为“东莞智造”的重要陆路通道。2022年，东莞市开行中欧班列（含中亚班列）73列，外贸统计数据东莞占比78.09%。其中，石龙中欧班列开行30列，外贸统计数据东莞占比为56.17%。常平中欧班列开行43列，外贸统计数据全部为东莞数据。中欧班列为大湾区进一步拓展欧洲市场搭建起了更加绿色、便捷、安全的贸易桥梁。

（五）落实招大引强政策，培育打造龙头企业

招大引强，培育打造物流龙头企业。一家龙头企业的落地，能带动多家与之相关的配套业务争相落户，不仅完善产业链条，更加速了产业集聚。为引育高水平物流市场主体，东莞市吸引广州、深圳和香港等有实力的龙头企业，先后引入了越海智慧供应链项目和大联大项目等重点物流企业，作为物流供应链龙头企业，越海公司的引入，将进一步提升东莞市物流企业发展水平。2022年，大联大项目完成进出口额420.49亿元，助力东莞市打造电子元器件集散贸易中心。从A级物流企业数量来看，东莞市在广东省内排名第3。截至2023年2月，东莞市共有21家A级物流企业（以注册地址为东莞市划分），其中5A级企业1家，4A级企业11家，3A级企业9家。

二、东莞市物流业发展存在的问题

（一）保税物流发展缓慢

一是重点供应链企业落地难。由于供应链企业作为生产性服务业，主要是为制造业企业提供配套服务，亩均税收较低但外贸进出口额高，无法满足东莞市项目落地的税收等指标要求，因此较难在东莞市落地。二是保税功能业务单一。目前，特殊监管区内仍以保税仓储、物流配送为主，尽管部分区内已开展保税监测维修业务，但在保税研发、保税加工、进口分拨等功能拓展方面进度较慢，一定程度上制约了保税增值业务的增长。三是综合保税区与港口码头业务联动不足。目前，虎门港综合保税区内企业业务普遍与港口码头的业务联动较少，未能充分发挥保税区与港口综合区内外联动优势。

（二）国际空港中心项目市场认可度不高

一是运行以来货量未达到预期。2022 年 3 月，空港项目投入一艘船按一周两班常态化运作，9 月升级为一周三班，10 月运力增加至两艘船，具备天天班运作条件。但是运作以来截至 2023 年 2 月 11 日，空港项目共运行出口航次 76 次，货重约 441 吨，暂未达到预期货量。二是项目尚未得到市场的完全认可。香港机场一直按照高准入门槛、特许经营制的管理模式制定空港项目的运营规则，导致能达到空港项目准入门槛条件的公司均是国际大型货代，其对货物运输环境与安全措施要求极高，而目前空港项目基础配套、安全措施与业务流程成熟度尚未得到其认可，大多数仍持观望态度。而本土及周边城市的中小型货代即使有意向参与空港项目，却因其规模、资质等条件未达到香港准入门槛要求而无法投放货物。

（三）中欧班列班次不足

发运计划不足是制约东莞市中欧班列发展的首要问题。2022 年，东莞市累计向广铁集团申请发运计划 356 列，仅批复 73 列，批复率仅为 20.5%。其中，石龙累计申请发运计划 240 列，批复 30 列，批复率 12.5%；常平累计申请发运计划 116 列，批复 43 列，批复率 37.1%。由于批复率问题，导致出现了货物延期交付、客户申请理赔等问题，严重影响了客户选择东莞市中欧班列的信心。

三、东莞市物流业发展展望与措施

（一）大力培育保税物流业

一是设置供应链企业落地弹性指标，建议针对东莞市供应链企业开展专项调研，针对供应链企业亩均税收较低但外贸进出口额高的特点，调整项目落地的税收等指标，保障供应链企业落地的用地、用能等需求。二是大力培育保税物流这一新兴业态，为东莞市制造业企业提供 VMI、JIT 等精细物流服务，为制造业企业节约资金和空间，让物流融入制造业供应链体系，降低企业生产成本。三是积极发展跨境电商业务，推进贸易数字化应用，提升通关便利化水平。通过大力推动无纸化贸易，力争在包括海关、银行、运输和保险等全贸易流程中实现无纸化，帮助电商企业在国际竞争中降低经营成本，提高竞争力。

（二）大力发展农产品冷链物流

一是加强区域农产品冷链物流集配枢纽基地建设，在农产品重要集散地，建设改造区域农产品冷链物流配送中心，辐射周边镇村。积极对接生鲜电商平台、餐饮连锁和零售终端等市场主体，开展从仓储到加工包装、分拣配送、电商交易等冷链物流综合服务。推动系统的大型农产品市场升级冷链物流设施，拓展服务功能，向综合经营服务转变。二是充分利用《东莞市促进开放型经济高质量发展专项资金申报指南》的资金激励作用，支持东莞市企业使用冷链物流仓储设施进口食品，对利用冷链物流设施进口食品、农产品、生鲜水产类商品的企业给予财政支持，引导企业加强对农产品、生鲜食品等全程冷链安全配送。

（三）加快重点项目建设推进进度

一是加快推进越海项目建设，推动企业尽快上量运行。二是探索培育新业态模式，推动重点企业在海关特殊监管区内开展保税研发、保税加工、进口分拨、出口集拼、跨境电商等高附加值业务。三是加快推动清溪保税物流中心（B 型）持续发展，协助引进天猫国际等各大跨境电商平台，不断提高对外开放水平。加快推进长安、凤岗、寮步车检场升级改造工作，向上积极争取在寮步设立新的保税物流中心（B 型）。四是建议从市一级层面高标准建设虎门港综保区，强化综合保税区招商引资工作指导，吸引世界知名企业在区内设立全球性、区域性物流配送中心、采购销售展示中心。五是加快推进空港项目开展电子烟出口业务。为支持空港项目发展，香港机场管理局向香港立法会提出修订《2021 年吸烟（公众卫生）（修订）条例》，允许电子烟通过香港机场出口。

（四）激发中欧班列运行活力

一是争取中欧班列发运计划，建议会同有关部门向广铁集团争取东莞市 2023 年中欧班列发运计划，提升东莞市 2023 年中欧班列开行量，同时建议以增开新能源汽车出口专列为契机，继续加强与广铁集团的协调，争取提升东莞市中欧班列开行量。二是充分激发班列平台公司的创造力，平台公司应按照“以运带贸，以贸促运、运贸一体”的思路，专注于特定市场的细分和客户群体的开发与维护，做“精”做“细”，在产品设计以及海外市场开发方面发力，提升客户的黏度，做“优”做“强”。三是优化运输模式提升产品竞争力，通过优化整合市场资源，与境外物流企业签署合作协议，共建共享使用配送网点，延展货物包装、简单加工、清洗修护、售后服务等增值服务。加大回程班列、回程货源揽货，积极创新开展卡空、卡铁、海铁等多式联运，不断优化运输模式，提高产品竞争力。

中山市物流业发展2022年回顾与2023年展望*

一、2022年中山市物流业发展总体情况

（一）物流业总体运行逐渐恢复向好

根据《2022年中山市国民经济和社会发展统计公报》数据，2022年，中山市交通运输、仓储和邮政业营业收入增长8%，交通运输、仓储和邮政业增加值61.01亿元，下降1.0%。全年货物运输总量10104.21万吨，比上年下降9.3%。货物运输周转量88.99亿吨公里，下降7.7%。港口货物吞吐量1539.18万吨，增长7.3%。其中，外贸货物吞吐量556.41万吨，增长1.4%；内贸货物吞吐量982.77万吨，增长11.0%。港口集装箱吞吐量136.24万标准箱，下降2.3%。全年完成邮电业务总量161.34亿元，比上年增长23.3%。其中，邮政业务总量（按2020年不变价计算）78.7亿元，增长23.2%。

（二）邮政快递业稳步增长

2022年12月，国家邮政局发文批复第三批“中国快递示范城市”评选结果，中山市成为广东省四个“中国快递示范城市”之一。中山市作为珠江口西岸的重要交通、物流枢纽之一，快递行业发展稳中求进，经济实力明显提升，市场主体规模不断扩大，多元化、差异化产品体系日益完备。中山市邮政管理局的数据显示，2022年，全市快递业务量完成8.71亿件，同比增长20.11%；快递业务收入完成73.94亿元，同比增长9.94%；人均年快递使用量超340件，近3年快递服务满意度均在97分以上。目前，中山市内聚齐了国内外28个主要快递品牌，拥有邮件快件分拨（中转）处理中心18个，快递业务经营许可法人企业71家、分支机构143家、备案快递末端网点1246家，从业人员超2万人。预计2023年全市快递业务量将超9.76亿件，快递业务收入超81亿元。

（三）物流服务体系不断完善

截至2022年年底，全市共有物流分拨中心18个，其中小榄镇7个，其余分布于

* 供稿单位：中山市商务局。整理人：李佳，广东省现代物流研究院。

11 个镇街。18 个分拨中心实际经营占地面积合计超 40 万平方米，经营面积超 1 万平方米的分拨中心共 7 个。运营品牌包括邮政、京东、顺丰、“三通一达”、德邦等，每日作业超 3400 车次。全市取得快递业务经营许可证的快递企业 79 家，备案分支机构 164 家。全市邮政行业拥有各类汽车 1625 辆，其中快递服务汽车 1444 辆，快递行业各类营业网点共 1500 余处。

（四）电子商务快速发展

中山市电子商务发展快速，推动了物流业的发展。近年来，中山市获批设立跨境电子商务综合试验区，并接连出台多项政策，推动国内国际电商齐头并进、携手发展，2022 年 1 月至 8 月，中山企业在中国（中山）跨境电子商务公共服务平台的申报订单金额同比增长 574%，全市电商经营主体超 1.3 万家。2022 年 9 月，中山美居电商园获批成为“国家电子商务示范基地”，是中山市首个入选的电子商务园区。目前园区已集聚了跨境电商、直播电商、代运营、跨境物流等电子商务及相关企业超 300 家，提供电商培训、创业指导、孵化培育、科技金融、人才对接、政企服务等运营支持的一系列闭环服务，并荣膺国家级科技企业孵化器、全国产业集群区域品牌建设试点地区、广东省大数据产业园 3 项国家级荣誉称号和 13 项省级资质认定。据园区统计，2021 年至 2022 年上半年，园区全体电子商务企业的电子商务交易总额超 36 亿元，同比增长 39.1%；园区全体电子商务企业营业总收入约 18.3 亿元，同比增长 20.5%。

（五）口岸营商环境持续优化

2022 年，拱北海关所属中山海关、中山港海关落实“六稳”“六保”部署，充分发挥海关职能，持续优化口岸营商环境，完善服务企业机制，促进外贸保稳提质。一方面，中山海关、中山港海关持续推动 RCEP 等关税优惠政策在辖区落地实施，采取“线上 + 线下”相结合方式对企开展政策宣讲和业务指导，收集并协调解决影响企业享惠的具体问题，帮助更多企业掌握 RCEP 关税减让安排和原产地规则，助力外贸企业把握机遇，用足用好政策红利，开拓国际市场。2022 年，中山海关、中山港海关累计验放 RCEP 协定项下进口货物超 2.1 亿元，助力企业享受税款减让 700 余万元，为 120 家企业签发 RCEP 出口原产地证书超 2600 份，涉及出口货物货值约 9 亿元。另一方面，中山海关、中山港海关大力搭建惠企服务平台，根据镇街经济发展特点和企业需求，定制个性化的“政策礼包”，走进镇街开了多场“面对面”排忧解难的企业座谈会，开展“春晖 2022”等惠企政策宣讲 10 余期，对企业问题当场给予答复解决、跟踪问效。同时，联合地方政府部门研究制定 AEO 高级认证企业等相关激励措施，合力推动企业跑出发展“加速度”。在货物通关环节，针对海运物流不畅、船舶船期不稳等通关堵点，中山港海关在中山市各口岸持续推广“提前申报”“抵港直装”“组合港”等跨境贸易便利化改革，常态化提供加班验放、节假日预约通关等服务，保障企业急需出口货物及时通关。此外，针对库容“爆仓”情况，中山海关专人专岗指导企业通过租用“外设仓库”方式，存放大幅增加的保税料件及成品，公司的库存压力得到极大缓解。2022 年，中山海关共监管加工贸易外设仓库 68 个、总面积超 44 万平方米，积极引导企业规范管理，有力支持企业抢抓订单生产。

（六）物流业市场主体逐渐壮大

中山市“交通运输、仓储和邮政业”存续市场主体超 8100 家，其中注册资本在 100 万元以上的超 2000 家，排名前 10 的镇街情况如下：火炬开发区 413 家、东凤 237 家、小榄 171 家、东区 168 家、古镇 118 家、石岐 116 家、沙溪 100 家、西区 90 家、三乡 71 家、南区 63 家，前 10 的镇街占全市比重为 78%。所有市场主体中，重点的冷库运营市场主体共 13 个，冷库合计库容量超 63 万平方米，从业人数超 300 人，主要经营肉类及肉类制品冷冻、水果冷冻等。近年，中山市物流业市场主体逐渐从传统运输仓储业向第三方物流、供应链物流、智能化物流转型，综合物流服务能力和层次有所提升，出现了一批具有代表性的物流重点企业，物流信息化代表有京东中山电子商务产业园、中山粤宁苏宁物流有限公司、顺丰中山电商物流产业园等；供应链创新物流有九州通医药集团股份有限公司等；高端装备物流有广东赛斐迩物流科技有限公司等；生产供应链物流有中山港航集团股份有限公司、中山市南方物流有限公司和中山海慧科企物流（集团）有限公司等。

二、中山市物流业发展存在的主要问题

（一）政策支持力度不足

中山市的地理位置紧邻广州和珠海，南北分别有广州南沙自贸区和珠海横琴自贸区，直线距离仅数十公里。自贸区的资金和政策支持远超中山，优惠的土地政策、补贴力度吸引更多制造业企业、物流企业落地和高级人才落户，中山对优质大型物流项目的吸引力相比之下较薄弱。

（二）物流企业规模较小

当前，中山市物流企业普遍存在“小弱散”的现象，是在配套“一镇一品”的城市历史发展过程中无序化生长的结果。物流企业发展基本以自发性民营资本为主体，靠企业自发性推动，缺乏科学的规划和设计，导致功能单一，设计缺乏前瞻性，综合性和集成性不高，无法形成互补、协作、高效的供应链网络。中山市的仓储物流业企业较为分散，与各镇街中小企业的发展联系紧密，而中山的中小企业以传统制造业和出口为主，对国际市场依赖度较高。随着国内外市场萎缩，中山企业发展缓慢，物流业随之面临劳动力和原材料成本上涨、利润不断压缩、国际海运费激增、集装箱供不

应求、恶性竞争频发的风险。

（三）物流业用地困难

目前，中山镇区工业连片用地少且零散，各镇区引进项目时更侧重考量亩均税收等经济指标。而物流企业用地需求量大，单位面积税收贡献率不及生产制造企业，这对镇区物流招商引资来说不具备太多吸引力，导致大型物流项目落地困难。

三、促进中山市物流业发展的措施建议

（一）大力推进专业化物流发展

一是发展高科技物流业。建立科技创新物流园，吸引高科技物流企业落户，引入新技术提高物流效率，降低成本；发展智能化、数字化和自动化的物流管理系统，建立完备的物流信息网络，实现物流业务流程的数字化管理；加强物流人才的培养和引进，提高物流管理水平。二是发展生鲜冷链物流业。与国内重点企业合作，建设生鲜冷链物流基地，优化生鲜食品供应链，降低生鲜食品的损耗，打造生鲜冷链物流基地，为生鲜食品供应链提供解决方案，提升物流运营效能，扩大市场规模和业务渠道，提高市场竞争力。同时推广生鲜食品的在线销售模式，提高生鲜食品销售的效率，并提供物流相关的基础支撑。三是发展药品物流业。充分利用中山市在医药产业方面的优势，建立药品专业物流中心，统一管理和协调药品的存储、运输和配送等环节，提高药品物流的效率和质量。配备专业的药品运输车辆和设备，确保药品的安全性和完整性。同时，加强对药品电商平台物流的支持和监督。

（二）推进物流业跨区域发展

深中通道即将开通，充分利用地理区位优势，建立中低价值商品物流集散中心，以弥补深圳市、广州市高价值产业中物流成本过高的不足，逐步与周边城市形成物流行业的互补局面。加强与广东省内沿海及内陆地区的联系，充分利用中山市独特的地理位置和产业结构等优势，加强与省内外各区域物流的延伸合作，打造内陆物流、信息等网络交流平台，为企业产品的流通提供全流程的一站式服务。建立物流交换、中转中心，与港澳及其他海外物流港口合作，优化货物通关程序、建设智能化仓储设施、提供综合性物流服务等，为中山市的进出口货物提供快捷、高效、低成本的物流服务。

（三）加强物流大项目用地支持

科学规划物流园区建设项目，在现有土地资源约束条件下，结合土地规划，通过并线规划、综合开发、立体开发，使既有土地发挥最大效用。优化物流业发展硬环境，通过盘活存量、改造升级，提升物流用地供给能力，为构建高效的城市物流体系提供

保障。支持企业以发展智慧物流、共享物流、智慧供应链为重点，改造或新建机械化、智能化立体仓库及配套相应的设施设备、信息化系统，推动物流技术和管理水平先进的项目尽快落地。

（四）加强物流企业培育力度

以提升区域经济发展水平和综合竞争力为目标，推进物流业发展方式转变和动力转换，实现物流业转型升级，构建现代化物流产业体系，吸引外部资金和企业。按照“政府引导、市场导向、重点培育”的原则，逐步培育一批经营规范、管理科学、服务水平高、竞争力强的物流龙头企业。加大对物流企业的政策扶持力度，引导和支持企业结合产业结构调整方向发展高端物流业。鼓励和支持物流企业尤其是中小企业通过参股、控股、兼并、合资、合作等方式进行资产重组、业务融合和流程再造，提高物流企业的市场竞争力。建立重点物流企业、物流项目认定机制，加大政策和资金扶持力度，发挥典型示范和项目带动作用。对引进的龙头物流企业和具备发展潜力的物流企业，从用地、专项资金支持等角度予以倾斜。科学开展项目申报、项目评审、项目实施、监督检查等工作，提高资金使用效率，扩大政策支持效应。

（五）持续优化招商软环境

营造良好招商软环境，加大招商引资力度，促进国内外知名物流企业、龙头电商企业落户中山，开展项目招商推介会，宣传中山良好的营商环境。形成高效的政企沟通渠道，持续转变服务意识，为企业和投资者提供一站式服务，营造一流的服务氛围。鼓励多元化投资主体进入物流服务市场，助力引进国内外龙头物流企业，特别是总部物流企业。通过优秀物流企业示范认定，评选出一批创新发展、行业领先的企业，予以财政奖励和创新补贴，推动企业提高效率，鼓励探索新的发展模式。

江门市物流业发展2022年回顾与2023年展望*

一、2022年江门市物流业发展总体情况

（一）物流产业规模小幅度缩减

2022年，因受新冠肺炎疫情和宏观经济影响，江门市水陆路货运规模有所缩减，货运周转量同比下降，物流业总体产业小幅度缩减。根据《2022年江门市国民经济和社会发展统计公报》数据，2022年，全市水陆货运量17805万吨，比上年下降4.1%；货运周转量147.55亿吨公里，下降6.1%。港口货物吞吐量9628万吨，下降8.4%。邮政业务总量26.53亿元（2020年不变价），同比增长8.2%；快递业务量1.90亿件，增长2.7%。交通运输、仓储和邮政业增加值102.40亿元，下降3.7%。货物进出口总额1772.6亿元，比上年下降0.9%。其中，进口36.1亿元，增长0.7%；出口1446.5亿元，增长1.3%。

（二）运输服务体系持续优化

根据江门市2022年交通运输工作情况，一方面，江门市推行交邮合作、客货同网助力三级寄递物流体系建设。2022年以来，江门市台山市邮政分公司充分发挥邮政渠道和网络优势，与江门市文旅交通投资集团有限公司台山汽车总站合作，以资源共享、客货兼顾、运邮结合、整合物流服务资源为思路，协同实施“交邮合作、客货同网”举措，实现邮政资源和公交运输资源双向融合。另一方面，“放管服”改革深入推进。2022年，江门市不仅编制了交通运输行政许可清单31项，推进涉路施工许可等6项交通工程建设项目纳入并联审批，协助1628家交通运输特困企业享受缓缴社保政策，为107家企业落实差别化金融服务，推动金融机构投放交通物流专项再贷款金额3505万元，惠及市场主体20户。此外，“物流特色”“货车专属”的全国首个“货运主题”高速服务区——开阳高速圣堂服务区于2022年8月正式运营；中小微企业诉求响应专班成立，协调解决交通运输中小微企业诉求中存在的难点。

---

* 供稿人：梁婉婷，广东亚太经济指数研究中心。

（三）基础设施建设加快

2022 年，江门全年重点交通建设项目完成投资 181.4 亿元，完成年度计划的 116.9%；公路水路固定资产完成投资 102.1 亿元，完成年度计划的 113.3%，排全省第 4。其中融资保障成效明显，筹措交通建设资金超 24 亿元。首先，在建项目进展顺利。深江高速江门段、江门大道南东线、台开快速路建成通车，会港大道左幅通车。完成国省道新改建和路面改造项目 4 个，里程达 50 公里。黄茅海跨海通道、银洲湖高速、崖门出海航道二期、江鹤高速和中江高速改扩建加快建设。国道 G240 台山段和新会段改扩建、国道 G325 开平段改扩建、开平三埠港搬迁项目动工建设。其次，储备项目加速推进。《江门市综合立体交通网规划（2021—2035 年）》编制和《江门港总体规划修编（2035 年）》工作加快开展。江肇第二高速、深南高速江门段、台开至珠三角枢纽机场高速、顺鹤高快速通道江门段、产业大道、桃双干线完成工可报告编制工作。南海至新会高速发布投资人招标公告，广台高速开平至泰山段立项前期、勘察设计等工作有序推进。

（四）物流行业治理体系持续完善

江门市在物流行业治理体系方面加大提效力度。首先，科技兴交积极推进。全市推广应用“互联网＋科技执法”，新建 4 个超限监测点和 6 个超限车辆电子抓拍监控设施点，覆盖车道 38 条，交通“天网”与交警“鹰眼”系统实现跨部门数据共享。落实“交通＋信息化”模式，建立交通工程智慧质监管理系统，强化内河船舶、“两客一危一重”车辆动态监控，劳龙虎水道实现全航段视频监控覆盖。其次，绿色低碳加快落实。一是组织各邮政快递企业生态环保负责人参加江门市邮政业行业发展专题线上培训会，累计培训 60 余人次。二是在营 69 家内河港口和 39 家靠泊内河船舶的沿海港口全部完成船舶水污染物接收设施建设，建成内河港口岸电设施 116 套，覆盖泊位 159 个，靠港船舶岸电使用率 100%。三是内河船舶 LNG 动力改造完成阶段性任务，有 13 艘 LNG 动力船舶投入运营。四是中江高速改扩建成为全国首条试用减碳沥青的高速公路。最后，法治交通步履坚实。修订和新制定交通工程建设、互联网租赁自行车发展等规范性文件；办理轻微违法案件免予处罚 53 宗；全市累计出动交通运输执法人员 27311 人次，执法车辆 9928 台次，查处违法案件 11783 宗。

二、江门市物流业发展存在的主要问题

（一）物流业市场竞争加剧

随着全球贸易的不断深化和电子商务的蓬勃发展，物流行业在近年来呈现出了前所未有的高速增长。然而，这种繁荣的景象并未使所有物流企业都享受到其中的红利。

整体来看，江门市物流企业规模小、发展水平不高，根据广东省物流行业协会统计，江门市仅有3家广东省A级物流企业，在全省排第9。江门市物流企业面临的竞争压力日益加大，亟须提升自身的服务质量和效率。一方面，江门物流业仍以提供传统运输、仓储服务的中小企业为主体，物流龙头企业缺乏，且物流服务的深度与广度皆有所欠缺。在国内激烈的市场竞争环境下，本土中小物流企业的生存空间不断地被挤压。另一方面，江门市物流企业的作业需要多次中转和多方接驳，分流至大型物流市场完成后续工作，物流环节复杂且效率不高，这大大限制了江门物流业向周边地区的辐射能力。客户日益增长的需求与不断提高的市场要求鞭策江门市物流企业不断提升自身的服务质量和效率。

（二）基础设施建设有待提升

根据《2022年江门市国民经济和社会发展统计公报》数据，2022年基础设施投资比上年增长10.4%，其中交通运输类项目投资较上年增长5.0%，低于整体水平5.4个百分点。尽管江门市在物流基础设施建设上取得了一定的进展，但与快速增长的物流需求相比，仍然存在一定的差距。部分地区的物流设施和设备还不够完善，亟须加大投资力度，提高物流设施与设备的质量与规模。首先，部分物流仓储设施和运输工具的数量和质量并不能满足快速、高效的物流需求；其次，一些关键节点的物流设施，如交通枢纽、配送中心等的建设滞后，影响了物流网络的整体效率；最后，一些新兴的物流技术，如自动化仓库、智能配送系统等的应用程度较低，限制了江门物流业的创新和发展。

（三）信息化水平有待提高

在当前科技快速发展的背景下，尽管现代大型物流企业的信息化建设发展迅速，然而大部分中小物流企业仍采用传统的信息管理系统，缺乏对先进信息技术的运用，这制约了江门市物流效率的提升，导致企业在市场竞争中处于不利地位。同时，中小物流企业在信息化建设中面临资金不足、信息化人才缺乏等问题。从总体来看，江门物流业信息化、网络化、标准化程度还不高。为了适应这个快速发展的时代，江门市的物流企业需要积极地更新和改进信息系统，以便更好地利用先进技术来提高工作效率和服务质量。

（四）绿色物流发展有待加速

“双碳”目标下发展绿色物流已是必然趋势，江门市不断推进快递包装绿色治理，2022年第一季度，各快递企业新增购买或租赁使用新能源车达91辆。然而，江门市绿色物流的发展仍面临着较大的市场约束，专业化物流服务的方式还很有限，物流企业的经营管理水平有待提高。同时，在环保方面仍存在亟待解决的问题。一是须尽快实现绿色包装；二是减少污染排放，如运输过程中产生的噪声、空气污染和水污染等；三是提高能源利用效率，如何通过优化运输路线、使用节能设备和提高员工节能意识等方式，实现能源的高效利用。

三、促进江门市物流业发展的措施建议

（一）积极提升物流服务能力

为应对物流业激烈的竞争，应鼓励江门市物流企业持续提升服务质量，提高运营效率，增强企业核心竞争力。首先，加强与国内外优秀物流企业的合作，通过物流信息平台加强信息共享与互通，以便更好地了解和应对物流市场的发展趋势。其次，鼓励江门市物流企业与高校、职业学校等建立合作关系，做好人才引进配套政策制定和实施，着力增强企业对物流人才及其团队的吸引力、承载力和高层次人才自主培养能力。最后，加强行业之间的合作与交流，建立紧密的合作关系，共同分享经验和技术，并结合地区特色产业，推动物流产业链上下游企业之间的协同发展，实现资源共享、优势互补。

（二）持续加快物流基础设施建设

进一步加大对物流基础设施的投资力度，持续建设和完善基础设施以及物流网络。一是要合理规划物流资源配置，保障物流用地，定位于广东省面向粤西南的核心节点城市，不断扩大物流产业规模；二是要合理规划物流园区建设，完善物流园区服务功能，提升运营管理水平；三是要积极引入顺丰、京东、“三通一达”等大型第三方物流企业在江门建立枢纽中心，辐射粤西南地区，利用用地成本、扶持政策等优势，推动大型物流企业将枢纽中心从广佛深莞等大城市转移至江门区域。

（三）多方式提高物流效率

从提高信息化水平、加强扶持力度、优化监管环境方面提高江门市物流效率。一是加强江门市物流企业在信息技术方面的投入与建设，充分利用珠三角信息技术优势推广，引入物联网、大数据、人工智能等技术，提高物流运作的智能化水平。二是提升政策支持力度，相关部门可制定更具有针对性的物流政策，如提供物流业发展基金，对绿色物流企业给予税收优惠和补贴等。同时，优化审批流程，简化手续，为物流企业提供更高效、便捷的服务。三是优化行业监管环境，加强对物流业的监管力度，确保市场秩序和公平竞争。

（四）加强推动绿色物流发展

为推动江门市绿色物流发展，完成江门物流业绿色化运作转型，一方面，应加快

绿色低碳的物流园区体系建设。《江门市现代物流业发展规划（2019—2025）》提出加快物流园区现有落地项目建设。着力推进绿色物流示范园区的培育，以安博鹤山国际物流园等绿色物流园的建设为抓手，加快绿色物流基础设施的规划和建设。另一方面，引导江门市物流企业采取环保措施，使用环保材料、优化包装设计、减少废弃物排放等。同时，推广绿色物流技术，如共同配送等，以实现环保和效率的双赢。

惠州市物流业发展 2022 年回顾与 2023 年展望*

一、2022 年惠州市物流业发展总体情况

（一）物流业受疫情影响明显

2022 年，新冠肺炎疫情延宕反复，一定程度上阻滞了惠州市物流业发展。《2022 年惠州国民经济和社会发展统计公报》显示，地方一般公共预算支出 693.01 亿元，增长 4.5%，其中，卫生健康支出 70.84 亿元，增长 12.6%，是各类支出中增长最多的一项，其次，是社会保障和就业支出。2022 年，惠州市交通运输、仓储和邮政业实现增加值 104.33 亿元，比上年下降 4.6%。公路旅客周转量 46966 万人公里，下降 47.6%；公路货物周转量 820106 万吨公里，下降 8.4%；水路旅客周转量 115.47 万人公里，下降 25.3%；水路货物周转量 3281177 万吨公里，增长 2.0%。全市港口货物吞吐量完成 9005 万吨，下降 6.6%。全年完成邮电业务总量 146.15 亿元，比上年增长 17.2%，其中，邮政业务总量（按 2020 年不变价计算）53.67 亿元，增长 12.4%。

（二）专项资金支持物流发展

据惠州市统计局发布的监测月报数据，2022 年，惠州市固定资产投资额 3234.47 亿元，增长 8.8%，其中交通运输、仓储和邮政业的固定资产投资额为 274.98 亿元，增长 18.1%。2022 年，惠州市市场监督管理局印发了《惠州市市场监督管理局促进经济高质量发展专项资金（实施技术标准战略）管理细则》，惠州市商务局发布《2022 年 9—10 月惠州市促进经济高质量发展专项资金（粤港跨境公路运输支持）分配方案公示》，为符合项目条件的 50 家企业拨付共 248.47 万元的专项资金，以帮助惠州市外贸企业减轻粤港跨境运输物流成本，保障外贸产业链供应链顺畅运行，统筹疫情防控和经济社会发展。

（三）物流企业蓬勃发展

据惠州市交通运输局发布的《惠州市综合交通规划建设情况（2022）》，截至 2022

---

* 供稿人：何泳怡，广东亚太经济指数研究中心。

年12月底，惠州市道路货运业户4620户，其中，个体运输户3476户、货运企业1144家（普货企业1034家、危险货运企业84家、直通香港货车企业26家），营运载货汽车24093辆；水路运输企业28家，其中客运企业6家、货运企业22家，货运企业主要从事国内沿海、广东省沿海、内河及港澳航线货物运输业务，水路运输辅助企业94家（国内服务业25家、国际船代业21家、国内船舶管理业14家、无船承运人55家），主要从事船舶代理、货运代理、船舶管理等业务，全市货船共325艘90.24万吨，客船共20艘1245客位。

（四）交通运输体系逐步完善

《惠州市综合交通规划建设情况（2022）》显示，截至2022年年底，惠州市公路通车里程13522公里，通车里程公路密度为118.6公里/百平方公里，其中，高速公路869公里，国省道1385公里，县乡村道11268公里。铁路、轨道交通通车里程323公里，其中，京九铁路89公里，是我国南北重要的铁路运输大通道；惠大铁路59.3公里，以港口的集疏运功能为主，是京九铁路南端又一便捷的出海口通道；高速铁路141公里，连通惠州和深圳、潮汕、江西、闽南地区；城际轨道交通33.3公里，加速了深莞惠经济圈交通一体化进程，目前，莞惠城际小金口至惠州北段6.46公里正在建设中。有17个港口作业区（涵盖沿海港口、内河港口）和2个装卸点，72个生产性码头泊位，其中万吨级以上泊位32个（含两个30万吨级和两个15万吨级泊位），沿海港口货物设计吞吐能力1.5亿吨，集装箱设计吞吐能力94万标准箱，内河港口吞吐能力500万吨。

（五）数字化监管稳步推进

2022年年初，为探索进口冷链食品常态化疫情防控全流程闭环管理机制，惠州市在县（区）建立集中监管仓，其中，大亚湾监管仓不断升级设备，配置高清摄像头，对作业流程进行全天候监控。惠州市通过“互联网+集中监管仓”智慧监控平台，加强对不规范操作实时抓拍，目前集中监管仓都建成“互联网+冷库”监控视频系统，并接入市级平台，执法人员可实时监测，还通过数字监管把牢市场流通等各环节冷链食品质量安全关口，有效实现进口冷链食品全覆盖管控、全链条管理、全过程溯源。

二、惠州市物流业发展存在的主要问题

（一）物流产业规划有待更新完善

惠州市的现代物流业发展专项规划于2012年出台，《惠州市现代物流业发展规划（2011—2020年）》提出了打造“一条物流通道”（粤苏皖赣物流大通道）、“两大物流港区”（海港、空港）、“三大物流企业集群”（中部惠城中心城区物流企业集群、南部

大亚湾—惠阳物流企业集群、西南部仲恺物流企业集群）的现代物流产业主要空间布局。同时，惠州市围绕“2+1”现代产业集群，以“千亿园区，万亿产业”为目标，提出打造“3+7”工业园区新格局要求，在一大批新重大项目相继落户的大背景下，现有的物流产业规划已显得相对滞后，亟须加快健全完善现代物流产业配套体系，强化产业发展的支撑保障。

（二）物流基础设施建设力度有待加强

惠州市作为粤港澳大湾区中心城市之一，东接汕尾市，南临南海，并与深圳市相连，西南接东莞市，西交广州市，北与韶关市、西北与河源市为邻，以“对外大联通、对内大循环”的思路，陆海空立体交通网络不断完善，为交通运输、仓储和邮政行业保持较快发展提供了有力支撑。但惠州物流交通基础设施建设力度仍有待进一步加强。一是惠州港有待扩容升级，惠州港供散货和集装箱装卸运输的公共码头泊位数量有限，部分码头基础设施陈旧，不能适应新的发展需求，货运保障能力有待进一步增强。二是物流企业规模小，尚未有大型物流企业在惠州开设航空货运业务。三是过境交通量较大造成交通拥堵，惠州周边地区过千万的交通运输量造成惠州过境道路存在高峰期严重拥堵的问题，严重影响交通运输物流效率。

（三）物流园区经济效益有待提升

物流园区占地面积大，需要占用大量的土地资源，园区及园区内企业的经济贡献主要为租赁税费，对地方税收的贡献作用有限。如惠阳区拥有普发（德邦）、安博、嘉民等多个物流园区，占地面积均在数十万平方米以上，建筑大多为单层钢构厂房，且以租赁为主，单位面积投资强度、增加产值、附加值等均达不到土地高效产出的要求。同时部分物流园区存在中远期发展目标不够清晰、引进企业和机构层次不够分明、未能形成优化的产业结构的问题，导致企业间低水平恶性竞争。同时，园区内企业及园区之间尚未形成有效的信息共享机制，制约了物流相关资源的集约高效利用，造成了物流资源浪费。

三、促进惠州市物流业发展的措施建议

（一）更新完善物流产业规划

2022 年 12 月，国务院办公厅印发《“十四五”现代物流发展规划》，在加快物流枢纽资源整合建设、构建国内国际物流大通道、完善现代物流服务体系、延伸物流服务价值链条、强化现代物流对社会民生的服务保障、提升现代物流安全应急能力六个方面做出工作安排；在加快培育现代物流转型升级新动能、深度挖掘现代物流重点领域潜力、强化现代物流发展支撑体系三个方面提出发展任务。惠州市应结合本市的经

济发展、城市发展背景和物流业发展现状，紧随国家脚步，从优化营商环境、创新体制机制、强化政策支持、深化国际合作、加强组织实施等方面更新物流产业规划。

（二）加强物流基础设施建设

惠州市应对码头基础设施进行评估，更新其中陈旧落后的基础设施，充分发挥各种运输方式比较优势，加快发展多式联运，提高组合效率，加快调整货运结构，大力发展大宗货物、集装箱铁水联运和江海联运，推动集装箱、标准化托盘、周转箱（筐）等在不同运输方式间共享共用，加快推进多式联运“一单制”，增强货运保障能力；鼓励传统运输企业向联程联运、多式联运经营人转型，可出台相关惠企政策扶持更多物流企业发展壮大，根据当地物流短板精细化培养相关类型的物流企业；坚持创新驱动，以数字化、网络化、智能化为主线，推动感知、传输、计算等设施与主骨架交通基础设施协同融合建设，推进铁路基础设施智能化，开展公路数字化行动，如打造新一代轨道交通移动通信系统、深化高速公路电子不停车收费系统（ETC）拓展应用、推进智慧路网云控平台建设等。

（三）提升物流园区经济效益

惠州市物流园区开发建设需要做好规划指导，深入了解周边的产业基地和市场需求，推进传统仓储物流园向数字供应链产业园升级，通过建立信息平台、统一结算机制等手段提高园区的智慧化、网络化程度，促进园区间的互联互通，在园区内甚至园区间实现业务互动，形成强大的资金池，便于后续服务及灵活运营，提高物流效率和经营效益。另外，物流园区既是空间提供商，也是平台运营商，可以搭建创业创新服务平台，推广创客空间、创新工场等新型孵化模式，打造一批低成本、便利化、全要素、开放式的众创空间，以创业促进就业，招商与孵化并举，促进提升园区整体效益，使其成为物流与供应链产业发展的加速器。

肇庆市物流业发展2022年回顾与2023年展望*

一、2022年肇庆市物流业发展总体情况

（一）物流业整体发展平稳有序

根据《2022年肇庆市国民经济和社会发展统计公报》数据，全年公路和水路运输方式完成货物运输量8758.98万吨，下降9.7%，其中，公路货物运输总量为7056.78万吨，比上年下降13.5%；水路货物运输总量为1702.20万吨，比上年增长10.0%。完成货物运输周转量81.10亿吨公里，增长0.2%。其中，公路货物运输周转量为46.88亿吨公里，比上年下降9.2%。肇庆市交通运输工作会议显示，2022年全市港口吞吐量完成4981.85万吨，同比增长7%，较全省内河港口平均增幅多4.5个百分点，占全省内河港口吞吐总量24%；全市完成水路运输周转量34.22亿吨公里，同比增长16.8%，远超省平均增速（1.3%），全省排名第4。

（二）邮政整体呈稳中有升态势

根据《2022年肇庆市邮政行业发展统计公报》数据，2022年肇庆全市邮政行业寄递业务量完成22401.42万件，同比增长12.20%。其中，快递业务量完成18832.19万件，同比增长10.22%。2022年肇庆全市邮政公司函件业务量完成104.66万件，同比增长45.38%；包裹业务量完成4.84万件，同比增长15.51%；订销报纸业务完成1497.08万份，同比下降1.39%；订销杂志业务完成216.72万份，同比增长65.02%；汇兑业务完成0.12万笔，同比下降7.69%。2022年肇庆全市邮政行业业务收入（不包括邮政储蓄银行直接营业收入）完成25.10亿元，同比增长13.83%。其中，快递业务收入完成18.33亿元，同比增长11.81%。快递业务收入占行业总收入的比重为73%，比上年下降了1.33个百分点。

（三）快递业务量和收入双双增加

根据《2022年肇庆市邮政行业发展统计公报》数据，2022年全市同城快递业务量

* 供稿人：张嘉桀，广东亚太经济指数研究中心。

完成786.55万件，同比下降22.11%；异地快递业务量完成17984.87万件，同比增长12.25%；国际/港澳台快递业务量完成60.77万件，同比增长13.94%。同城、异地、国际/港澳台快递业务量占比分别为4.18%、95.50%和0.32%。2022年，全市同城快递业务收入完成0.57亿元，同比下降8.75%；异地快递业务收入完成10.88亿元，同比增长12.20%；国际/港澳台快递业务收入完成1.46亿元，同比增长68.38%。同城、异地、国际/港澳台快递业务收入占全部比例分别为3.12%、59.37%和7.95%。

（四）推进重大交通基础设施建设

肇庆市在2022年实现交通基础设施固定资产投资88.13亿元，同比增长22%，综合交通运输网和交通基础设施建设取得新突破。其中，肇明高速一期年度完成投资35.12亿元。马房特大桥建成通车，东进大道实现全线贯通。国道355线怀集县城高凤至大岭段改建工程、国道355线广宁水毁修复工程、国道324线高要大顶岗至云浮交界段公路安全提升工程、国道321线鼎湖大冲至广西交界段公路安全提升一期工程、省道262线怀集洽水至凤岗段改建工程、省道261线怀集大成岗至封开段路面改造工程、省道527线怀集汶塘至利凤段路面改造工程、省道261线怀集栏马桥危旧桥梁改造工程也在2022年四季度集中动工。

（五）物流融资领域取得新突破

2022年以来，中国人民银行肇庆市中心支行全力推进人民银行交通物流专项再贷款在辖区落地，积极强化与交通运输部门工作协同，建立银企对接工作台账，引导辖区7家经办银行机构对清单企业进行全覆盖对接服务，支持交通物流行业发展。截至2022年10月，全市共新收集、梳理有融资需求物流运输企业35家，银行已向相关企业发放贷款1123.9万元，其中已获得交通物流再贷款资金支持337万元。在交通物流专项再贷款的撬动下，截至2022年8月末，肇庆市交通运输、仓储和邮政业贷款较年初增长13.66%。

（六）政策支持物流业高质量发展

2022年，肇庆市出台若干措施支持物流业发展。1月，肇庆市交通运输局、肇庆市教育局、肇庆市工业和信息化局、肇庆市财政局、肇庆市人力资源和社会保障局、肇庆市金融工作局、肇庆市政务服务数据管理局共同印发了《肇庆市促进货运物流业发展的若干措施》，指导企业用足用好国家金融支持政策，扶持交通行业发展壮大。推动获银行授信物流运输企业26家，授信金额约19亿元，放款金额约13亿元。争取高速公路及港口码头工程获得政策性开发性金融扶持基金6.34亿元。6月，肇庆市人民政府发布《肇庆市综合交通运输体系发展“十四五”规划》，文件显示，“十四五”时期（2021—2025年），肇庆交通运输体系发展计划投资751.1亿元，规划实施178个重点工程项目，涵盖机场、高铁、城轨、高速、航港、交通枢纽等建设。9 月，肇庆市人民政府印发《肇庆市关于促进邮政快递业高质量发展的若干措施》，文件显示，要从推动重点领域发展、强化人才支撑、优化发展环境和构建推动行业高质量发展社会共治格局等四个方面推动邮政快递业高质量发展。

二、肇庆市物流业发展存在的主要问题

（一）全市对外通道布局有待完善

与广佛、深港澳间的综合运输通道数量、能力和服务水平有待提高，一方面，肇庆市与大湾区各市联通的高速公路、快速铁路、高铁等交通通道数量相对较少，难以满足日益增加的经济人员和物流需求。另一方面，肇庆市与广佛、深港澳等地的道路宽度、铁路的运载能力和相关物流企业数量相对不足，难以满足大量、快速、高效的运输需求。

（二）市域内交通网络水平有待提升

辖区内各县（区、市）之间交通联系仍不够便捷、迂回绕行现象依然存在，部分乡镇、重点产业园区和旅游景区未能实现二级及以上公路连通，公路网密度、普通国省道二级及以上比例和农村公路三级及以上比例等主要技术指标在全省地市中排名靠后。中心区域的快速通道、重点普通公路（国省道、农村公路）等交通基建仍有较大的提高空间。

（三）交通运输衔接效率仍需提高

公路、铁路、水路等各种运输方式之间、与城市交通体系之间的衔接转换效率仍需提高，重要枢纽与干线铁路及干线公路的衔接仍需加强。城乡客货运输一体化水平还需加强，尤其是城区与各地农村地区在交通道路状况、交通设施、智能化设施的配套方面还有待提高。港口深水泊位和专业化泊位数量不足、功能较为单一，水运市场的信息化建设和标准化服务标准还有待进一步完善。

三、促进肇庆市物流业发展的措施建议

（一）推动物流业规模化发展

一是鼓励本地物流企业规模化发展，对取得高新技术的企业、规模以上及对本地税收有较大贡献的企业，就其业务、就业增量给予一定的税收优惠、财政补贴、土地优惠等政策，以鼓励企业扩大规模。二是引进培育规模化货运物流企业。对从市外新引进或本市新注册登记的公路、水路物流运输企业给予一定资金奖励，对引进的货运物流企业总部，额外给予税收和融资支持。

（二）合理规划物流枢纽网络

一方面，对属于物流仓储用地的，鼓励通过弹性年期出让、先租后让、租让结合等多种方式供地。在符合规划、不改变用途的前提下，对提高自有工业用地或仓储用地利用率、容积率并用于仓储、分拨转运等物流设施建设的，不再增收土地价款。支持在规模化物流园区集中建设、运营充电设施。支持充分利用交通枢纽周边碎片化边角地发展现代物流服务。另一方面，完善县级转运体系，支持邮政设施、交通运输场站设施向快递企业开放，鼓励企业合作建设县级快递处理中心。推动农村电子商务、农村公交客运、供销助农服务平台（中心）和邮政快递业共同合作，鼓励快递企业结合“四好农村路”建设，充分利用农村客运站场和农村公路养护站资源，大力支持有条件的城乡公交和农村客运班车搭载快件。

（三）推动水运创新绿色发展

充分发挥西江岸线资源丰富的优势，科学规划实施港航绿色创新项目，推进“黄金水道”全产业链谋划建设，推动内河航运高质量发展。鼓励使用节能、低碳、环保的货物运输装备。一方面，围绕西江、北江航道改造升级，积极适应智慧港口及水运市场新需求，加快运输船舶绿色化、信息化、标准化，鼓励发展集装箱船、散货专用船等先进适用的专业化船舶。另一方面，支持打造新能源船舶园区，积极推动建设水泥灌装船基地。西江沿线各县（区、市）依托本地优势重点打造新能源船舶园区或水上服务区，推动船舶行业向高科技船舶产业园方向发展，将航运、新能源船舶制造、船舶修理、船舶技术服务、船员培训中心及相关配套产业纳入园区。

汕头市物流业发展 2022 年回顾与 2023 年展望*

一、2022 年汕头市物流业发展总体情况

（一）物流业总体发展稳重趋缓

根据《2022 年汕头国民经济和社会发展统计公报》数据，全年货物运输总量 7298.16 万吨，比上年下降 15.7%。其中，公路货物运输总量为 6944.95 万吨，比上年下降 14.9%；水路货物运输总量为 352.04 万吨，比上年下降 27.7%；民航货物运输总量为 1.17 万吨，比上年下降 15.2%。货物运输周转量 78.45 亿吨公里，下降 6.2%。公路货物运输周转量为 46.51 亿吨公里，比上年下降 13.8%，水路货物运输周转量为 31.79 亿吨公里，比上年增长 7.9%，民航货物运输周转量为 0.15 亿吨公里，比上年下降 20.2%。全年港口货物吞吐量 4019.0 万吨，下降 2.9%，其中，港口集装箱货物吞吐量 176.5 万标准箱，下降 1.9%。

（二）邮电业务总量稳中有进

全年完成邮电业务总量 234.78 亿元，比上年增长 10.5%。其中，邮政业务总量 176.93 亿元，增长 12.6%；电信业务总量 57.84 亿元，增长 4.6%。2022 年邮政行业寄递业务量完成 25.37 亿件，同比增长 14.04%。其中，快递业务量完成 24.57 亿件，同比增长 13.63%。2022 年邮政公司函件业务量完成 97.87 万件，同比增长 38.65%；包裹业务量完成 14.53 万件，同比增长 41.89%；订销报纸业务完成 3347.87 万份，同比增长 0.15%；订销杂志业务完成 148.70 万份，同比下降 0.25%；汇兑业务完成 0.45 万笔，同比下降 48.86%。2022 年邮政行业业务收入（不包括邮政储蓄银行直接营业收入）完成 130.78 亿元，同比增长 13.70%。其中快递业务收入完成 123.48 亿元，同比增长 12.85%。快递业务收入占行业总收入的比重为 94.42%，比上年下降了 0.71 个百分点。

（三）快递业务量和收入加速发展

2022 年同城快递业务量完成 4526.80 万件，同比增长 21.97%；异地快递业务量完

---

* 供稿人：张嘉桀，广东亚太经济指数研究中心。

成24.11亿件，同比增长13.58%；国际/港澳台快递业务量完成79.53万件，同比下降67.75%。同城、异地、国际/港澳台快递业务量占全部比例分别为1.84%、98.13%和0.03%。2022年同城快递业务收入完成2.0亿元，同比增长18.69%；异地快递业务收入完成111.61亿元，同比增长13.87%；国际/港澳台快递业务收入完成1.72亿元，同比下降0.11%。同城、异地、国际/港澳台快递业务收入占比分别为1.62%、90.39%和1.39%。

（四）海外仓业务取得新突破

2022年，濠江海关全力支持汕头综合保税区发挥功能优势，在通关现场设置海外仓备案“绿色通道”，专人专岗全程负责备案流程的衔接。同时，精准开展“一对一”上门辅导，鼓励符合条件的区内企业开展出口海外仓业务，精心指导企业完成注册登记，着力优化口岸营商环境，全力支持助力跨境电商海外仓等新业态规模扩大。2022年3月，注册于汕头综保区内的汕头市思尔达商务有限公司获批开展跨境电商海外仓业务，这也是粤东地区获批的首个跨境电商海外仓业务，填补了粤东地区此项业务的空白。汕头市思尔达商务有限公司企业跨境电商海外仓位于马来西亚首都吉隆坡，总面积6174平方米，配有智能物流设备，能提供仓配一体化的服务，发出的包裹当天即可送达吉隆坡消费者手中。

（五）交通基础设施不断完善

2022年，汕头市按照“疫情要防住，经济要稳住，发展要安全”的要求，积极扩大交通有效投资，全市交通基础设施完成投资近150亿元，成为稳住全市经济基本盘的中流砥柱。其中，铁路投资建设成效显著，2022年我市铁路建设里程同比增长146%，形成了“加快一批、启动一批、储备一批”的良好态势。与此同时，公路、隧道和桥梁等建设也进展顺利。2022年1—10月，潮汕环线高速公路（含潮汕联络线）三期工程京灶大桥项目完成投资3.26亿元，为年度投资计划的85.9%。汕汕铁路汕头湾海底隧道是汕汕铁路全线的关键控制性工程，汕头湾海底隧道矿山段进口至1号斜井顺利实现洞通，与1号斜井施工段成功连接，目前，隧道矿山段共掘进5378米，整座隧道已累计掘进7490米，已完成整体长度的76%。潮汕环线高速京灶大桥主桥2号主墩主塔首节塔柱浇筑完成，南岸主墩正式进入塔身施工阶段。

（六）港口智能化水平不断提高

2022年，汕头招商局港口操作运行中心各党支部，大力推进党建工作与业务工作深度融合，并在抓好疫情防控的基础上，开展“奋战100天”行动，全力冲刺“保量提质”全年目标。8月底，广澳港区迎来了2022年第100万个标准箱。9月，广澳港区集装箱月吞吐量创造了16.2万标准箱的新纪录，其中班轮平均单杆作业效率达到

26.95 自然箱/小时，直装直卸与边装边卸新工艺共操作 9587 标准箱，均打破历史纪录。同时，汕头招商局港口还加大力度推进集装箱作业自动化建设，首批投入 6 台自动化轨道吊，具有内集卡全自动作业及外集卡在安全高度下提、放箱过程实现远程人工干预作业的功能，这也是粤东地区首个港口自动化项目。

二、汕头市物流业发展存在的主要问题

（一）冷链物流体系有待完善

一是从田间到餐桌的公共型农产品冷链物流基础设施骨干网建设尚不完善，区域中心仓、三级仓储配送网络建设有待加强。二是配套的维权投诉举报网络机制尚未建立，当前机制在提高消费维权效率、解决消费者投诉、把握消费投诉热点问题上仍存在一定短板。

（二）货运物流发展仍有短板

功能明确、布局合理的多层次、轴辐式物流网络节点体系尚待建立，汕头站综合交通枢纽和广澳港区货运枢纽的枢纽功能仍有欠缺，物流站场体量小、能力弱，导致多式联运发展不充分，各种运输方式之间尚未能有效衔接，枢纽与产城融合不足。汕头港定位为粤东区域集装箱枢纽港，但是整合力度不足，未能实现集约化发展，港口集疏运体系不完善。国铁干线与汕头港重要港口枢纽对接有待加快推进。

三、促进汕头市物流业发展的措施建议

（一）多措并举解决融资问题

加大对交通运输、仓储物流和邮政快递等行业企业的金融支持力度，鼓励各银行机构推动融资方式创新，优化信贷资源配置，积极扩大非抵押类融资的上线和渠道。积极鼓励金融机构根据货运物流行业特点，采用大数据、区块链等技术加快探索对上下游企业提供供应链金融服务，支持各保险机构面向运输车队提供以车险为主、适配商业型责意险等补充保障的一揽子全面保险产品，全力升级“快处快赔”机制。

（二）大力发展物流新业态

一是充分利用保税区功能优势，发展与保税区特殊政策相适应的文化产业，包括华侨文化产品展示、文化创意产品创作、创造，为海外的文化产品来华展示和制作等提供专业保税仓储、展示、物流等综合配套服务和便利，对在保税区内举办文化展会，给予一定的会展费用补助。二是探索建立现代化物流业新业态发展专项资金，对被认定的具有示范带动作用的物流重点建设项目、物流骨干企业给予专项扶持，包括基础设施建设和运输设备购置的贷款贴息、物流信息平台建设的专项扶持和物流项目用地

的优先保障等。

（三）加快完善冷链物流体系

一是加强关键冷链物流节点建设。推进粤东江南国际农产品交易中心、综保区进境肉类和冰鲜水产品海关指定监管场地、天环冷链物流仓储、濠江冷链物流生态圈产业园等项目建设。二是加快邮政快递末端基础设施建设，扩大智能快件箱、快递驿站布设范围，强化寄递渠道事中事后安全监管，推进农村寄递体系建设。三是积极推进保鲜预冷项目建设。积极支持建设田头冷库，提高本地蔬菜、水果的冷藏储运加工水平，畅通农产品储存转运渠道，做好海洋牧场配套的冷链设施建设，加快搭建海产品向大湾区各地市销售通道。

（四）强化交通物流基础设施建设

一是以汕头广澳为物流枢纽节点，推动深汕东、汕汾、汕昆高速改扩建，强化汕头市高速公路网区域性枢纽地位，加快建设广澳港疏港铁路，加速启动延伸至海门港疏港铁路前期工作，完善港区集疏运体系，打造“公、铁、水”多式联运枢纽平台，提升粤东地区铁路运输综合服务水平。二是加强内河航道建设与维护，提升内河航道能力，推动榕江、濠江和韩江航道扩能升级，积极推进韩江三河坝至潮州港航道扩能升级工程。三是全力加快推进港口重点基础设施建设，港口服务能力、区域影响力、竞争力迈上新台阶。加快发展广澳、海门外海深水港区，建设广澳港区三期工程等临港产业，依托榕江出海航道、汕头港远洋运输航线，积极深化与东北亚、东南亚等港口的互联互通，进一步巩固汕头市海上丝绸之路重要门户的地位。

潮州市物流业发展2022年回顾与2023年展望*

一、2022年潮州市物流业发展总体情况

（一）物流行业发展受疫情影响

2022年潮州市物流业发展受疫情影响，根据《2022年潮州市国民经济和社会发展统计公报》数据，潮州市全年交通运输、仓储和邮政业增加值32.85亿元，比上年下降0.6%。货物运输量2541万吨，比上年下降8.5%；货物周转量111亿吨公里，下降0.7%。港口货物吞吐量完成1708万吨，下降1.7%。港口集装箱吞吐量14万标准箱，增长108.7%。客运量为146万人，下降6.4%；旅客周转量为2.6亿人公里，下降18.9%。

（二）邮政行业稳步发展

根据《2022年潮州市国民经济和社会发展统计公报》数据，2022年潮州邮电通信业务总量79.76亿元，比上年增长18.4%。其中，邮政业务总量（按2020年不变价计算）54.35亿元，增长18.3%；电信业务总量（按2020年不变价计算）25.40亿元，增长18.6%。邮政行业寄递业务量累计完成7.68亿件，同比增长20.07%。其中，快递业务量累计完成73854.27万件，同比增长20.14%；邮政寄递服务业务量累计完成2993.60万件，同比增长18.29%。邮政函件业务累计完成53.45万件，同比增长24.68%；包裹业务累计完成31.10万件，同比增长37.98%。同城业务量累计完成4929.62万件，同比增长83.65%；异地业务量累计完成68909.32万件，同比增长17.26%；国际/港澳台业务量累计完成15.33万件，同比下降16.63%。邮政行业业务收入（不包括邮政储蓄银行直接营业收入）累计完成35.96亿元，同比增长23.06%；其中，快递业务收入累计完成31.49亿元，同比增长23.63%。邮政寄递服务业务收入累计完成0.51亿元，同比增长7.48%。同城、异地、国际/港澳台快递业务量分别占全部快递业务量的6.68%、93.30%和0.02%；业务收入分别占全部快递收入的4.50%、88.90%和1.14%；与上年同期相比，同城快递业务量的比重上升2.31个百

* 供稿人：王锋，广东省现代物流研究院。

分点，异地快递业务量的比重下降 2.3 个百分点，国际/港澳台业务量的比重下降 0.01 个百分点。

（三）交通基础设施进一步完善

2022 年，潮州市交通体系扩网提速。宁莞高速潮州东联络线、潮汕站站南广场等 9 个交通项目完工投用，潮州港扩建码头集装箱外贸航线开通运营，饶平大桥等项目动工建设，汕漳铁路、饶平至潮安文祠高速公路等项目前期攻坚提速，潮州市在全省公路建设、养护奖补考评中获一档奖励。

二、潮州物流业发展存在的主要问题

（一）交通基础设施建设存在制约因素

一是交通建设资金紧缺，制约重点项目实施，投资规模大的项目，由于地方财力有限，项目建设时机滞后于交通客观需求。二是土地政策对交通建设项目约束大，地方交通建设用地指标有限，交通建设项目多为线性廊带用地，用地数量多且难以避开基本农田，用地审批是项目建设的主要障碍。三是交通建设项目往往征地拆迁和管线迁改数量较多，涉及面广，协调工作难度大，制约项目建设进度。

（二）潮州港专业化码头发展滞后

潮州市正在构建以沿海港口为支点，粤东门户枢纽为支撑的“带区联动、陆海协调”发展格局，但潮州港还未有疏港铁路和高速公路，集疏运条件较为落后，截至 2022 年年底，潮州港生产性泊位仅 14 个，其中，万吨级以上 6 个，港口设施数量不足，缺乏专业化大吨位码头泊位，与港口产业发展不匹配。

（三）交通运输服务质量有待提升

铁路运输行业垄断性特征明显，市场化水平不高，港口物流产业高端服务尚未形成，水路运输不能充分发挥。智能交通发展还处于起步阶段，交通运输低碳绿色发展潜能尚未充分挖掘。

三、促进潮州市物流业发展的措施建议

（一）强化现代货运物流体系

持续推进运输结构调整，打造物流基地和现代快递产业园，推动潮安站综合货运枢纽、枫溪铁马物流园等项目建设。构建高效物流配送体系，加强城市物流配送体系、县区寄递物流园区建设，完善集客运、货运、邮政、快递等功能于一体的乡镇综合运输服务站布局，推进村级农村服务点建设，畅通寄递物流“最后一公里”。建立货运服

务合作机制，提高公路、铁路、水路货场装卸货及运输效率，支持物流园区等单位与相关货运部门建立合作机制。推动物流信息服务水平，鼓励“互联网+货运物流”新业态、新模式发展，支持大型道路货运企业以资产为纽带，延伸服务链条，实现资源高效配置，加快向现代物流企业转型升级。

（二）推广绿色交通运输方式

提高中心城区300米范围公交站点覆盖率，推进部分区域公交充电站的建设，推进城市绿色货运配送，加大新能源城市配送车辆推广应用力度。强化低碳节能技术。推广新能源车等节能环保车型，完善充电桩等配套设施建设。推行隧道“绿色照明工程”。推进高速公路服务区、港口、铁路站段污水处理和循环利用。健全绿色交通体系。逐步建立潮州市交通运输绿色发展机制及考核评价指标体系。加强对公路、水运、内河航道码头和枢纽场站建设和运营中的生态环境保护、污染物排放控制等工作。推动在邮政快递领域开展多式联运、城市绿色货运配送试点示范。

（三）提升交通安全保障水平

加大公路、客运站场等交通基础设施的安全设施投入力度，大力实施公路安全生命防护工程、危桥改造、隐患隧道整治等。加大四类、五类桥梁（隧道）排查及整改力度，国省道一类、二类桥梁比例达到95%，现有四类、五类桥梁（隧道）改造加固率达到100%，新发现四类、五类桥梁（隧道）当年处治率达到100%，乡道及以上行政等级公路高风险路段处置率达到100%。继续加强公路超限超载治理。建立健全路政和公安交警的路面治超执法协作机制，推动交通与相关部门治超信息交换与共享。研究推动将车辆超限超载违法运输行为列入以危险方式危害公共安全行为，建立相邻地市间治超联动机制，坚决遏制货车超限超载违法运输。推进重点路段设施监测。高速公路监测覆盖率达到100%，普通国省道重要节点、关键点位运行监测覆盖率达90%，“两客一危”和重载货车安装北斗定位跟踪系统的比例达100%。健全安全管理体系。建立健全从业人员安全教育管理制度，研究建立交通运输安全生产教育服务平台，推动全面建立企业安全生产标准化考核体系，强化交通运输运营安全管理。

揭阳市物流业发展2022年回顾与2023年展望*

一、2022年揭阳市物流业发展总体情况

（一）物流业发展环境持续优化

随着《揭阳市电子商务与快递物流协同发展实施方案》《揭阳市深化中国快递示范城市创建行动计划》《揭阳市促进邮政快递业高质量发展实施方案》《揭阳市保障快递员群体合法权益若干措施》等利好政策的落地见效，为全市邮政快递行业持续健康发展留足空间，营造良好环境。2022年，揭阳市邮政、快递企业享受减税降费累计1724.6万元；全市新增快递许可企业24家、末端网点581家，建制村快递服务通达率达到100%，快递市场主体保持稳步增长。顺应产业发展趋势，各大快递公司纷纷在揭阳市设置分拨中心。全市快递品牌粤东分拨中心从2013年的1家增长到2022年的9家，许可快递企业及分支机构从26家增长到152家，快递末端网点也达到了845个，行业从业人员由0.38万人增长到1.95万人，行业间接获益人员近10万人。快递中转量从0.73亿件增长到目前的97.53亿件。

（二）电商与快递融合发展加快

揭阳民营经济历来十分活跃，迈入新时代，产业发展更是呈现出新气象。依托纺织服装、金属、医药、玉器、鞋业等传统优势产业，揭阳市积极培育电商、快递等新业态，引进培育普洛斯临空国际物流园、粤东卷烟物流配送中心等9个现代服务业项目，于2022年获批设立中国（揭阳）跨境电子商务综合试验区，培育了18家跨境电商平台，实现贸易额2.2亿元。

（三）邮政行业平稳发展

根据国家邮政局公布的2022年快递业务情况，揭阳一年发出37亿件快递，日处理快递量（进口和出口）达到2600万件，约占全国日处理量的8.67%，业务量排名位居全国第4。2022年，揭阳市邮政行业寄递业务量累计完成38.06亿件，同比增长

---

* 供稿人：王锋，广东省现代物流研究院。

6.22%；其中，快递业务量累计完成37.29亿件，同比增长5.55%；邮政寄递服务业务量累计完成7659.36万件，同比增长54.35%。邮政函件业务累计完成23.47万件，同比下降6.61%；包裹业务累计完成15.43万件，同比增长22.66%。同城快递业务量累计完成9483.71万件，同比下降44.85%；异地业务量累计完成36.34亿件，同比增长8.13%；国际及港澳台业务量累计完成10.05万件，同比下降20.65%。邮政行业业务收入（不包括邮政储蓄银行直接营业收入）累计完成184.21亿元，同比增长10.99%；其中，快递业务收入累计完成178.05亿元，同比增长10.51%；邮政寄递服务业务收入累计完成1.41亿元，同比增长61.72%。同城、异地、国际/港澳台快递业务量分别约占全部快递业务量的2.54%、97.45%、0.01%；同城、异地、国际/港澳台快递、其他业务收入分别占全部快递收入的1.96%、83.17%、0.09%、14.77%。

（四）交通物流网络项目扎实推进

2022年，揭阳市成立重大项目总指挥部，建立并联审批等机制，推动揭阳潮汕国际机场航站区扩建工程竣工投用，汕汕高铁（揭阳段）及惠来站站前停车场工程顺利推进，揭惠铁路首座隧道实现贯通，粤东城际铁路（揭阳段）开工建设，进贤门大桥建成通车、京灶大桥进展顺利，国道G206改线、G238和G228改建等扎实推进。

二、揭阳物流业发展存在的主要问题

（一）绿色物流发展不充分

目前，揭阳市的物流业仍然以传统的物流运作方式为主，对绿色物流的概念认知程度不高，缺乏相关的政策法规和实践经验。揭阳市的物流基础设施和技术相对滞后，缺乏现代化的物流信息系统、智能化仓储系统、绿色运输工具等，难以满足绿色物流的要求。信息化建设不足，缺乏全面的信息共享和交流平台，影响了绿色物流的效率和可持续性。揭阳市的物流行业人才匮乏，包括物流管理、运输配送、环保管理等方面的专业人才，这也制约了绿色物流的发展。

（二）物流企业信息化程度较低

在揭阳市物流行业中，信息技术不仅应用较少，而且应用层次还较低，主要局限在办公自动化和日常事务处理方面。大多数物流企业尚不具备运用现代信息技术处理物流信息的能力，在已经拥有信息系统的物流企业中，其信息系统的业务功能和系统功能也还不完善，缺乏必要的订单管理、货物跟踪、仓库管理系统和运输管理系统等物流服务系统，物流信息资源的整合能力尚未形成。

（三）电商物流产品价值不高

揭阳拥有深厚的产业基础和浓厚的电商氛围，推动揭阳快递业务量排名全国前列。

然而，揭阳部分电商产品仍然是走“低价多销”的路线，对比长三角、珠三角等地，销售贵价产品，消费者愿意为空运等快递方式买单，件单价高。揭阳市快递产品品质有待提升，需要继续提升产品质量，形成品牌化管理。

三、促进揭阳市物流业发展的措施建议

（一）从“快递大市”迈向“快递强市”

一是培育本地知名品牌，提升产品竞争力和溢价。二是做好“快递进村”工程，巩固建制村“村村通快递”成果。三是推进“快递进厂”，推动快递功能进园区、入厂区。四是稳步推进“快递出海”，开发国际市场。

（二）扎实有序推进路网建设

推进建设北环路（榕城段）、进贤门大桥连接线（榕城段）、埔田互通立交连接线，加快建设京灶大桥，提升城市道路通达率。推进汕昆高速改（扩）建、揭普惠高速南延线、梅林互通、鳌江互通立交及引线等建设，加快推进国道 G206 线、G238 线、G228 线等改（扩）建，织密对外快速联通网。

（三）建设全国性综合交通枢纽城市

强化空铁港多式联运，提升揭阳潮汕国际机场枢纽功能，加快建设汕汕高铁（揭阳段）及惠来站站前停车场工程、揭惠铁路和粤东城际铁路（揭阳段），全力推进南海作业区 3 个码头、前詹作业区通用码头、520 万立方米原油商储库配套码头、揭阳 LNG 项目配套码头等项目建设，整合升级榕江港码头，进一步打通出海通道，加快建设全国性综合交通枢纽城市。

汕尾市物流业发展 2022 年回顾与 2023 年展望*

一、2022 年汕尾市物流业发展总体情况

（一）全市经济增速放缓

根据《2022 年汕尾市国民经济和社会发展统计公报》数据，2022 年，汕尾市实现地区生产总值（初步核算数）1322.02 亿元，比上年增长 1.5%（见图 2-1）。其中，第一产业增加值 187.40 亿元，增长 7.2%；第二产业增加值 490.90 亿元，下降 0.7%；第三产业增加值 643.72 亿元，增长 1.5%。三次产业结构比例为 14.2∶37.1∶48.7。人均地区生产总值 49242 元（按年平均汇率折算为 7321 美元），增长 1.2%。分县（市、区）看，市城区地区生产总值占全市比重 25.0%，海丰县地区生产总值占全市比重 32.3%，陆丰市地区生产总值占全市比重 31.2%，陆河县地区生产总值占全市比重 8.0%，红海湾开发区生产总值占全市比重 3.1%，华侨管理区生产总值占全市比重 0.4%。

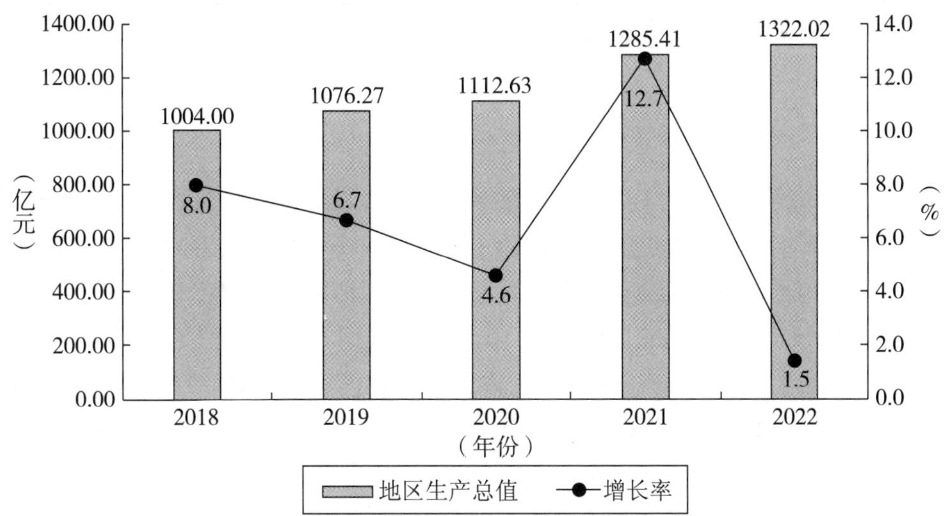

图 2-1　2018—2022 年汕尾市地区生产总值及增长率

资料来源：《2022 年汕尾市国民经济和社会发展统计公报》。

* 供稿单位：汕尾市商务局。整理人：李佳，广东省现代物流研究院。

（二）物流业受疫情影响较大

根据《2022 年汕尾市国民经济和社会发展统计公报》数据，2022 年汕尾市货物运输总量 3221 万吨，比上年下降 12.1%；其中公路货物运输总量 3220 万吨，下降 11.8%；水路货物运输总量 1 万吨，下降 93.1%。货物运输周转量 27.24 亿吨公里，下降 12.8%；其中公路货物运输周转量 27.22 亿吨公里，下降 12.1%；水路货物运输周转量 0.02 亿吨公里，下降 92.6%。规模以上港口货物吞吐量 1750.9 万吨，增长 5.1%。如表 2 -3 所示。

表 2 -3　　2022 年货物运输量及其增长速度

指标	单位	绝对数	比上年增长（%）
货物运输总量	万吨	3221	-12.1
公路	万吨	3220	-11.8
水路	万吨	1	-93.1
货物运输周转量	亿吨公里	27.24	-12.8
公路	亿吨公里	27.22	-12.1
水路	亿吨公里	0.02	-92.6

资料来源：《2022 年汕尾市国民经济和社会发展统计公报》。

（三）交通基础设施提质升级

随着汕尾市综合交通大会战工作推进，汕尾市公路、铁路等交通基础设施建设进一步改善。2022 年，汕尾市投资超 120 亿元纵深推进综合交通大会战，广汕铁路进入全线铺轨阶段，汕汕铁路完成全线箱梁架设任务，深汕西改扩建工程、兴汕高速公路二期工程进展顺利，揭普惠高速南延线、国道 228 线甲子至南塘段等“支线支点”项目动工建设，国道 236 线城区改建段、国道 324 线海丰县城至梅陇段等一批市县内循环项目加紧推进，陆丰、海丰获评“四好农村路”省级示范县并成功进入创建全国示范县公示名单。

（四）邮政行业保持稳定增长

根据汕尾市邮政管理局数据，2022 年，邮政行业寄递业务量累计完成 15515.56 万件，同比增长 24.0%。其中，快递业务量累计完成 13835.68 万件，同比增长 24.6%。2022 年邮政行业业务收入（不包括邮政储蓄银行直接营业收入）完成 13.94 亿元，同比增长14.3%。其中：快递业务收入完成11.81亿元，同比增长13.3%。快递业务收入占行业总收入的比重为84.8%，比上年下降了0.7个百分点。同城快递业务量累计完成1379.13万件，同比增长45.7%；异地快递业务量累计完成12428.93万件，同比增长23%；国际/港澳台快递业务量累计完成27.62万件，同比下降45.5%。同城快递业务收入完成0.72亿元，同比增长30.5%；异地快递业务收入完成7.61亿元，同比增长14.4%；国际/港澳台快递业务收入完成0.35亿元，同比增长20.5%。邮政函件业务累计完成9.58万件，同比增长0.63%；包裹业务累计完成0.28万件，同比下降42.86%。邮政行业相关数据如图2-2、图2-3、图2-4和图2-5所示。

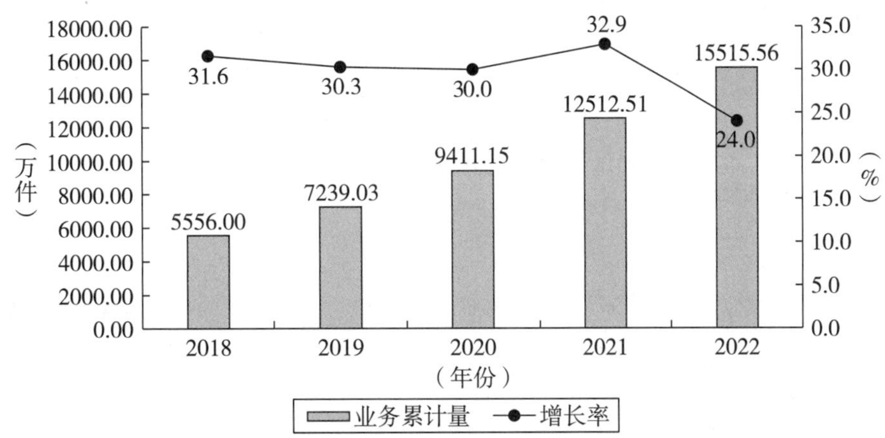

图2-2　2018—2022年汕尾市邮政行业业务累计量及增长率

资料来源：汕尾市邮政管理局。

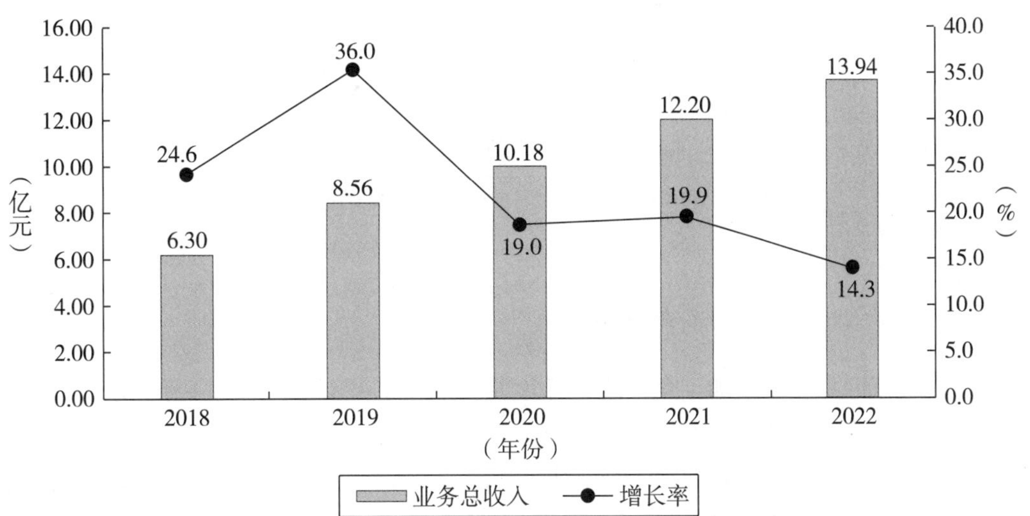

图2-3　2018—2022年汕尾市邮政行业业务总收入及增长率

资料来源：汕尾市邮政管理局。

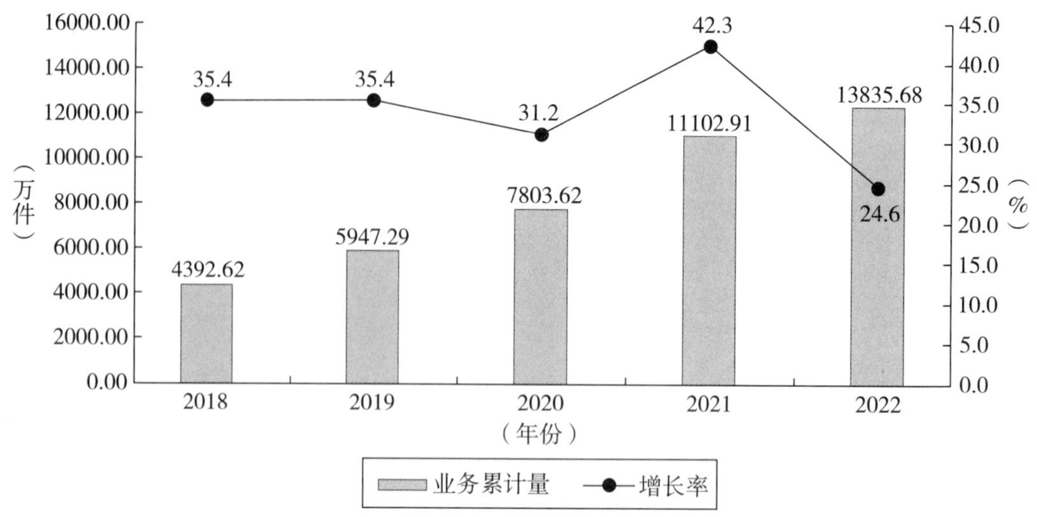

图 2－4　2018—2022 年汕尾市快递业务累计量及增长率

资料来源：汕尾市邮政管理局。

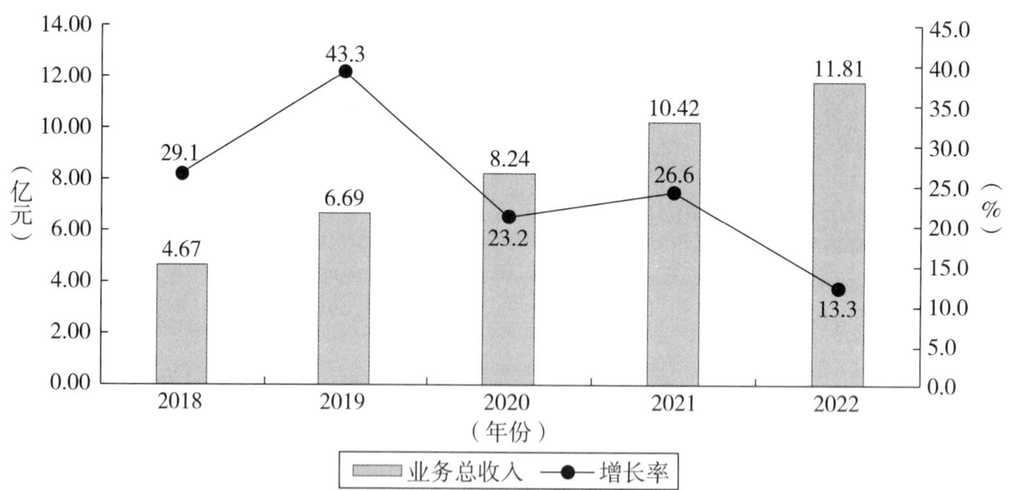

图 2－5　2018—2022 年汕尾市快递业务总收入及增长率

资料来源：汕尾市邮政管理局。

（五）物流体系建设不断完善

一是物流网点不断增加。全行业拥有各类营业网点 490 处，比上年年末减少 7 处，其中设在农村的 144 处，比上年年末增加 47 处。快递服务营业网点 433 处，比上年年末减少 7 处，其中设在农村的 101 处，比上年年末增加 45 处。全市拥有邮政信筒信箱 69 个，与上年年末数量持平。全行业拥有汽车 247 辆，比上年年末减少 74 辆，其中快递服务汽车 164 辆，比上年年末减少 28 辆。

二是寄递线路不断增加。全市邮政邮路总条数 91 条，比上年年末增加 73 条。邮路总长度（单程）6671 公里，比上年年末增加 5479 公里。全市邮政农村投递路线 91 条，比上年年末减少 1 条；农村投递路线长度（单程）5982 公里，比上年年末减少 181 公里。全市邮政城市投递路线 151 条，比上年年末增加 30 条；城市投递路线长度（单程）4533 公里，比上年年末增加 1071 公里。全市快递服务网路条数 265 条，比上年年末减少 37 条。快递服务网路长度（单程）24944.7 公里，比上年年末减少 5025.3 公里。

三是营业网点服务能力不断提升。全行业平均每一营业网点服务面积为 9.93 平方千米；平均每一营业网点服务人口为 0.55 万人。邮政公司城区每日平均投递 1.92 次，农村每周平均投递 5.99 次。全市年人均函件量为 0.04 件，每百人订有报刊量为 2 份，年人均快递使用量为 51.6 件。年人均用邮支出 519.6 元，年人均快递支出 440.4 元（见图 2－6）。

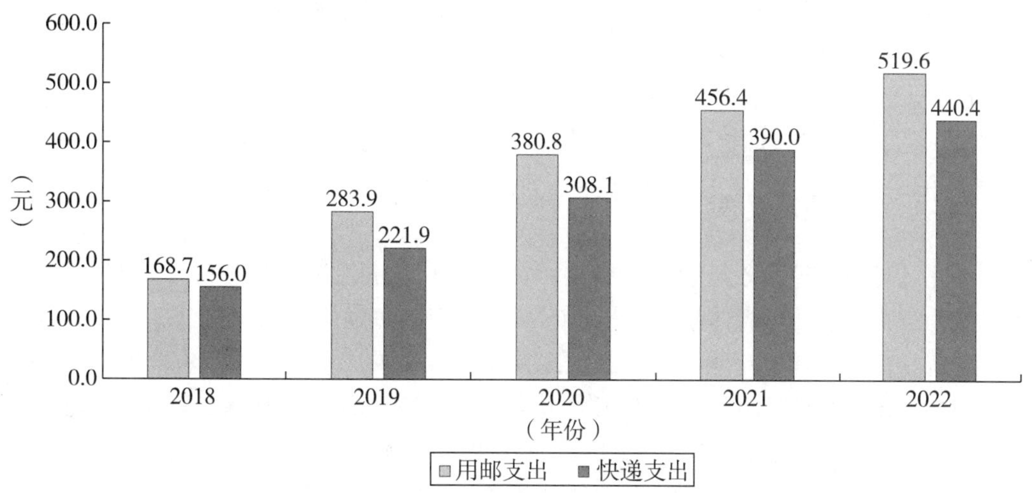

图 2－6　2018—2022 年人均用邮支出和快递支出

资料来源：汕尾市邮政管理局。

（六）农村电商发展蓬勃

近年来，汕尾市紧抓农村电商发展机遇，积极组织海丰县、陆河县、陆丰市申报省级、国家级电子商务进农村综合示范县，在国家商务部、广东省商务厅的大力支持下，成功实现了国家级、省级电子商务进农村综合示范县全覆盖。2022 年，三大示范县开展名特产品直播带货、电商助农、电商促销等活动近 300 场，带动了汕尾市实现农产品网络零售额 5.2 亿元，同比增长 63%；至 2022 年，全市淘宝镇 11 个，淘宝村 13 个，同比分别新增 1 个、3 个。借力国家级电子商务进农村综合示范县创建工作，汕尾市累计建成县级物流配送中心 3 个、县级电子商务公共服务中心 3 个、镇级电商服务中心 49 个、村级电子商务服务站点建设 417 个。此外，在示范县创建推动下，分别位于陆丰、陆河、海丰的 3 个县级物流配送中心整合了邮政、快递、物流、商贸流通等县域、乡镇电商快递资源，搭载日用消费品、农资下乡和农产品上行双向配送服务，推动物流统仓配送，通过完善运营制度设计，实现提速降费，物品到县仓储快递中心后48小时配送到村，打通了快递物流“最初一公里”和“最后一公里”。

二、汕尾市物流业发展存在的主要问题

（一）综合交通运输网络有待完善

一是物流基础设施建设发展不平衡。目前，汕尾市在物流节点、运输通道和服务平台等方面建设发展不平衡、不充分的现象较为突出。二是物流企业发展能级不高、增值服务能力不足。据不完全统计，目前全市90余家物流企业中，外来物流企业占比达70%左右，本地物流企业仅占30%左右；且全市物流企业注册资本大多在1000万元以下，120个物流网点中仓储设施面积超过1000平方米的占比不到8%，配置车辆大多少于10辆，多为小吨位车辆；主要提供运输、配送、装卸搬运等基本物流功能，不具备提供物流系统规划、资源整合、方案设计、业务流程重组、供应链优化、物流信息化等高层次物流服务能力。三是物流信息水平低导致物流运营组织支撑力不足。物流高效运营和组织的支撑力不足，缺乏统一的物流管理和服务信息平台，物流企业信息化水平偏低。

（二）邮政物流发展不足

一是汕尾市快递服务经营模式粗放，农村快递服务网点及设施不足，末端配送难问题较为突出。农村电商体量小，特色产品未能有效打通网络渠道销售，例如，荔枝线上销售，由于快递电商融合发展未成规模，造成快递成本高，导致农产品上行缺乏价格优势，削弱了竞争力，也降低了对电商大企业进驻的吸引力。二是快递运营成本高。农村快递存在运输成本高、需求不足的局面，例如，陆河县乡镇未实现快递到家，只能到快递点取件，其他行政村、自然村的农户要到乡镇点自取，未实现到村的二次物流，只有设立示范县村级电商站点，村民才可以享受取件不出村。

（三）冷链物流无法满足市场需求

海洋生物产业、现代渔业、水产养殖业、海洋装备制造业等产业是汕尾市的重要产业，对冷链物流的需求巨大。但目前汕尾市生鲜冷链物流缺乏，大部分冷链物流企业规模偏小且布局分散，冷链物流企业所采用的制冷工艺和技术方法水平都较为滞后，技术无法突破，导致产品冷链物流损耗过高现象得不到改善，行业飞速发展与冷链物流基础设施建设情况脱节。冷链物流所需的运输仓储设备陈旧落后，冷藏车数量不足，现代化冷库容量不足，直接影响物流企业的服务水平和运营效率。

三、促进汕尾市物流业发展的措施建议

（一）进一步推进交通基础设施建设

加快发展大通道、大港航、大物流，打通外联大通道，全力确保兴汕高速二期如

期建成通车，推进龙汕铁路前期工作，加快深汕西高速改扩建汕尾段、揭普惠高速南延线建设，启动潮惠高速海城互通建设及沈海高速华侨尖山互通前期工作。畅通县域内循环，加快国道228线陆丰上英至海丰城东段、甲子至南塘段和236线汕尾城区段等一批国省道干线公路建设，谋划城区、海丰与深汕特别合作区交通连接通道，打通一批连通中心镇及产业园区、重点景区的交通干线，高标准推进“四好农村路”建设。推进综合交通枢纽一体化建设，加强铁路、公路、民航等交通枢纽设施共建共享，依托汕尾港、汕尾机场、龙汕铁路、物流基地等打造海铁、空铁、公铁、公水等联运枢纽，建设一批面向产业集群和服务城市发展的公路货运枢纽。构建层次清晰、衔接高效的多层次轨道交通枢纽体系。完善物流枢纽布局，以汕尾港、铁路货运站及公路货运站为核心，统筹转运、口岸、保税、城市配送、邮政快递等功能，完善物流节点、配送中心规划建设，打造多层次、一体化、网络化的物流枢纽体系。

（二）加速推进智慧物流发展

一是加快推进智慧物流工程的建设和发展，构建物流服务信息平台，加快培育“互联网+”新产业新业态，实施“互联网+”行动计划，推动互联网与现代物流业融合发展。二是积极推动物流资本与金融资本的有机结合和相互促进，实现现代物流、商流、信息流、资金流等一体化。三是加快推进“互联网+”与交通运输深度融合，加速智慧交通基础设施建设，提升交通运输服务水平。

（三）持续推进电子商务进农村建设

借力示范创建机遇，大力推进电子商务进农村综合示范县建设，督促各示范县发挥示范创建职能，完善物流中心和电商站点功能，整合快递资源，开发和优化三级物流配送路线，实现快递到镇、配送到村，推动商流、物流统仓共配，降低农村物流成本，有力推动农产品上行和工业品下乡，农民获得感日益加强。

（四）加快完善现代冷链物流体系

一是完善冷链物流基础设施。结合汕尾市产业结构特征，突出发展农产品物流和水产品冷链物流，完善冷链物流基础设施布局，谋划汕尾市冷链物流园，推进冷链物流园建设，打通水产、生鲜蔬菜等特色农产品运输通道。二是完善冷链物流标准体系。支持成立冷链物流标准化技术委员会，围绕冷链基础设施、技术装备、作业流程、信息追溯等重点环节以及绿色化、智慧化等重点领域，加强冷链物流标准体系的建设；加强冷链物流标准宣贯，鼓励冷链物流企业进行标准化生产，应用标准化冷藏车，提升冷库、冷藏车等能效环保标准，执行绿色冷链物流技术装备认证及标识体系。

湛江市物流业发展 2022 年回顾与 2023 年展望*

一、2022 年湛江市物流业发展总体情况

（一）物流业发展增速部分放缓

根据《2022 年湛江市国民经济和社会发展统计公报》数据，2022 年，湛江市交通运输、仓储和邮政业增加值 143.50 亿元，比上年下降 4.9%。一是货运量有所减少，全年货物运输总量 2.21 亿吨，比上年下降 14.8%。其中，铁路运输 0.30 亿吨，下降 19.9%；公路运输 1.49 亿吨，下降 8.7%；水路运输 0.28 亿吨，下降 36.3%；管道运输 0.14 亿吨，下降 6.0%。二是港口货物吞吐量略有下降，港口货物吞吐量 2.54 亿吨，下降 0.7%。港口集装箱吞吐量 153.54 万标准箱，增长 9.3%。三是邮政业务增速明显，2022 年完成邮电业务总量 91.48 亿元，比上年增长 19.6%。其中，邮政业务总量（按 2020 年不变价计算）20.90 亿元，增长 15.9%；快递业务量 12062 万件，增长 40.5%；快递业务收入 11.41 亿元，增长 15.8%。

（二）交通基础设施持续升级

湛江沈海高速机场北互通立交建成开通。广湛高铁湛江湾海底隧道工程海域段贯通，合湛高铁、湛海高铁前期工作有序推进。湛江大道建成通车，茂湛高速改扩建工程一期完成建设，环城高速南三岛大桥主桥顺利合龙，湛徐高速乌石支线、海川大道改扩建工程、疏港大道扩建工程加快建设，广东滨海旅游公路湛江段纳入国家公路网规划。中科炼化液化烃码头工程建成，宝满港区铁路专用线开工建设，东海岛港区航道工程、湛江港拆装箱一期主体工程等港航项目开工建设。四大重点片区开发全面启动，高铁新城起步区市政道路等基础设施动工，西城片区陆海新通道创新发展示范区启动建设，海东新区海洋科技产业园项目开工，粤西（湛江）邮件处理中心等项目落户空港经济区。

沈海高速和兰海高速两条国家高速公路在湛江交会，湛江环城高速雏形已现，深湛铁路江门至湛江段建成运营，广湛高铁开工建设，合湛高铁、湛海高铁加快推进，

* 供稿人：杜尚霖，广东亚太经济指数研究中心。

运营铁路5条344公里，湛江至茂名、湛江至北海原油管线、湛江至珠三角成品油管线建成运营，“Y”字形运输通道不断夯实湛江枢纽中心地位。湛江已按照省域副中心城市定位，积极谋划推动区域重大交通基础设施的布局，在区域交通协调发展中，总体处于龙头地位。

（三）全国综合交通枢纽条件基本具备

湛江市已被列入港口型国家物流枢纽布局承载城市之一。湛江港是全国沿海主要港口，拥有全国少有、西南沿海最深的40万吨级进港主航道，拥有全国最大的汽车轮渡码头。港口年货物通过能力超过3亿吨，2022年港口货物吞吐量达到2.54亿吨，集装箱吞吐量153.54万标准箱。国家沿海运输通道和二连浩特至湛江运输大通道交会于湛江，成就湛江成为全国性综合交通枢纽。湛江国家公路运输枢纽地位突出，是原45个国家公路主枢纽城市之一，是国家179个公路运输枢纽之一。

（四）空港经济得到高质量发展

2022年3月24日，湛江吴川机场正式通航。湛江吴川机场辐射粤西地区和桂东地区，已建成一条长3200米的跑道和一条等长平行滑行道、30个停机位、一座建筑面积6.18万平方米的航站楼和相关运行保障设施。航线多达46条，国内通航城市43个，驻场运营航空公司达17家。随着新机场的投入使用，相关配套交通基础设施也在不断完善，湛江机场高速一期工程先行段建成，湛江机场高速一、二期工程加快推进，湛江机场公交专线开通运营，随着交通基础设施的逐步完善，空港经济区也在逐步发展。未来，由湛江吴川机场带来的空港经济效应，将催生新的空港经济，为湛江跨越式、高质量发展提供新的发展动力。湛江先后出台《湛江市综合交通运输体系“十四五”发展规划》《湛江市综合交通运输体系中长期发展规划》，明确了今后交通发展的“规划图”。《湛江市综合交通运输体系“十四五”发展规划》指出，湛江“十四五”时期计划完成交通投资1600多亿元，至2025年，湛江枢纽功能明显增强，交通网络全面完善，客货运输服务品质显著提升，以枢纽为龙头、快速交通网为骨架、普通交通网为基础、特色网络为补充的综合立体交通网基本形成，为湛江全力建设省域副中心城市、加快打造现代化沿海经济带重要发展极提供有力支撑。《湛江市综合交通运输体系中长期发展规划》指出，根据规划，到规划期末（即2035年），湛江全国枢纽地位全面夯实，“123小时出行交通圈”基本形成，综合交通整体发展水平处于全省前列。

二、湛江市物流业发展存在的主要问题

（一）高快速铁路发展滞后

湛江市南北向铁路仅有客货共线的黎湛铁路，尚缺高快速铁路通道。东西向高快

速铁路通道仅有深湛铁路，湛江至广州、深圳铁路出行耗时分别为3小时和4小时左右，湛江至广西南宁、海南海口铁路出行均无高快速铁路，时空效应差，与周边区域核心城市联系效率均不高。境内廉江、雷州、遂溪、徐闻等县域尚未通高铁，普速铁路服务水平总体较低。

（二）乡村建设短板较为突出

农村建设点多面广，乡村建设难度较高，建设滞后较明显。乡村网络、通信、物流等设施整体依然薄弱。城乡公共服务均等化程度不高，现阶段湛江市城乡基本公共服务标准差距依然存在。农村水、电、路、气、网等基础设施短板仍然突出，乡镇交界处“断头路”尚未完全消除，农村社会保障服务供给短缺，风险防控、应急管理体系薄弱。智慧农业与数字乡村等新型基础设施建设刚刚起步，农业农村数据资源分散、有效应用不足，产业数字化、数字产业化滞后，城乡数字鸿沟突出。村集体“造血”功能不足，农村基础设施后续管护环节薄弱，村集体经济普遍薄弱，在发挥村集体组织带头作用、促进农村人居环境治理与基础设施建设维护等方面手段不多、能力较弱。

（三）港口公共物流泊位能力不足

湛江港作为目前华南区域唯一拥有40万吨级航道和40万吨级大宗散货泊位的港口，也是大西南地区传统出海口，依托招商港口的全球港口及工业园网络，已具备建设全球大宗散货国际配送中心的良好条件，但湛江港公共码头泊位能力严重不足，几大主要货种码头均处于超负荷运行状态。同时，机场和港口等集疏运体系不完善。受疏港铁路建设滞后的影响，铁路货运发展短板问题仍比较明显。仅有调顺岛港区、霞山港区和东海岛港区直通疏港铁路，铁路集疏运占总集疏运量的比例只有7%，对作为以大宗能源物资为特色的港口来说，比例偏低。宝满港区、东海岛港区连接东海岛铁路的铁路专用线建设滞后，连接城际快速道路的疏港通道不通畅，集疏运能力不足成为制约港口发展的一大障碍。高速公路与作为区域性国际干线空港的湛江吴川机场衔接不够紧密，连接的最后几公里有待打通。

（四）市域交通基础设施短板仍然较多

湛江市公路网整体技术等级偏低。目前，全市高速公路密度只有3.6公里/百平方公里，排名全省末位；全市二级及以上公路比重只有10.64%，全省排名相对靠后。中心城区上下高速公路仍不够便捷。目前，中心城区除赤坎、麻章、坡头区以外，霞山区、开发区上高速公路的时间往往超过半小时，明显不如茂名市、阳江市中心城区便捷，成为全省上下高速公路较为不方便的中心城区之一。市域内部高速公路断头路有待打通。汕湛高速吴川支线与调顺跨海大桥之间存在断头路，同时终点仅与省道S285衔接，没有往东延伸对接其他高速公路形成网络。玉湛高速未实现与东雷高速连通，南三岛至东海岛跨海通道建设时序未明确，湛江环城高速有待贯通。

三、促进湛江市物流业发展的措施建议

（一）构建层次分明的铁路枢纽体系

完善铁路货运系统布局。扩建湛江西（货）站为二级铁路物流基地（英豪二级物流基地，力争将湛江西铁路物流基地打造为全国一级物流基地），物流基地配套建设市政道路等市政设施。枢纽新建动车所段（湛江北站）规划配套高铁快运作业条件。规划建设宝满港区、东海岛港区铁路专用线。规划宝满、东山站为港区技术作业站，塘口站承担枢纽其他解编作业。规划建设乌石铁路物流枢纽。近期重点推进合湛高铁、湛海高铁、广湛高铁等高铁引入枢纽及相关工程以及英豪二级物流基地工程等项目建设。

（二）全力推进“四好农村路”建设

全力推进“四好农村路”建设。因地制宜、以人为本，构建与城镇布局优化、农村经济发展和农民安全便捷出行相适应的农村公路体系。全面建设农村公路，完成通行改造工程、通畅改造工程、通达改造工程、生命安防整治工程等。推动农村公路三级及以上公路比例和路面铺装率大幅提升、镇到建制村全部实现通四级双车道公路。坚持“城乡统筹、以城带乡、城乡一体、客货并举、运邮结合”总体思路，加快完善农村公路运输服务网络。建立农村客运班线通行条件联合审核机制。加快淘汰老旧农村客运车辆，全面提升客车性能。通客车的建制村两千米范围内要建设农村客运站点（招呼站）。农村客运站点（招呼站）应与新改建农村公路项目同步设计、同步建设、同步交付使用。推进县、镇、村三级物流站场设施和信息系统建设，推广货运班线、客运班车代运邮件等农村物流组织模式。

（三）加快打造现代化南方深水港

加快湛江港大型化专业化码头建设，充分发挥湛江港对接粤港澳大湾区、西部陆海新通道、海南自由贸易港重要枢纽作用。加快建成湛江港30万吨级航道改扩建工程，打造宁波港以南唯一可通航40万吨级船舶的世界级深水航道。把握湛江港被纳入国家第二批40万吨级铁矿石码头布局方案的重大机遇，加快推进大型铁矿码头建设，实施霞山港区30万吨级散货码头升级改造工程，规划建设东海岛港区40万吨级散货码头，提升湛江港发挥深水优势服务大湾区和中西南腹地的能力。建成东海岛港区杂货码头、霞山港区通用码头、湛江京信东海电厂项目配套专用码头，开工并建成宝满港区集装箱码头一期扩建工程、东海岛港区航道、亚士德航道及巴斯夫配套码头等临港产业配套码头工程，规划建设湛航集团霞海港码头迁建工程，优化完善集装箱、能源、

铁矿石、粮食以及邮轮等专业航运网络，提升湾内核心港区功能，打造世界级临港重化产业基地港。以徐闻港区、雷州港区、廉江港区为重点加快湾外县城港区开发，推动港口建设由湾内走向湾外，打造以湾内港区为龙头、以湾外港区为支撑的雷州半岛港区群。港口集疏运体系逐步完善，新通道内陆腹地方向的货物集散能力显著提升。

（四）打造区域性航空枢纽

聚焦提升湛江吴川机场枢纽功能，完善机场配套设施体系，建设粤西地区机场门户。建成机场高速一期工程，加快机场高速二期工程建设。完成湛江航空口岸对外国籍飞机开放验收，推动复飞国际（地区）航班。优化航空网络，打通更多西北、华北、东北航点，织密西南、华东成熟航线。完成通用机场布局规划，支持徐闻通用机场加快推进，落实坡头通用机场迁建项目选址。高水平建设空港经济区，编制综合交通规划、起步区城市设计，加快智慧物流园、污水处理站、空港科创智慧中心等项目建设，加大招商引资和产业导入力度，推进粤西（湛江）邮件处理中心等项目建设。

（五）完善陆路交通网络

深入实施路网提升工程，织密雷州半岛高快速公路网，构建“湾区成环、半岛成网”通达快捷大路网。加快建设广湛高铁湛江段，力争动工建设合湛高铁、湛海高铁，推进深湛铁路湛江吴川机场线、湛茂北上通道前期工作。提升高速路网，力争完成茂湛高速改扩建二期工程，推进南湛高速广东段前期工作，加快建设国道 325 线廉江段改建、沈海高速机场北互通立交连接线等项目。推动市内路网成环，建成环城高速南三岛大桥、疏港大道及海川大道扩建工程，推进南三岛至东海岛海底隧道、调顺岛至海东新区跨海通道前期工作，加快建设湛徐高速乌石支线，开工建设广东滨海旅游公路雷州半岛先行段。改建改造一批国省道项目。

茂名市物流业发展 2022 年回顾与 2023 年展望*

一、2022 年茂名市物流业发展总体情况

（一）物流相关产业整体规模小幅下降

在疫情的冲击之下，茂名市交通运输、仓储及邮政业规模均有一定程度的下降。根据《2022 年茂名市国民经济和社会发展统计公报》数据，2022 年，茂名市交通运输、仓储和邮政业营业收入下降 6.1%。全年完成公路货运量 11524 万吨，比上年下降 7.5%，货物周转量 176.76 亿吨公里，下降 11.6%；水路货运量 766 万吨，下降 1.7%，货物周转量 80.08 亿吨公里，增长 0.9%。港口货物吞吐量 3162 万吨，增长 9.5%。其中，外贸货物吞吐量 1404 万吨，增长 2.9%，内贸货物吞吐量 1758 万吨，增长 15.5%。

（二）邮政快递业务规模快速增大

疫情影响下，茂名市电子商务快速发展，邮政快递业务规模快速增大。根据《2022 年茂名市邮政行业发展统计公报》数据，2022 年邮政行业寄递业务量累计完成 14361.66 万件，同比增长 23.12%。根据《2022 年茂名市国民经济和社会发展统计公报》数据，2022 年茂名市完成邮电业务总量 73.36 亿元，比上年增长 20.8%。其中，邮政业务总量（按 2020 年不变价计算）20.10 亿元，增长 23.3%；邮政行业业务收入累计完成 23.01 亿元，增长 18.5%；快递业务量 10299.99 万件，增长 30.2%；快递业务收入 12.03 亿元，增长 15.7%。

（三）港口高质量发展取得新成效

根据《茂名日报》相关报道，截至 2022 年，茂名港资产规模达到 110.66 亿元，完成了茂名港博贺新港区东、西防波堤、博贺湾大道、博贺湾大桥、粤西 LNG 填海造陆、滨海新区供水工程等一批省市重点项目的融资建设任务，高质量港口建设持续进行。一方面，茂名港紧紧围绕“建深水大港，兴滨海绿城”发展战略，立足茂名产业和区位优势，坚持走以石化仓储产业为支柱的差异化发展道路，聚焦原油、成品油、

---

* 供稿人：陈梓博，广东省现代物流研究院。

LNG、化工原料及制品等大宗商品，构建集贸易、物流、信息、金融于一体的石化产品交易中心，打造茂名市最具承载力的产业发展主战场乃至粤西地区具有核心竞争力的港口物流综合服务商，促进临港产业集群化、规模化及链条化发展。另一方面，茂名港按照国家和地方“十四五”发展规划要求，以“战略性、前瞻性、系统性”思维谋划发展，立足产城融合，聚焦主业主责，坚持长短结合，科学编制茂名港五年发展规划（2022—2026年），积极打造“一主一辅三新兴”（即港口物流业为主，港口服务业为辅，城市开发、供应链金融、滨海旅游为新兴业务）的业务板块，构建面向海陆双向的港口技术设施网络和服务内外贸经济双循环的港口物流服务网络，进一步强化茂名港区域性重要港口地位。

（四）政策持续支持农村物流发展

2022年，茂名市人民政府出台《茂名市农业农村现代化“十四五”规划》（以下简称《规划》）。《规划》提出，完善县级物流园、乡镇物流站、村级物流点三级物流网络，加快物流配送中心、专业批发市场、冷链仓储物流等设施建设，支持建设高州农产品加工冷链物流产业园。加快推进农村物流网络节点建设，以邮政、快递、商贸、供销和交通运输等物流建设为基础，鼓励物流龙头企业、快递电商、中小企业物流联盟衍生农村经营服务网络，形成完善的农村综合物流配送体系，切实解决农村物流“最后一公里”问题。《规划》明确，鼓励推广定时、定点、定线的农村物流“货运班线”模式，开展县至乡镇、沿途行政村的双向货物运输配送服务。持续推进“快递进村”工程，打造城乡一体化发展的快递服务网络，引导快递企业加强农村末端快递服务网点的规划建设，提高快递服务覆盖范围，实现“县县有分拨、乡乡有网点、村村通快递”。推动快递服务与电子商务上下游产业融合发展，推广“快递+合作社+农产品”模式，打造生鲜食品、农特产品的“直通车”。到2025年，实现镇村物流节点全覆盖。

（五）物流基础建设再掀新高潮

《2023年茂名市政府工作报告》出台，2022年，广湛铁路（茂名段）全线隧道顺利贯通。茂名东站至博贺港区铁路开通运营。广东滨海旅游公路茂名先行段建成通车。茂名港30万吨级原油码头工程动工建设。粤西最大综合性铁路货运枢纽茂名东货场投入运营。茂名东新货场占地约1000亩，总建筑面积3.6万平方米。新货场规划货物量按近期260万吨、远期380万吨设计，平面按菱形布置，自西向东依次布置怕湿作业区、集装箱作业区、笨重作业区，西侧预留电商（或冷链）仓库，近期建设5条货物线，预留5条货物线。作为博贺港铁路的重要组成部分，茂名东新货场地处广茂、深茂、洛湛、博贺港4条铁路和包茂、沈海、云湛3条高速交会处，是目前粤西地区最大的综合性铁路货运枢纽，也是粤西与西南地区之间重要的货物中转和集散地。

二、茂名市物流业发展存在的主要问题

（一）交通基础设施不够完善

一是公路交通枢纽地位不突出。茂名市域中、西部大片区域和沿海地区城镇未有高速公路覆盖，与北部湾城市群联系的高速公路通道较少，难以满足茂名港对外拓展腹地的需要。茂名市区与湛江吴川机场之间缺少直连直通的高速公路通道。市域路网布局与等级结构尚需优化。二是公路整体技术等级偏低。茂名市二级及以上公路里程占比仅10.3%，普通国道二级以上公路比重仅80%，低于全省平均水平（前者为19%、后者为90%）。干线公路穿城问题较为突出，如S280、G325穿越茂名市城区、G207穿越化州城区与电白城区、G228穿越电白城区等，造成过境交通与城市交通交织混杂，影响网络整体运行效率。农村公路建制村通双车道公路比例低。

（二）物流枢纽布局和功能有待完善

一方面，茂名市部分区、县级市客运站间业务重叠，未进行有效的运输资源整合并合理分配。重点货运需求点如空港经济区、茂名东站等，缺乏强有力的货运物流枢纽支撑。另一方面，茂名市港口综合竞争力有待提升。港航体系能级不高，现有码头规模支撑临港产业发展能力不足，出海航道等级还需要提升以适应国际航线主流船型的通航需求。港口集疏运体系还不完善，疏港铁路、铁路专业线等集疏运体系尚未全面建成。

（三）绿色物流发展缓慢

运输装备专业化、大型化、标准化和清洁、低能耗水平仍需进一步提高。一是电动小货车的购买成本较高，而且长期维护费用也较高，在需求量较小的情况下，企业难以自行转换货运车辆。二是茂名市在充电基础设施建设方面滞后，充电桩的分布不均，充电服务的便利性有待提高。

（四）物流运输组织创新水平亟待提高

茂名市货运运输组织创新水平不足，公铁、公水联运、甩挂运输等先进运输组织模式发展缓慢。要想实现现代物流更好地发展，传统货运输需要加快转型升级，在布局、能力、技术设备、组织经营、信息、结构等方面加强优化与协调，不断促进物流网络的完善，加快物流结构的优化，逐步实现物流效率的提高。同时，不断提升物流服务能力和水平，提高物流核心竞争力，促进物流与相关产业的联动发展、物流与地区经济的联动发展，促进民生物流和应急物流的发展以及物流发展环境的改善，实现物流的可持续发展等。

三、促进茂名市物流业发展的措施建议

（一）加快推进交通基础设施建设

一是聚焦“两轴”，加快推进茂名大道快速化改造及沿线风貌整治提升，谋划广东滨海旅游公路茂名段二期。二是聚焦“两个圈层”，以高铁新城为枢纽，逐步完善第一圈层内“一环八纵十横”、第一第二圈层间“一环八射”交通网络，规划建设高铁新城连接高州城区、化州城区各2条市政道路，启动海丝大道、潘州大道二期、东环大道二期等项目的前期工作。三是聚焦畅达城区，加快推进复兴大道东延线、甲子大道、东粤路、文才路、站前大道南段建设，打通大园三路、人民南五、六路等“断头路”，启动高凉北路、官山六路、大园六路建设，完善城区骨干路网。

（二）加快港口物流业发展

发挥茂名港在茂名市现代物流体系中的门户作用，以及在区域经济发展中的集聚辐射效应，运用现代物流理念，集成仓储、配送、信息服务等物流功能，加强专业化物流设备配置，优化堆场、仓储的布局，提升港口物流效率。以茂名东站至博贺港区铁路和临港工业园区、港口物流园区建设为契机，联动海关、商务等有关部门，加强与铁路、货运、金融企业合作，构建港区至腹地的多式联运物流网络，提供拆装箱、报关、分拣、运输等“一条龙”基础物流服务和金融、保险等增值服务，为货物在港口、海运及其他运输过程中提供最佳物流解决方案。鼓励茂名港集团做大做强，加强与广州港合作，完善能源、铁矿石、粮食等专业航运网络，提升矿石、粮油、化工等大宗货物的运输、仓储和配送等物流功能，将博贺新港区打造成为仓储物流运营中心。研究港口与先进制造业合作，把港口服务前移，发展定制物流服务，提供从采购到产成品销售过程中各环节的全程物流服务模式。探索发展内地陆港（物流园区），延伸茂名港口物流服务链条。

（三）完善城乡物流配送网络

推进城市绿色货运配送发展，促进干线运输和城市末端配送有机衔接，鼓励发展集约化配送模式。建立县、乡、村三级农村物流服务“一张网”，推广“多站合一、资源共享”的农村物流节点发展模式。研究发展农村“货运班线”集约化配送模式，在确保安全的前提下合理利用农村客运班车货舱承接小件快运服务。研究推广应用智运快线建设，解决农村物流配送“最初一公里”和“最后一公里”问题。

（四）推进运输组织模式创新发展

利用粤西地区最大的综合性铁路货运枢纽茂名东新货场建设，推进传统铁路货运

场站向城市物流配送中心、现代物流园区转型发展。鼓励港口、物流园区、物流企业与铁路运输企业开展合作，构建门到门接取送达网络，提供全程物流服务。发挥疏港铁路功能，与湛江、阳江市共同探索推动粤西地区开行小编组、短途小运转集装箱铁路班列，构建区域铁路捷运系统。积极配合发展高铁货运。加快发展集装箱、冷链、商品车多式联运和长途接驳甩挂等新模式。规范培育现代物流市场新主体，鼓励支持传统道路货运企业加快向现代物流服务商转型发展。鼓励规范“互联网+”新业态发展，大力发展无车承运人等道路货运新业态。

阳江市物流业发展2022年回顾与2023年展望*

一、2022年阳江市物流业发展总体情况

（一）货物运输基础设施不断完善

根据《阳江日报》资料，2022年阳江市加快推进38个重点交通项目建设，完成年度投资120.7亿元，占年度计划的109%。国道234线双捷桥至海陵大堤段扩建工程、广东滨海旅游公路山外东至海陵大堤段等项目实现通车，10万吨进港航道扩建工程（LNG船型）基本完工，完成3000公里9000多道错车台建设。根据《阳江市2022年国民经济和社会发展统计公报》数据，2022年阳江市全年货物运输总量7564.70万吨，比上年下降8.2%。货物运输周转量493043.81万吨公里，下降7.3%。港口货物吞吐量3837.83万吨，增长12.8%。

（二）邮政快递业发展增速显著

2022年，阳江市深入完善农村寄递物流体系建设，加快提质增效步伐，强化农村寄递市场监管，按要求适时简化农村末端网点备案程序，持续深化“邮快合作”，全面推广“客货邮”“快递+”等新型配送服务模式，全力打造全国快递服务现代农业金牌项目——阳江海鲜及其制品寄递，积极拓展产业链，进一步释放农村寄递市场活力。根据《阳江市2022年国民经济和社会发展统计公报》数据，全年完成邮电业务总量49.27亿元，比上年增长22.4%。其中，邮政业务总量（按2020年不变价计算）23.82亿元，增长24.3%；快递业务量24996.02万件，增长33.8%；快递业务收入10.67亿元，增长17.6%。

（三）阳江港按下亿吨级大港建设“快进键”

2022年，阳江围绕省委赋予阳江的“两个定位”战略要求，坚持“向海发展、工业立市”，不断推进码头建设、进港航道改造工程，深化与广州港的合作，按下了阳江港亿吨级大港建设的“快进键”。根据阳江新闻发布数据，2022年阳江港吉树作业区

---

* 供稿人：陈梓博，广东省现代物流研究院。

13号、14号泊位码头工程完成竣工验收并获得营业执照，正式开港运营。两项目总投资97420万元，建设两个5万吨级多用途泊位，岸线使用长度521米，水工结构按靠泊10万吨级船舶设计。阳江港现建有生产性泊位17个（万吨级及以上泊位10个）、非生产性泊位2个，设计年通过能力合计约2051万吨。2012年到2022年这十年间，阳江港经历了沧海桑田的变化。2022年阳江港完成港口货物吞吐量3837.83万吨，增长12.8%。

（四）物流运输经济活力焕发

2023年，阳江市持续深化运输服务供给侧结构性改革，制定《阳江市推进运输结构调整行动方案（2022—2025年）》，加快完善多式联运集疏运网络，完善货运枢纽功能布局。一是推动构建“五横五纵”高速公路网、“六横六纵”城市快速网络的市域综合立体交通网主骨架。二是规划建设阳江港疏港铁路，推动阳阳铁路、广茂铁路扩容升级，推动铁路货运大通道规划建设，谋划推进阳江港内河集疏运体系建设。三是开展阳江机场综合交通实施方案及集疏运体系研究，加强与机场的衔接，构建衔接紧密高效的机场集疏运体系。四是支持阳江港完善多式联运、便捷通关的配套基础设施及服务功能。五是探索建立铁路综合物流园区，谋划阳江机场航空货运枢纽转运设施建设，配套完善的综合服务功能，研究论证建设专业性货运枢纽机场的可行性，布局建设空（高）铁联运场站。

二、阳江市物流业发展存在的主要问题

（一）港口集疏运网络不完善

港口总体规模偏小，集疏运能力有待提升。阳江港目前吞吐能力较弱，港航体系能级不高，港口岸线资源优势未能得到有效开发利用，现有码头规模难以支撑阳江市打造千亿级合金材料产业链、世界级风电产业基地等临港产业，以及花岗岩矿石钢铁、煤炭、粮食运输量快速增长的需求。阳江港多式联运集疏运体系建设不够完善，无法满足阳江港打造“亿吨大港”的需求，阳阳铁路作为唯一衔接阳江港疏港铁路的集疏运铁路，需进行扩能改造，提升运力。

（二）农村公路网络仍有较多“短板”

根据《阳江市综合交通运输体系“十四五”发展规划》数据，阳江市农村公路中县道占3.3%，乡道占35.7%，村道占61%，农村公路路网结构仍需调整。县道在农村公路网中占比过低，同时县道三级及以上比例仅为23.6%，导致县道网无法有效发挥其在农村公路中的骨干作用。全市农村公路单车道比例高达90.6%，阳江市710个行政村中通双车道及以上公路的行政村共423个，占比59.6%，路网整体服务能力较

弱，难以满足农村地区日益增长的交通出行需求和乡村振兴发展需要，衔接普通国省道的双车道农村公路比例较低，无法充分发挥其对干线公路网的集散作用。

（三）资金等要素保障难度较大

资金是阳江交通项目建设中存在的主要问题，项目建设成本上涨，传统建设领域投资收益下行，对社会资本尤其是民间资金吸引力不强，PPP 项目受现有收费政策条件限制推进难度大，银行贷款筹融资面临较大困难，地方配套资金较为缺乏，地方资本金出资到位率较低，农村公路建设、养护资金压力大。

（四）交通物流高质量发展品质有待提升

阳江市交通物流高质量发展品质有待提升。当前新一代科技革命和产业变革方兴未艾，为交通行业供、需两侧提供了发展新动能。需求方面，高端化、个性化、体验性出行服务需求，及高准时性、低货损、小批量等新兴物流服务需求高速增长。供给方面，无人驾驶、智慧物流等新技术等新业态、新模式亟须发展。阳江市应充分利用新科技提升交通运输安全发展水平，强化系统性风险防控，健全完善安全应急保障体系，同时利用新技术加强资源节约集约利用，优化交通基础设施布局，提供高质量的综合运输服务。

三、促进阳江市物流业发展的措施建议

（一）推进现代化综合性大港建设

围绕《阳江港总体规划》，推进港口基础设施建设，提高港口利用效益。根据阳江港最新发展要求，对丰头作业区规划进行调整，开展《阳江港海陵湾港区丰头作业区规划调整方案》编制工作。“十四五”期间，继续推进吉树作业区 J3#J16#、13#、14#、18#、22#在建码头建设工作，力争规划期内完工并投入运营，全力开展吉树作业区5#—7#、15#—17#、19#T8#—J12#码头，丰头作业区 F1#—F5#码头，广东华厦阳西电厂配套码头扩建工程，以及中远海运维修基地规划研究工作，实现东西港区协调发展。

（二）完善阳江港集疏运体系

做好阳江港公铁水多式联运体系建设，积极推进金港大道、省道 S541 线江城区白沙至阳西县城段和省道 S278 线织篢至溪头改建工程、阳江港矿区公路、溪头镇进港路等项目建设，做好疏港铁路建设工作，争取省支持广茂铁路、阳阳铁路增建二线工程，尽快培育和形成以公路、铁路为主的综合集疏运体系。

（三）打造以普速铁路为骨干的货运网络

规划由广茂铁路、春罗铁路、阳阳铁路和阳江港疏港铁路、南山铁路等组成的“3 +

2普速铁路网络，普速铁路里程约228公里。重点推进广茂铁路、春罗铁路、阳阳铁路电气化改造和单线改双线相关工作，提升货运铁路服务能力，促进阳江运输结构调整。大力发展铁水、公铁等多种联运方式，加快推进阳江港疏港铁路建设，打通铁路进港口、进园区“最后一公里”。积极推动阳江北上货运通道规划建设，完善通往大西南货运铁路通道，进一步拓展阳江港经济腹地。

（四）完善货运物流枢纽体系

围绕货运“无缝衔接”目标，结合产业布局、城市规划和物流需求，统筹公路货运枢纽布局，进一步加强与产业集聚区等的有效对接，鼓励传统货运场站向物流园区转型升级。积极推进阳江港物流园、阳江站物流园的前期工作；做好银岭物流中心、阳江高新区物流中心、阳东物流中心、阳春物流中心、阳西物流中心、闸坡渔港物流中心、溪头物流中心、阳西高铁物流基地（含冷链物流中心）等专业物流中心的规划研究工作。完善货运枢纽多式联运、邮政快递运输及集疏运等“一站式”服务设施，提升枢纽集散能力和服务效率。积极引进大型物流、快递企业落户阳江，以打造亚洲最大的大宗商品保税物流基地为目标，加快推进阳江保税物流中心发展。

（五）推进货运物流网络建设

进一步完善货运物流交通基础设施。优化大宗货运运输网络，大力发展多式联运、甩挂运输等先进货物运输形式，推动货运结构优化调整，提高一体化衔接水平和中转换装效率。推进“港站一体化”，实现港口码头与铁路货运站无缝衔接，为铁水联运创造条件。完善普通货物运输服务网络，依托高速公路、铁路的基础设施，运用市场化手段，构建以港口、物流园区、物流中心等为基点，面向商品生产地、消费地的普通货物运输网络。加快城市物流配送网络建设，加强货运配送体系规划研究，加强生产生活物资的运送服务，着力解决货运“最后一公里”问题，打造便民的城市快递物流配送体系，构建能力充分、功能完备、智慧高效、绿色安全的货运体系。

云浮市物流业发展2022年回顾与2023年展望*

一、2022年云浮市物流业发展总体情况

（一）物流业发展平稳有序

根据《2022年云浮市国民经济和社会发展统计公报》数据，2022年，云浮市交通运输、仓储和邮政业实现增加值45.76亿元，比上年下降7.2%。货物运输总量8326万吨，下降6.5%。货物运输总周转量95.60亿吨公里，下降5.7%。全年全市港口完成货物吞吐量5256.74万吨，比上年增长22.0%。其中，外贸货物吞吐量118.61万吨，下降23.3%；内贸货物吞吐量5138.13万吨，增长23.7%。港口集装箱吞吐量19.28万标准箱，下降8.2%。全年完成邮电业务总量27.66亿元，比上年增长19.5%。其中，邮政业务总量（按2020年不变价计算）6.37亿元，增长5.9%；快递业务量1517万件，增长24.9%；快递业务收入3.54亿元，增长11.3%。

（二）交通体系不断完善

2022年，广州云浮国际物流港、华润西江发电厂3000吨装船泊位建成投入使用，全年港口运力达到1.4亿吨。新增自然村内干路硬底化1244.63公里，完成危桥改造20座，农村交通条件进一步完善。广湛高铁、国道324改线工程加快建设。深南高铁、广佛肇云高速、云浮机场等重点项目前期工作扎实推进。

（三）邮政快递路线不断完善

根据《2022年云浮市邮政行业发展统计公报》数据，2022年云浮市邮政邮路总条数40条，比上年年末增加17条。邮路总长度（单程）2066公里，比上年年末增加175公里。全市邮政农村投递路线112条，比上年年末减少4条；农村投递路线长度（单程）8464.50公里，比上年年末增加1991.40公里。全市邮政城市投递路线138条，与上年年相比持平；城市投递路线长度（单程）4055.00公里，比上年年末增加131.00公里。全市快递服务网路条数92条，与上年年同期持平。快递服务网路长度

* 供稿人：杜尚霖，广东亚太经济指数研究中心。

（单程）15831.82公里，比上年年末减少942.18公里。

（四）港口营商环境大幅提升

近年来，云浮市持续优化口岸营商环境，大力推进通关便利化，积极推进“提前申报”“两步申报”等业务改革，稳步推广进口货物“船边直提”和出口货物“抵港直装”试点，通关时效显著提升。为进一步推进跨境贸易便利度工作，优化云浮市口岸营商环境，云浮市商务局会同海关部门不断探索通关创新措施。2022年4月25日，粤港澳大湾区组合港“深圳蛇口—云浮新港”项目正式启动。“大湾区组合港”推行后，云浮市进出口企业只需海关手续，一次申报、一次查验、一次放行，通关的货物便可以在湾区各码头间无缝衔接。该通关模式为云浮企业出口大幅压缩通关时间和运输成本，压缩整体物流时间2～3天，并减少港口的仓储费等费用，预计可节省30%以上的报关成本。2022年8月，云浮市进口、出口整体通关时间分别比2017年全年的进口、出口通关时间缩短了82.3%和98.1%。一系列举措持续提升云浮跨境贸易通关便利化水平，使云浮更有吸引力，具备更有竞争力的口岸营商环境，为云浮全域融湾高质量发展贡献商务力量。

二、云浮市物流业发展存在的主要问题

（一）综合交通运输体系衔接不畅

经过“十三五”期间的建设，云浮市形成了由公、铁、水构成的综合运输网络。但各种运输系统目前缺乏相互间的衔接配合，交通运输网络的整体效益难以发挥。客运枢纽方面，目前的客运站功能较为传统单一，主要为公路中长途客运服务，并未形成规模化的综合客运枢纽；南广高铁开通后，境内有三个高铁站点，可以依托高铁站点打造公共交通与轨道客运无缝衔接的客运枢纽，但目前除与云浮东站配套的西江新城中央商务区综合交通枢纽外，其余两个站点尚无配套的大型换乘枢纽。货运枢纽方面，境内虽然有广茂铁路、春罗铁路两条货运铁路，但目前这两条铁路货运量较少，利用率不高；目前各港区疏港公路等级较低，疏港“最后一公里”衔接不畅，需要进一步优化疏港运输组织和路网配置；货运站场目前主要由货运企业按需建设，以中小型货运站场为主，组织较为松散，依托产业园区的现代化货运枢纽尚未形成规模。随着广梧高速、江罗高速、汕湛高速、云茂高速、南广高铁的相继建成，以及西江黄金水道的升级改造完成，云浮综合交通运输体系已具一定规模，但仍未能形成大型的综合运输枢纽。

（二）区域公路布局不够合理

云浮作为珠江—西江经济带的广东门户城市，是粤桂交通走廊上的重要节点。目

前云浮境内有两条连接珠三角与广西等地的东西向高速公路通道，其中，广昆高速为四车道高速公路，交通趋向饱和，节假日拥堵成为常态；深岑高速为六车道高速公路，路段日平均交通量已达到2.8万标准小客车/日，年均增长率达到38%，交通量增长趋势迅猛。随着区域经济发展以及我国大西南地区与大湾区的联系日益密切，粤桂之间的高速公路通道将逐渐不能满足交通增长需求，需要对通道进行扩容。另外，粤桂通道的扩容，也有利于云浮融入大湾区，连接大西南。

由于地理条件、城镇发展阶段等因素，云浮各县（区、市）城区均存在穿城而过的国省道主干线，如穿越云城城区的G324、云安城区的S368、新兴城区的G359和S276、罗定城区的G324和S352、郁南城区的S368。随着经济发展与城区扩张，这些穿城路段均已城镇化、市政化，过境交通与城市交通未能有效分离，既降低了道路通行能力，又增加了交通安全风险，有必要采取改线、升级改造等措施优化城市路网布局。

（三）冷链运输资源严重不足

云浮市获得认定的粤港澳大湾区“菜篮子”生产基地有15个，获得认定的首批粤港澳大湾区“菜篮子”产品加工企业有3家。但在冷链物流储藏和运输过程中，现代化的冷冻冷藏技术与设备必不可少。目前农产品冷链物流企业所采用的制冷工艺和技术都较为滞后，农产品冷链物流损耗过高现象得不到改善，行业飞速发展与冷链物流基础设施建设情况脱节。农产品冷链物流所需的运输仓储设备陈旧落后，冷藏车数量不足，现代化冷库容量不足，直接影响物流企业的服务水平和运营效率。

三、促进云浮市物流业发展的措施建议

（一）优化全市交通基础设施布局

统筹推进综合立体交通网建设，聚焦“对外畅通交通连接、对内完善交通网络”，加强全局性谋划，不断优化全市交通基础设施布局，努力实现“水陆铁空”无缝对接，持续提升互联互通水平和综合交通承载力。一是做好项目建设，集中力量攻坚深南高铁云浮段、广佛肇云高速、国道324线腰古至茶洞段改线工程、广昆高速云浮西互通立交等重点项目，加快规划建设“一江四港区”，着力完善金属智造、绿色建材等产业集聚地交通基础设施配套，打通交通运输主动脉，助推云浮全面融入粤港澳大湾区建设。支持罗定抢抓规划建设深南高铁、罗岑铁路和云浮机场等现代交通项目的契机，打造“东融西联”新枢纽。二是强化交通管理，规范道路交通标志和设施设置，加大智慧交通建设力度，有序打通“瓶颈路”、畅通“微循环”，让城乡交通环网相连，让通行效率更加高效，促进“产城人”融合发展。三是守牢安全底线，紧盯重点领域、重点时间、重点地段，抓好道路运输、水上交通、工程项目建设等安全监管，全面排

查整治交通领域风险隐患，坚决防范遏制各类事故发生，全力维护人民群众生命财产安全。

（二）加快推进产业融合发展

科学谋划空港经济区建设。主动对接融入“两区”“三平台”发展，支持新兴县主动承接珠三角枢纽（广州新）机场辐射，探索建设融湾发展先行示范县、争创全国百强县。稳步推进云安区和云浮新区融合发展，加快推进罗定、新兴、郁南等县城集聚发展，为云浮经济高质量发展注入强劲动力。

（三）打造全国性综合交通枢纽

云浮应充分发挥立体运输网络的优势，以水运港口、铁路站场、公路客货运站场为节点，大力推进现代化的大型综合客货运枢纽建设，依托南广高铁云浮东站、郁南站、平台站、广湛高铁新兴南站，规划建设区域性公铁空客运枢纽；提早规划深南高铁云浮、罗定北两个高铁站场，明确枢纽的功能定位，制定详细的地区规划，指导综合交通枢纽的建设与实施，实现不同运输方式之间“零换乘”，打造立体交通大枢纽，以枢纽站场带动地区发展；依托广州云浮国际物流港，把云浮新港、云浮东站与物流配送产业园统筹起来，以发展公铁空水综合联运物流运输为方向，把云浮打造成为高效联通大湾区和西南内陆地区的综合性物流集散地；以腰古片区为试点，充分发挥佛山（云浮）产业转移工业园的产业及区位优势，把片区内的三条高速、一条国道、一条轨道以及珠三角枢纽（广州新）机场、广州云浮国际物流港等有机整合，打造组织有序、无缝衔接、科技创新、服务专业的现代化大型综合交通枢纽示范工程，为佛山（云浮）产业转移工业园腰古片区的钢铁产业、优质农产品等提供高效优质的客流物流服务。

（四）推进货运物流高质量发展

持续推进运输结构调整，发展先进的运输组织方式。以西江黄金水道为依托，大力发展水陆铁多式联运，加快对沿线大中型码头疏港公路和疏港铁路的统筹规划建设，打造具有影响力的多式联运枢纽。深入推广甩挂运输等运输组织方式，发挥龙头物流企业的作用，培育规模化、集约化、网络化的甩挂运输企业，配套建设能够满足甩挂运输作业要求、装备先进的货运站场。持续优化运输结构，逐步减少重载货车在大宗散货长距离运输中的比重。推进谋划腰古至都杨港区疏港铁路项目，推进“公转铁”发展。支持有关港口码头拓展提升各类物资集散能力，引导具备条件的工矿、建材等企业将货物“散改集”；逐步将大宗物资中长距离运输转向铁路、水路，短距离运输时优先采用封闭式皮带廊道或新能源车船；大力支持郁南县推进两个绿色砂石廊道工程项目建设。

（五）建设完善农产品及预制菜仓储冷链物流体系

进一步完善县、镇、村三级冷链物流体系建设，共建覆盖全市，服务全国、全程的食品冷链物流中心，培育若干个示范引领带动能力强的跨区域冷链物流龙头企业、园区。引进国内优质冷链物流企业，整合现有社会冷链物流资源，进一步降低冷链物流成本。充分发挥供销社冷链物流建设的优势，以及充分利用田头小站为云浮市预制菜提供地头冷藏保鲜服务。

韶关市物流业发展2022年回顾与2023年展望*

一、2022年韶关市物流业发展总体情况

（一）交通经济指标逆势向好

受新冠肺炎疫情等因素影响，2022年全市物流业规模略有缩减，但全市交通运输系统积极面对复杂的外部形势及繁重的工作任务，高效统筹做好行业疫情防控、运输保障、投资建设、安全稳定、改革发展等重点工作，顺利完成了年度各项工作任务指标。根据《2022年韶关市国民经济和社会发展统计公报》数据，2022年，韶关市交通运输、仓储和邮政业增加值53.30亿元，下降3.4%。根据2022年韶关交通运输工作会议内容，全市全年完成交通、仓储和邮政业固定资产投资约51.2亿元，超额完成全市下达50亿元的任务指标。其中，市交通重点项目完成投资约40.16亿元，占年度计划的124%。

（二）交通基础设施建设有新突破

韶关市拥有通达内外的便利交通，地处粤港澳大湾区、深圳先行示范区和横琴前海南沙三大平台辐射内陆地区发展的枢纽位置，基本建成“八高三铁两航”为主骨架的现代立体综合交通网，已融入大湾区城市1小时生活圈经济圈。2022年，交通基础设施在规划、建设等方面均有突破。一是交通项目发展蓝图不断完善。《韶关市综合交通立体网规划》编制（已于2023年印发）、《韶关港总体规划》修编取得阶段性成果。二是高速公路、国道、省道、农村公路建设如火如荼。雄信高速公路、武深高速公路始兴联络线完成年度投资任务，丹霞机场高速、韶连高速、黄浪水互通、马坝互通等高速公路储备项目前期工作进展顺利。编制《2022—2024年普通国省道三年滚动建设计划》，国道G323线乳源上围至沙坪段改建工程二标段、国道G535线乐昌乐城至桥头段改建工程先行段、省道S347线新丰梅坑至回龙段路面改造工程等项目大干快上，全年建成国、省道路面里程133公里。农村公路全年累计完成里程657公里。截至2022年年底，全市公路通车里程1.7万公里（其中高速公路766.5公里），公路网密度93.4

* 供稿人：朱佳蕾，广东省现代物流研究院。

公里/百平方公里，形成了以京港澳高速、乐广高速、武深高速、南韶高速、韶关北环高速、汕昆高速、韶新高速、大广高速为主骨架的“三横四纵一环”高速公路网现状格局。三是公路养护水平持续提升。普通国省道干线公路养护状况提升水平在粤东西北 15 个地级市中排第 4 名，获得激励奖补资金 2746 万元。完成农村公路技术状况自动化检测 8009 公里，任务完成率达 143.6%。农村公路路长制工作成效明显，农村公路路域基本实现“畅、安、舒、洁、绿、美”。四是港口岸线资源价值化初显成效。韶关的水路运输货运量明显提升，根据 2022 年韶关交通运输工作会议内容，韶关港全年港口货物吞吐量为 418.80 万吨，同比增长 43.76%；等级航道里程 256 公里。北江港区白土作业区疏港公路顺利通车；韶关港乌石综合交通枢纽一期工程建设 8 个 1000 吨级通用型泊位及相应配套辅助生产设施等，总投资约 9.3 亿元，2022 年年底，其中 5 个千吨级泊位正式投产运营，韶关市首次拥有了可停靠千吨级船舶的标准化码头，开启韶关江海直达新时代；白土作业区一期工程建设 8 个 1000 吨级泊位及相应配套辅助生产设施等，总投资约 7.25 亿元，按期推进。

（三）运输服务提质升级

2022 年，韶关成功入选全国第三批绿色货运配送示范工程创建城市名单，是当年广东省唯一入选的城市。市交通运输局把开展城市绿色货运配送示范工程建设作为当前落实“碳达峰、碳中和”及省、市工作部署的具体举措，印发了《关于促进韶关市道路货运物流发展的实施意见》，进一步支持道路货运物流行业发展；邀请交通运输部水运科学研究院专家到各县（区、市）调研，对城市绿色货运配送情况进行“会诊”“把脉”，结合韶关实际组织编制实施方案；突出绿色发展优势，全力打造“菜篮子”“果盘子”“米袋子”和“后花园”“康养地”“体验场”，与粤港澳大湾区形成大农场、大花园对接新模式，推进货运配送绿色低碳、集约高效发展。截至 2022 年 12 月底，全市共有道路普通货运企业 816 家，3A 级以上（含）物流企业 1 家，100 辆车以上规模货运物流企业 11 家。其中，引入粤北地区唯一获得网络货运资质的企业——美途（广东）科技有限公司，研发了数智化后台系统、货好好运 App、共享运力池等一系列服务，进一步带动韶关“农产品进城，工业品下乡”的双向城乡物流配送。

（四）商贸物流持续高质量发展

2022 年，韶关市获批国家第六批跨境电子商务综合试验区，成功入选广东自贸试验区联动发展区，全年外贸出口总额 90 亿元。经过未来 3 年的建设，韶关将打造辐射粤北地区、粤湘赣周边的跨境电子商务服务基地和跨境电子商务促进制造业转型升级示范区。《韶关市人民政府关于促进我市商贸物流高质量发展的实施意见（试行）》印发，为韶关打造高效联通粤港澳大湾区与内地的区域性商贸物流枢纽节点城市提供强力政策支撑。近年来，市商务局作为商贸物流产业发展的牵头部门，持续发力推动一批项目落地、提升。目前全市建成鑫金汇财富中心、华南农产品交易中心，形成了莲花大道商贸物流产业带；建成保利中宇广场、摩尔城、富康广场等一批商业综合体，省级示范商业街百年东街等；拥有各类型冷库277个，总容量约25.77万立方米，最大入库量可达约15.46万吨；建成县级物流节点16个，镇级物流节点114个、快递网点94个，村级物流网点1006个，物流服务覆盖率实现100%；跨境电商清关服务中心和进出境快件监管中心落地，建设了粤北地区首个涵盖个人物品和跨境电商B2C业务的监管场所。

（五）快递物流规模持续扩大

一是快递业务高速发展。根据《2022年韶关市邮政行业发展统计公报》数据，2022年韶关市邮政行业寄递业务量累计完成5600.63万件，同比增长17.3%。其中，快递业务量累计完成3464.02万件，同比增长22.09%；快递业务收入5.52亿元，同比增长7.02%。二是快递服务网络继续扩大。市邮政公司以邮政普遍服务网络为基础，打造三级物流体系，深入优化县镇级生产处理场地和县以下邮运和投递网络，为当地快递企业处理和运送农村地区快件，将快递服务延伸到乡镇和建制村。2022年全市快递服务网路条数218条，比上年年末增加8条；快递服务网路长度（单程）12272公里，比上年年末增加3438公里。截至2023年7月，“邮快合作”已推广至10个区县、95个乡镇、1208个建制村，实现县区全覆盖，乡镇邮快合作覆盖率达100%，建制村邮快合作覆盖率100%。

（六）交通治理能力不断提升

韶关持续完善行业治理体系，印发了16项技术文件和管理制度，促进交通运输行业健康发展。一是“放管服”改革持续深化。大力推行“全程网办”，100%完成政务服务事项“二次统筹”梳理工作，2022年全市办理行政许可业务共5575宗。二是行业营商环境不断提升。车辆超限超载率明显下降，全年全市查处各类道路运输违法违规案件3863宗，建设14个超限检测点（治超卸货场）、12个治超非现场执法监测点，获得省交通运输厅通报表扬。积极推进危险化学品道路运输“电子运单”，使用“电子运单”的危运企业覆盖率为100%。

二、韶关市物流业发展存在的主要问题

（一）区域综合交通枢纽地位和能级有待提升

韶关对外通道主要包括广州都市圈、深圳都市圈、江西、湖南和广西五个方向，目前南北向交通大廊道基本形成，但京港澳铁路通道趋于饱和，且缺乏通往广西北部湾城市群方向、粤东及海峡西岸地区的东西横向通道，与深圳都市圈尚未构建复合型

通道。综合交通枢纽建设相对滞后，目前仅有韶关高铁站一个综合客运枢纽；韶关港港口规模小、专业化服务水平差，集疏运体系不完善，航道等级低，航运发展仍处于较低水平；以丹霞机场为核心的“公铁水空”无缝衔接、多式联运的集疏运体系亟待构建；其他铁路、公路运输站场各自规划、分别建设，缺乏统筹整合。

（二）市域综合交通网络有待完善

普通干线公路网密度和结构不合理，根据“十三五”期末数据，全市公路网密度为92.7公里/百平方公里，排名居全省第19，远低于全省平均水平124.7公里/百平方公里；全路网二级及以上公路占比、普通国道二级及以上公路占比、普通省道三级及以上公路占比居全省倒数第一，且远低于全省平均水平。城区快速干线公路尚未成网，穿城干线如国道G323主要承担对外交通联系功能的同时，也承担了较多的城市内部交通功能，降低了路网整体运行效率；城区各核心组团之间联系时效性不高，干线数量和能力亟待双提升，同时中心城区与外部组团联系效率较低。山区干线路网布局不合理、通达深度不足、覆盖水平较低，特别是乐昌、仁化、南雄之间，缺乏高效便捷的直连快速干线。

（三）综合运输服务高质量发展亟待推进

受外地网络货运平台货车的冲击，本地公路货运行业在夹缝中处境艰难，货运服务亟待转型升级。韶关市内物流园区、物流节点覆盖程度不完善；现有农村客运站利用率不高，农村货运发展水平较低；同城配送与城乡配送等缺乏统筹规划，城乡交通运输一体化发展水平不高。

三、促进韶关市物流业发展的措施建议

（一）加快建设综合货运枢纽

面向全国、区域和市域服务范围，以构建综合立体、衔接紧密、多式联运的综合货运枢纽为导向，统筹布局各种交通方式，构建以韶关港综合货运枢纽、丹霞机场空港国际物流园两个一级货运枢纽为主，以韶关市现代综合物流园、曲江综合货运枢纽、乐昌综合货运枢纽等8个二级货运枢纽为辅，以南雄市统仓共配物流中心、始兴现代物流园、韶关物流配送中心等若干个三级货运枢纽为节点的“两主八辅多节点”三级货运枢纽（物流园）体系，形成“向南依港出海，向北辐射内陆，东西互联互通”的物流联运体系，构建韶关经济新增长极。

（二）推进交通运输助力乡村振兴

继续把建设“四好农村路”作为助力脱贫攻坚和服务乡村振兴战略的基础性、先

导性任务，建管养运协调推进。提升农村地区外通内联水平，有序实施乡镇通三级公路建设、老旧公路改造和窄路基路面加宽改造，强化农村公路与干线公路、城市道路以及其他运输方式的衔接。以乡村振兴精品路线统筹农村经济、资源、产业、旅游等，重点谋划一批解决产业园区对外通道要求的产业致富路，以及打造一批以红色游、研学游、乡村游、祈福游、养生游等为主题的精品旅游线路，形成“一路通、百业兴”发展景象。提高客运服务均等化水平，优化农村地区客运服务供给。推动县、乡、村三级农村物流节点体系建设，畅通农产品进城、农业生产资料和农民生活消费品下乡的物流服务体系。提高农村交通安全保障能力，改善农村交通环境，为乡村的生态宜居服务。

（三）推动港口高质量发展

韶关要抓住水运发展机遇，大力提升对接大湾区的“黄金水道”通航能力，促进韶关融入“双区”建设，建好建优港口，提升港口服务水平。在“碳达峰、碳中和”要求背景下，绿色智慧转型成为港航高质量发展的必由之路，韶关港口要致力于建设绿色智慧内河港口，准确研判发展大势，优化工艺布置，超前谋划港航配套设施，争当北江航道高质量发展的排头兵，全面推动全省水运高质量发展。

（四）推动物流与其他产业联动发展

全力落实省关于推动产业有序转移系列政策，坚持“全市一盘棋”，高起点规划建设1个省级重点主平台和6个特色产业园，积极承接大湾区大数据及软件信息服务、生物医药、先进装备制造、电子信息、新材料、现代农业、商贸物流、医疗康养和文化旅游9大产业，实现与大湾区的功能互补、产业分工、市场对接和错位发展。围绕现代农业、新能源及节能减排、大数据、先进装备制造、电子信息制造、商贸物流、林业经济、文化旅游、现代轻工、生物医药健康和先进材料11条重点发展产业链，搭建全产业可视化、智慧化招商引资信息平台，建立产业链图谱清单和产业载体清单，大力开展精准招商、以商招商、驻点招商、产业链招商，着力引进产业链建链、延链、补链项目，开工一批招商引资重大项目、全年完成实际投资270亿元以上。

清远市物流业发展 2022 年回顾与 2023 年展望*

一、2022 年清远市物流业发展总体情况

（一）物流业发展规模收缩

2022 年是清远发展极不寻常的一年：超百年一遇特大洪水、多点散发新冠疫情、超预期稳增长压力，各类数据多呈现下降趋势。根据《2022 年清远市国民经济和社会发展统计公报》数据，2022 年，全市交通运输、仓储和邮政业营业收入下降 13.3%；全年公路货运量 1.35 亿吨、下降 14.7%，货物周转量 101.34 亿吨公里、下降 13.0%；水路货运量 0.82 亿吨、下降 17.5%，货物周转量 116.42 亿吨公里、下降 21.4%；全年港口货物吞吐量 3888.06 万吨，下降 17.6%；集装箱吞吐量合计 19.75 万标准箱，增长 20.7%。

（二）交通基础设施建设持续推进

铁路方面，清远市区范围现有广清城际铁路、京广铁路和武广客运专线过境，“三铁工程”得到省大力支持，广清永高铁前期工作加快，广清城际北延线建设稳步推进。公路方面，公路和高速公路通车里程分别为 2.1 万公里和 1055 公里，高速公路通车里程全省第三。目前，全市已通车高速公路 8 条（包括许广高速、乐广高速、二广高速、京港澳高速、汕昆高速、汕湛高速、广连高速、佛清从龙塘至花都段）。在建高速公路 3 条，为清远清新至广州花都高速公路、佛清从高速公路龙塘至从化段、二广高速公路连山至贺州支线。规划高速公路 4 条，为韶关至连山高速公路、清远至高明高速公路、佛江北延线清新至湖南段、京港澳高速改扩建。上述项目构成全市“六纵四横二联”高速公路网。空运方面，距广州新白云国际机场仅半小时车程。水运方面，通过北江、连江水运沟通整个珠江水系，清远港码头设备完善，水陆货运可直通港澳。目前全市有已取得经营许可资质的港口码头 9 个，其中，内贸码头 8 个：清城区的高隆达码头，清新区的旺角码头和广英码头，英德市的海螺码头、台泥码头、龙山码头、明珠码头和东岸咀码头。外贸码头 1 个：清远珠江货运码头。9 个码头全部为内河码头，共 36

---

* 供稿人：朱佳蕾，广东省现代物流研究院。

个泊位，其中 1000 吨级泊位 24 个、500 吨级泊位 12 个，设计通过能力 2067 万吨。

（三）物流项目建设成效显著

2022 年，广清空港现代物流产业新城（以下简称广清空港新城）范围内投产项目 3 个：广百中国南部物流枢纽项目（一期）、广东锦邦冷链仓储物流园及餐饮配套服务中心建设项目（广东贞享吃食品有限公司），实现经营收入 1.77 亿元，同比增长 6%；实现全口径税收 1911 万元，同比增长 686%。在（筹）建项目，实现全社会固定资产投资 3.25 亿元，同比下降 58%。广百一期及锦邦投产项目运营呈现物流需求结构进一步优化，特别是民生领域物流持续向好，物流市场规模水平持续提升，投产项目的仓储需求呈现供不应求、租金水平上升的市场现象。

在广清一体化高质量发展的基础上建设广清空港新城，总体规划面积 37 平方公里，其中核心区面积 12.77 平方公里，同时为《广州市“十四五”现代物流枢纽及产业发展土地利用规划》中 5 个特大型物流枢纽之一。依托京广铁路源潭站，建设商贸服务型国家物流枢纽，打造大湾区现代供应链枢纽和城市生活分拨中心。

目前，园区内中国南部物流枢纽项目（一期）、广东锦邦冷链仓储物流园、城际清远源潭综合物流产业园等项目已基本建成，具备 42 万平方米仓储能力，其中冷链仓容 8 万平方米。中国南部物流枢纽项目一期华南电商物流分拨中心占地 204 亩，已建成总建筑面积为 8.58 万平方米的 4 栋现代化符合国际标准的高净空立体仓库，库容约 40 万立方米，引入阿里巴巴心怡物流、菜鸟网络、中国邮政及广州发展新能源等龙头企业。广东锦邦冷链仓储物流园项目，占地面积 323 亩，规划总建筑面积约 31 万平方米。冷链仓储区建筑面积约 8 万平方米，恒温仓储区及流通加工区建筑面积约 18 万平方米；电子商务中心及生活服务区建筑面积约 5 万平方米，预期园区货物年周转量约 500 万吨。4 栋独立高标冷库总储量 8 万吨，1 栋冷库为调温库，项目依托华南地区主要物资集散地和国际贸易枢纽的优势，通过创新实施“物流 +”行动，以智慧物流为纽带，切入“一带一路”经济走廊，致力打造现代枢纽冷链物流基地，服务于粤港澳大湾区。

在建中国南部物流枢纽项目二期粤港澳大湾区生产生活物品分拨中心，占地 228 亩，规划建设库容约 40 万立方米的双层冷库和 60 万立方米的高标准双层恒温仓和常温仓；项目三期广清粮油食品产业园，占地 271 亩，建设粮油总仓容 60 万吨；项目四期规划打造大数据驱动下的智慧公路港，占地约 350 亩，建设大湾区应急物资物流配送中心、大湾区大宗商品物流配送中心、大湾区公路物流大数据信息交互共享中心、大湾区物联网、供应链管理应用中心；项目五期规划打造铁路专用线及铁路港，将源潭铁路货场由国家 4 级站场升级改造成国家 2 级站场，并作为中欧班列的起点站之一，将与四期联动打造大数据驱动下的公铁联运港产业平台，实现海关、国检、铁路、货代等“一站式”服务。

正在谋划京东清远智能供应链运营中心项目，占地面积约 191 亩，总建筑面积约

15 万平方米，规划建设高标准仓储物流库房、分拣中心等，着力打造京东电商及园区供应商运营配送中心和智慧物流示范基地。

（四）冷链物流持续稳定发展

全市现有冷链物流项目13 个，总投资达88 亿元。其中，已建成项目4 个：中国南部物流枢纽项目（一期）、广东锦邦冷链仓储物流园、连州农产品产地冷链仓项目、连山丝苗米产业园仓储物流中心。在建项目5 个：中国南部物流枢纽（二期）、城际清远源潭综合物流产业园项目（一期）、佛冈中经冷链物流储运基地项目、广东省清远市连南瑶族自治县粮油仓储及冷链物流基础设施建设项目、连南瑶族自治县农产品冷链物流配送。储备项目4 个：清远冷链物流基地、广州市粮油食品产业园、清远市清新区盛同供应链产业园项目、英德市国家级标准化屠宰场（冷链仓储中心、动物无害化处理中心项目）。

全市共许可普通货运业户 11063 户，共有车辆 33146 辆，其中冷链货物运输业户有清远双汇物流有限公司、清远市宏安运输有限公司、清远市丰华冷链运输有限公司以及清远市晟安物流有限公司 4 户，冷链运输车辆 72 辆，主要以运输冻肉、生鲜肉类、蔬果和蛋类为主。交通运输主管部门根据工作职能由属地交通运输局对运输业户进行许可，市、县两级交通运输主管部门通过日常检查、“双随机”检查、专项检查等对运输业户的安全生产工作落实情况进行监督检查，督促企业严格落实各项安全生产措施。

（五）县域商业体系建设稳步推进

根据《广东省商务厅等3 部门关于组织申报县域商业建设行动示范县的通知》文件要求，清远市编制了市级实施方案，深入分析清远市县域基本情况，拟制 2022—2025 年总体推进计划。连南瑶族自治县获评 2022—2023 年度县域商业建设行动示范县，目前，正抓紧推进建设，项目重点集中在优化完善县镇村三级物流配送体系（农资流通配送、农产品配送、综合物流配送、冷链物流设施）、集贸市场、镇村便民消费设施，以及供销田头集散中心等重点农产品产地流通设施建设。项目总计计划投资约 3000 万元，落地后能有效提升冷链等物流设施建设水平，实现农村快递的集中分拣操作，提升快递的通达率与时效性，增强农产品上行能力，提升农民的生活便利性与幸福感。

（六）邮政行业增长保持中高速度

截至 2022 年年底，清远市共有独立法人快递企业 36 家，备案快递分支机构 64 个，邮政普遍服务营业网点 121 个，备案末端网点 513 个，备案智能快件箱 617 组，邮政行业从业人员超过 6500 人。2022 年 1 月至 12 月，全市邮政行业寄递业务量累计完成 10137. 13 万件，同比增长 14. 53%。清远市邮政行业业务收入（不包括邮政储蓄银行直接营业收入）累计完成141566.90万元，同比增长13.12%。其中，快递服务企业业务量累计完成5866.64万件，同比增长20.04%；业务收入累计完成92129.46万元，同比增长9.75%。目前，市内邮政EMS、顺丰、京东均已实现快递服务100%进建制村，其他通达系品牌通过驻村设点、企业合作等方式不断提升“进村”服务水平。

二、清远市物流业发展存在的主要问题

（一）冷链物流发展相对滞后

一是冷链物流供需不平衡。随着消费升级，以及生鲜电商、新零售、新餐饮等新业态新模式推动，冷链物流的需求不断增长，但全市供销系统建成冷库库容量只有13200吨，且绝大多数均为小规模冷库，与市场需求还存在较大差距，与现代农业、现代服务业的要求还不相适应。二是冷链服务功能相对落后。现建成的冷库主要功能只有存储作用，缺少对农产品进行预冷、分级、加工、包装、仓储、物流配送等冷链物流全程服务功能。三是冷库基础设施薄弱。缺乏田头预冷、产地中心仓等专业性冷链仓储，无法延长保鲜期，更无法长距离运输。四是农产品冷链物流体系不完善。全市供销系统仓储企业目前的经营状态是各自为政，没有形成行业体系，缺乏数据互通、链接、开放、共享的信息平台。五是农产品冷链物流产业政策扶持力度不够大。冷链物流产业的发展空间大，对于国民经济和民生的作用也大，但是各级供销社经济基础较为薄弱，若没有政府政策、资金的支持，很难推动冷链物流建设任务。

（二）人才资源储备不足

广州对清远资源“虹吸”效应明显，物流人才、物流企业不愿意扎根当地，难以形成发展氛围。部分企业将运营、税收、人才等核心业务外移至广州、深圳等地，将发货、生产、仓储留在清远，经济数据流失严重。实用型人才存在明显短板，懂技术、善经营、会管理的复合型人才更是缺乏。

（三）本地农产品在本市销售不顺畅

一是缺乏大型农贸批发交易市场。本地农贸市场消化能力小、价格不稳定、品种单一，不能满足农产品生产量大的农民专业合作社、家庭农场等农业经营主体销售需求，只能将本地农产品运到如广州江南果蔬批发市场等大型农贸批发市场进行批发销售。而大型农贸批发交易市场具有农产品消化能力强、价格低、品种齐全等优势，吸引清远各生产经营企业进行销售和采购。二是农产品市场产销信息不对称。由于清远农产品生产主体与流通主体组织化程度较低，获取市场信息手段不足，缺乏规划和引导，常常会出现农产品滞销现象，损害了农民的利益，降低了农民生产的积极性。三是农产品品牌认知度不高，产品质量参差不齐，销售范围较窄，缺乏市场竞争力。

三、促进清远市物流业发展的措施建议

（一）加快交通通道网络建设

积极推进以京港澳、粤湘渝、广连、厦昆、汕昆、汕湛为框架的“三纵三横”综合交通运输大通道建设，加快构建“三铁一通一航，六纵四横二联”综合交通网络体系，实现“12312”出行交通圈和“123”快货物流圈。贯通国家高速公路主线，推进繁忙路段扩能改造，推进二广高速连山至贺州支线、清远至佛山高明高速（清远段）、清远清新至广州花都高速（清远段）、京港澳高速改扩建等高速公路工程建设，进一步加密与珠三角、大湾区的快速通道，积极推进普通国省道低等级路段升级改造和瓶颈路段扩建，整体提升路网通行能力和效率，构建便捷的物流道路通道；大力拓展干线铁路网覆盖面，重点推进广清城际清远至省职教城段建设工作，推动永州经清远至广州高铁前期工作，规划广清空港新城现代物流组团铁路专用线、清远新港疏港铁路等铁路专用线；加快内河高等级航道建设，抓紧推动清远港区和英德港区综合性千吨级泊位码头、LNG加注站等项目建设，加强清远港与广州港的对接，进一步改善物流水路通道设施条件。

（二）加强县镇村三级流通网络建设

加强对全市农资农技、冷链物流、直供配送、城乡综合服务等网络整体规划布局，通过对接省社天禾公司、天业公司、天润公司等龙头企业，强化省、市、县供销合作社联合合作，积极参与农资农技、冷链物流、直供配送、再生资源等网络建设，拓展丰富综合物流配送、日用消费品连锁超市等服务，提升农产品上行和工业品下行能力，成为服务农民生产生活的综合平台。

（三）建设新型供销智慧农贸中心

在市政府统筹主导下和省供销社的支持下，加快建设占地300亩左右的新型供销智慧农贸市场集散中心，打造具备农产品批发交易、集散周转、仓储运输、冷链物流、电子商务、检验检测等综合性功能的园区，成为广州农产品保供基地。解决农产品“销售难”问题，降低流通成本，促进农民增收致富。

（四）加快冷链骨干网基础设施建设

一是依托供销合作社组织体系和服务网络，以供销合作社系统冷链物流龙头企业为牵头实施主体，结合构建应急物资保障体系，在省市县三级供销合作社一体化推进，全力推动清城、清新、英德、佛冈、连南、阳山等地冷链物流项目建设工作，构建覆盖全省特色优势农产品的主产区和主销区、从田间到餐桌的公共型农产品冷链物流基

础设施骨干网。二是主导推动全市各级供销系统的各类新型农业经营主体依托农产品种植、养殖基地，建设规模适度的预冷、贮藏保鲜等初加工冷链设施，打通冷链物流的“最先一公里”。三是在各县（区、市）加快布局区域性冷链物流中心，同时加快城市冷链配送体系建设，发展以低温仓储、运输为主的保鲜加工配送设施，加快配备一批节能、环保的长短途冷链运输车辆，发展“城市最后一公里”低温配送业务。四是加大在各县（区、市）田头冷库的布点建设，形成点多面广的乡镇田头冷库建设，助力乡村振兴。五是加强冷链物流信息化建设。积极建设清远农产品仓储物流云数据平台，大力发展“互联网 +”冷链物流，优化资源配置，强化信息整合，综合运用云仓储系统平台、车辆协同平台、农产品质量检测追溯平台、产销线上对接平台等网络平台，及时掌握农产品产销信息，实现冷链存储、物流、交易一体化运营。六是加大对冷链物流行业政策支持。由政府统筹谋划，尽快形成全市冷链物流网建设规划。鼓励供销社开展冷链物流设施建设，并给予资金、用地等方面的支持。将建设冷链物流的市场主体纳入优惠信贷支持范围，对其申请贷款给予适当的贴息支持。

梅州市物流业发展2022年回顾与2023年展望*

一、2022年梅州市物流业发展总体情况

（一）物流业运行受到波动

根据《2022年梅州国民经济和社会发展统计公报》数据，2022年，全市货物运输总量10235万吨，比上年下降8.7%，其中，公路货运量10232万吨，比上年下降8.7%。货物运输周转量111.81亿吨公里，下降6.8%，其中公路货物周转量111.77亿吨公里，下降6.8%。

（二）基础设施日趋完善

一是交通基建不断完善。目前，梅州市公路通车总里程达20855公里，密度为131.4公里/百平方公里，公路里程和密度均居全省前列，其中，高速公路通车里程752公里，密度为4.73公里/百平方公里。“县县通高速”“镇镇通三级路”“村村通硬化路”全面实现。全市全力构建外通内联、人便于行、货畅其流、安全便捷的交通网络，为物流业发展提供坚强有力的交通保障。二是物流园建设不断完善。据了解，全市经发展和改革局立项的物流园建成项目有3个，分别是梅州海吉星农产品商贸物流园、梅州鑫龙兴电商物流园和梅州广达物流有限公司物流园。五华县百阳物流园也在加快建设中，物流园区的建设大大提高了物流的效率和品质，推动商贸物流企业的发展。

（三）邮政快递业快速发展

根据梅州市统计局数据，2022年，全市邮政行业寄递业务量累计完成10838.16万件，同比增长11.0%。其中，快递业务量累计完成7380.69万件，同比增长13.9%；邮政寄递服务业务量累计完成3457.47万件，同比增长5.2%。邮政函件业务累计完成123.17万件，同比增长26.4%；包裹业务累计完成2.92万件，同比增长27.5%。同城快递业务量累计完成498.35万件，同比增长36.4%；异地业务量累计完成6870.8万件，同比增长12.5%；国际/港澳台业务量累计完成11.55万件，同比增长37.2%。

---

* 供稿单位：梅州市商务局。整理人：张艳平，广东省现代物流研究院。

邮政行业业务收入（不包括邮政储蓄银行直接营业收入）累计完成15.40亿元，同比增长13.6%，其中快递业务收入累计完成8.51亿元，同比增长10.8%；邮政寄递服务业务收入累计完成4493.48万元，同比增长1.4%。同城、异地、国际/港澳台快递业务量分别占全部快递业务量的6.8%、93.1%和0.2%；业务收入分别占全部快递业务收入的4.1%、62.0%和1.0%，其他业务收入占32.9%；与上年同期相比，同城快递业务量的比重上升1.1个百分点；异地快递业务量的比重下降1.1个百分点；国际/港澳台业务量的比重持平。

（四）冷链物流水平不断提升

全市冷链产品加工、仓储、运输条件得到了进一步改善。据不完全统计，全市共有冷链物流企业61家，冷链运输汽车160辆，累计建成冷藏冻库370个，容积超过23.96万立方米。培育发展了广东代米、海吉新城、粤东农批等一批集装卸、冷链运输、冷库仓储、信息处理于一体的服务多元化企业，在调节农产品跨季节供需、稳定市场供应、平抑价格波动、减少流通损耗中发挥了重要作用。

（五）农村电商服务体系不断完善

梅州以开展电子商务进农村综合示范创建为抓手，有效整合邮政、供销社、农村淘宝等资源，积极打造县镇村三级农村电商服务体系，截至目前，全市累计建成了8个县级电商公共服务中心，2870个镇级、村级电商服务网点（含电商服务站点、益农信息社、就业创业服务站、村邮站、专业合作社等），其中1402个电商进入农村综合示范县电商服务站点。镇村电商物流网点覆盖范围持续扩大，有效畅通工业产品下行渠道，更好地服务农村地区特色农产品上行。电商企业4900多家，从业人员超过10万人，其中，从事农村电商的企业超过2500家。涌现出十记果业、生长地、可其山、柚通柚美等一批农村电商龙头企业。建有客来客往、圩日优鲜等主要电商平台13个，打造梅州市客天下农电商产业园、梅州云电商生态城、兴宁市电商示范基地等重点电子商务双创孵化基地、创客空间共10多个。据第三方服务机构统计，2022年全市电商成交额为406.66亿元，同比增长7.44%，其中农产品电商成交额170.82亿元，占42.01%，同比增长5.64%。

（六）物流模式不断创新

2022年，梅州市兴宁市“电商物流+农村客货同载+商超联运”获评第三批农村物流服务品牌。梅州兴宁市发挥电子商务进农村等国家示范县优势，整合农村客运、农村电商、快递等资源，构建“电商物流+农村客货同载+商超联运”发展模式，加快农村客货邮商融合，促进运输企业转型发展。一是构建三级物流体系。整合客货邮商站场设施资源，建设1个县级物流配送中心，20个镇级物流配送中转站，300余个村级物流服务点，形成层次分明、功能完善、覆盖广泛的“县镇村”三级物流体系。

二是推进客货邮商深度融合。推进农村快递物流站、电子商务公共服务站、农村客运站等设施共享共建，打造“一站多能”“多网融合”的服务网络。创新配送模式，由县级物流服务中心直接对接多家超市、商场，通过多家商超统仓共配模式，提高了配送效率、降低了配送成本。三是农村寄递物流体系更通畅。农村物流配送效率大幅提升，配送成本明显下降，市内配送时效由原来的 3 天缩短至 1 天，费用每单平均降低 10% ~20%。农产品销售流通渠道更加畅通，间接带动了 455 个乡村的农产品顺畅运输，同时直接解决了 138 个就业岗位，增加了农民收入，有力助推乡村振兴。

二、梅州市物流业发展存在的主要问题

（一）商贸物流发展基础薄弱

由于梅州属于经济欠发达地区，支撑商贸物流发展的商贸服务业及进出口贸易产业规模较小，与珠三角经济发达地区和周边城市相比仍存在较大差距，发展模式主要还是依靠粗放型、低效益的规模扩张，专业物流园区少、物流成本高，存在经营主体“小、散、乱”等现象，服务网点设置不够完善，运营经济效益不佳，特别是梅州至今仍无大型综合型物流园区，行业发展基础薄弱。

（二）物流人才短缺

一是物流一线人员短缺。一线工作人员受工作环境、劳动强度、个人发展机遇等因素影响，商贸物流行业一线员工紧缺且不稳定，部分物流企业从业人员流失、离职率高，制约了商贸物流企业进一步壮大经营规模。二是缺乏高端专业人才。大多数商贸物流企业门槛低，对员工素质要求参差不齐，又不愿在员工培养和专业技能培训上加大资金投入力度，导致行业内难以培养出精通物流新兴技术和高端设备应用的高精尖人才，不利于充分应用现代信息技术改造提升传统商贸物流行业、推动传统商贸物流企业加快转型升级、实现创新发展。

（三）物流成本较高

一是全市物流企业大多为中小型企业，且多由个体运营户发展而来，物流企业大部分还属于劳动密集型企业，缺乏龙头企业，综合成本较高。二是梅州农村区域分布广泛，农村人口分散，基础设施不完善，业务量较少，快递物流服务面临点多、面广、线路长等状况，单位运输成本和投递成本较高。同时，房屋租赁价格贵，用工成本高，收窄了业务利润空间，导致经济效益不佳。

三、促进梅州市物流业发展的措施建议

（一）进一步推动商贸物流建设

以县域商业建设行动示范县和国家级电子商务进农村综合示范县建设为抓手，进

一步完善县镇村三级商贸物流网络。支持农产品流通设施建设，加大对我市农产品冷链物流建设项目的扶持力度，积极争取上级政策资金支持，在“梅州柚”“嘉应茶”“客都米”“平远橙”以及预制菜等农特产品优势突出的地区，以及电子商务集聚区内建成一批专业化电商物流分拨配送中心，构建商贸物流网络。鼓励商贸流通、农产品生产加工、冷链物流企业改造或新建一批果蔬预冷库、肉类冷链物流中心、储存保鲜库等适应现代流通和消费需求的物流基础设施，进一步提升商贸物流发展水平。

（二）布局建设城区综合物流园区

物流园区作为联系区域之间和内部以及产业上下游的纽带，对商贸物流业发展具有重要意义。大力发展实体经济，积极抢抓国家和省支持梅州建设粤闽赣苏区对接融入粤港澳大湾区振兴发展先行区的政策机遇，布局建设集现代仓储、专线物流市场、货物分拣、包装加工、多式联运、物流信息等设施现代化、硬件智能化、管理信息化于一体的梅州市城区综合物流园。着力打造服务粤闽赣苏区对接融入粤港澳大湾区的现代物流枢纽中心，连接粤港澳大湾区和海峡西岸经济区综合物流，以此提高商品的周转速度，降低企业运营成本，推动商品高效流通，最终建立多层次、全方位、快捷高效的综合物流服务体系。

（三）培育骨干物流企业

加快培育壮大物流市场主体，研究对新获评或晋级国家3A级以上物流企业及相应星级冷链物流企业给予奖励支持，对企业投资新上项目的用地、立项审批、政策扶持等方面予以优先保障。落实促进民营经济发展各项政策措施，加快推进民营物流企业发展。优化中小物流企业发展支持政策，持续推动减税降费、减租降息、普惠金融等纾困惠企政策直达基层、直接惠及物流市场主体。积极对接引进大型国际运输服务贸易企业落户梅州，给予政策支持。

（四）促进物流业成本降低

进一步精简行政审批手续，为企业创造宽松外部环境。加强技术创新和应用，推进“技术性”降成本。发展“互联网+”高效物流，推进货运新旧业态加快融合发展，推进货运车型标准化。强化管理和组织创新，推进“管理性”降成本。鼓励中小货运企业联盟发展，持续推进绿色配送示范工程建设，建立健全市场主体诚信档案、行业红黑名单制度和市场退出机制。

河源市物流业发展 2022 年回顾与 2023 年展望*

一、2022 年河源市物流业发展总体情况

（一）物流业运行受到影响

根据《2022 年河源市国民经济和社会发展统计公报》数据，2022 年，河源市货物运输总量 5768.6 万吨，下降 11.9%，其中，公路货运量 5494.3 万吨，下降 11.9%；货物运输周转量 526732.59 万吨公里，下降 6.0%，其中公路货物运输周转量 478396.52 万吨公里，下降 13.0%。

（二）物流基础设施进一步完善

一是交通基础设施进一步完善。截至 2022 年年末，全市公路通车里程 17362.8 公里，比上年增加 30.1 公里，其中高速公路里程 712.4 公里。全市民用汽车保有量达 54.69 万辆，比上年年末增长 6.4%。二是农村物流基础设施进一步完善。2022 年年底，河源市已初步建成与农村居民生活、现代流通方式相匹配的目标市场平台，并初步建成布局合理、双向高效、服务便利的县镇村三级农村物流体系。目前，全市已建成 5 个县级配送中心、5 个县级电商公共服务中心、800 多个镇村电商物流服务网点，形成县镇村三级农村物流服务体系，有效提升农村电商物流效率，基本实现县域农村物流快递村村通。

（三）邮政快递业快速发展

根据河源市邮政管理局数据，2022 年，河源市邮政行业寄递业务量累计完成 8394.68 万件，同比增长 10.40%。其中，快递业务量累计完成 4155.81 万件，同比增长 17.07%；邮政寄递服务业务量累计完成 4238.87 万件，同比增长 4.56%。邮政函件业务累计完成 16.80 万件，同比增长 5.53%；包裹业务累计完成 1.56 万件，同比下降 24.27%。同城快递业务量累计完成 333.68 万件，同比增长 2.03%；异地快递业务量累计完成 3811.37 万件，同比增长 18.64%；国际及港澳台快递业务量累计完成 10.76

* 供稿单位：河源市商务局。整理人：张艳平，广东省现代物流研究院。

万件，同比增长3.22%。全市邮政行业业务收入（不包括邮政储蓄银行直接营业收入）累计完成10.05亿元，同比增长7.40%。其中，快递业务收入累计完成6.53亿元，同比增长3.57%；邮政寄递服务业务收入累计完成3138.83万元，同比增长8.75%。

（四）商贸物流建设有效推进

一是推动县域商贸建设。河源市商务局积极组织开展县域商业体系建设行动，联合财政、乡村振兴等部门印发了《河源市商务局等三部门关于组织申报县域商业建设行动示范县的通知》，组织各县（区）商务主管部门开展辖区县域商业体系项目申报，及时掌握县域商业情况、县乡村商业网点情况和县乡村物流配送情况。目前，全市县城商贸中心11家、乡镇商贸中心123家、村级便民店1845家。制定《河源市县域商业建设行动示范县实施方案》，推荐东源县成功申报2022年县域商业建设行动示范县。目前，东源县已通过前期入库申报、审核、现场核查等工作，东源邮政三级物流项目改造基本完成。二是积极落实《商贸物流高质量发展专项行动计划（2021—2025年）》，不断推动河源市商贸物流高质量发展，并推荐培育了邦晨物流、深和物流科技、鑫顺物流等一批物流企业。

（五）冷链物流建设有序进行

积极加快优化河源市冷链物流产业布局，助力农产品仓储保鲜冷链物流设施建设工程。制定《河源供销公共型农产品冷链物流基础设施骨干网建设方案》，进一步推进河源供销公共型农产品冷链物流基础设施骨干网建设。根据该方案，到2025年，河源市农产品仓储保鲜能力将达10万吨以上，初步建成一批骨干冷链物流基地、农产品冷藏保鲜设施，基本贯通重要农产品产地预冷、冷链运输、销区冷储、冷链配送等环节。目前，河源市已基本完成（灯塔）农产品冷链物流产业园工程建设，设计冷库容量5万吨。

（六）农村电商及新业态发展成效明显

一是不断推进电子商务进农村综合示范项目建设。积极推进东源县2021年国家级电子商务进农村综合示范项目建设工作，及时指导东源县加快县级电商公共服务中心、镇村电商服务站点的升级改造，建设并完善县级农村电商仓储物流中心，通过整合中通、圆通、韵达、极兔4家快递企业不断优化快递配送路线，并定期开展电商培训工作，提升人员业务水平；在省商务厅的电商示范县项目综合评估工作中，龙川县、紫金县被评为优秀，和平县被评为良好。二是不断推进中国（河源）跨境电子商务综合试验区建设。自2022年2月中国（河源）跨境电子商务综合试验区顺利获批以来，河源市全力推进跨境电商综试区的各项建设工作，推动出台《中国（河源）跨境电子商务综合试验区实施方案》，推动成立由市长任组长、分管副市长任副组长的跨境电商综试区建设工作领导小组，深入企业开展调研、组织企业召开座谈会、大力宣传跨境电商政策，积极协助企业完善海关、税务等有关手续，指导企业发展跨境电商业务。同时，通过“走出去”“请进来”等方式，大力推进跨境电商产业园、监管场所建设。2022 年河源市新增跨境电商企业 6 家，跨境电商交易额 2.2 亿元，实现新的突破。

二、河源市物流业发展存在的主要问题

（一）农村物流业发展基础薄弱

由于农村区域分布广泛、农村人口分散及基础设施不完善，目前河源市农村物流业发展仍处于起步阶段，物流行业发展基础薄弱，缺乏龙头企业及高层次专业人才的支持指导。

（二）县域商业建设项目储备少

通过前期调研摸排，河源市组织谋划的一些项目存在实施主体、项目内容不符合资金支持方向等问题，而三级农村物流项目主要依托邮政项目，农村快递物流业务量小、运输成本高，导致快递企业与邮政合作整合难度较大，相关的建设项目储备少。

（三）冷链物流业发展相对滞后

目前河源市大部分冷库存在技术不先进、原有设施设备陈旧等问题，再加上发展和分布不均衡，无法为本市农产品流通系统提供有效的低温保障，容易造成农产品的大量损耗。另外，冷库建设容量不大，冷链物流信息化程度低，冷藏运输及配送过程缺乏监控，冷链物流企业间资源共享程度低，致使冷链物流业难以满足河源市应季农产品生产需要。

三、促进河源市物流业发展的措施建议

（一）不断健全农村电商服务体系

一是完善三级电商物流体系建设。加快东源县国家电子商务进农村综合示范项目建设进度，进一步健全农村电商公共服务体系，积极推动县域商业体系转型升级，不断完善县镇村三级物流配送体系，畅通农产品进城和工业品下乡双向渠道。二是继续深入推进电子商务进农村综合示范建设工作，加强对电商公共服务中心、服务站点等动态管理，引进和奖励经营较好的站点和团队，不断巩固和扩大示范成果。三是继续推进跨境电商综试区的建设。加强对重点跨境电商企业的跟踪服务，加大对有意愿开展跨境电商业务的本地企业的政策宣传力度。组织举办跨境电商资源对接活动，积极开展跨境电商专业技能培训，重点对本市有意开展跨境电商业务的传统企业、创业主体进行业务培训，促进更多企业开展跨境电商业务，进一步推动全市物流设施、物流

体系加快完善。

（二）继续加快县域商业建设行动进程

以县镇村商业网络体系和农村物流配送“三点一线”为重点，努力推进东源县灯塔商贸中心、展示展销物流配送一体化电商中心、上莞农副产品贸易综合市场等项目建设，加快补齐示范县农村商业设施短板，健全县镇村物流配送体系，推动县域商业和商贸物流高质量发展。

（三）不断推进冷链物流创新模式发展

积极配合实施农产品仓储保鲜冷链物流设施建设工程，加快培育冷链行业龙头企业，鼓励有条件的龙头企业牵头制定农产品产地冷链物流服务规范，并依托冷链物流平台延伸农产品增值服务链，与农产品生产、加工、流通企业加强基础设施、生产能力、设计研发等方面的资源共享，优化冷链流通组织，推动冷链物流服务由基础服务向增值服务延伸。

第三部分 理论探讨

促进我国国际航空物流发展的建议*

一、引言

新型冠状病毒肺炎疫情（以下简称“新冠肺炎疫情”）发生至今，我国产业链、供应链体系受到较大冲击，全球各国面临供应链断裂风险，从而引发各类商品供应紧张的现实，进一步加速了国际产业链、供应链竞争格局重构进程。习近平总书记曾强调，要着力打造自主可控、安全可靠的产业链、供应链[1]。要推进内外贸一体化，构建现代物流体系，提升跨境物流能力。为克服新冠肺炎疫情影响，实现我国产业链、供应链自主可控[2]，2021 年，中央经济工作会议提出“扩大高水平开放，多措并举稳定外贸，保障产业链、供应链稳定”[3]。

国际航空物流一般服务于高附加值、时效性强的商品运输。一方面，与航空物流相关的生物制药、高端电子、精密设备等战略性新兴产业，以及跨境电商、医药、冷链生鲜等新型消费需求，均呈现快速增长态势并成为航空货运增长的主要驱动。另一方面，在国际海运及国际陆运受新冠肺炎疫情影响产生拥堵或停摆时，产生了很多依靠航空运输“紧急补货”类的国际物流需求，国际航空物流对于提升我国国际供应链抗风险能力的战略作用进一步凸显。

但是，我国国际航空货运能力建设与国际先进水平存在着明显的差距[4]，并由此引发了自主可控水平不足的问题，如 2019 年美国联邦快递公司（FedEx）在未经华为公司授权的情况下将华为从日本寄往中国的两件包裹运输至美国[5]。我国航空物流企业对比国际企业存在境外合规能力综合服务水平不足等，使得我国航空物流企业不能够及时承运进口所需要的原材料和关键零部件，特别是航空运输依赖度高的高科技产品，如芯片等。

在此背景下，提高我国国际航空物流的全球竞争力和自主可控能力已成为保障产业链、供应链安全稳定的重要抓手，也是支撑我国产业现代化升级的重要保障。因此，基于我国对打造自主可控航空物流供应链的发展要求，本文围绕国际航空物流发展的短板，就如何提升我国国际航空物流发展水平提出建议。

---

* 供稿人：杨枭、王涵，中国民航科学技术研究院。文章发表于《物流研究》2022 年第 3 期。

二、国际航空物流对我国产业链、供应链的影响

（一）货运量占比低但价值高

国际海运、中欧班列运输、国际空运、国际道路运输构成了我国国际物流体系。国际空运是货运量占比最低的国际物流运输方式，如表 3 – 1 所示。

表 3 – 1　2020 年我国 4 种国际物流运输方式货运量

国际物流运输方式	货运量	约占全部国际货运量的比例（%）
国际海运	34. 6（亿吨）	97. 4
中欧班列运输	113. 5（万标准箱）	0. 8
国际空运	223. 1（万吨）	0. 1
国际道路运输（2019 年）	6145（万吨）	1. 7

注：①各数据为我国承运人承运的国际货物运输量；②国际海运数据来源于《2021 年中国航海日公告》；③中欧班列运输数据来源于中国国家铁路集团；④国际空运数据来源于中国民用航空局；⑤国际道路运输数据来源于交通运输部，为 2019 年数据。

受新冠肺炎疫情影响，2020 年，我国国际航空货邮运输量依然达到了 223. 1 万吨，如图 3 – 1 所示，“十三五”期间平均增速达到 3. 1%。

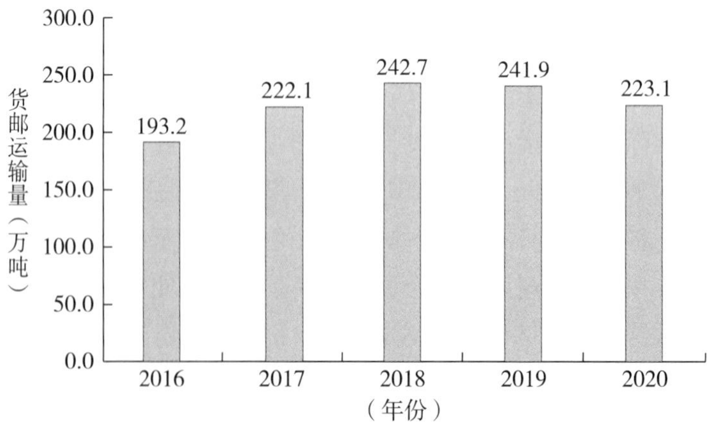

图 3 – 1　“十三五”期间我国国际航空货邮运输量

资料来源：中国民用航空局。

虽然国际航空货邮运输量小，但价值高，2020 年，其总价值约占 4 种运输方式总和的 19%。较 2016 年增长约 1 个百分点，如图 3 – 2 所示。

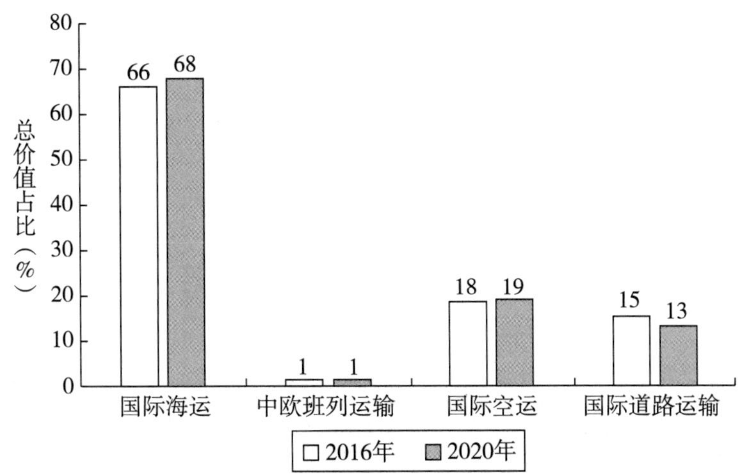

图 3－2　2016 年、2020 年我国 4 种国际物流运输方式运输商品总价值占比

注：由于四舍五入，存在加合不为 100% 的情况。

资料来源：Seabury 数据库。

（二）对高技术业产业链支撑作用强

“十三五”期间，我国高技术制造业加快发展，高技术制造业增加值占规模以上工业增加值的比重从 2016 年的 12.4% 提升到 2020 年的 15.1%。我国国际空运在制造业领域主要应用于高科技产品等，在消费领域主要应用于服装服饰、个人消费品等，如表 3－2 所示。其中，高科技产品、机械设备及配件以及原材料、工业消耗品是我国空运进出口量较高的产品，其货运量情况如图 3－3 所示。

表 3－2　　2020 年我国空运进出口货物品类货运量排名情况

货运量排名	出口	进口
1	高科技产品	高科技产品
2	机械设备及配件	原材料、工业消耗品
3	服装服饰	机械设备及配件
4	原材料、工业消耗品	设备机器
5	个人消费品	化工原料及产品
6	设备机器	温控湿控产品
7	化工原料及产品	汽车及零部件
8	汽车及零部件	服装服饰
9	危险品及高价值产品	个人消费品
10	温控湿控产品	活体动物
11	活体动物	危险品及高价值产品

资料来源：Seabury 数据库。

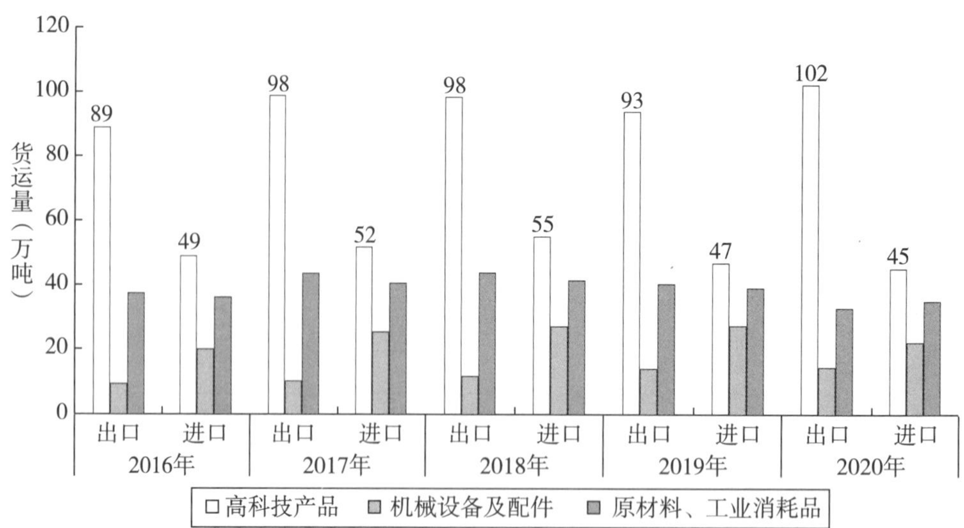

图 3－3 “十三五”期间我国空运进出口量较高商品货运量情况

资料来源：Seabury 数据库。

我国产业结构和发展水平决定了航空物流的服务品类，也全面影响了物流市场主体的发展格局，国际航空、东方航空、南方航空等传统航空货运企业加快转型，向航空物流链条两端延伸，邮政、顺丰、圆通等寄递物流企业积极加强航空运输能力建设[6]。2020 年，我国航空货运公司为 11 家，较 2015 年增加 5 家。2015 年，中国物流企业前 8 强中，仅中外运长航 1 家包含以航空运输为主的物流业务（见表 3－3）。而到了 2021 年（见表 3－4），中国物流企业前 8 强中，有 4 家物流企业包含以航空运输为主的物流业务，分别是顺丰、中国外运、京东和圆通。2021 年，中国民营物流企业前 8 强均为快递企业，这些快递企业均包含以航空运输为主的物流业务，并在各地机场内部或周边建设了转运中心。

表 3－3　　2015 年中国物流企业及民营物流企业 8 强物流业务收入

是否包含以航空运输为主的物流业务	排名	2015 年物流企业 8 强	物流业务收入（亿元）
	1	中国远洋运输（集团）总公司	1454.9
	2	中国海运（集团）总公司	822.1
是	3	中国外运长航集团有限公司	782.6
	4	河北省物流产业集团有限公司	550.3
	5	厦门象屿股份有限公司	483.8
	6	中铁物资集团有限公司	444.9
	7	天津港（集团）有限公司	440.0
	8	中国物资储运总公司	235.9

表 3-4　　2021 年中国物流企业及民营物流企业 8 强物流业务收入

是否包含以航空运输为主的物流业务	排名	2021 年物流企业 8 强	物流业务收入（亿元）
	1	中国远洋海运集团有限公司	2628.6
	2	厦门象屿股份有限公司	2161.3
是	3	顺丰控股股份有限公司	1517.4
是	4	中国外运股份有限公司	845.4
是	5	京东物流股份有限公司	733.7
	6	中国物资储运集团有限公司	495.4
	7	中铁物资集团有限公司	367.0
是	8	圆通速递股份有限公司	349.1
是否包含以航空运输为主的物流业务	排名	2021 年民营物流企业 8 强	物流业务收入（亿元）
是	1	顺丰控股股份有限公司	1517.4
是	2	京东物流股份有限公司	733.7
是	3	圆通速递股份有限公司	349.1
是	4	上海韵达货运有限公司	335.0
是	5	百世物流科技（中国）有限公司	300.0
是	6	德邦物流股份有限公司	275.0
是	7	中通快递股份有限公司	252.1
是	8	申通快递有限公司	215.7

资料来源：中国物流与采购联合会。

（三）对提升全供应链冗余度帮助大

2020 年，我国航空货运航班通达国内 237 个城市（不含港澳台），联通国际 62 个国家的 153 个城市，其中全货运飞机通航国家 26 个，建成了畅达东南亚、东北亚市场，通达欧美澳等区域的航空货运网络。同时，通过对第五航权等资源的优化配置，进一步延伸了货运航线服务网络。国际空运一方面可以增强我国供应链运转的“安全性”，为保障货物在国家间运输的安全性、可靠性提供有力支持，另一方面可以增强“韧性”，避免仅仅考虑海运等成本低这一因素，统筹兼顾效率和产业安全的供应链运作体系，加强供应链协作与应急后备措施，提高供应链冗余度。例如，在 2021 年下半年，国际供应链在新冠肺炎疫情反复影响下受到了严重影响，使得不少国内企业原材料及产成品的国际流通时效性大幅下降，生产、库存、销售成本大幅增加，而各类航空物流企业加大货舱位供给，多线路加开临时包机，支撑了国内外企业快速补充库存，维持其正常生产运作。其他国际物流运输方式在新冠肺炎疫情影响下的运行现状如表 3-5 所示。

表 3 -5　　其他国际物流运输方式在新冠肺炎疫情影响下的运行现状

国际物流运输方式	国际海运	中欧班列运输	国际道路运输
新冠肺炎疫情影响下的运行现状	海外港口作业效率低、新冠肺炎疫情防控等导致国际港口拥堵、运费大幅上涨、时效不稳定性加剧	国际铁路运输量猛增，海外场站换装效率低、边境口岸场站能力不足、欧洲部分场站维修与工人罢工等导致边境口岸拥堵、运费大幅上涨、时效性进一步降低	国际道路运输重点服务边境贸易，但因新冠肺炎疫情期间采取的防控措施导致边境拥堵情况时常发生，且口岸新冠肺炎疫情频发

三、我国国际航空物流发展短板

（一）空运服务网络有待完善

进口方面，除亚洲、欧洲、美洲主要国家，对面向“一带一路”以及非洲等的空运潜力市场关注不够，空运连通度低。主要问题体现为进口返程货源组织能力较弱，无法为国际货运航线开通提供有力支撑，很多货运航线被境外航空公司垄断。2020 年，中国航空企业在中国与亚洲、欧洲、南美洲、非洲之间的运输大通道上的货运市场份额均小于外方承运人，我国与“一带一路”地区间的航空货运量占我国全部国际航空货运量的 42.2%，但国内航空公司份额仅为 19.6%[7]。

出口方面，以跨境电商为例，海外航空枢纽、物流枢纽、联运转运中心、海外仓等境外服务网络建设不足，与发达国家有较大差距，不利于我国跨境电商商品在境外的快速分拨转运，影响国际用户消费体验。

（二）货运枢纽机场建设不足

2020 年，全球货邮吞吐量 50 强机场中，我国仅占据 7 个（不含港澳台），机场货邮吞吐量在 200 吨以上、50 ~ 100 吨两个区间的数量与美国差距较大，如图 3 -4 所示，这是由于我国货运枢纽机场建设存在短板。我国航空运输以往有客运优先的发展导向，除鄂州花湖机场外，我国尚未建成以货运为主的专业货运枢纽机场，国际航空货邮吞吐量在上海、广州、深圳、北京、杭州、成都、郑州等地的综合性枢纽机场高度集中，对比美国，其在孟菲斯、路易斯维尔、辛辛那提 3 地拥有 3 个专业货运枢纽机场。此外，我国大多数机场对货运基础设施投入重视程度不够，设施设备自动化、智能化、数字化水平不高，货运保障能力不强。从关键环节服务看，机场地面保障服务对物流发展支持偏弱，尤其对医药、冷链温控、电子产品等货物的专业化保障短板突出，专业货运机场尚处空白。部分口岸服务能力，特别是指定货物监管场地建设不足，通关效率不高。

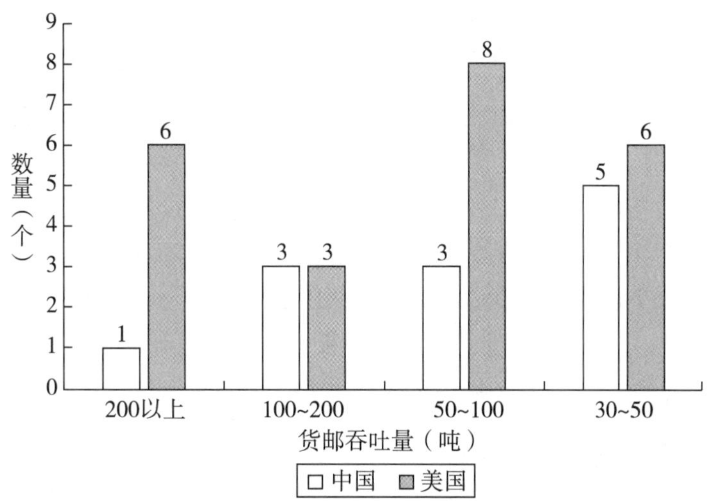

图 3－4　2020 年各货邮吞吐量区间中美航空机场数量（不含港澳台）比较

（三）全货机运力供给不足

截至 2020 年年底，我国有全货运飞机 186 架，联通 60 个国家的 151 个城市，其中全货运飞机通航国家 26 个，但由于国际航线尚未恢复、全货运飞机制造新订单交付期较长等问题，全货运飞机运力与新冠肺炎疫情前相比仍有较大空缺。我国与美国联邦快递公司（FedEx）、联合包裹运送服务公司（UPS）、德国敦豪航空货运公司（DHL）和美国阿特拉斯航空公司（Atlas Air）全货运飞机规模差距较大，如图 3－5 所示。2021 年，"客改货" 机型完成的货邮运输量占国际及地区航线总量的 30.6%，为国际空运提供了运力补充，但是，全货运飞机不足依然是我国国际空运的短板之一。

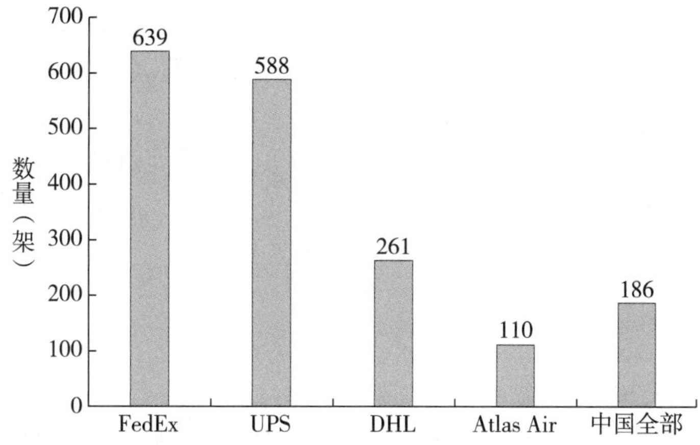

图 3－5　国际大型货运航空公司自有全货运飞机数量比较

注：①FedEx 数据截至 2019 年 5 月；②UPS 数据截至 2020 年 1 月；③DHL 数据截至 2020 年 2 月；④Atlas Air 数据截至 2020 年 2 月。

（四）航权时刻配置优化不足

从货运航权支持看，二类远程国际航线航权资源依然不足，供给与需求存在矛盾；从时刻支持看，国内多数枢纽机场货运航班白天时刻获取难度较高，部分机场存在货站收运、安检时效与海关通关时效低、不协同的情况，导致货机无法在最佳时刻起飞，对商品配送时效产生了影响。例如，我国中部地区某几类商品经长沙空运至日本大阪的最佳起飞时间是 7 时，但可能因上述问题只能于 9 时起飞，达到大阪时已经为 13 时（东九区时间），故会对其在大阪的清关、拆板、分拨配送等产生一系列时效影响，情况严重时可能会导致商品延时一天送至客户手中。

（五）集成化服务水平较低

国际航空物流完整运输需要由航空公司、机场、货运代理、地面交通、海关等单位共同完成，涉及链条长、环节多、主体多，因此需要各部门密切配合、协同推进。但当前，各类航空物流市场主体依然存在各自为政的情形，市场主体资源整合与合作协同步伐缓慢，在干线运输以外的空陆联运、地面服务、供应链管理、金融等物流上下游环节没有实现高效串接与创新组织，缺乏端到端物流组织控制力，依然有不少企业无法获得集成式、门到门的综合航空物流服务。同时，具备世界竞争力的航空物流龙头企业依然缺少，2020 年，顺丰速运营收达 1540 亿元，是全球第四大快递物流公司，但营收规模仅相当于 UPS 的 26. 4%。

（六）定制化服务能力不强

一些涉及特种货物品类的航空物流安全、运输服务等的航空物流标准规范体系不完善，新技术应用、多式联运等方面的标准亟须建立，对涉及高端产业的航空物流创新发展包容以及审慎监管不充分。以手机等智能终端为例，目前由于整机中包含锂电池，全国大部分销售代理人收货、地面代理人收运、航空承运人承运等环节均存在因含危险品而难以流通的问题，仅限于苹果、华为等大型品牌商可以通过签订协议及备案进行空运。无论从标准规范角度，还是从企业服务角度，航空物流面向特定高端产业的全流程、精细化、高品质物流服务供给能力依然较弱。

（七）协同联动意识待提高

一般来讲，基于国家供应链战略角度，国际大型制造、贸易企业与国际物流集成服务商相互之间合作协同度较高，抱团“出海”情况较为常见。但我国航空物流企业与制造企业缺乏联合协同出海意识（航空物流综合服务能力也较弱），在当前国际贸易术语规则下，无论是进口还是出口货物运输的组织大多不是由我国航空物流企业发起。我国进出口货物贸易中，出口更多地采用 F 组贸易术语，进口更多地采用 C 组贸易术语，使我国航空货运在货物控制权、运输控制权、价格制定权上丧失主动权，在端到端物流组织控制力上与国际航空物流企业存在明显差距[8]。并且，在干线运输以外的物流增值较高的供应链管理、金融等物流上下游环节无法提供相应服务，难以创造全程物流服务价值，在最终价值分配上无法占据有利位置。

四、我国国际航空物流发展建议

（一）培育有世界竞争力的航空物流企业

重点引导和鼓励航空公司向第三方物流端延伸，引导和鼓励快递企业、货代企业向航空承运端延伸，推动单一承运人、代理人向综合物流集成服务商转变，打造有货源组织能力和集成物流服务能力的航空货运超级承运人，通过公平竞争、自愿联合，鼓励依法兼收并购，扩大经营规模，提高市场竞争能力，有效提升我国国际空运市场份额。鼓励大型龙头企业加大对境外物流企业的兼并收购力度，基于供应链全链条延伸业务领域，提高境外末端物流网络的服务能力，增强全球航空物流供应链控制力。

（二）加强重点区域服务网络布局

国际方面，在我国与“一带一路”、上海合作组织等涉及的国家以及非洲国家等相关国家间的空运中，国内航空公司全货运飞机航班份额较低，在近期可结合实际逐步加强对“一带一路”、上海合作组织、区域全面经济伙伴关系协定等涉及的国家以及非洲国家等相关国家具有航空货运发展潜力城市的转运中心、海外仓建设，在相关国家互设专属货站（转运中心），推进枢纽网络共商共建，完善航空物流海外运营网络布局。国内方面，加强对城市群、都市圈中心城市的空陆联运分拨辐射，在重点枢纽机场完善空陆联运转运设施的建设，在利益共享、数据协同原则下，鼓励机场建立服务于综合保税区、产业集聚区的前置货站。

（三）引导发展综合供应链解决方案

一些第三方航空货运代理企业可建立专业队伍，与外向型企业销售团队协同，完善库存控制计划和采购分销物流计划。鼓励企业增强“一站式”“门到门”一体化物流解决能力与产业协同水平，提供从货源组织到交付的全链条物流综合服务，发展包含个性定制、服务延伸、数字管理、网络协同的综合供应链解决方案，将我国“航空物流企业＋物流枢纽”发展模式塑造成为国际航空物流供应链组织中心，提升我国国际航空物流服务价值位次。加强回程货源组织，扩大第五航权开放，提升国际全货运飞机航线运营可持续性。改变当前我国中高端制造、国际贸易、跨境电商、航空货运、快递物流等企业各自为政、协作不紧密现状，加强全程物流服务对接与供应链协同，加强业务合作，实现协同出海。

（四）适应内需消费升级，完善进口服务

国际航空物流除了服务我国制造商品出口，也应适应中长期内需扩张、消费升级趋势，提前做好面向各国制造商品进口业务的国际航空物流服务体系设计。推动跨境电商物流发展，提高航空物流企业通关、运输、溯源、配送等的综合服务水平，鼓励航空物流供应链与电子商务线上线下融合联动，创新精细化物流服务产品。推进国际航空冷链物流规模化发展，改善航空冷链物流设施设备配套条件，加强衔接国家骨干冷链物流基地，提高航空冷链物流安检、通关、检验检疫效率，确保温控湿控全链条不断链。推动航空物流企业与跨境电商企业、国际贸易企业协作，打造一体化供应链服务平台，实现供需对接、集中采购、库存控制、支付结算、分拨配送等功能集成，提高快速响应及资源共享能力。

（五）提高航空物流供应链韧性、弹性

鼓励航空物流市场主体形成供应链中断风险的应对机制，构建航空物流供应链核心企业牵头、供应链上下游企业参与的弹性供应链，梳理优化关键原材料和产成品的动态调换、紧急补货及应急操作流程，将单个企业面临的供应链中断风险分散至供应链所有成员，从而提高全链条抵御外部中断风险的能力。帮助制造、贸易企业加强供应商管理、多源头供应，建立后备供应商信息库，提高零部件标准化程度与可替代性，保留预防性库存冗余等多种措施，提升相关产业应对供应链风险能力。同时，鼓励国际货运航空公司拓展国内市场份额，充分用好国际航空公司的通道、枢纽、网络及服务，加强供应链相关信息数据监测监管，推动与中欧班列、国际海运物流服务网络进行业务协同和数据对接，提升我国国际供应链稳定性。

（六）加强数字、智慧、绿色与标准化发展

在“十四五”时期，可推动建设 2 ~ 3 个专业货运枢纽机场，推进机场、货运场站、运输工具、物流器具、货物等物流要素数据化、信息化，加强机场端航空物流信息系统建设，促进地、空物流信息互联共享，为智慧航空物流发展做好基础支撑。推进新技术应用于标准化进程，打造物流机器人、智能仓储、自动分拣等新型物流技术装备生态应用系统，提高航空物流自动化、智能化水平。推动航空物流企业完善绿色节能低碳运营，鼓励通过现代供应链技术帮助制造、贸易企业降低碳排放，加强绿色包装循环使用。编修完善《公共航空货物运输管理规定》，积极开展配套文件体系研究，建立起一套符合自身发展规律和贴合我国发展实际的民航货运行业规章标准体系。

（七）营造良好产业发展生态

建立航空物流和区域产业协同互促发展的长效机制，推动航空货源吸引集聚、关

联产业税收反哺、提升区域经济规模质量，以促进良性循环。在加大对本地货运补贴力度的同时，鼓励地方政府航空货运补贴政策体现对都市圈、城市群企业的互认。针对运力利用效率加强补贴，提高当地航班、时刻等关键资源使用效率[9]。

（八）培育专业人才与智库平台

加快构建种类齐全、梯队衔接的航空物流人才体系，加强航空物流专业型、管理型人才培养，培育一批熟悉国际物流规则、能够参与自由贸易规则制定的复合型人才。搭建航空物流领域行业智库，积极从发达国家引进相关人才，探索推进航空物流技术创新实验室建设，聚焦关键技术，研究建立国际航空物流供应链领域成套技术攻关平台。

参考文献

[1] 习近平．国家中长期经济社会发展战略若干重大问题［J］．新长征，2021（1）：4－8.

[2] 刘伟．现代物流体系建设理论与实践［M］．北京：中国财富出版社有限公司，2021.

[3] 共产党员网．中央经济工作会议在北京举行　习近平李克强作重要讲话［EB/OL］．（2021－12－10）［2022－12－15］．https：//www. 12371. cn/2021/12/10/ARTI1639136209677195. shtml.

[4] 中国民航网．冯正霖：加快发展航空货运打造“全球123快货物流圈”［EB/OL］．（2021－06－09）［2022－12－15］．http：//www. caacnews. com. cn/1/1/202106/t20210609_ 1325356. html.

[5] 佚名．「关注」华为重要文件，竟被联邦快递“失误”转运美国?!［EB/OL］．（2019－05－29）［2022－12－15］．https：//baijiahao. baidu. com/s? id＝1634869491652577832&wfr＝spider&for＝pc.

[6] 中国民用航空局．“十四五”航空物流发展专项规划［EB/OL］．（2022－02－16）［2022－12－15］．https：//www. gov. cn/zhengce/zhengceku/2022－02/16/5673982/files/1785544f1a19440589778bf43fa9082a. pdf.

[7] 国家发展改革委，中国民航科学技术研究院．我国航空货运市场发展研究［R］．北京：国家发展改革委，2021.

[8] 尹纯建．从国际贸易视角谈我国国际航空货运能力的提升［EB/OL］．（2021－10－18）［2022－12－15］．http：//att. caacnews. com. cn/zkzj/Y/yinchunjian/202110/t20211018_ 58513. html.

[9] 钟山，高玉玲．关于我国航空物流财经支持政策的思考［J］．中国民用航空，2021，359：16－18.

供销合作社农产品流通服务历史进程与职能优化*

一、引言

农产品流通市场格局的形成与经济体制调整和制度变迁密切相关，我国农产品流通体制改革在经济体制改革中发挥了先导作用。农产品流通渠道变革初期，主要依赖农产品流通体制改革的驱动，前期主要由政府主导，带有较强的行政色彩。之后，流通效率改革驱动、资本使用效率驱动和科技创新驱动的作用不断增强。但是，市场失灵的问题也时有发生，如何建立完善的农产品流通宏观调控体系，通过改革为各类主体提供良好的市场环境，成为新时期转变政府职能、推动“放管服”改革的重要内容。在中国特色社会主义市场经济条件下，由于政府可以利用国有（公有）经济力量，规划国民经济发展方向，政府在资源配置中发挥着一定的导向性作用[1]。供销合作社作为具有公有制经济特征的流通组织，通过发展公有制经济较好地促进了城乡流通发展[2]，在城乡流通领域起到了一定的市场示范和调节作用[3]。目前，供销合作社系统农产品流通业务规模已经位列“主营业务”首位，占比超过了40%[4]。从主体数量和业务规模来看，供销合作社仍是我国农产品流通的主力军。

2015年，《中共中央　国务院关于深化供销合作社综合改革的决定》出台，把深化供销合作社综合改革纳入全面深化改革大局，统筹谋划、协调推进，形成了新时代供销合作社工作的全新格局[5]。其中，做好农村流通服务是党中央、国务院赋予供销合作社的重要职责，也是供销合作社的传统主业。供销合作社自1954年成立以来，始终扎根农村、立足流通，在保障商品供给、服务城乡群众、促进农业农村发展等方面作出了突出贡献[6]。从计划经济到市场经济转变的过程中，供销合作社一直是一个关键的主体，始终发挥着流通主渠道的作用。在“公有制基础上有计划的商品经济”的经济体制下，供销合作社被赋予农村商品流通体系服务者的角色[7]。在建立与完善中国特色社会主义市场经济体制过程中，供销合作社肩负起了建立为农服务的综合性合

* 供稿人：杨旭，中华全国供销合作总社管理干部学院合作经济研究中心。何慧丽，中国农业大学人文与发展学院。文章发表于《中国流通经济》2023年第4期。

作经济组织的任务。不同的经济体制和制度条件下，供销合作社在农产品流通方面作用各不相同，但都呈现了较强的组织和网络优势。

从国家战略层面来看，流通体系在国民经济中发挥着基础性作用，建设现代流通体系是构建新发展格局的一项重要战略任务[8]。新时期以来，我国城乡流通方式深刻变革，农产品市场体系、农村流通外部环境、城乡消费需求结构都发生了明显变化，流通渠道本身也在不断调整，对供销合作社流通服务提出了新的要求。在新的历史条件下，供销合作社积极推动由单一商贸流通服务向农民生产生活综合服务拓展的转变，农产品流通服务水平明显提升，市场布局不断优化，网络改造持续推进，电子商务加速发展，连锁化、规模化、品牌化和线上线下融合发展的经营服务格局逐步形成。但是，在新一轮农产品流通格局变革中，供销合作社一直处于被动改革的角色，流通服务的内容和结构亟待调整，服务的方式和手段仍需完善，市场调控能力尚存不足[9]。如何立足现有的网络和资源优势，通过不断提升经营服务能力，掌握农产品流通渠道话语权，从而更好地发挥公有制经济的市场调节作用，成为供销合作社流通服务路径优化的重要方向。

本文站在供销合作社的组织视角，看待新时期现代流通体系建设问题。从历史视角分析农产品流通组织的作用，比照新时期农产品市场政府宏观调控的相关要求，梳理现阶段供销合作社的发展优势，指出下一步提升农产品流通服务能力的思路。

二、供销合作社农产品流通服务历史沿革

中华人民共和国成立以来，伴随着我国经济体制不断调整和完善，供销合作社承载了多样化的经济社会职能。从供销合作社承担的流通组织角色来看，其呈现了几个阶段的显著特征。

（一）农产品统购统销阶段（1953—1978 年）

中华人民共和国成立后，主要通过国营经济和合作社经济恢复和发展生产。其中，供销合作社在城乡物资交流，稳定市场价格方面发挥了重要作用。1953 年，我国开始实施统购统销政策，对合作商店、合作小组以及集市贸易等进行社会主义改造，逐步实施粮食、棉花、油料等重要农产品统购、派购制度。由于国家对合作社经济作用的认可，1954 年“中华全国供销合作总社”成立后，供销合作社与国营专业公司受国家委托，采取合同制方式执行农产品收购政策，为工业发展积累原始资本，并提供稳定的农产品供应。

这一阶段，我国采取农产品统购统销的流通模式，供销合作社与国营商业机构依据商品和地区分工不同，由国有公司或委托供销合作社进行农产品的统一收购[10]，采取预购合同、收购合同和购销结合合同等交易形式①，加强农业生产的计划性，服务农业合作化。行政手段逐步取代市场手段开始对农产品市场进行调节，指令性交易成为

农产品市场的主要交易方式。计划经济时期，供销合作社与国营商业进行了“两合两分”，虽然我国农村仅存单一的流通渠道，但是供销合作社在促进城乡物资交流、保障市场供给等方面做了大量工作，极大地满足了农民的生产生活需要。

（二）农产品流通市场调整阶段（1979—1992 年）

中共十一届三中全会后，由于农村政策环境的松动和家庭联产承包责任制的普遍推行，以及农产品收购价格逐步放开，农村经济在较短时间内得到快速增长，为农村商品经济发展创造了条件[11]，计划调节逐步向计划与市场相结合的方式过渡，并逐渐向市场经济体制方向发展转变。1981 年之后，供销合作社的合作商业性质逐步恢复。从 1985 年开始，农产品流通体制改革启动，农产品统购统销制度逐步取消。由于农村经济中集市贸易、个体经济的放开，供销合作社主导农村商品流通的局面被逐渐打破。同时，国家加大了农产品市场体系的建设力度，农产品批发市场建设明显加快[12]。1988 年，出于整顿流通领域“双轨制”乱象的需要，国务院决定由供销合作社对棉花实行统一经营，并要求“在重要消费品流通领域，把批发环节掌握在国营商业和供销合作社手里”[10]。

这一阶段，农产品批发市场体系建设雏形初现[13]，供销合作社依然发挥农产品流通的主渠道作用，个体商贩、私营批发商、私人经营者等其他多种渠道成员发展迅速，合同订购和市场议价收购“双轨制”并存，市场的调节作用逐渐加强。供销合作社在城镇建立农副产品贸易中心、农副产品批发市场、综合商场等贸易机构，在农产品收购中实行合同制和代理制。按照市场化方式签订购销合同，采取代购代销的方式，组织生产者和消费者直接交易。通过建立贸易货栈、召开物资交流会等形式，扩大土特产品销售。这一时期，供销合作社按照国家要求，积极构建农村商品生产服务体系，加快建设农村现代经营网络，为农产品流通和农民生产生活资料供应提供了必要的服务。

（三）农产品流通市场化改革阶段（1993—2004 年）

中共十四届三中全会提出市场对资源配置起基础性作用的论断，要求供销合作社逐步放开农产品经营，以适应社会主义市场经济要求下的农村经济体制[14]。20 世纪 90 年代中后期，由于我国推行“双轨制”改革，供销合作社承担了较大的政策性和经营性负担，于是国务院支持供销合作社开展以“扭亏增盈”为目标的改革。1995 年，“中华全国供销合作总社”第三次恢复后，提出了“社企分开”改革思路，供销合作社流通企业开始作为独立的市场主体参与竞争。2002 年供销合作社提出“四项改造”的改革任务②，对经营职能进行了及时调整，制定了市场化改革和改造方案，不断提升农产品流通经营服务能力。

中共十四大之后，我国市场化改革的进度加快。农产品供给由卖方市场向买方市场转变，1993年粮食统购统销政策完全取消，1998年国家决定深化棉花流通体制改革，供销合作社退出棉花专营体制。我国加入世贸组织之后，农产品流通体制进入全面改革时期，2001年棉花购销市场放开，2004年粮食购销市场全面放开，以粮食流通领域改革为起点，大多数农产品市场经营开始全面开放。供销合作社主动适应农村流通体制改革趋势，不断优化经营服务策略。这一阶段，我国农产品批发市场网络体系基本形成，城市销地、农村产地批发市场的快速发展，形成了跨区域、大范围、多品种的农产品批发市场网络，农批市场成为市场的主导力量，对手交易成为主要交易形式，农产品市场价格形成机制基本确立。

（四）农产品市场体系建设阶段（2005—2012年）

2004年之后，我国主要农产品流通市场化改革基本完成，农产品市场体系建设和市场管理制度改革成为重点。为补齐农产品市场体系短板，政府宏观调控不断加强[15]，政策层面加快推动农产品现代流通体系建设。供销合作社承担了农村地区流通基础设施建设的任务。2006年，供销合作社启动了"新农村现代流通服务网络工程"（"新网工程"），在全国层面，支持各级供销合作社进行农产品流通基础设施建设、开展农业社会化服务、探索流通新模式新业态，助力构建城乡农产品购销等四大网络。在促进产销对接、服务农业生产方面发挥了积极作用。截至2012年，供销合作社农产品收购额占社会收购额的比例不足10%[15]，但供销合作社经营网络仍然在流通中发挥着较强的基础性作用。

与此同时，从2005年起，商务部先后启动了"万村千乡市场工程"③"双百市场工程"④，农业部启动农产品批发市场升级改造的"升级拓展5520工程"⑤。2008年之后，商务部、农业部开展了"农超对接"试点，2012年农产品信息化建设开始起步，农产品现代流通体系加快建立。这一阶段，多渠道流通模式发展迅速，终端业态仍以批发市场为核心，但连锁超市、生鲜超市、平台电商等新兴业态开始兴起。我国形成了初级收购市场、零售市场、批发市场、期货市场组成的多层次的市场体系。流通主体逐渐多元化，农村经纪人、个体运销户、农民合作经济组织和农业产业化龙头企业逐渐成为主力。对手交易、期货交易、平台交易等形式相互补充，形成了市场配置资源和主导价格的格局。

（五）农产品流通业态创新阶段（2013年至今）

2012年之后，随着互联网、物联网、5G等新型技术应用，信息技术对传统流通渠道改造不断加速，流通方式逐渐多元化，流通环节不断减少，交易方式更加智能。2015年，《中共中央　国务院关于深化供销合作社综合改革的决定》要求供销合作社进一步拓展服务领域。为适应新形势的需要，2015年，隶属于中华全国供销合作总社的中国供销电子商务有限公司成立，引导各级组织试水农产品电商业务，在区域电商模式探索以及消费帮扶平台建设方面，逐渐承担起电商助农的社会责任。2019 年之后，部分省区市的供销合作社开始承担地方冷链物流骨干网的建设，加快补齐农产品流通基础设施建设短板。2022 年，中国供销农产品集团有限公司联合 61 家企业成立全国供销合作社农产品销售平台，开展集采、联采业务，探索新模式新业态下的流通服务方式。

从农产品流通的整体情况来看，农产品批发市场信息化改造速度不断加快，涉农电子商务业务快速增长，线上线下融合发展新零售业态不断涌现，渠道终端品牌化、连锁化趋势明显，逐渐形成以城乡专业市场为主体，以超市、电商为辅助的多位一体农产品流通格局。这一阶段，传统渠道模式与新型流通渠道相互融合，各环节渠道成员规模化、组织化程度加强[16]，农产品流通主体呈现了集团化发展趋势，农产品批发市场仍是流通的主渠道，超市卖场、生鲜超市销售规模稳步提升，农产品网络销售保持较快增长。对手交易、期货交易、线上交易模式越来越成熟。

三、新时期供销合作社农产品流通服务职能和作用

随着农产品流通市场化改革的推进，政府逐渐退出农产品经营领域，主要通过市场手段调节农产品流通。新时期，农产品流通业态模式不断迭代创新，虽然市场在资源配置中起决定性作用，但是市场失灵的情况也时有发生。要想更好地发挥政府的作用，市场宏观调控就显得非常重要。作为肩负特殊职能的流通领域的市场主体，供销合作社在新的发展阶段需要承担更多服务职能（见图 3 –6），力求成为政府宏观调控中“抓得住，用得上”的组织力量。

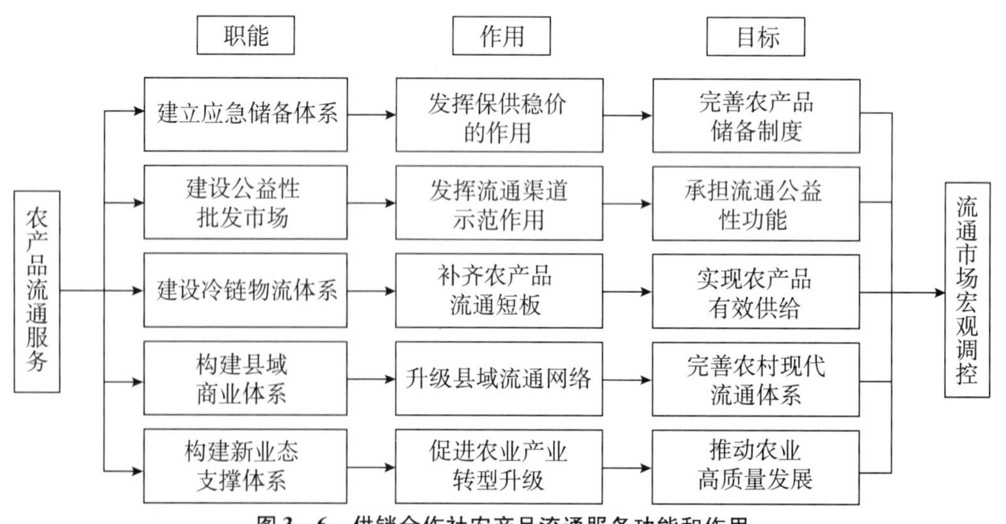

图 3 –6　供销合作社农产品流通服务功能和作用

（一）建立农产品应急储备体系，防止农产品短缺和价格波动

农产品受自然和经济因素影响市场波动较大，建立农副产品储备制度和设施，成

为政府宏观调控的一项重要职能。重要商品储备制度发挥着两个方面的作用：一是确保战略性物资的应急供应；二是发挥服务民生、平抑物价的储备调节功能，在农产品流通中表现尤为突出，是市场机制的一种有效补充[17]。20 世纪 90 年代，国家就开始探索重要农产品储备制度，初步建立起粮棉油储备体系，进入 21 世纪之后，进一步扩大了农副产品储备范围。2005 年，国务院提出建立重要商品中央储备制度，要求地方政府建立生活必需品储备制度。2008 年国际金融危机后，国家加快了储备糖库和储备冷库建设。中共十八大之后，我国进一步推动了主要农副产品储备体系建设。2015 年，提出了建立重要商品商贸企业代储制度。2021 年，《中华人民共和国国民经济和社会发展第十四个五年规划和 2035 年远景目标纲要》进一步提出要深化农产品收储制度改革。

国家储备制度改革过程中，供销合作社一直参与其中，在棉花流通方面表现得最为明显。计划经济体制下，供销合作社承担国家棉花“统购统销”任务。1998 年之后，为适应农村流通体制改革要求，我国逐步开放棉花购销市场，2001 年国内棉花市场全面放开后，供销合作社棉花骨干企业进行了大刀阔斧的改革，经过不断的市场调试，逐渐在改革改制中找到了定位，继续发挥着棉花市场的调节作用。尤其是在棉花临时收储政策执行过程中，棉花企业发挥了稳定棉花市场、保护棉农利益的“压舱石”作用。新时期以来，随着供销合作社“质量兴棉”行动的实施，为应对市场需求的快速变化，棉花企业加大了产业结构调整，逐步向前端的生产和后端的纺织品加工进行服务延伸，采取“期货 + 现货”结合的经营方式，不断提升棉花全产业链服务能力。

从实践来看，农副产品储备制度在应对重大公共卫生事件和自然灾害中，起到了很好的稳定市场的作用。重要农副产品的投放，能够有效防止供应短缺和价格异常波动。2020 年以来，新冠肺炎疫情为经济社会带来了极大影响，供销合作社积极承担保供稳价任务，发挥沟通城乡双向流通优势，通过建立信息平台，协同推进供、需、配相关工作，在备春耕、保供给、防滞销、促增收、惠民生等工作中，承担了疫情条件下兜底保障的保供稳价职责。湖北等地政府将县级生活生产物资应急储备中心建设及管理任务交给供销合作社负责，使其成为各级政府健全应急储备体系的重要举措，发挥了应急反应、物资保障、快速投送和综合救援能力，做到关键时刻调得出、用得上。供销合作社具备了承担更多应急储备任务的条件和能力。

（二）强化流通组织公益性功能，发挥流通渠道示范效应

在农产品流通管理体制逐步完善的条件下，农产品批发市场在宏观调控方面的作用越来越突出，农产品批发市场公益性的定位得到政策上的认可。2011 年，国务院首次明确提出鲜活农产品市场“公益性”的概念⑥。2014 年，相关部门发文要求⑦，对不能实际发挥公益性功能的市场要执行强制退出，农产品批发市场的公益性开始受到越来越多的重视。2016 年，《商务部等 12 部门关于加强公益性农产品市场体系建设的指

导意见》提出，要加快培育一批全国和区域公益性农产品批发市场。但是，目前我国公益性农产品批发市场发展缓慢，农批市场的公益性功能偏弱、机制保障和政策支持不够等问题依然存在[18]，多数地方农产品市场规划效率不强，网点不足与重复建设问题并存，难以满足政府调控要求和城乡居民需要。

新时期以来，供销合作社利用网络和资源优势，发挥大中型农产品批发市场平台作用，持续推进冷链、仓储、物流、环保、质检等设施建设，带动零售渠道和市场快速发展，不断强化批发市场的公益性功能，为促进公益性农产品市场体系建设起到了极强的示范作用⑧。近年来，供销合作社系统农产品批发市场建设取得长足进步，管理和经营了全国1/4的批发市场，并且涌现出了嘉兴果品市场、庆元香菇市场等一批具有较强辐射带动效应的大型产销地市场主体。以中国供销农产品集团有限公司为代表的农批市场建设运营主体，通过改造新建、收购托管等方式稳健布局基础设施。发挥渠道品牌、供应链金融、经营网络等优势，整合批发市场行业资源，拓展农产品供应链服务范围。通过农产品批发市场信息化技术运用，推动农批市场数字化转型，搭建农产品流通大数据管理系统⑨。在提升农产品流通效率、构建农产品现代流通体系方面发挥着重要的引领作用。

（三）建设农产品冷链物流体系，补齐农产品流通设施短板

农产品冷链物流建设是农业社会化服务体系的重要组成部分，也是建立冷藏储备和应急保供机制、确保重要农产品有效供给的必要保障，对构建现代农业产业体系和现代农业发展具有重要的支撑作用。2004年，我国提出建设冷藏和低温仓储运输为主的农产品冷链系统。2010年，国家发展改革委发布了《农产品冷链物流发展规划》，明确了我国农产品冷链物流产业的发展方向。2019年7月，中共中央政治局会议首次把城乡冷链物流基础设施建设列为下一步重点实施的补短板工程。2020年中央一号文件提出启动农产品仓储保鲜冷链物流设施建设工程，2021年，《“十四五”冷链物流发展规划》提出到2025年基本建成符合我国国情和产业结构特点、适应经济社会发展需要的冷链物流体系。

新时期以来，我国冷链物流体系建设发展态势良好，冷链基础设施布局不断加快，冷链物流主体逐渐多元，冷链物流业态逐步成熟，但是，仍然存在冷链设施布局不合理、配送网络不健全、信息化水平较低、流通效率不高等问题。相对发达国家而言，我国初级农产品冷链运输率一直偏低，冷链断链所导致的农产品腐损率是发达国家的两倍左右[19]。由于冷链建设投资大、回报周期长，市场主体投资意愿不强，导致农产品产地冷链物流设施建设不足，小农户、新型农业经营主体对冷链物流设施及服务的需求无法满足。销地生鲜农产品“断链”问题频发，为食品安全埋下隐患，较难适应城乡居民消费升级的需求。完全依靠市场难以解决冷链设施供需矛盾，迫切需要更好地发挥政府的调控作用。

农产品冷链物流关系到基础民生保障，具有准公共性特征。因此，《“十四五”冷链物流发展规划》强调，支持供销合作社公共型农产品冷链物流体系建设，进一步明确了供销合作社冷链物流体系的作用。推进公共型农产品冷链物流设施建设，有利于弥补市场失灵、加快区域农产品冷链物流设施建设布局。尤其是在新冠肺炎疫情防控常态化背景下，通过布局建设公共型农产品冷链物流体系，承担政府物资储备和应急保障任务，为政府宏观调控和应对突发事件提供保障。新时期，冷链物流体系的公共属性显得越发重要。2019 年起，在地方政府的支持下，广东、江西等地供销合作社承担了地方冷链物流骨干网建设责任，供销合作社承担了政府向社会力量购买服务的职责，担负起公共型农产品冷链物流体系建设任务。

（四）支撑县域商业体系建设，健全农产品经营服务网络

建立健全农产品和农村现代流通网络，需要确立农产品流通的长效机制，构建完善的农产品经营服务体系是一项重要内容。2007 年中央财政正式设立了“新网工程”专项资金，将实施“新网工程”作为发展农村现代流通体系的重要内容。供销合作社不断加快农产品市场的培育，新建或改造升级一大批原有的经营网点和流通设施，持续增强市场的仓储运输、冷链物流能力，大力发展电子商务等现代流通方式，打造产加销一体化的农产品经营服务体系。以“新网工程”为主要载体，供销合作社全面推动农产品经营网络建设，2012 年，《中华全国供销合作总社关于加强供销合作社鲜活农产品流通工作的指导意见》《中华全国供销合作总社加强鲜活农产品流通工作方案》出台，2015 年，《交通运输部　农业部　供销合作总社　国家邮政局关于协同推进农村物流健康发展　加快服务农业现代化的若干意见》发布，供销合作社更好地肩负起其社会职责。2020 年为进一步拓展脱贫地区农产品销售渠道，继续做好消费帮扶工作，供销合作社搭建了“脱贫地区农副产品网络销售平台”（832 平台），支持全社会广泛参与采购脱贫地区农副产品，通过严把产品质量关、价格关，将更多脱贫地区的农产品卖向全国。

新时期，党中央、国务院高度重视农村商业体系建设工作，把它作为巩固拓展脱贫攻坚成果、全面推进乡村振兴的重要内容，作为畅通国内大循环，培育完整内需体系的必然选择。但是，由于我国县域商业体系的建设滞后，农村商业设施相对不足，农村商业主体小、散、弱，农产品商品化率偏低等，影响了乡村消费潜力的进一步释放。近年来，中华全国供销合作总社与商务部共同印发了多个“深化战略合作”的文件，将供销合作社作为完善农村现代商贸流通体系、培育完整内需体系的重要载体，推动农产品现代流通体系建设。2021 年，《商务部等 17 部门关于加强县域商业体系建设促进农村消费的意见》发布，涉及健全农村流通网络、加强市场主体培育、丰富农村消费市场、增强农产品上行能力、加强农资市场建设等工作。其中，供销合作社共参与 13 项重点任务分工，其他未参与分工的任务也大多数与供销合作社业务密切相

关。一系列的政策保障，为供销合作社开展县域商业体系建设赋予了更多的职能。2022 年起，供销合作社开展县域流通服务网络建设提升行动，下大力气提升农产品流通网络服务能力。

（五）支持农产品流通业态创新，促进农业产业转型升级

2015 年之后，随着移动互联网、平台支付技术、消费购物场景的巨大变化，诸多新模式、新业态、新消费不断涌现。受到新冠肺炎疫情等外部环境的影响，消费者线上消费的行为习惯逐渐形成，新型消费业态有效满足了居民生活需要，在稳定国内消费、优化产业结构、促进企业转型等方面发挥了积极作用。为此，2019 年，《国务院办公厅关于加快发展流通促进商业消费的意见》提出，加快发展农村流通体系，改造提升农村流通基础设施，促进形成以乡镇为中心的农村流通服务网络。面对新型消费领域存在的基础设施不足、服务能力偏弱、监管规范滞后等突出短板和问题，2020 年，《国务院办公厅关于以新业态新模式引领新型消费加快发展的意见》发布，力求补齐新型消费短板，以新业态新模式为引领加快新型消费发展。

随着综合改革持续深入，供销合作社在基础设施建设、流通服务供给、公益性职能发挥方面，积累了诸多经营服务经验。新业态新模式依赖的产业基础、服务设施、供应链服务等，是供销合作社长期坚持和创新拓展的核心内容。新时期，供销合作社正在根据市场发展新趋势及时进行业务模式调整，积极为地方产业的转型升级提供基本支撑。同时，供销合作社形成了推动农产品流通体系高质量发展的政策体系。2018 年以来，《商务部办公厅　国家发展改革委办公厅　中华全国供销合作总社办公厅关于进一步推动农商互联助力乡村振兴的通知》《商务部等 5 部门关于进一步落实城乡高效配送专项行动有关工作的通知》等文件发布，中华全国供销合作总社制定了落实《国务院办公厅关于加快农村寄递物流体系建设的意见》的实施方案，为农产品市场提质升级提供有效支持。

四、供销合作社农产品流通服务面临的现实难题

农产品流通一直是供销合作社的主业之一。2015 年以来，供销合作社农产品流通业务规模持续扩大。2022 年，实现农产品销售额达到了 2.8 万亿元[4]，农产品市场年交易额约占全社会的 15%，农产品购进额连续多年实现稳步增长。2022 年，供销合作社系统从贫困地区购进农产品 3590 亿元[4]，较好地解决了脱贫地区农副产品产销对接问题。目前，其在经营规模、主体数量、基础设施、网络布局、市场调控等方面，仍然保持着较大的经营服务优势。但是，在构建现代农产品流通体系中，供销合作社面临的问题和挑战依旧突出。

（一）基础设施布局日趋完善，农产品流通网络优势仍待进一步发挥

截至 2021 年，供销合作社系统建设运营农产品市场 4485 家，其中农产品批发市场

1611 家，遍布全国 27 个省区市。拥有冷链设施的企业 2600 多家，冷库总库容近 600 万吨，拥有各类在建项目冷库设计总库容超 276 万吨，冷藏车近 4000 辆。共有连锁企业 6100 多家，配送中心 9300 个，发展连锁、配送网点 73.5 万个，其中县及县以下网点 68.5 万个。经营服务网络覆盖全国绝大部分乡镇和 70% 以上的行政村，形成了辐射县、镇、村三级的农产品流通服务网络。

供销合作社虽然拥有了覆盖城乡、数量众多的经营服务网点，但是“全国一盘棋”功能和作用未充分显现。跨区域、跨行业的联合合作机制尚未建立，有效的产业链、供应链和价值链没有形成，上下游企业流程优化和功能整合难以开展。农产品流通设施布局仍需完善，一些老城区、城乡接合部、县以下地区，存在市场设施简陋、管理粗放、农产品质量管控薄弱等问题，未形成稳定健全的农产品购销网络和渠道。尽管冷链物流有一定程度的发展，但总体起步较晚、基础薄弱，冷链物流的产业链、供应链管理体系缺乏，农产品流通体系的集约化、组织化程度比较低，资源优势没有完全转化成经营服务优势。

（二）市场交易模式丰富多元，农产品流通经营服务能力有待进一步提升

供销合作社拥有丰富的市场交易模式。截至 2022 年，供销合作社系统农产品批发市场年交易额近 1 万亿元，年交易额达亿元以上的有 237 家[4]，主要采取对手交易方式。2015 年之后，供销合作社电子商务取得较大发展，开展电子商务活动的企业 3977 个，登记注册为电子商务企业的有 1814 个，其中，自建电子商务平台的企业 1461 个，入驻商户 15.4 万户[20]。山东、广东等地供销合作社，借助农批市场冷库资源，以及产业园区优势，探索“中央厨房”、集采集配农产品流通新模式。海南、江苏等地借助冬交会等展销活动拓宽农产品销售渠道。

随着电子商务等流通新业态的快速发展，消费者对农产品的品质、时效性和多样性都提出了更高的要求。然而，许多供销合作社并没有及时调整服务方式和经营思路，要么固守现有的经营流通网络，要么拘泥于传统的流通服务方式，对数字化、信息化等新技术和新业态缺乏敏感度和接受度。企业家精神缺乏、主动营销的意识不足，品牌建设运营、农产品追溯、数字化管理等方面的工作相对滞后。供销合作社系统人员年龄结构不合理，工作主动性、创新性、积极性不高，在解决农产品流通“最初一公里”问题方面方法不多。

（三）市场经营主体发展壮大，农产品流通企业经营实力仍需进一步加强

供销合作社拥有庞大的流通市场主体。2020 年，供销合作社系统有农副产品经营企业 5132 家，农产品生产加工企业 1472 个，省部级及以上认定的农业产业化龙头企业 952 个，拥有冷链设施的企业 2607 家。全系统组织农民兴办的各类专业合作社 19.2 万个，农民专业合作社联合社 9865 个。其中，16.5 万个农产品类专业合作社中，棉花专

业合作社1321个、干鲜果蔬专业合作社5.4万个、粮油作物专业合作社2.3万个。全系统主管、领办的协会（商会）1.28万个，其中，农产品协会6112个，农产品流通经纪人协会1215个[20]。

据中华全国供销合作总社统计，供销合作社系统农业产业化国家重点龙头企业12家，仅占全社会1120家的1%。社有企业综合服务实力不强，供应链管理水平不高，缺少供应链上下游的协同，没有形成价值创造能力和经营优势。近几年，供销合作社系统规模较大、具有一定影响力的长春果品批发市场、杭州果品批发市场以及沈阳市果品中心批发市场，先后被中国地利集团收购，很多地方失去了对企业的控制权。因此，在保持供销合作社的控制力和影响力、有效应对日益激烈的市场竞争、更好地发挥流通企业市场调控作用等方面，给供销合作社开展流通服务带来了挑战。

（四）流通公益职能有效发挥，经营性和公益性互促机制尚待进一步完善

供销合作社积极承担保供稳价任务，2022年，全系统697家社有企业被各级政府列为重点保供企业，各类经营网点克服疫情影响，不停业、不断货、不涨价，保障了防护物资和粮油果蔬、肉禽蛋奶等生活必需品供应。广东供销合作社承担了指导农村合作经济组织发展、农村商品流通体系建设等职能，新疆供销合作社承担特色林果产品“区内收购网”和“区外销售网”建设任务，海南省供销合作社承担全省消费帮扶工作。中国供销电子商务有限公司建设和运营“832平台”，架起了预算单位与脱贫地区的桥梁，截至2022年年底，农产品销售超过了300亿元[4]。

作为党领导下为农服务的综合性合作经济组织，供销合作社承担了一定的市场调控职能。但是，其本身仍是一个自主经营、自负盈亏的市场主体，社有企业一直在经营性和公益性之间寻找平衡。为了改变单一的“一买一卖”的流通格局，供销合作社系统大力推动由流通服务向农村综合服务的延伸。这一转变也对供销合作社的综合经营服务能力提出了更高的要求，在服务规模和服务内容未能建立相对优势的前提下，现有经营性职能尚不能完全支撑公益性职能的发挥，需要通过一定的产业发展政策给予扶持。经营性和公益性职能相互促进的市场机制的建立，仍需经历较长时间的考验。

五、提升供销合作社农产品流通服务能力的思路与方向

我国高度重视农村现代流通工作，将其作为畅通国内大循环、服务扩大内需的重要任务。关于深化供销合作社综合改革的多个相关文件均指出，“推动供销合作社由流通服务向全程农业社会化服务延伸、向全方位城乡社区服务拓展”。随着综合改革的持续深化，供销合作社逐步形成了遍布城乡的经营网络，积累了一定的农产品流通服务经验。新时期，供销合作社要把握好政府宏观调控的方向，进一步优化流通服务职能，顺应农产品市场发展趋势，加快构建跨区域、跨层级、高效顺畅的农产品流通服务网络，积极投身农村现代流通体系建设。

（一）发挥农产品流通平台作用，推动传统业务服务能力升级

一是搭建农批市场数字化服务平台。加快农批市场信息平台建设，面向市场内经销商、农产品经纪人、市场采购人员等提供交易结算、质量检验、信息发布、仓储物流、供应链金融等服务。充分发挥农批市场信息的传导功能，推动农批市场交易数据的应用向供应链的前后端延伸，集成农产品的生产端、流通环节和消费端的信息，解决农产品供应链断链问题。加快农批市场与产区大数据结合，继续做好重要农产品价格指数发布等工作。二是构建一体化的物流服务平台。发挥大型仓储物流和物流园区引领带动作用，利用供销系统产业基金和政府专项债等杠杆作用，加快互联网、物联网技术对物流资源赋能，推动传统物流网络全面升级，加快物流服务平台建设，开发云仓等新型物流服务模式，形成覆盖全国重点区域的一体化物流网络。为供销系统内外企业或个人等供应链主体，提供货品管理、物流运输、商品经营、配送等一站式物流服务。三是提高产销对接的效率和质量。支持农产品销售企业利用新型信息技术手段，对农产品流通渠道进行改造，减少流通中间环节，缩短农产品供应链，推动供需的高效对接。助力农产品认证体系和质量追溯体系建设，加快区块链、物联网等技术在流通中的应用，实现农产品供应链的高效管理，推动农产品质量全程可追溯。推动农贸市场智慧化升级，建立完善的农产品配送体系，充分利用供销合作社的政策和组织优势，尝试区域性、本地化生鲜农产品配送模式，解决产销对接不畅的问题。

（二）发挥供应链产业链优势，推动新兴业务支撑体系建设

一是完善利益联结机制，构建供应链服务体系。供销合作社要充分利用自身的组织优势，加强与农民专业合作社、家庭农场等主体深度合作，探索“农超对接”“订单农业”等利益联结机制，推动建立长期稳定的购销关系。创新农产品批发市场进入零售环节的方式，开设或叠加生鲜连锁零售终端，建立批发市场公共配送平台，探索“中央厨房＋冷链配送”的新业务模式。顺应直播电商等发展趋势，借助大数据等信息技术手段，为直播平台的品牌商、企业、达人等新流通主体提供稳定、高效的供应链服务。二是集约利用物流资源，开放共享配送体系。发挥供销合作社流通资源优势，加快现有城乡流通网络数字化升级，采用新型数字化工具优化配送网络和线路，构建区县物流配送中心、城乡物流网络节点、末端综合服务网点相互支撑的区域配送网络。发展区域内的共同配送，充分利用覆盖城乡的流通网络，有效地衔接城乡需求，建立完善的城乡双向流通渠道。三是谋划布局产业互联网，利用大数据改造传统农业。充分利用供销合作社为农服务的资源优势，推进农业生产、经营、管理及服务的信息化建设，着力提升农业信息服务水平。强化数字赋能，创新发展农业生产“云服务”，提升农业经营服务专业化、体系化、数字化水平。利用渠道优势带动农业产业互联网的发展，从生产、加工、流通、销售，以及产品需求等方面，为农业信息化的有序推进

提供数据和服务支持，给数字农业发展注入新动能。

（三）优化流通市场调控机制，更好地发挥农产品保供稳价作用

一是深度参与生活必需品的应急保供。供销合作社应积极对接地方应急物资储备中心建设，重点参与区域内生活必需品应急储备库、蔬菜应急储备库等建设和运营，探索“县级应急物资储备库—乡镇商超—村组（社区）”配送模式，保障城乡生活物资供应。做好日用生活消费品保供稳价，通过社有企业、农民专业合作社等经营主体，储备阶段性急需的生活物资，确立适宜的周转时间和周转量，提升粮、油、肉、禽、蛋、奶等重要农产品供给能力。二是发挥好棉花交易市场的平台作用。1998 年，供销合作社建立国内唯一的国家级棉花现货平台——全国棉花交易市场，2001 年开始，中央提出棉花实现储备与经营分开，全国棉花交易市场在市场经济条件下发挥的作用越来越突出。面对国内国际百年未有之大变局，发挥好供销合作社在统一大市场构建中的作用，通过线上线下一体化经营，为相关涉棉企业提供交收、结算、仓储、融资、信息等服务，不断提升产业链服务水平，解决涉棉企业生产和经营中的问题。三是建立东西协作产销对接市场机制。发挥供销合作社供应链体系和产销对接政策优势，打通“产区 + 销区”系统资源对接新渠道，建立产地和销地供销合作社协作机制，通过空运、直发、中转仓等对接销区线下门店等方式，进行中转分发，降低成本。建立物流前置仓、中转仓运营商的需求对接机制，通过集合订单进一步提高中转仓与前置仓的使用效率。在此基础上，建设专门的农产品物流干线，减少中转环节，形成规模效应和体系化普惠物流通道。

（四）优化基础设施功能布局，建强公共型冷链物流体系

一是充分发挥项目制的优势作用。冷链基础设施建设属于重资产投资，供销合作社要将冷链物流体系建设纳入同级政府规划，确保能够在发展改革委整体立项，统筹谋划、整体推进。采取产权联合、项目合作、资产对接、业务整合等方式，通过系统内外联合合作集聚各级供销合作社力量，协调推进区域项目的落地实施。二是推动冷链物流网络协同发展。供销合作社应发挥公共型农产品冷链物流的规模优势，加快形成跨区域的冷链物流骨干网体系，整合各级供销合作社为农服务和冷链物流资源，逐步向更大区域的优势产区和主销区拓展流通服务。提升与社会冷链物流资源的协同发展能力，加强与外部冷链物流经营主体在市场、资源、社会服务、发展环境等方面的合作，形成专业分工明确的网络化协同发展格局。三是有序推进冷链物流智能化升级。加强物联网、云计算、大数据、移动互联等先进信息技术应用，推进冷链物流运营管理信息化、数字化、智能化，逐步建立全国层面的冷链物流数字服务平台，实现交易、仓储、物流一体化运营。发挥公共服务平台优势，为相关的生产企业、流通主体、农业生产者提供信息采集、数据分析、产品追溯等流通和交易支持服务。

六、结论与启示

2015 年以来，随着深化综合改革的持续推进，供销合作社系统组织的网络覆盖面不断扩大，流通基础设施条件逐步完善，流通效率和运营水平大幅提升，在农村现代流通体系中的突出作用再次显现。与以往行政指令下的流通主渠道不同，现阶段供销合作社通过市场化的手段来完成政府赋予的职能，在保障商品供应、促进农产品流通和农村消费、带动农民增收致富等方面发挥了积极作用。新时期，作为政府宏观调控的一项政策选择，供销合作社在农产品现代流通体系构建中，迎来了新的发展机会，也面临新的风险挑战。下一步，供销合作社要进一步明确组织定位、更好地发挥组织功能、不断提升组织效率。

第一，从农产品流通趋势来看，大部分农产品依然经由批发市场分销，这一渠道仍然是我国农产品流通体系的枢纽和核心。从数量和规模来看，供销合作社经营和管理了全国 1/4 的农批市场，占有 15% 左右的市场份额。供销合作社要顺应数字经济发展的新趋势，加快搭建农批市场公益性服务平台，不断提升农产品流通服务水平和能力，更好地发挥流通主渠道的引领和示范作用。

第二，我国初步构建起的农产品仓储物流保鲜网络短板依然突出，农产品流通损耗和流通价格居高不下，市场机制在解决问题方面存在缺陷。在相关政策的支持下，供销合作社需要承担更多冷链物流骨干网的建设，逐步构建跨区域、多功能、高效率的冷链物流体系，通过公共型服务网络的建设为流通破题提供解决方案。

第三，农产品流通技术条件日趋成熟，互联网普及、先进物流技术加速应用、数字化建设速度加快，为推动传统流通企业转型升级提供了必要条件。供销合作社要尽快找准在数字经济中的定位，加速推动“数字供销”建设，一方面要不断推动传统渠道的数字化升级，另一方面要为全社会新业态创新提供基础性的服务。

第四，农产品流通主体集团化、公司化经营模式不断创新，大大提升了购销渠道的稳定性和抗风险能力，也为供销合作社流通企业经营带来了有益的借鉴。供销合作社要发挥产业化联合体的独特优势，加快供应链核心企业打造，强化对系统流通企业的资源整合，不断优化农产品产业链供应链。

第五，由于城镇化带来的人口集聚和消费集中，人们对鲜活农产品的消费需求巨大，农产品跨区域流通空间更加广阔。高速公路网的延伸和“绿色通道”政策的实施，使得农产品全国大市场、大流通成为现实。加之数字和信息技术的持续赋能，为供销合作社“产区 + 销区”的合作模式提供了空间。供销合作社要借鉴利用好东西协作消费帮扶的经验，在产销对接模式创新上进行更多探索。

注释：

①预购合同是用国家的资金委托合作社来办理的合同；购销结合合同是用合作社自有资金订购

国家预购之外的农产品的合同。

②“四项改造”是指以参与农业产业化经营改造基层社，以实行产权多元化改造社有企业，以实现社企分开、开放办社改造联合社，以发展现代经营方式改造经营网络。

③通过安排财政资金，以补助或贴息的方式，引导城市连锁店和超市等流通企业向农村延伸发展“农家店”，力争用三年的时间，孕育出25万家连锁经营的农家店，构建以城区店为龙头、乡镇店为骨干、村级店为基础的农村现代流通网络，使标准化农家店覆盖全国50%的行政村和70%的乡镇。

④支持100家大型农产品批发市场和100家大型农产品流通企业，建设或改造配送中心、仓储、质量安全、检验检测、废弃物处理及冷链系统等。

⑤在5年内通过多方筹资重点扶持建设500个农产品批发市场，推进设施改造升级和业务功能拓展等20项工作。

⑥《国务院办公厅关于加强鲜活农产品流通体系建设的意见》（国办发〔2011〕59号）。

⑦《商务部等13部门关于进一步加强农产品市场体系建设的指导意见》（商建发〔2014〕60号）。

⑧《中华全国供销合作总社关于加强公益性农产品批发市场建设的实施意见》（供销经字〔2016〕35号）。

⑨中国供销农产品价格指数和农业大数据发布中心，发布40个日常农产品的全国主要农产品批发市场价格指数，以及赣南脐橙、庆元香菇等6个单品价格指数。

参考文献

［1］刘凤义．论社会主义市场经济中政府和市场的关系［J］．马克思主义研究，2020（2）：5－15，163.

［2］王晓东，许雅琳，王诗桪．政府治理视角下的国有流通企业：功能定位及其逻辑［J］．中国行政管理，2022（5）：66－72.

［3］谢莉娟，万长松，武子歆．流通业发展对城乡收入差距的影响——基于公有制经济调节效应的分析［J］．中国农村经济，2021（6）：111－127.

［4］韩立平．主动担当作为　持续深化综合改革　为全面推进乡村振兴加快建设农业强国贡献力量——中华全国供销合作总社第七届理事会第五次全体会议上的工作报告（摘要）［J］．中国合作经济，2023（1）：4－12.

［5］唐任伍，叶天希，孟娜．供销合作社助力乡村振兴的历史演变、内在逻辑与实现路径［J］．中国流通经济，2023，37（1）：3－11.

［6］王军．供销合作社改革历程与新时代综合改革方向研究［J］．新疆农垦经济，2020（11）：22－29.

［7］蒋省三．供销合作社六十年之思辨（下篇）［J］．中国合作经济，2013（7）：4－12.

［8］陈丽芬，王水平．“十四五”建设现代流通体系的战略任务与路径选择［J］．发展研究，2022，39（10）：37－45.

［9］中国供销合作经济学会，中华全国供销合作总社管理干部学院．筑牢高质量发展基

石——关于完善供销合作社体制的研究［J］. 中国合作经济，2022（9）：4 －29.
［10］杨德寿. 中国供销合作社发展史［M］. 北京：中国财政经济出版社，1998.
［11］《中国共产党简史》编写组. 中国共产党简史［M］. 北京：人民出版社，中共党史出版社，2021.
［12］陈锡文. 读懂中国农业农村农民［M］. 北京：外文出版社，2018.
［13］宋洪远. 大国根基：中国农村改革 40 年［M］. 广州：广东经济出版社，2018.
［14］杨旭，李竣. 供销合作社：角色、功能与改革［J］. 经济学家，2023（1）：98 －108.
［15］宋洪远，等. 近代以来中国农村变迁史论（1978—2012）［M］. 北京：清华大学出版社，2019.
［16］赵晓飞，付中麒. 大数据背景下我国农产品流通渠道变革实现路径与保障机制［J］. 中国流通经济，2020，34（12）：3 －10.
［17］王晓东. 在统筹发展和安全中完善重要商品储备制度——以农产品为视角的分析［J］. 中国农村经济，2022（5）：2 －19.
［18］王秀杰. 公益性农产品批发市场建设需解决的几个问题［J］. 中国发展观察，2019（21）：45 －48.
［19］傅娟，杨道玲. 我国冷链物流发展的现状、困境与政策建议［J］. 中国经贸导刊，2021（9）：20 －23.
［20］中华全国供销合作总社经济发展与改革部. 全国供销合作社系统 2020 年基本情况统计公报［EB/OL］.（2021 －05 －07）［2023 －03 －09］. http：//www. china-coop. gov. cn/news. html？aid =1708771.

国内外农产品物流研究综述*

一、引言

党的十九届六中全会提出，要深入推进乡村振兴，奋力走好农业农村现代化道路。2022 年，中央一号文件明确提出要推动农业现代化，推进农产品物流的发展。为此，在乡村振兴战略背景下，发展农产品物流对全面实施乡村振兴战略有着重要意义。依据国家发展改革委和中国物流与采购联合会（以下简称“中物联”）2020 年全国物流运行情况通报中的数据，农产品物流总额 4.6 万亿元，较 2019 年增长 3.0%。农产品特殊的性质导致其在运输中需要采取冷藏及冷链运输。国务院办公厅发布的《“十四五”冷链物流发展规划》中的统计数据显示，近年来，我国冷链物流市场规模快速增长，2020 年，冷链物流市场规模超过 3800 亿元，冷库库容近 1.8 亿立方米，冷藏车保有量约 28.7 万辆，分别是“十二五”期末的 2.4 倍、2 倍和 2.6 倍左右。截至 2020 年 12 月底，农产品冷链规模超过 600 万吨。综上，探讨农产品物流相关研究对我国农业的发展具有现实意义。

从现有的文献来看，学界对于农产品物流有关方面的研究分布在不同研究主题之中，呈现较强的碎片化特征，对国内外农产品物流领域研究的热点内容梳理总结以及整合文献较少。基于此，本文选取 64 篇文献进行整理分析，主要对农产品物流的概念及特点、农产品冷链物流、农产品国际物流以及农产品供应链物流四个方面进行整合性综述，并对农产品物流进行定量化测度所采用的计量模型进行了总结和评价。以此为基础，进一步探讨出农产品冷链物流未来的研究方向，进而为国内农产品物流未来研究提供参考。

二、农产品物流内涵

（一）农产品物流概念

1905 年，琼西·贝克（Chauncey B. Baker）从军事后勤的视角提出了 Logistics 的物

* 供稿人：张学会，西安财经大学中亚（吉尔吉斯斯坦）经济政策研究中心，西安财经大学管理学院；沈映鹤、田一凡，西安财经大学管理学院。文章发表于《物流研究》2022 年第 3 期。

流概念，原意为“实物分配”或“货物配送”。随着科技发展，现阶段的物流概念与军事后勤学上原有的物流概念（Logistics）已经有了很大不同。现阶段物流在传统物流中引进高科技手段，是基于企业生产、加工、仓储、销售、配送等全方位的物流。

国内对农产品的界定分为广义和狭义。广义农产品是指人们利用动物和植物有目的地获取食物和其他物质资料的经济活动的产物；狭义农产品是指农业生产的直接产物[1]。

农产品物流是物流业的一个分支，是指为了更好地满足顾客的需求和完成农产品的使用价值而进行的农产品物质实体及相关信息从产地到消费者之间的物理性活动[2]，并且能在农产品运输、常温或冷藏储存、装卸搬运、包装、流通加工、配送和信息处理等环节中创造出时间价值与加工价值，最终将农产品安全地送达顾客手中[3]。

（二）农产品物流特点

农产品本身具有鲜活性、多样性的特点，在生产方面具有很强的周期性、区域性特点，故在销售方面也就更加特殊、更加复杂等，这决定了农产品物流与其他物流的不同。现有文献主要从农产品物流的范围、物流量、市场化程度以及风险等角度概括了相关特点，如表 3 –6 所示。

表 3 –6　　农产品物流特点

农产品物流特点	相关文献作者
农产品物流各环节标准及技术要求较高	顾淑红等[4]；侯茂章和夏金华[5]；熊健[6]
农产品流通建设薄弱、市场化程度较低	邢坤[7]；路剑等[8]
农产品物流量大、范围广	戴澍和马伟华[9]
农产品受季节性因素影响较大、农产品物流风险较大	徐娟和叶耿瑞[10]；刘威[11]

三、国内外关于农产品物流的主要研究成果

国内外对农产品物流的基础研究相对较少，本文对农产品物流的研究主要集中于农产品冷链物流、农产品国际物流以及基于信息化的农产品供应链物流等方面。

（一）农产品冷链物流研究

在商品流通过程中，大多数农产品以生鲜品和冷冻冷藏品为主，因此农产品大多需要以冷链物流的运输方式流通。

1. 政府对农产品冷链物流的支持政策

近年来，随着生鲜品和冷冻冷藏品的市场需求量越来越高，冷链物流作为一种确

保农产品流通过程中质量的有效物流方式，其所在行业的发展也越来越好。

目前，我国经济已由高速增长转向高质量发展，因此在该阶段大力发展农产品的冷链物流，不仅可以降低企业的运营成本，而且可以促进乡村产业振兴、农民持续增收和农产品消费升级[12]，具体政策如表 3－7 所示。

表 3－7　　2021 年中国农产品冷链物流建设重点政策

发布时间	部门	政策文件	相关重要内容
2021 年 8 月	商务部、发展改革委、财政部、自然资源部、住房城乡建设部、交通运输部、海关总署、市场监管总局、邮政局	《商贸物流高质量发展专项行动计划（2021—2025 年）》	《商贸物流高质量发展专项行动计划（2021—2025 年）》明确提出加快推进冷链物流发展、提升供应链物流管理水平、推广应用现代信息技术、优化商贸物流网络布局等 15 个重点任务
2021 年 12 月	国务院办公厅	《“十四五”冷链物流发展规划》	到 2025 年，初步形成衔接产地销地、覆盖城市乡村、联通国内国际的冷链物流网络，基本建成符合我国国情和产业结构特点、适应经济社会发展需要的冷链物流体系，调节农产品跨季节供需、支撑冷链产品跨区域流通的能力和效率显著提高

随着我国越发重视“三农”发展和乡村振兴，发展农产品冷链物流也成为提高我国农产品国际竞争力的重要举措。胡建森[13]从社会经济发展角度研究了我国生鲜农产品冷链物流的发展趋势，提出了物流系统不健全、技术设备不先进、法律制度不完善等问题，并提出要加快物流网络建设以及物流基础设施建设等。

2. 农产品冷链物流配送路径优化研究

有关农产品冷链物流配送路径优化的研究方法主要是基于人工蜂群算法、粒子群算法以及蚁群算法等。Ding 等[14]提出了求解带时间窗的车辆路径问题的混合蚁群算法，并将节约算法和 λ－interchange 机制嵌入蚁群算法，以提高算法收敛速度。蔡浩原和潘郁[15]创建了带有时间窗的生鲜农产品冷链物流路径优化模型，通过人工蜂群算法对模型进行求解，根据数值算例验证了所建模型的合理性，找到科学合理的路线规划。康凯等[16]充分考虑固定成本、运输成本和货损成本，构建了考虑碳排放的生鲜农产品配送路径优化模型，并提出改进蚁群算法，结合实际案例，验证了该模型和优化算法的实效性，为企业的配送决策带来了价值。樊世清等[17]在考虑固定成本、运输成本、能耗成本的情况下，构建了农产品冷链物流车辆配送路径优化模型，采用改进蚁群算法和 MATLAB 软件验证模型的合理性。

（二）农产品国际物流研究

国际物流又称全球物流，有广义和狭义两个方面。广义的国际物流包括国际贸易物流、非贸易物流、国际物流合作、国际物流投资项目、国际物流通信等领域。狭义的国际物流主要是指当生产制造与消费在两个或两个以上的国家单独完成时，为了更好地解决生产制造和顾客之间的空间与时间差距，为了更好地完成国际商品交易而开展的国际交流活动[18]。当前学界主要围绕“一带一路”背景下各区域间农产品国际物流发展开展研究。

1. “一带一路”背景下的农产品国际物流发展

近年来，我国积极推动共建“一带一路”高质量发展，推进一大批关系沿线国家经济发展、民生改善的合作项目。国际贸易的发展也影响着国际物流的发展，与“一带一路”沿线国家的现行政策和发展战略相互融合，从而加强了与周边国家的贸易发展，可以促进沿线国家的经济发展[19]。2007 年之前，世界银行还未公布国际物流绩效时，学者多数对国际物流对国际贸易的影响进行定性研究。自 2007 年公布国际物流绩效至今，Vide 等[20]提出，提高物流绩效可以提升欧盟成员国的出口贸易。Hertel 和 Mirza[21]依据物流绩效指数实证分析得出，全球农产品贸易以及加工制造业均受物流绩效指数的正面影响。孙慧和李建军[22]运用引力模型分析了“一带一路”沿线国家国际物流绩效对中国中间产品出口的影响，得出对出口影响最大的是物流基础设施质量，其次是国际运输便利性，再次是货物运输及时性，最后是物流服务能力的结论。曹蓄温[23]选取 2008—2019 年中国与丝绸之路经济带沿线 20 个农产品贸易国之间的进口数据作为研究样本，构建回归方程对物流绩效如何影响中国农产品进口进行了测度，旨在明确物流绩效的影响机制，推动我国农产品进口贸易的发展。

2. 中国各省份、各地区的农产品国际物流发展

孔娟和曹长省[24]对东亚、西欧、北美等地发达国家的物流模式与中国农产品物流模式进行了对比分析，以中国浙江省为例，分析其特色农产品物流现状和存在的问题，提出基础设施建设以及产销一体化、农产品电子商务交易网络的实施策略。罗宁[25]简单分析了自贸区建设对陕西农产品国际物流的较大影响，如使农产品物流更专业、更标准，对农产品物流的质量要求也更高等，并指出，自由贸易区建设环境下陕西农产品国际物流发展对策（完善国际物流基础设施、利用信息技术等）对推动陕西农产品物流发展具有一定作用。

（三）农产品供应链物流研究

农产品供应链是指农产品从生产者开始，经过加工以及销售，最终到达消费者手中，由农产品信息流、物流、资金流串联的整个网链结构[26]。当前学界主要围绕农产品供应链物流运作模式、存在的问题等进行了研究。

1. **农产品供应链物流运作模式**

我国农产品供应链主要包含以市场批发为核心的农产品供应链，以生产、制造、供货一体化为核心的农产品供应链以及以农产品零售为核心的农产品供应链等[27]。Heikkurinen 和 Forsman - Hugg[28]探讨了食品供应链中的企业责任怎样与发展战略密切结合，并研究如何通过发展战略，维持和提高企业竞争力。贺盛瑜和董一平[29]利用供应链管理，探讨以批发市场为主导的供应链管理运作模式。孙剑和李艳军[30]认为应采用一体化战略，从而形成供产销一体化为核心的农产品物流运作模式。高阔和唐雯钰[31]对农产品供应链经营模式种类进行了分析比较，对农户自营、“加工类公司 + 农户”“批发商 + 批发市场 + 零售商”“农产品流通型公司 + 农户”、第三方物流公司这 5 种农产品供应链经营模式的优缺点进行了分析，并应用系统动力学基础理论、Vensim 模型对农户自营模式和“批发商 + 批发市场 + 零售商”模式进行仿真模拟，得出“批发商 + 批发市场 + 零售商”模式下农户种植利润更高一些、产品品质更好一些的结论。

2. **农产品供应链物流存在的问题**

农产品非常容易腐坏霉变，故对供应链的时效性要求更高。当前农产品供应链的主要问题包括：价格波动大导致供应端无法获得好的经济收益、特色农产品因规模小导致效益低、农产品供应链中间环节冗余加价多等问题[32]。陈卫洪[33]对贵州农产品供应链进行了分析，发现存在供应链网络不畅通以及供应链合作能力低等问题，并且这些问题都是由市场信息水平低以及资金流不畅所导致。陈潇等[34]对粤北少数民族地区生鲜农产品供应链物流现状进行了分析，发现供应链物流存在的问题主要是少数民族地区交通不便、人才比较缺失以及农产品冷链系统不够完善、运输中损坏率比较高。

四、农产品物流评价研究及其计量模型方法

（一）农产品物流评价

物流评价指标体系可以衡量一个国家或区域的物流发展水平。现阶段，中国农产品物流发展欠缺科学合理的评价指标体系，因此，赵英霞[35]从农产品物流发展的环境因素（市场需求、基础设施、制度环境等）、内部流程（运输、仓储、装卸搬运等）以及农产品物流共同效益（农产品物流总值、物流成本、物流损耗率）三个方面构建了中国农产品物流评价指标体系。基于对这些基础文献的概念理解与梳理，本文从物流评价指标体系构建角度对农产品物流的结构进行深度剖析，建立包含农产品物流信息化水平、农产品物流服务质量、农产品物流基础设施、农产品物流效率、农产品物流效益、农产品物流成本六个方面的指标体系。

1. **农产品物流信息化水平**

农产品物流信息化水平是指将现代化信息技术应用于农产品流通领域，信息化建设可以大大提升农产品竞争力，农产品物流信息化也是物流行业未来发展的重要方向[36]。

农产品物流信息化可以极大地促进现代农产品物流的发展，能够降低农产品物流运输、配送、包装、储存等环节的费用，有利于实现市场供需平衡、降低农产品买卖成本以及提高农产品物流效率及配送效率[37]。Roxana 和 Magdalena[38]明确提出在农村物流运输中应用信息技术，发挥物流信息技术的监管功能，能够为农产品走向市场提供支持。童红斌[39]结合农产品物流信息化发展的需求，从政策法规和“互联网 +”技术等方面分析了农产品物流信息化现状和存在的不足。学者们也一致认为应用农产品物流信息技术可以降低物流成本，推进物联网、大数据等信息技术的应用，能促进农业现代化建设。

2. 农产品物流服务质量

在国外学者中，Perrault 和 Russ[40]认为，农产品物流服务质量是指货物能在恰当的时间以适当的价格安全地送达准确地点。农产品大多需要冷链运输，而冷链物流服务呈现多元化的发展，影响冷链物流服务质量的因素有很多，围绕冷链物流服务的业务有冷链包装、装备、加工等。周烨[41]从产地预冷、低温储存、装卸搬运、冷链加工、冷链运输、保温配送、末端温度控制等环节进行评估，从而对整个冷链物流服务质量进行定性及定量评价。

3. 农产品物流基础设施

农产品物流基础设施建设是农产品物流发展的基础，决定着物流的效率。农业发展对我国经济发展有很大的影响，农业发展也是我国物流发展的基础和保障。农业物流对运输安全、质量效率的要求较高，运输服务的质量在很大程度上取决于物流基础设施的状况，因此，在城镇化进程中更加需要农产品物流基础设施项目投资与基本建设[42]。王多宏和严余松[43]认为农产品物流基础设施是农业产前、产中、产后需要的基础条件，可以为农产品流通环节提供物流服务，能满足农产品物流组织与管理需要，以及提升流通过程中所使用的劳动资料、人力资本等农业生产要素水平。

农产品产前、产中、产后划分示意如图 3 –7 所示。

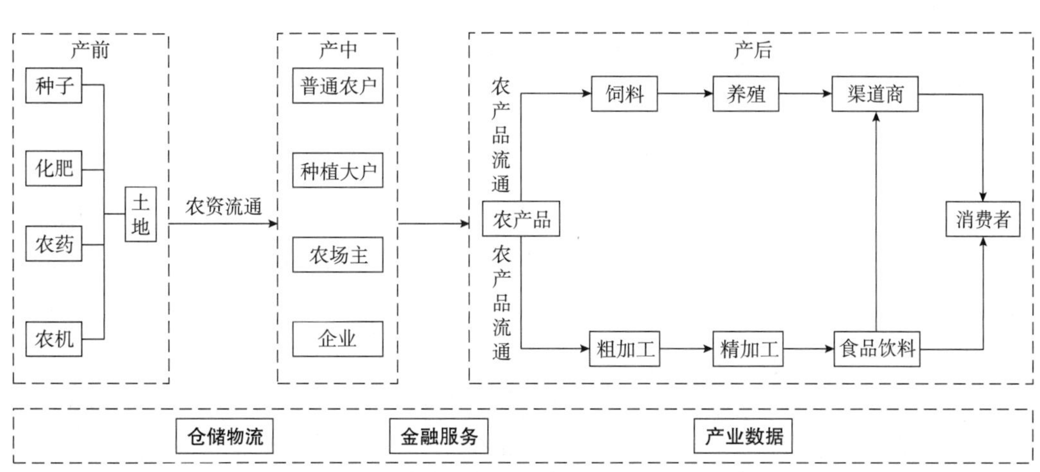

图 3 –7　农产品产前、产中、产后划分示意

资料来源：https：//www. fx361. com。

4. **农产品物流效率**

物流效率指的是物流系统能不能在指定的服务水平上达到客户的要求。物流效率低会对农产品生产者以及消费者的利益造成损害，所以企业及消费者都非常关注运输效率和运输质量。因此，找准影响物流效率的关键因素才能提升物流效率。Markovits - Somogyi 和 Bokor[44]运用 DEA - PC 方法完成了对 29 个欧洲国家物流效率的测算，并与原始 DEA 方法的结果进行了比较，最后得出传统 DEA 和 DEA - PC 都可以根据调查数据加权来测算国家物流效率。樊俊花[45]从农产品物流的外部环境和内部环境这两个角度对农产品物流效率评价指标体系构建进行研究，提出构建外部环境、内部组织和整体利润等几方面组成的农产品物流评价指标体系。

5. **农产品物流效益**

研究物流效益需要考量两项主要指标：一是物流活动所取得的效果；二是物流活动所需的成本或耗费[46]。Fugate 等[47]通过实证调查物流绩效对组织绩效的影响，阐述了物流绩效的本质以及物流对企业的贡献。农产品成本的多少影响着农产品物流效益的多少，可以通过提高物流收入和降低物流成本的方式来提高物流效益。方圆[48]认为农产品在制造和商品流通过程中的环节越多，消耗的人力资本和物资也通常越多，物流成本就会越高，物流效益就会越低。

6. **农产品物流成本**

农产品物流成本方面的指标可以体现农产品物流的整体效益情况，主要包含农产品物流总成本及物流成本占农产品总成本的比例[49]。Engblom 等[50]通过描述性分析、广义线性混合模型和主成分分析等方法探究物流成本，得出在规模较大的企业中，物流成本往往比较低。郭玉杰[51]分析了农产品物流成本构成（信息成本、运送成本、包装成本、装卸搬运成本、配送成本等）和农产品物流现阶段的发展趋势情况。目前，在农产品物流成本控制方面，我国农产品物流成本存在管理体系比较落后和信息化程度低等现状。因此，需全面提高农产品物流成本管理意识，加强农产品物流成本相关知识的培训，构建农产品物流供应链模式等，选择正确的农产品物流成本核算方法，才能准确降低农产品物流成本。

（二）农产品物流研究主要计量模型与优缺点

农产品物流在整个国家的物流体系中占有举足轻重的地位，农产品物流能力的高低对于农产品产业链发展趋势有着重大的影响。定量方式有助于准确测度我国农产品物流效率和农产品物流能力，并找出其影响因素。可据此采取措施提高农产品物流的效率、降低农产品流通环节中的损耗，进而不断提高农产品物流能力。现有文献主要从农产品物流能力、农产品物流效率以及农产品物流成本核算方面入手，使用熵权模型、因子分析和聚类分析模型、灰色关联度模型、作业成本分析模型等对农产品物流进行研究，各计量模型优缺点及在农产品物流研究中的应用情况如表 3 - 8 所示。

表 3－8　　农产品物流研究主要计量模型及应用情况

	计量模型	优点	缺点	具体应用	相关文献作者
基于农产品物流能力的研究	熵权—TOPSIS 模型	不限制指标、数据分布以及样本量的多少，比较灵活和方便	必须有两个以上的研究对象才可以使用	运用熵权—TOPSIS 模型分析黑龙江省的铁路、公路和水路的物流运输能力	武慧荣等[52]
				运用熵权—TOPSIS 模型分析了中部六省的物流能力	马绍益[53]
	因子分析和聚类分析模型	可以根据数据本身，对多指标进行降维处理，也可以削弱指标间的多重共线性，从而降低评价的复杂程度，使评价结果与实际更加符合	计算复杂度高；数据量越大，收敛时间越长	采用因子分析模型和聚类分析模型对河北省 11 个市内农产品物流能力点评并进行排名归类	杨会来和杨蕾[54]
				采用因子分析和聚类分析模型相结合的方法，分析了广东省 21 个地级市农产品物流能力	吴春尚和谢如鹤[55]
				对河南省 18 个市的物流能力进行排名	田晓佳[56]
	熵权—灰色关联度模型	对样品量没有规定，测算量小	主观性太强，难以明确部分指标的最优值	采用熵权—灰色关联度模型定量分析 2004—2013 年山西省农产品物流能力	董红艳和杨晓艳[57]
				运用熵权模型和灰色关联度分析模型定量分析 2011—2015 年中部地区六个省份的农产品物流能力	张于贤等[58]
基于农产品物流效率的研究	DEA－Malmq－uist 指数模型	DEA－Malmquist 指数模型中的权重值不受到人为客观因素的影响，并且可以评估多项投入与多项产出的效率	①DEA 模型无法精确测量产出为负的状况；②DEA－Malm－quist 指数模型可以点评投入与产出的效率，但导致有效率或效率不高的原因尚不清楚	分别从静态和动态对"一带一路"重点省份的物流业效率进行测度	姚山季等[59]
				采用 DEA 模型作为评价模型，再运用 Malmquist 指数模型，从总效率变化、技术效率变化和技术进步变化三个层面分析长江经济带物流效率的发展	于丽英等[60]
				利用 DEA－Malmqusit 指数模型精确测度西部地区 2005—2014 年西部地区农产品物流效率的影响因素	程书强和刘亚楠[61]
	灰色关联度模型	①处理数据灵活；②灰色关联度分析的评价标准比较灵活	主观性强	用灰色关联度模型分析长沙生鲜农产品物流效率的影响因素	黄福华和蒋雪林[62]

续　表

	计量模型	优点	缺点	具体应用	相关文献作者
基于农产品物流成本核算的研究	作业成本分析模型	①提供更加准确的成本信息；②改善和强化成本控制，有助于持续降低成本	具有更大的主观性，实际操作比较繁杂，开发设计和维护成本较高	应用作业成本分析模型测算农产品物流成本，明确每个产品消耗的作业数和资源数，从而得出准确的物流成本	杨芳和李金亮[63]
				应用作业成本分析模型进行计算并找出有效降低成本的途径，对降低农产品物流成本产生积极的影响	张帆[64]

五、结语

现阶段，对农产品物流的研究颇多，这些都为日后复杂问题的研究奠定了扎实的基础。本文围绕农产品冷链物流、农产品国际物流、农产品供应链物流以及农产品物流的计量模型这四个方面，对未来研究进行展望。

（1）对农产品冷链物流方面的研究主要集中在两个方面：政府对农产品冷链物流的政策扶持以及农产品冷链物流配送路径优化研究。《“十四五”冷链物流发展规划》中提到加快区块链技术在冷链物流智慧监测追溯系统建设中的应用，提高追溯信息的真实性、及时性和可信度。因此，针对未来农产品冷链物流的研究，可以在大数据系统中应用追溯技术，合理收集农产品信息内容，打造“区块链＋智慧农业”的场景，推动农产品全流程可追溯，科学精准地开展农业生产经营等。

（2）对农产品国际物流方面的研究主要集中在两个方面：基于“一带一路”背景的分析研究以及基于中国各省份、各地区的分析研究。未来，有关农产品国际物流的发展研究，要借助互联网、大数据、人工智能等信息技术，将5G技术与农产品物流相结合，对农产品国际物流系统各个阶段的信息开展合理有效的收集、剖析和梳理，建立完善的农产品物流信息数据库，加快农产品国际物流智能化升级转型。

（3）对农产品供应链物流方面的研究主要集中在两个方面：农产品供应链物流运作模式以及农产品供应链物流存在的问题。随着数字化的兴起，供应链数字化技术发展趋势也向着物联网、人工智能等方面靠拢。新兴供应链技术包括持续智能、超级自动化和5G，持续智能即提供决策自动化和持续智能运用多种技术；超级自动化即通过引入人工智能（Artificial Intelligence，AI）、机器人流程自动化（Robotic Process Automation，RPA）技术完成端到端的自动化；网络5G化即通过应用5G网络以提供更高的速率、加速万物互联的技术等。新兴供应链技术将逐步发展为实时、自主决策的智慧供应链，从而构建一体化的供应链物流配送服务。

（4）通过对国内以及国外农产品物流的研究内容进行对比分析，可以得出，国外农产品物流的研究更加偏向使用定量分析进行研究，具体方法侧重于成本分析法、作业成本法等；国内农产品物流研究更加偏向使用定性分析进行研究，主要是对农产品冷链物流的研究，并且侧重于农产品冷链物流的运作模式、评价指标、配送等方面。未来也应多从互联网、区块链等新技术角度切入，对农产品物流的影响进行研究。

参考文献

［1］王莉婷，李太平．农产品含义与分类的国际比较［J］．世界农业，2017（1）：137－141.

［2］陈淑祥．简论我国农产品现代物流发展［J］．农村经济，2005（2）：18－20.

［3］胡振虎，傅爱民，夏厚俊．现代农产品物流产业是新农村建设的助推器［J］．乡镇经济，2007（6）：5－8.

［4］顾淑红，花均南，吕涛．供应链一体化发展下农产品物流整合模式分析［J］．商业经济研究，2016（5）：141－142.

［5］侯茂章，夏金华．重视和发展我国农产品物流［J］．农业经济，2004（7）：25－27.

［6］熊健．湖南省农产品物流发展框架的构建［J］．商场现代化，2007（1）：127－128.

［7］邢坤．城镇化视角下我国农产品物流发展存在问题与策略研究［J］．价格月刊，2016（9）：81－84.

［8］路剑，王健，李小北，等．面对WTO：农产品流通的改革与发展［J］．农业经济问题，2001（12）：7－10.

［9］戴澍，马伟华．基于供应链视角的西部地区农产品物流体系优化研究［J］．商业经济研究，2018（15）：159－162.

［10］徐娟，叶耿瑞．我国农产品物流发展对策——基于国际视角［J］．商业经济研究，2021（1）：139－142.

［11］刘威．我国农产品物流配送发展的影响因素及对策分析［J］．江苏农业科学，2013，41（9）：395－397.

［12］罗千峰，张利庠．农产品冷链物流高质量发展的理论阐释与实现路径［J］．中国流通经济，2021，35（11）：3－11.

［13］胡建淼．我国生鲜农产品冷链物流发展存在的问题与对策［J］．改革与战略，2017，33（5）：82－84，93.

［14］DING Q L，HU X P，SUN L J，et al. An improved ant colony optimization and its application to vehicle routing problem with time windows［J］. Neurocomputing，2012，98：101－107.

［15］蔡浩原，潘郁．基于人工蜂群算法的鲜活农产品冷链物流配送路径优化［J］．江苏农业科学，2017，45（15）：318－321.

［16］康凯，韩杰，普玮，等．生鲜农产品冷链物流低碳配送路径优化研究［J］．计算机工程与应用，2019（2）：259－265.

［17］樊世清，娄丹，孙莹．生鲜农产品冷链物流车辆配送路径优化研究［J］．保鲜与加工，2017（6）：106－111.

［18］王静漪．论“一带一路”倡议下国际贸易与国际物流的协同发展［J］．普洱学院学报，2020（1）：37－39.

［19］林俊．“一带一路”战略下国际物流与国际贸易的协同发展研究［J］．改革与战略，2017，33（7）：186－188.

［20］VIDE R K，TOMINC P，KLAVDIJ L. Impact of trade logistics performance costs on intra-EU trade：empirical evidence from the enlarged EU［J］．SSRN Electronic Journal，2009.

［21］HERTEL T W，MIRZA T. The role of trade facilitation in South Asian economic integration［J］．Study on Intraregional Trade and Investment in South Asian，2009（2）：12－38.

［22］孙慧，李建军．“一带一路”国际物流绩效对中国中间产品出口影响分析［J］．社会科学研究，2016（2）：16－24.

［23］曹蓄温．“新丝绸之路经济带”背景下国家物流绩效对我国农产品进口的影响测度［J］．商业经济研究，2021（16）：163－166.

［24］孔娟，曹长省．国际农产品物流模式的经验及启示［J］．世界农业，2011（8）：16－19.

［25］罗宁．自贸区建设背景下陕西农产品国际物流发展对策［J］．辽宁农业科学，2019（3）：70－71.

［26］王润荻，翟绪军．生鲜农产品供应链发展策略研究［J］．农业经济，2021（1）：134－136.

［27］张学志，陈功玉．我国农产品供应链的运作模式选择［J］．中国流通经济，2009，23（10）：57－60.

［28］HEIKKURINEN P，FORSMAN－HUGG S. Strategic corporate responsibility in the food chain［J］．Corporate Social Responsibility and Environmental Management，2011（18）：306－316.

［29］贺盛瑜，董一平．供应链环境下四川农产品物流运作模式探讨［J］．农村经济，2006（6）：89－92.

［30］孙剑，李艳军．基于一体化战略的农产品物流系统模式［J］．商业时代，2003（17）：54－55.

［31］高阔，唐雯钰．农产品供应链运作模式与提质增效分析［J］．江苏农业科学，2017，45（24）：333－337.

［32］宗平．农产品供应链的典型问题与对策［J］．农业经济，2021（10）：122－123.

[33] 陈卫洪．贵州农产品供应链及物流效率问题分析 [J]．中国市场，2007 (19)：78 - 80.

[34] 陈潇，钟肖英，陈华丽．粤北少数民族地区生鲜农产品供应链物流优化研究 [J]．农业经济，2022 (5)：135 - 136.

[35] 赵英霞．中国农产品物流评价指标体系的构建 [J]．商业研究，2007 (1)：211 - 213.

[36] 严小青．中美农产品物流信息化比较研究 [J]．世界农业，2010 (12)：8 - 13.

[37] 孙晓涛．论农产品物流信息标准化体系构建 [J]．湖北农业科学，2012，51 (14)：3136 - 3138，3143.

[38] ROXANA P, MAGDALENA B. The logistics of information flow in managing the quality of food products [J]. The Amfiteatru Economic Journal, 2008, 10 (24): 70 - 83.

[39] 童红斌．基于"互联网 +"的农产品物流信息化研究 [J]．商业经济研究，2016 (12)：89 - 91.

[40] PERRAULT W D, RUSS F A. Physical distribution service: a neglected aspect of marketing management [J]. MSU Business Topics, 1974, 22 (3): 37 - 45.

[41] 周烨．贵州省农产品冷链物流服务质量提升对策研究 [J]．农业与技术，2019，39 (8)：171 - 173.

[42] 陈超，李斌．城镇化背景下我国农产品物流发展现状和问题及对策 [J]．农业现代化研究，2013，34 (3)：328 - 332.

[43] 王多宏，严余松．立足现实借鉴经验建设和发展我国农业物流基础设施 [J]．商业研究，2007 (10)：196 - 198.

[44] MARKOVITS-SOMOGYI R, BOKOR Z. Assessing the logistics efficiency of European countries by using the DEA-PC methodology [J]. Transport, 2014, 29 (2): 137 - 145.

[45] 樊俊花．农产品物流效率评价指标体系构建研究 [J]．农业经济，2019 (2)：141 - 142.

[46] 钱进．物流效益刍议 [J]．管理观察，2009 (16)：196.

[47] FUGATE B S, MENTZER J T, STANK T P. Logistics performance: efficiency, effectiveness, and differentiation [J]. Journal of Business Logistics, 2010, 31 (1): 43 - 62.

[48] 方圆．物联网模式下农产品物流成本效益分析 [J]．时代金融，2016 (15)：229，243.

[49] 赵英霞．中国农产品物流评价指标体系的构建 [J]．商业研究，2007 (1)：211 - 213.

[50] ENGBLOM J, SOLAKIVI T, TÖYLI J, et al. Multiple-method analysis of logistics costs [J]. International Journal of Production Economics, 2012, 137 (1): 29 - 35.

[51] 郭玉杰．农产品物流成本控制因素分析 [J]．财会通讯，2014 (11)：100 - 102.

[52] 武慧荣，陈少阳，崔淑华．基于熵权 TOPSIS 模型的大宗货物运输方式综合评价 [J]．重庆理工大学学报（自然科学），2022，36 (6)：254 - 260.

［53］马绍益．我国中部地区农产品物流能力评价［J］．福建质量管理，2020（10）：237－238.

［54］杨会来，杨蕾．因子聚类分析在区域农产品物流能力评价中的应用——以河北省为例［J］．中国农学通报，2011，27（24）：128－132.

［55］吴春尚，谢如鹤．广东省农产品物流供给侧改革探讨——基于区域农产品物流能力评价［J］．商业经济研究，2017（20）：103－106.

［56］田晓佳．基于因子聚类分析的河南省区域农产品物流能力评价［J］．物流技术，2014，33（1）：264－266.

［57］董红艳，杨晓艳．基于熵权灰色关联法的农产品物流能力研究——以山西省为例［J］．价格月刊，2015（11）：72－76.

［58］张于贤，黄鑫，刘瑞环．基于熵权灰色关联法的中部地区农产品物流发展评价研究［J］．商业经济研究，2017（21）：88－91.

［59］姚山季，马琳，来尧静．“一带一路”重点省份低碳物流效率测度［J］．生态经济，2020，36（11）：18－24.

［60］于丽英，施明康，李婧．基于 DEA-Malmquist 指数模型的长江经济带物流效率及因素分解［J］．商业经济与管理，2018（4）：16－25.

［61］程书强，刘亚楠．西部地区农产品物流效率及省际差异动态研究——基于 DEA－Malmquist 指数法［J］．统计与信息论坛，2017，32（4）：95－101.

［62］黄福华，蒋雪林．生鲜农产品物流效率影响因素与提升模式研究［J］．北京工商大学学报（社会科学版），2017，32（2）：40－49.

［63］杨芳，李金亮．作业成本法在农产品物流企业成本管理中的应用［J］．中国商贸，2011（17）：126－127.

［64］张帆．电子商务环境下农产品供应链物流成本体系研究［J］．商业经济研究，2016（21）：159－161.

跨境电商物流研究热点与前沿*

一、引言

随着改革开放的不断深入，我国跨境电商进出口规模持续快速增长，成为外贸发展的新亮点。2021 年 7 月，《国务院办公厅关于加快发展外贸新业态新模式的意见》出台，跨境电商行业又迎来利好消息。2021 年，我国跨境电商进出口总额 1.98 万亿元，同比增长 15%。而跨境电商物流作为跨境电商关键的一环，呈现出明显的滞后性，跨境电商物流也因此成为贸易经济学科关注的热点话题。推进跨境电商物流的发展对于建设跨境电商生态圈、推动贸易便利化和加快发展外贸新业态、新模式具有重要作用。随着时间推移，学者们对其的研究日益增多。

随着贸易全球化进程不断加深，以京东和阿里巴巴为首的一批电商企业开始抢占海外市场，跨境电商国内市场日渐成型[1]。庞燕[2]认为在这样的情况下，跨境电商显露出许多关于物流方面的问题，应提高跨境物流服务的专业化水平。李向阳[3]提出建设跨境物流网络有助于提高跨境电商行业的核心能力。另外，自“一带一路”倡议实施以来，沿线国家的物流协作问题也被许多学者研究。[4]

综上，跨境电商物流的研究日趋增多，却仍鲜有文献对跨境电商物流的相关研究进行系统化和科学化的综述分析，且文献研究法和内容分析法很难清晰全面地分析跨境电商物流的整个研究脉络和演进历程。CiteSpace 图谱和战略坐标图在梳理脉络、热点及前沿等方面呈现出显著优势，通过将视觉思维图形化，可以更直观地捕获跨境电商物流领域的热点和发展趋势。本文基于中国知识基础设施工程（China National Knowledge Infrastructure，CNKI）的数据，综合梳理了以“跨境电商物流”或“跨境电子商务物流”为主题的研究文献，统计分类 2012—2022 年 3 月的发文量及对应引用量和主要学者，并利用知识图谱和战略坐标图来展示热点关键词、热点研究议题和前沿方向，以期对跨境电商物流研究的进步提供帮助。

---

* 供稿人：庞燕、程莹莹，中南林业科技大学物流与交通学院。文章发表于《物流研究》2022 年第 3 期。

二、研究设计

（一）数据来源与处理

为提取跨境电商物流研究质量较高的文章，时间区间选择为2012年1月到2022年3月，主题检索词为“跨境电商物流”或者“跨境电子商务物流”，通过CNKI检索国内相关文献，共检索到6580篇文献。为进一步提高文献质量，本文未将学位论文、会议、报纸、新闻、标准和成果等纳入，只选用期刊文献，选择期刊来源为“SCI＋EI＋北大核心＋CSSCI＋CSCD”，且手动筛选剔除不相关的文献，最终获取到603条数据，并以RefWorks格式导出。使用Web of Science进行国外文章的检索，将主题词设置为“Cross－border e－Commerce logistics”，共检索到107条结果，且研究地点90%以上为中国，样本量较少，无法较好地进行文献计量分析，故不进行国外文献梳理。

（二）研究方法和工具

本文采用文献计量分析，操作软件为：Excel、CiteSpace、SPSS和Bicomb。其中，通过Excel进行文献时间分布分析、文献被引频次分析和主要学者分析等。通过CiteSpace关键词共现进行热点关键词分析，通过CiteSpace突现词探测和网络时区图谱明确发展趋势和前沿方向等。采用SPSS和Bicomb工具对共现关键词进行聚类分析，并绘制战略坐标图，以明晰研究热门议题。

三、文献时间分布、被引频次及主要学者分析

（一）时间分布分析

对以“跨境电商物流”为主题的核心期刊发文量按年份进行统计分析，使用Excel工具绘制出柱状图，如图3－8所示。结果表明：文献数量逐年增加，从2012年的1篇增加到2021年的84篇，年均增长30.49%。拟合曲线$R^2=0.9635$，表明跨境电商物流领域研究的年总发文量增长迅速，呈指数增长之势。自2015年以来，累计发文量的真实值与理论值的差值逐年增长，说明该领域的研究在2015年以后更加成熟。

年发文情况可以反映跨境电商物流研究的热度、阶段和态势，根据该领域研究的发文量，将其划分为两阶段：原始阶段和激增阶段。2012—2014年，跨境电商物流研究处于原始阶段，学者们刚刚进入研究领域，为萌芽期。原因可能为2012年是跨境电商的重要转型年，跨境电商的整个产业链发生了翻天覆地的变化，用户群体规模不断变大，由个人转向工厂，销售的产品也开始由二手向一手转变。由此，2012年以后，学者们开始研究跨境电商物流，且研究规模逐渐变大。2015—2022年，跨境电商物流的研究热度逐年攀升，已经进入激增阶段，为生长期。究其原因，可能是2015年发布

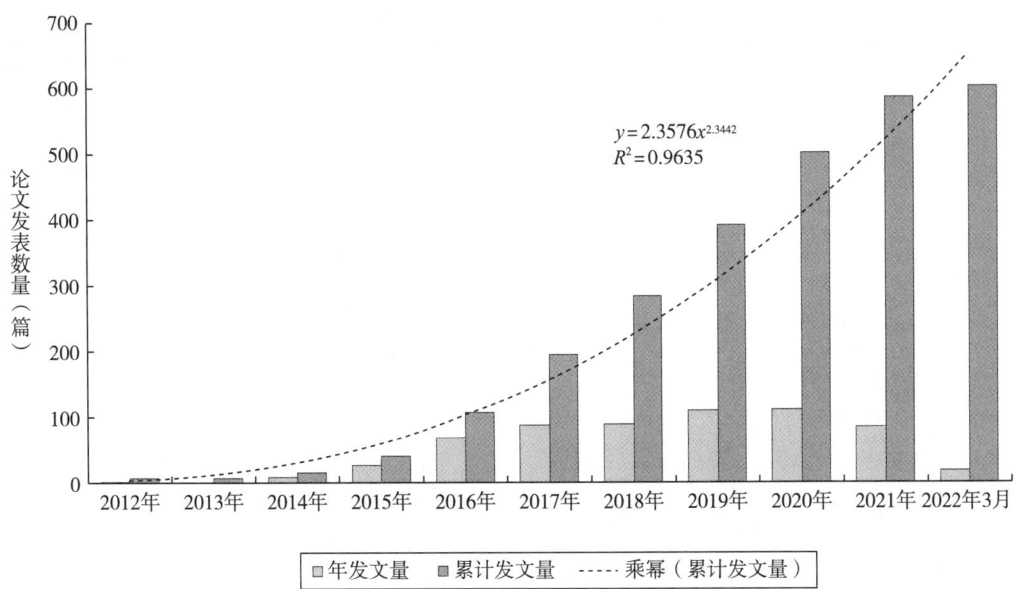

图 3-8　跨境电商物流发文量情况统计

的《国务院办公厅关于促进跨境电子商务健康快速发展的指导意见》和《国务院关于同意设立中国（杭州）跨境电子商务综合试验区的批复》。跨境电商因政策“红利”，迎来发展风口期。跨境电商物流作为阻碍跨境电商发展的短板，激起了学者们的研究热情。从整体来看，跨境电商物流的发展时间较短，但是发展势头强劲，受到了学术界的广泛关注。

（二）被引频次分析

高被引论文是指被引用频次相对较高，被引用周期相对较长的学术论文[5]。通过分析高被引文献，既能够知晓学者们最关心的研究主题，也有利于找到受广大学者认可的文章。本文列举了被引频次前 10 的文献（见表 3-9）。从研究方法来看，有 9 篇集中于定性分析，有 1 篇为定量分析，说明此议题较新，大多数学者还在进行定性分析。从研究内容来看，论文主要集中于以下 3 个主题。

（1）跨境电商物流模式研究。李向阳[3]认为跨境电商主要的物流模式有邮政、国际快递、海外仓。在此基础上，冀芳和张夏恒[6]列出的模式增加了国际物流专线、边境仓、保税区与自贸区物流、集货物流、第三方物流与第四方物流等。随着国家和地方纷纷出台政策鼓励跨境电商的发展，物流模式分类更加细化，庞燕[2]将进口和出口作为分类点，介绍了出口主要分为中国邮政、国际快递、跨境专线物流、海外仓和国内快递五大类物流模式，进口则是分为直邮模式和转运模式；而张滨等[7]则把物流模式进一步分类为“单一”“两段中转”和“两段收件”。此外，柯颖[8]还对 B2C 跨境电商物流模式选择构建了理论框架。

表 3－9　跨境电商物流文献被引频次统计

序号	论文题目	作者	来源期刊	发表年份（年）	被引频次（次）
1	中国跨境电商物流困境及对策建议	张夏恒、马天山	当代经济管理	2015	476
2	我国跨境电子商务物流现状及运作模式	张滨、刘小军、陶章	中国流通经济	2015	382
3	小额跨境外贸电子商务的兴起与发展问题探讨——后金融危机时代的电子商务及物流服务创新	刘娟	对外经贸实务	2012	375
4	跨境电子商务物流模式创新与发展趋势	冀芳、张夏恒	中国流通经济	2015	295
5	促进跨境电子商务物流发展的路径	李向阳	中国流通经济	2014	291
6	跨境电商环境下国际物流模式研究	庞燕	中国流通经济	2015	200
7	我国与“一带一路”沿线国家跨境电商物流的协作发展	刘小军、张滨	中国流通经济	2016	166
8	跨境电商与跨境物流协同：机理与路径	张夏恒、郭海玲	中国流通经济	2016	150
9	我国 B2C 跨境电子商务物流模式选择	柯颖	中国流通经济	2015	144
10	基于复合系统协同度模型的跨境电商与现代物流协同评价分析	刘有升、陈笃彬	中国流通经济	2016	119

注：本表按照文章被引量排序。

（2）跨境电商与跨境物流协同研究。跨境电商发展势头凶猛，而跨境物流并未追赶上其步伐，两者之间存在协同问题，跨境物流已成为发展的瓶颈[6]。建立跨境电子商务生态系统，探索不同视角下两者之间的协同机理以及评价协同发展水平都可以促进两者协同发展[9][10]。

（3）促进跨境电商物流发展策略探究。在后金融危机时代，货物跟踪可视化服务（Cargo Visibility Service，CVS）成为跨境电商物流服务的创新点[11]。跨境电商起步初期，建设跨境物流网络、运作海外仓和加强物流监控等有助于提高跨境电商行业的核心能力[1][3][7][12]。跨境电商物流企业可以进行合作，由第三方物流来提供物流服务，建立物流战略联盟[7]。“一带一路”倡议有利于该领域的繁荣，学者们对于有关“一带一路”倡议与跨境电商物流发展策略的研究也较为关注。

（三）主要学者分析

主要学者分析是指对跨境电商物流领域的主要学者以及研究的主题进行探析[13]，根据统计分析，发表文献多于 5 篇（包括 5 篇）的学者有 5 位（见表 3－10），可以看出该领域研究已初具雏形。其中，张夏恒的发文量最多，达15篇，研究主要围绕跨境电商与跨境物流的协同问题进行[14][15]。杜志平的研究主要运用博弈论的方法，研究对象主要为4PL跨境电商物流联盟，主要围绕利益分配、信息协同、多方行为博弈等主题[16][17]。张洪胜将消费者偏好的研究扩展到跨境物流领域，得出跨境电商更有利于降低中国与物流绩效更弱国家的贸易成本[18][19]。杨斌的研究主题包括海外仓库轴辐式网络枢纽选址问题和利用粒子群算法求解，从而给出仓库选址的具体方案[20][21]。付帅帅借助演化博弈分析了三种不同情境下跨境电商物流供应链协同发展的演化稳定策略[22]。总体上，这5名学者的研究主题涵盖跨境电商与跨境物流的协同问题、4PL跨境电商物流联盟多方行为博弈及海外仓选址等，涉及的关键词主要有跨境电商、跨境物流、海外仓、4PL跨境电商物流联盟、全球价值链、跨境电商物流供应链等。

表3－10　　　　发文量大于等于5篇的跨境电商物流学者发文量统计

序号	发文量（篇）	发文年份（年）	学者	涉及关键词
1	12＋3	2015—2022	张夏恒	跨境电商，跨境物流，海外仓，国际快递，社交网络，全球价值链
2	10	2018—2021	杜志平	电商物流，4PL跨境电商物流联盟，利益分配，协调决策，贡献度评价
3	2＋5	2018—2021	张洪胜	跨境电商，影响因素研究，双边贸易成本，绩效研究，全球普惠贸易
4	0＋5	2016—2018	杨斌	出口跨境电商，合理规划，复杂网络，仓库选址，海外仓
5	1＋4	2018—2021	付帅帅	电商物流，利益分配，云平台，演化博弈，跨境电商物流供应链

注：本表第二行第2列的“12＋3”中的12表示学者系一作文章数量，3为表示学者非一作文章数量，本表余同。

四、研究热点分析

本文使用CiteSpace 5.8.R3、SPSS 22.0和Bicomb 2.02等工具进行领域热点研究，分析结果更具有科学性和准确性。本节生成了关键词共现图谱以及战略坐标图，以可视化图形的方式梳理跨境电商物流领域的文献，有利于摸清跨境电商物流研究的知识脉络，也为判断发展趋势和推测未来的研究趋向提供了可行途径。

（一）关键词共现分析

关键词是表征文献研究热点最直接的元素之一[23]，关键词共现图，能清晰地展示跨境电商物流的不同关键词间的联结关系。图中圆点的大小代表着关键词的出现频次，线段的粗细代表共现程度。基于软件操作[24]得到可视化图形，如图3－9所示，从

2012 年到 2022 年，线段的颜色深浅不一。图 3－9 中存在 317 个节点和 481 条连线，密度为 0.0077。共现次数高于 5 的关键词有 35 个，可得文献研究内容较为集中，研究网络初成规模。手动删除关键词跨境电商（词频 439，中介中心性 0.87）、跨境物流（词频 46，中介中心度 0.22）、物流（词频 32，中介中心度 0.74）和电子商务（词频 13，中介中心度 0.18），因为这些关键词与主题词高度重合。被引程度阈值设定为 5，海外仓、供应链、协同发展、“一带一路”、对外贸易、农产品等热点关键词就被绘制成了可视化图形，这些词构成的主题也是跨境电商物流研究中较久远、影响较深的主题。

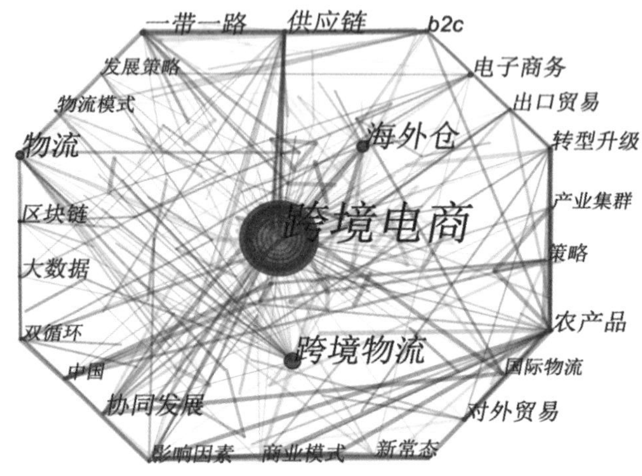

图 3－9 跨境电商物流研究关键词共现图

计算关键词的频次和中心性，对数值大小进行升序排名（见表 3－11）。本文只抓取跨境电商物流研究榜单前 10 的共现关键词（删去“跨境电商”“跨境物流”“物流”和“电子商务”）。通过表 3－11 的数据不难看出，“海外仓”“大数据”及“供应链”的频次和中心性都名列其中，这些关键词构成的主题不仅在大多研究中处于热门地位，理论框架也渐趋稳定，且研究成果已较为丰硕。

表 3－11 跨境电商物流研究高频关键词和高中心性关键词

序号	高频关键词		高中心性关键词	
	关键词	频次（次）	关键词	中心性
1	海外仓	31	协同发展	0.53
2	农产品	20	产业链	0.48
3	大数据	18	产业集群	0.38
4	一带一路	17	大数据	0.35
5	供应链	14	融合发展	0.35

续　表

序号	高频关键词		高中心性关键词	
	关键词	频次（次）	关键词	中心性
6	对外贸易	14	互联网	0.27
7	出口贸易	13	策略	0.24
8	区块链	12	海外仓	0.23
9	信息协同	12	供应链	0.21
10	物流模式	11	电商平台	0.2

（二）关键词聚类分析

关键词聚类分析的原理是分析关键词在同一篇文章中出现的频率，利用聚类统计方法将密切相关的关键词进行分组[25]。进行聚类分析能知晓当前跨境电商物流研究的核心议题。聚类谱系图的绘制过程具体为：①将数据导入 Bicomb，提取项目字段并进行频次统计；②剔除“跨境电商”“跨境物流”和频次小于 6 的关键词，生成共现矩阵；③把矩阵导入 SPSS 22.0 进行聚类分析，得到谱系图。跨境电商物流研究关键词聚类谱系图如图 3－10 所示，主要将 24 个主题词分为 9 个类别。聚类议题及对应关键词如表 3－12 所示。

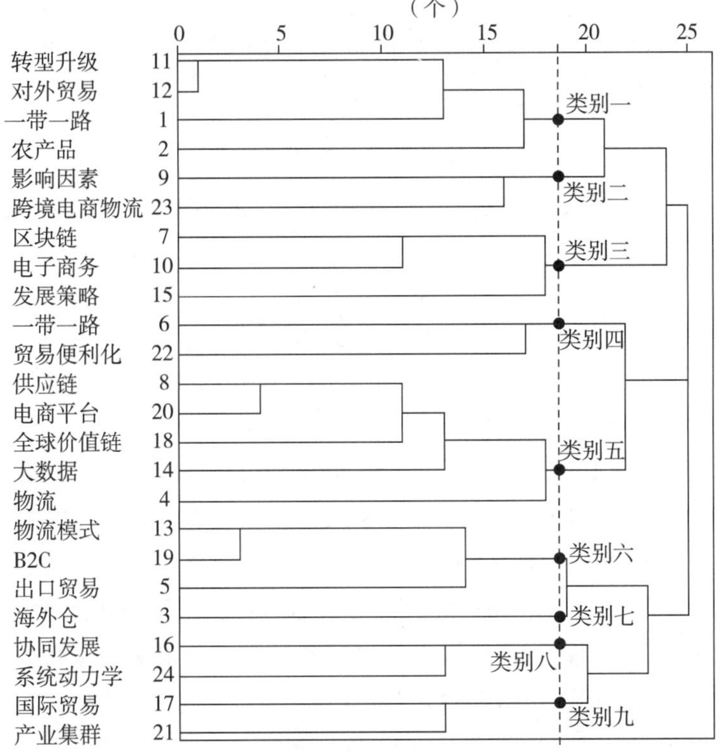

图 3－10　跨境电商物流研究关键词聚类谱系图

表 3－12　　聚类议题及对应关键词

序号	聚类议题	主要关键词
1	“一带一路”的跨境电商物流研究	一带一路，对外贸易，转型升级，农产品
2	跨境电商物流的影响因素	跨境电商物流，影响因素
3	区块链助力跨境电商物流发展	区块链，电子商务，发展策略
4	“一带一路”与贸易便利化	一带一路，贸易便利化
5	全球价值链视角下的跨境电商物流供应链	供应链，电商平台，全球价值链，大数据，物流
6	出口 B2C 的物流模式	物流模式，B2C，出口贸易
7	海外仓	海外仓
8	跨境电商与跨境物流协同发展	协同发展，系统动力学
9	国际贸易与产业集群	国际贸易，产业集群

（三）战略坐标图分析

战略坐标分析是由 Law 等[26]提出的，其实质为通过聚类分析，利用二维散点图来表示某个热点议题的进展。与聚类分析相比，战略坐标图可以分析出不同议题的演变趋势及其相互关系，其中横坐标表示向心度，纵坐标表示密度，由此构成一个二维平面图。密度是用来度量一个议题的内部强度，代表的是该议题的成熟度和发展能力。向心度主要用来衡量一个议题与其他议题之间的密切关系，代表了该议题的核心度。本文采用的计算公式如式（1）、式（2）所示。

$$D = \frac{1}{n} \times \left(\sum_{i=1}^{n} \sum_{j=1}^{n} F_{ij} \right), i \neq j \tag{1}$$

式中：D 表示密度；n 表示类团内主题词数量；F_{ij} 为类团内第 i 个词与第 j 个词的共词频数。

$$C = \frac{1}{n} \times \left(\sum_{i=1}^{n} \sum_{j=n+1}^{N} F_{ij} \right) \tag{2}$$

式中：C 表示向心度；n 表示类团内主题词数量；F_{ij} 表示类团内第 i 个词与第 j 个词的共词频数；N 为所有类团总主题词数。

基于平均值（－0.102，－0.533）为原点绘制战略坐标图，9 个议题被置于不同的象限，战略坐标图共拥有四个象限。第一象限密度和向心度均高，属于成熟的核心议题族群；第二象限密度高但向心度低，属于成熟的独立议题族群；第三象限密度和向心度均低，属于新的议题族群或是快消亡的议题族群；第四象限密度低但向心度高，属于不成熟的核心议题族群，该族群内的议题有可能成为未来的研究热点或趋势。跨境电商物流研究战略坐标图如图 3－11 所示。

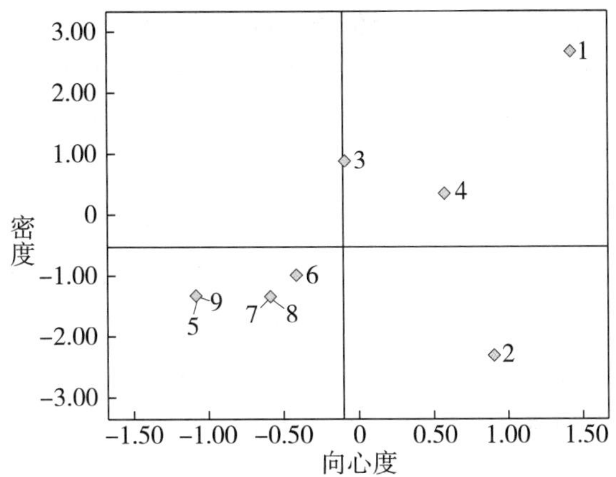

图 3－11　跨境电商物流研究战略坐标图

从向心度来看，议题 1 的向心度远高于其他议题，表明该议题在跨境电商物流研究领域具有核心地位，与其他议题关系密切，可能是因为 2015 年发布了《推动共建丝绸之路经济带和 21 世纪海上丝绸之路的愿景与行动》，自此“一带一路”逐渐成为该领域的核心议题。议题 2 和议题 4 的向心度均明显大于平均值。但 －0.102 的平均值表明该领域出现时间较短，还需要进一步加强研究热点主题之间的关联度。议题 3 向心度处于平均值，说明议题 3 在跨境电商物流研究领域处于较高的地位，与其他研究议题也有一定的相关度，将来也会有所关联，需要更深一步的研究和深化。其余议题的向心度均低于平均值，尤其是议题 5 和议题 9。议题 6、议题 7 和议题 8 的向心性较低，说明该领域研究主题之间的关联度较小，研究内容不够集中。

从密度来看，议题 1 密度较高，说明该议题研究已比较成熟，研究脉络较为清晰，研究较为深入。议题 3 和议题 4 的密度都大于平均值，说明理论框架已初具雏形，但仍需要学者们进行更为深入的研究。其余议题的密度低于平均值，代表议题发展还不够成熟，逻辑框架还并未完全形成。

从四个象限的分布来看，第一象限分别为议题 1、议题 3 及议题 4。议题的向心性和密度均高于平均值，处于较高水平，代表着 3 个议题研究的成熟度和核心度较好。没有议题处于第二象限，说明该领域没有研究较为成熟的独立主题。议题 5、议题 6、议题 7、议题 8 和议题 9 位于第三象限，其向心度和密度低于平均水平，处于较低水平。说明该领域的大部分议题还都较新，成熟度和核心度并不高，还有很大的研究潜力，但也恰恰说明研究内容较为零散，没有形成完整的知识体系。议题 2 位于第四象限，此议题向心度高于平均值，密度均低于平均值，表明跨境电商物流的影响因素这一研究体系不成熟，但很有可能成为未来的研究热点或趋势，且该议题集中于定量分析，符合新兴的研究领域逐渐由定性研究转向定量研究的基本规律。

以战略坐标分析为基础，可将跨境电商物流研究的热点议题归类为以下 4 个方面。

（1）跨境电商物流模式的研究有着丰富的研究成果。海外仓是跨境物流供应链上的新节点，将跨境物流分成头程运输、中端仓储和尾程配送三个阶段[27]。其模式主要可分为三大类，分别是亚马逊 FBA 模式、出口企业自建仓模式、第三方海外仓服务模式[28]。李肖钢和王琦峰[29]运用并联耦合共生理论，设计了基于国际货代企业与海外仓储企业双主体协同管理的并联耦合共生模式以及共生机制。在新型冠状病毒肺炎疫情（以下简称“新冠肺炎疫情”）的影响下，跨境电商出口仍逆势上扬，使得跨境电商及物流企业不得不加快布局海外仓。胡玉真等[30]针对海外仓选址问题建立了一个多目标优化模型，设计了二分搜索—最小费用流算法来求解。学者们对跨境电商物流模式的研究已经较为深入和透彻，研究成果也较为丰富，但由于跨境电商发展迅猛，对新的物流模式应多加关注。

（2）数字技术助力于打造智慧物流供应链一体化服务，为跨境电商物流发展赋能。数字技术有区块链、大数据、云计算和人工智能等。区块链在跨境电商物流领域的研究中出现频次较高，排第八位。区块链技术可用于跟踪、上传、查证商品的全链路信息，将物流过程透明化[31]。区块链的特征主要包括分布式存储、智能合约以及去中心化等[32]，在物流中的应用体现为可追溯功能[33]。赵峤含等[34]在跨境电商促进双循环发展路径中提到，要加快数字技术赋能，推进数字贸易双循环发展效应。数字技术将持续影响跨境电商物流领域的发展。

（3）“一带一路”倡议下，跨境电子商务进入爆发式增长期，跨境电商物流借力“一带一路”进入高速发展阶段。赵先进和王卫竹[35]阐述了目前我国与“一带一路”相关国家间跨境电商物流协作发展的意义，分析了当前面临的主要挑战，并据此提出了建议。沈子杰[36]运用引力模型实证分析了中国与“一带一路”沿线国家间跨境物流绩效对中国出口贸易的影响效应。“一带一路”沿线国家中，俄罗斯是与中国跨境电商交易规模最大的国家，许多研究围绕中俄跨境电商物流问题而展开。“一带一路”倡议下，中俄跨境物流模式主要采用邮政小包、国际快递、专线物流、海外仓和国内快递的跨国业务，且中俄跨境电商物流成本较高、效率偏低[37]。跨境电商合作面临的物流风险主要是中俄的基础设施和物流通道问题，为此需要完善俄罗斯市场的“海外仓”分布和建设中俄边境仓等[38]。2015 年后，“一带一路”跨境电商物流合作联盟应运而生，并取得了巨大的成功。然而对于其组织的内部结构、运作机理、协同机制、合作机制还未有文献进行分析和探讨。

（4）跨境电商与跨境物流的协同发展可助力跨境电商迅猛发展。钱慧敏和何江[39]基于扎根理论探究了跨境电商与跨境物流协同的影响因素，并归纳了影响因素之间的作用路径。何江和钱慧敏[40]、舒畅[41]分别基于 VAR 模型和复合系统协调度模型检验跨境电商与跨境物流之间的协同关系，得出两者间大致呈现良好的协同关系，但是协同发展的条件和关系仍有待进一步完善。

五、研究前沿识别

（一）发展脉络分析

如图3－12所示，关键词网络时区图谱可以更加直观地展示出一个领域研究主题的横向时间分布，并呈现出阶段性的特征。跨境电商物流是伴随跨境电商而生的，2014年以前，我国的跨境电商正处于起步阶段，这个时候跨境电商经历了原始的信息交换到可以在线购买的巨大跨越。但在此阶段，学者们对跨境电商物流的研究较少，主要集中于研究跨境电商物流发展路径以及机遇等，处于研究的起步阶段。2015—2017年，我国的跨境电商交易额呈现一飞冲天的态势，导致跨境电商物流的研究也越来越丰富，这一阶段研究主题非常集中，如物流模式（海外仓）、协同发展和转型升级等。“一带一路”倡议的实施，有力促成了与越来越多的国家进行合作，对跨境电商的影响不容小觑，学者们对与“一带一路”沿线国家的跨境电商物流的研究热情空前高涨。2018年以后，这一阶段主要是将区块链、综试区和“双循环”等概念融入跨境电商物流这一领域里。2018年，区块链技术成为新风口，京东首当其冲，成为首个全物流链条使用区块链溯源技术的跨境企业，阿里巴巴紧随其后，越来越多的企业开始在区块链上布局，试图解除跨境电商产品的“信任危机”。受新冠肺炎疫情影响，全球产业链都受到了不同程度的冲击，跨境电商的优势得到展现。2020年，全国在原来59个跨境电商综试区的基础上新批了46个跨境电商综试区，综试区数量达到了105个。2021年，在“双循环”政策的实施下，跨境电商成为全球贸易的新链接点，也为外贸高质量发展夯实了基础。

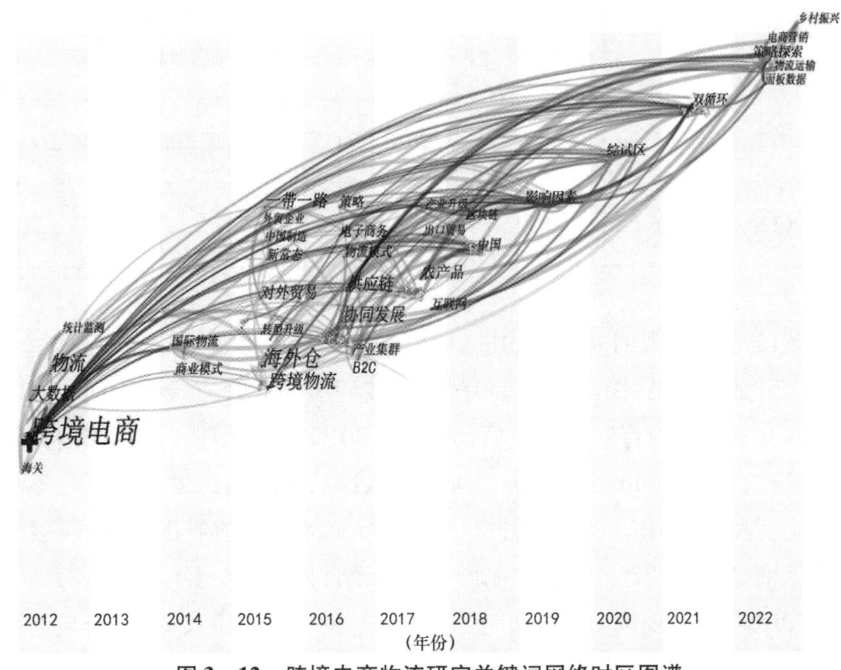

图3－12　跨境电商物流研究关键词网络时区图谱

（二）演进态势分析

关键词网络时区图谱虽然以一种较为直观的方式展示出年份研究内容的差异，但是跨境电商物流领域的发展历史太短，关键词又较多，难以全面地反映跨境电商领域的发展趋势。基于此，本文采用 Burstness 工具，绘制出跨境电商物流研究突现词图谱，如表 3－13 所示。其基本原理是由词频短期增长率来推测热点词汇，从而识别研究前沿[42]。表 3－13 中，突现强度数值越大，突现强度也就越高，深色长条代表关键词突现的年份，可由此看出突现关键词的热度持续时间。

表 3－13　　　　跨境电商物流研究突现词图谱

关键词	年份	突现强度	开始年份	结束年份	2012—2022 年突现情况
直购进口	2012	2. 27	2012	2015	■■■■□□□□□□□
海关	2012	2. 27	2012	2015	■■■■□□□□□□□
统计监测	2012	2. 27	2012	2015	■■■■□□□□□□□
物流	2012	2. 22	2012	2016	■■■■■□□□□□□
海外仓	2012	4	2015	2016	□□□■■□□□□□□
B2C	2012	2. 38	2016	2018	□□□□■■■□□□□
物流模式	2012	2. 37	2016	2018	□□□□■■■□□□□
影响因素	2012	2. 16	2020	2022	□□□□□□□□■■■

2012—2015 年的突现词为“直购进口”“统计监测”“物流”和“海关”。2012—2015 年，跨境电商行业在中国处于起步阶段。按照海关监管方式的不同，境内跨境电商进口零售（B2C）分为直购与保税两大模式。2014 年，深圳、烟台和厦门等城市开启直购进口模式，意味着市民可以告别海淘，直接从海外的跨境电商平台下单。这一时期的跨境电商物流法律法规尚未健全，也未形成标准化的制度，在外汇管理方面，要完善保税区商品贸易统计监测相关制度并加强统计监测。

2015—2018 年的突现词为“海外仓”“B2C”和“物流模式”。对跨境电商物流模式的研究，约从 2015 年开始增加，国际物流模式根据出口可分为五大类：国际快递、邮政、专线物流、海外仓和国内快递，进口则分为直邮模式和转运模式[2]。2015 年，中央和地方都纷纷出台政策大力发展海外仓，起步初期，问题较多，但海外仓的建设无疑会成为跨境电商领域的热门研究。

2020—2022 年的突现词为“影响因素”。这表明跨境电商物流定量研究越来越多，涉及跨境电商物流显性服务质效、跨境电商与跨境物流协同发展、企业绩效评价、消费者信息偏好以及物流韧性等主题。综上，学者们在这一阶段已经开始进行定量分析研究，但总体来看，学者们的研究多集中于定性。

综上，跨境电商物流的演进态势跟政策和新技术的出现息息相关。从 2012 年开始，政府政策开始逐步放开推动跨境电商行业发展，跨境电商直到 2014 年才逐渐进入我国网民的视野。所以笔者认为跨境电商物流研究开始的年份为 2012 年，热点突现持续时间较长的词出现在 2012—2016 年，持续了五年。突现强度较大的词出现在 2015—2018 年，这个阶段中，跨境电商得到了空前的发展，跨境电商物流的研究也逐渐增加，这一阶段的热点词的突现强度相较于其他两个阶段来说较高。2020 年以后，越来越多的学者开始进行定量研究，以期弥补跨境电商物流领域定量分析的空白。

六、研究结论与展望

（一）结论

1. 政策影响大，爆发式增长

跨境电商物流依托跨境电商而生。通过观察 2012—2022 年的发文量，2012—2014 年，总发文量只有 9 篇，说明在这一阶段跨境电商刚在我国起步，学者们对该领域的研究还较少，对跨境电商物流的研究就更少。2015—2017 年，发文量爆发式增长，从 2015 年的 26 篇到 2017 年的 87 篇，发文量增加了近 3 倍多，形成了“热点高峰期”，这得益于 2015 年中央和地方不断出台跨境电商发展政策。2017 年以后，发文量趋于稳定。通过分析研究热点关键词，可以看出，自 2015 年以来，“一带一路”沿线国家跨境电商物流方面的研究随着“一带一路”倡议的实施也变得高涨。

2. 主题较为新鲜，偏向定性分析

战略坐标图中，原点位于（-0.102，-0.533），代表该领域研究较新，符合其 2015 年以后研究突增的趋势。在被引频次前 10 位的文献中，有 9 篇采用的是定性研究方法，仅有 1 篇采用定量方法。在研究热点议题中，只有“海外仓”和“跨境电商与跨境物流协同发展”涉及了一些定量研究。在突现词分析中，可以得出 2020 年以前的突现词全都集中于发展现状、理论模式和发展策略研究，集中于定性，2020—2022 年的突现词为“影响因素”，说明越来越多的学者开始进行定量研究，意味着该领域开始从以定性分析为主逐渐转向定量分析。

3. 数字技术成为新热点

关键词网络时区图谱可以用于推测一个领域的热点。2018 年以后，区块链技术已

然是新的风口，京东和阿里巴巴积极在区块链上布局，从关键词网络时区图谱可以看出，在 2018 年，区块链已成为新的热点。在关键词共现图谱中，大数据是高频且高中心性的热点词，在高速发展的社会中，人们之间的交流越来越密切，生活也越来越方便，大数据就是这个高科技时代的产物。随着云时代的来临，大数据也吸引了越来越多的关注，跨境电商物流领域当然也毫不意外成为大数据的“拥护者”。通过聚类分析可得，数字技术助力打造智慧物流供应链一体化服务，为跨境电商物流发展赋能。综上，数字技术已然成为跨境电商物流领域的新热点。

（二）展望

1. RCEP 政策助力国家跨境电商物流

对跨境电商物流的研究，受政策影响作用较大。区域全面经济伙伴关系协定（Regional Comprehensive Economic Partnership，RCEP）将打造出更高水平的贸易便利化，是中国对外开放新的里程碑事件。如今，由于俄乌冲突和新冠肺炎疫情等多重因素，全球产业链供应链稳定性受到影响，但 RCEP 生效后，全球供应链会重新洗牌，区域间价值链连接也将更紧密。跨境电商受政策利好，未来几年将保持发展势头，对物流的要求也会更加严苛。RCEP 的实施，简化了海关流程、装运清关和其他相关规定，加大了中西部地区贸易和开放力度，中西部的跨境电商物流通道有待进一步畅通联结。同时，交易量的增加和新冠肺炎疫情的不确定性会给跨境电商物流造成超强负荷，参与区域物流治理，推进区域物流服务一体化迫在眉睫。未来该领域的研究或可从 RCEP 的角度进行。

2. 定量分析与定性分析

学者们对跨境电商物流主要进行的研究是定性分析，在一个新的领域开始研究时，定性分析必不可少，但是也需开展大量的定量分析，定性与定量相结合，才能推动一个领域的研究更加深入、更加科学。现有的定量分析主要集中在对物流绩效、服务质量、物流效率进行评价或者对其构建评价指标体系进行实证研究，几乎没有利用贝叶斯、复杂网络理论等方法对物流系统的稳定性进行评价研究，影响物流服务质量或物流绩效与物流系统稳定性的因素也鲜见有深入研究。在定性分析方面，跨境电商物流研究仍有很大的发展潜力。

3. 数字技术

2021 年发布的《国务院办公厅关于加快发展外贸新业态新模式的意见》提到要提升传统外贸数字化水平。跨境电商物流毫无疑问是包含在数字经济的范畴的，越来越多的数字技术将助力跨境电商物流的发展，如区块链、人工智能、5G、工业互联网等。在跨境电商物流高频关键词前 10 名单中，“区块链”和“大数据”均占有一席之地，说明数字技术已成为跨境电商物流的热点。国家出台的政策也提到数字技术助力外贸，大力发展数字经济等，据此推测该热门研究趋势将持续。

参考文献

[1] 张夏恒，马天山．中国跨境电商物流困境及对策建议［J］．当代经济管理，2015，37（5）：51－54.

[2] 庞燕．跨境电商环境下国际物流模式研究［J］．中国流通经济，2015，29（10）：15－20.

[3] 李向阳．促进跨境电子商务物流发展的路径［J］．中国流通经济，2014，28（10）：107－112.

[4] 林俊．“一带一路”战略下国际物流与国际贸易的协同发展研究［J］．改革与战略，2017，33（7）：186－188.

[5] MOED H F. The impact－factors debate：the ISI's uses and limits［J］．Nature，2002，415（6873）：731－732.

[6] 冀芳，张夏恒．跨境电子商务物流模式创新与发展趋势［J］．中国流通经济，2015，29（6）：14－20.

[7] 张滨，刘小军，陶章．我国跨境电子商务物流现状及运作模式［J］．中国流通经济，2015，29（1）：51－56.

[8] 柯颖．我国 B2C 跨境电子商务物流模式选择［J］．中国流通经济，2015，29（8）：63－69.

[9] 张夏恒，郭海玲．跨境电商与跨境物流协同：机理与路径［J］．中国流通经济，2016，30（11）：83－92.

[10] 刘有升，陈笃彬．基于复合系统协同度模型的跨境电商与现代物流协同评价分析［J］．中国流通经济，2016，30（5）：106－114.

[11] 刘娟．小额跨境外贸电子商务的兴起与发展问题探讨——后金融危机时代的电子商务及物流服务创新［J］．对外经贸实务，2012（2）：89－92.

[12] 刘小军，张滨．我国与“一带一路”沿线国家跨境电商物流的协作发展［J］．中国流通经济，2016，30（5）：115－120.

[13] 苗艺源，黄家章，刘锐，等．我国农产品优质优价研究热点及发展趋势——基于 CiteSpace 的可视化分析［J］．中国农业资源与区划，2022（7）：144－153.

[14] 张夏恒．“一带一路”倡议下跨境电商与跨境物流协同研究［J］．当代经济管理，2020，42（4）：27－32.

[15] 张夏恒．全球价值链视角下跨境电商与跨境物流协同的内生机理与发展路径［J］．当代经济管理，2018，40（8）：14－18.

[16] 杜志平，张盟．基于 IAHP－Shapley 值的 4PL 跨境电商物流联盟利益分配［J］．商业经济研究，2019（15）：81－84.

[17] 杜志平，付帅帅，穆东，等．基于 4PL 的跨境电商物流联盟多方行为博弈研究

［J］. 中国管理科学，2020，28（8）：104－113.

［18］马述忠，梁绮慧，张洪胜. 消费者跨境物流信息偏好及其影响因素研究——基于1372 家跨境电商企业出口运单数据的统计分析［J］. 管理世界，2020，36（6）：49－64，244.

［19］张洪胜，潘钢健. 跨境电子商务与双边贸易成本：基于跨境电商政策的经验研究［J］. 经济研究，2021，56（9）：141－157.

［20］沈彬彬，杨勇生，杨斌，等. 基于轴辐式网络的跨境电商海外仓库选址［J］. 上海海事大学学报，2016，37（4）：7－14.

［21］陈梦南，杨斌，朱小林. 出口跨境电商海外仓选址双目标优化［J］. 上海海事大学学报，2017，38（2）：33－38，81.

［22］付帅帅，陈伟达，王丹丹. 跨境电商物流供应链协同发展研究［J］. 东北大学学报（社会科学版），2021，23（1）：52－60.

［23］吴映雪. 农村集体经济研究的发展脉络及展望——基于 CiteSpace 的可视化分析［J］. 经济问题探索，2021（7）：34－43.

［24］CHEN C M，IBEKWE－SANJUAN F，HOU J H. The structure and dynamics of cocitation clusters：a multiple－perspective cocitation analysis［J］. Journal of the American Society for information Science and Technology，2010，61（7）：1386－1409.

［25］王敏，郭文斌. 我国近十年情绪调节研究热点知识图谱［J］. 心理研究，2011，4（5）：56－59.

［26］LAW J，BAUIN S，COURTIAL J-P，et al. Policy and the mapping of scientific change：a co-word analysis of research into environmental acidification［J］. Scientometrics，1988，14：251－264.

［27］鲁旭. 基于跨境供应链整合的第三方物流海外仓建设［J］. 中国流通经济，2016，30（3）：32－38.

［28］孟亮，孟京. 我国跨境电商企业海外仓模式选择分析——基于消费品出口贸易视角［J］. 中国流通经济，2017，31（6）：37－44.

［29］李肖钢，王琦峰. 基于公共海外仓的跨境电商物流产业链共生耦合模式与机制［J］. 中国流通经济，2018，32（9）：41－48.

［30］胡玉真，李倩倩，江山. 跨境电商企业海外仓选址多目标优化研究［J］. 中国管理科学，2022（7）：201－209.

［31］庞燕. 跨境电商服务供应链与服务集成商能力的提升［J］. 中国流通经济，2019，33（9）：64－72.

［32］王飞. 区块链技术与促进我国跨境电商发展的新思路研究［J］. 理论月刊，2019（3）：117－122.

［33］李海波. 区块链视角下我国跨境电商问题解决对策［J］. 中国流通经济，2018，

32（11）：41－48.

[34] 赵峤含，张夏恒，潘勇．跨境电商促进“双循环”的作用机制与发展路径［J］．中国流通经济，2022，36（3）：93－104.

[35] 赵先进，王卫竹．共建“一带一路”背景下跨境电商物流协作发展研究［J］．价格理论与实践，2018（5）：159－162.

[36] 沈子杰．扩展引力模型下跨境物流绩效对我国出口贸易的影响效应——基于“一带一路”沿线国家样本的实证［J］．商业经济研究，2019（16）：146－149.

[37] 姜岩，郭连成．中俄跨境电商发展研究［J］．学术交流，2021（4）：87－99，191－192.

[38] 许永继．“一带一路”倡议下中俄跨境电商发展面临的风险及路径选择［J］．学术交流，2020（2）：132－141.

[39] 钱慧敏，何江．基于扎根理论模型的跨境电商与跨境物流协同影响因素分析［J］．产经评论，2017，8（6）：110－122.

[40] 何江，钱慧敏．跨境电商与跨境物流协同关系实证研究［J］．大连理工大学学报（社会科学版），2019，40（6）：37－47.

[41] 舒畅．双循环新发展格局下我国跨境电商与跨境物流协同发展研究［J］．党政研究，2021（2）：121－128.

[42] 陈悦，陈超美，胡志刚，等．引文空间分析原理与应用：CiteSpace 实用指南［M］．北京：科学出版社，2014.

第四部分
典型案例

案例一　珠海生产服务型国家物流枢纽——连接港澳的国际物流组织中枢*

一、珠海生产服务型国家物流枢纽概况

珠海生产服务型国家物流枢纽（以下简称珠海枢纽）由位于鹤洲新区的粤港澳物流园片区和位于金湾区的珠海西站片区两部分组成，总占地面积约 3.49 平方公里，其中粤港澳物流园片区占地约 1.13 平方公里，珠海西站片区占地约 2.36 平方公里，两大片区功能优势互补，服务范围覆盖珠海“4 + 3”现代化产业体系以及横琴粤澳深度合作区高端制造业，承接“港仓、澳仓”内移需求，辐射香港、澳门、珠江西岸、粤西以及西部陆海新通道沿线重点城市等区域内万亿级产业集群。两片区相距 35 公里，通过洪鹤大桥、鹤港高速相连。

珠海枢纽由珠海交通集团有限公司牵头，集团旗下广珠铁路物流发展股份有限公司、珠海市汇畅交通投资有限公司开展枢纽的具体建设运营和管理，承担运营和监测数据报送工作。与珠海市顺圆物流产业发展有限公司、珠海格力电器智能制造有限公司、珠海国际货柜码头（洪湾）有限公司等组成枢纽企业联盟，共同推进珠海枢纽的开发运营。珠海枢纽建设项目共计 17 项，总投资 65.08 亿元，已完成投资 34.26 亿元，占总投资比例为 52.64%。

二、珠海生产服务型国家物流枢纽发展定位

（一）连接港澳的国际物流组织中枢

充分利用粤港澳大湾区建设和共建“一带一路”机遇期，依托珠海枢纽良好的区位条件，以港珠澳大桥、香港国际机场、澳门机场、珠海金湾机场、广珠铁路通道、高栏港水上通道等综合交通运输体系为支撑，以公路口岸向珠海枢纽延伸为契机，不断完善珠海枢纽公铁水空一体的多式联运系统，面向珠西积极对接港澳产业转移，以珠西港澳共建产业链为核心服务对象，为相关产业提供面向国内、辐射全球的物流服务，完善从原材料供应到产品分销的全过程物流组织，支撑珠西与港澳乃至全球深化

* 供稿单位：珠海交通集团有限公司，珠海市发展和改革局。

产业合作，将珠海枢纽打造成链接港澳的国际物流组织中枢。

（二）服务珠西的制造业供应链集成中心

珠海枢纽以粤港澳物流园片区和珠海西站片区为依托，凭借生物医药与健康、新能源和家居家电等领域的产业基础，强化与中山、江门等珠江西岸地区的风电装备、轨道交通装备、电子元件、器件制造等在内的产业联系和产业链协同，加快“珠中江”珠西核心城市产业深度合作，围绕创新驱动发展战略，对接国内外高端要素，推进高端制造业、高新技术产业、高端服务业的深度合作，在进一步强化产业特色和产业优势的基础上，加强基于产业链的跨区域协作，为相关制造企业提供原材料、零部件、中间产品和产成品的仓储、配送、贸易、展示展销、信息服务、供应链金融等一体化供应链服务，打造具有市场竞争优势的区域产业品牌。支撑相关区域快速形成粤港澳生产制造业物流成本洼地和效率高地，促进珠西区域生产制造业高质量规模扩张，将珠海枢纽打造成服务珠西的制造业供应链中心。

（三）引领珠海的枢纽经济动力引擎

结合珠海枢纽基础条件，联动珠海及粤港澳地区国际空港、海港、铁路港和公路港，围绕珠海市“4＋3”重点制造业产业集群发展和国际贸易、电子商务等现代服务产业发展重点，依托珠海枢纽完善的物流供应链解决方案和体系化物流服务，加快相关产业资源要素向珠海枢纽聚集，围绕珠海枢纽推动国际贸易、跨境电商、交易结算、供应链金融等产业加快聚集，打造依托珠海枢纽的物流枢纽经济区；加强与珠海主要产业园区和产业集聚区的产业链供应链合作，为相关园区生产制造业和商贸流通等产业扩张聚集要素、提供一体化物流服务，促进珠海产业二次规模扩张，将珠海枢纽打造成引领珠海的枢纽经济动力引擎。

三、珠海生产服务型国家物流枢纽功能

（一）组织多式联运、提供港澳国际物流服务等基础业务

一是组织多式联运。以粤港澳国家物流枢纽为中心，组织高栏港海运、内河航运、广珠铁路运输、香港机场和金湾机场航空运输等多式联运，打造区域物流中转枢纽。二是提供港澳国际物流服务。以香港机场口岸、珠海口岸、澳门口岸为依托，配套建设保税物流中心等保税服务设施，畅通国际运输通道，充分对接境外物流网络枢纽节点，为进出口企业提供快速报关、检验检疫、保税物流等全流程国际物流服务。三是组织区域分拨及配送。以香港机场、澳门机场、珠海机场、广珠铁路、高栏港为依托，港珠澳大桥、珠三角环线高速、香海高速等为支撑，形成联系港澳和珠江西岸城市群物流分拨中心，依托枢纽内公共仓储及配送资源，为周边保税园区和临港产业基地企

业提供生产资料（包括电子器件、钢铁、化工材料等）仓储、转运、配送等服务，并积极为港澳居民提供蔬菜、水果、食品、预制菜等生活资料的配送服务。四是提供供应链集成服务。服务生产制造企业供应链组织需求，依托港澳运输通道、香港空港和境外物流网络枢纽节点，加强与国际供应商、贸易渠道商和零售商、金融服务商的对接，为企业提供包括国际采购、口岸通关、国际运输等在内的供应链集成服务。

（二）提供综合枢纽信息、商品展示交易等延伸服务

一是提供综合枢纽信息服务。按照国家物流枢纽建设要求对功能进行拓展，建设珠海枢纽综合信息服务平台，提供海关监管、场站操作、物流交易、物资采购、金融结算、信息追溯等集成信息服务。二是提供商品展示交易服务。充分发挥港珠澳大桥连通香港机场、澳门机场，以及香港机场航空网络遍布世界的优势，在国家物流枢纽内将电子商务和实体展销结合，通过线上、线下多种渠道，提供进口商品展示、体验、跨境电商交易等服务，促进运贸一体化发展。三是提供专业物流服务。促进粤港澳国家物流枢纽与区域内电子信息、生物医疗、电器、锂电池、改装汽车、化工新材料等相关产业协同联动和深度融合发展，依托国家物流枢纽服务系统，提供电商快递、冷链物流、医药物流、商品车物流、应急物流等专业物流服务。

四、珠海生产服务型国家物流枢纽运营模式

（一）一站式物流供应链服务高效运行

珠海枢纽已初步构建起集公路、铁路运输及仓储为一体，紧密联动海港、空港的现代化物流枢纽网络，提供精密电子元器件、高端机械零配件及大宗物资采销、仓储理货、加工管理、生产线物流及金融服务为一体的一站式物流供应链服务。成功打造生产生活物资区域分拨中心及钢材等大宗原材料集散基地，为三一重工、格力电器等主要生产基地，5.0 产业新空间等重点企业和产业园区，以及珠海、珠江西岸、粤西及桂北、湘南等地区家电电气、电子信息、金属制品等生产制造及相关产业发展提供服务。

（二）一体化衔接港澳物流，融合优势明显

依托珠海枢纽紧密衔接港珠澳大桥及珠海公路口岸的优势，粤港澳物流园片区运营主体为珠西、粤西及周边地区企业提供跨境货物接驳、散货集拼等服务。积极推动“用好管好港珠澳大桥”，围绕提升物流时效优势、成本优势，构建“1 + 5 + N”模式（1 个中心仓、5 条干线通道、N 个卫星仓），打造具有珠海特色的物流优势通道，培育粤港澳大湾区“西进西出”的物流路径，实现外贸倍增及产业聚集。推动粤港澳物流园成为港珠澳大桥公路口岸的前置作业区和指定查验场所，实现粤港澳物流园与港珠

澳大桥高效联动。有效集聚珠西、粤西及内陆腹地货源，为港澳机场、码头提供航空打板、货物集拼等服务，畅通对外物流通道与经贸网络，节约跨境物流成本，提升运输时效。推动政策创新突破，便利内地与港澳要素流动，承接“港仓澳仓”内移，促进境内外货物中转集拼和分拨配送业务集聚，促进粤港澳物流深度融合，保障港澳生产生活物资供应。通过港澳窗口连接全球生产网络，为大湾区、珠西、粤西及内陆地区生产制造服务，并带动港澳地区经贸持续增长，支撑港珠澳大桥经贸新通道及横琴珠澳深度合作区建设，实现港澳长期繁荣稳定发展。

（三）一平台串接业务流程，管理成效系统提升

依托珠海枢纽综合信息化系统，实现枢纽业务运行可视化、信息化、数据化、集约化管理，实现全业务流程系统化、协同化与自动化。通过信息化技术及政策叠加，提高国际物流功能区通关效率，实现园区查验口岸放行。

五、建设珠海生产服务型国家物流枢纽预期成效

（一）珠西物流设施网络整合完善，现代供应链组织效能提升

一是区域设施整合基本完成。大数据、人工智能、物联网、智能调度、视频监控等技术在物流运营服务领域的应用逐渐普及，对珠海枢纽内企业重塑供应链和提升物流效率的作用愈发突出。现有物流设施与珠西、港澳、邻近省市的物流设施联系增强，所服务重点制造企业的原材料与产成品全程物流时间缩短10%左右。

二是深嵌国际供应链能力不断提升。珠海枢纽依靠横琴在供应链企业、港资企业的税收优惠，对国内外尤其是香港著名供应链企业在横琴建立跨国公司地区总部、研发中心、销售中心等功能性机构的吸引力不断提升，初步形成了一批具有亚太供应链运营功能的高能级总部，依托外贸企业的全方位、快捷高效、规范经营，集跨境支付、通关、物流、仓储、结汇、退税、金融于一体的外贸综合服务能力不断提高。

（二）大湾区内合作进一步加深，枢纽服务能力不断提升

一是珠海与珠江口西岸及大湾区城市物流合作加强，珠海枢纽与港珠澳大桥经贸新通道联动运作优势明显，承接“港仓澳仓”内移需求，对具有“港仓内移”需求的企业吸引力不断增强，初步形成以港珠澳大桥为物流干线的新兴物流核心区。珠海枢纽作为香港机场物流中转站承接香港物流业的场站设施，配套功能愈发完善，枢纽开展珠港澳陆空联运业务规模扩大，提供集货、仓储、中转、打板等物流配套服务的能力增强。香港空港保税仓、珠海空运物流集散中心建设取得新进展，初步建成洪湾通关综合服务中心，通关、查验、交易、甩挂等综合配套服务功能不断完善。通过联动横琴与澳门的经贸合作，“一带一路”国家和地区的国际贸易通道更加畅通，加强“澳

门—珠海”与“香港—深圳”增长极互动协作，提升珠海枢纽服务保障能力。

二是区域多式联运水平不断提高。基于港口、机场、大桥、铁路、高速公路等交通枢纽的集疏运体系建设完善，海港、空港、铁路、公路、内河（江）等交通运输“一单制”联运服务优势凸显，内河或沿海水路到珠海港口中转重箱业务、公海及海铁联运集装箱业务、公路运输至珠海铁路站到发的集装箱业务开展成效显著，培养一批赴省内外设立货代分支机构或揽货点的货运企业。多式联运整体优势和组合效率不断提升，大湾区内“广州—佛山”“澳门—珠海”“香港—深圳”增长极联系程度更加紧密，物流资源要素在珠海市的集聚能力以及大湾区的流动效率不断提高，对周边城市的辐射带动作用增强。预计到 2025 年，带动珠海物流总费用占全市 GDP 的比率下降 2% 左右。

三是大湾区内产业互补能力越发凸显。充分发挥唯一直接连通港澳、串联大湾区三大增长极的门户枢纽优势，以通用航空产业、信息技术工程为代表的新产业对大湾区东岸、北岸的新产业提供的应用场景更加广阔。以生物医药、健康养老、现代金融、教育培训等为代表的软产业发展迅猛，对大湾区的产业短板的互补能力不断增强。与澳门等地的产业协同发展、互补延伸效能不断增强，支持澳门打造“一中心一平台一基地”，形成大湾区、全球要素的强大引力场。

（三）枢纽运行效率不断提升，带动区域经济高质量发展作用明显

一是枢纽经济发展取得明显成效。珠海枢纽初步建成以物流关联产业为支撑、生产制造业为补充的枢纽经济产业体系，通道优势逐步转化为跨区域产业链和国际经贸合作优势，实现枢纽经济产业与供应链服务、成本、效率、品质的双向匹配，创新发展新业态新模式，培育服务珠海西部地区的高质量发展新引擎。依托珠海枢纽速度经济、流量经济、网络经济优势，实现高端人才和产业聚集，通过区域一体化进程的不断推进，珠海枢纽辐射和集聚效应不断放大，实现枢纽经济效能提升。预计 2025 年，珠海枢纽与其他国家物流枢纽信息互联互通率达到 90% 以上，所服务重点制造企业综合物流成本下降 10%，初步形成与珠海市居民生活需求相匹配、与现代流通方式相匹配、与珠海经济发展地位相匹配，布局合理、高效畅通、技术先进、衔接有序、全程可追溯的现代物流体系，进一步推动物流降本增效，为区域经济高质量发展提供支撑。

二是枢纽口岸通关环境进一步优化。珠海枢纽与公路口岸、海港口岸、航空口岸通关功能的联系进一步强化，逐步加深三地物流运输合作，电子闸口管理模式不断完善，部分口岸进出口货物实现“一站式”验放、跨境安检前置。信息技术对珠海枢纽国际物流的支持作用不断凸显，跨境电商通关时效性、跨境订单交易效率不断提高，车载 GPS、电子关锁和电子地磅等监控技术的应用普及率提高，货物运输时间不断降低，验放速度显著提升，将更好地发挥效能，服务珠海制造业。力争 2025 年实现转口贸易、仓储分拨、安检等核心功能前移，通关时间缩短 20%。

（四）制造业提质升级显著，社会效益充分释放

一是制造业转型发展加速。依托珠海枢纽对区域制造业的集群辐射效能和供应链服务效能，实现制造物流、大数据、供应链金融、智能制造、服务制造等全服务链条畅通，实现制造业中间投入成本有效降低、制造业产品附加值大幅增加，珠海市制造业智能化、高端化、精细化程度不断提升，制造业与物流业价值链实现深度耦合和共同提升，珠海市制造业在区域乃至国际产业链、创新链、价值链中的地位不断提升。力争2025年实现珠海市制造业集群企业整体数字化、网络化、智能化明显升级，在家用电器、打印耗材、生物医药、印刷电路板等行业中打造两个省级特色制造产业集群数字化转型试点。

二是高端制造业与服务业融合增强。珠海枢纽集疏运体系进一步优化，服务粤港澳高端要素集聚的同时，现代供应链组织效能进一步提升，全球高端产业加速集聚，促进国内特别是粤港澳地区产业链、价值链的重建和延伸。培育珠海枢纽内高端要素与金融、贸易、仓储、物流、航运建设等现代服务业的相互支撑，产业链现代化水平不断提升，先进制造业与现代服务业融合、产业与生态融合程度不断提高，国际合作范围不断扩大，形成区域产业融合发展的示范湾区。旅游、生鲜、家庭服务、汽车、消费金融、教育、房产等多个细分领域迅速做大做强，产品生产能力、物流配送效率和服务质量不断提升，人民的消费体验和满意度提高。港珠澳大桥对三地经济、文化交流的重大作用愈发凸显，实现劳动力资源均衡适配，社会民生保障能力不断提高，人民群众获得感、幸福感大幅提升。预计2025年，枢纽可带动就业岗位超过5000个，通过物流集约化运作节约城市用地超过500亩。

案例二　湛江港口型国家物流枢纽——现代化水陆交通运输综合枢纽*

一、湛江港口型国家物流枢纽概况

湛江港口型国家物流枢纽总占地面积约7.07平方公里，由霞山片区和麻章片区两部分组成，两大分区功能优势互补，服务范围覆盖湛江绿色钢铁、绿色石化、海工装备、森工造纸等产业集群。2022年湛江枢纽实现集装箱吞吐量130.1万标准箱，其中完成海铁联运箱量1.24万标准箱，实现货物吞吐量1030万吨，为湛江临港产业的发展做出了应有的贡献，经济效益突出，社会效益显著。湛江枢纽现有航线29条，其中内贸航线17条，主要覆盖东北、华北、华东、华南等地；外贸航线12条，主要至新加坡、越南、泰国、马来西亚、柬埔寨等国家及中国香港等地区。湛江枢纽至欧美、非洲、中东等区域的货物目前主要通过中国香港进行中转。

湛江作为海南连接内陆的传统物流通道，与海南有经济互补、港口互动的天然合作优势，双方形成了良好的航线优势互补关系。湛江港集团与海南方向吞吐量以集装箱货物为主，占比约为87%。2022年湛江港集团对接海南货物吞吐量完成314.7万吨，其中集装箱完成23.2万标准箱，集装箱转水箱量累计完成14.4万标准箱，主要由安通干线及内贸出口食品需求带动；散杂货完成47.3万吨，对流货类主要包括原油、成品油、轻柴油、燃料油，还包括少量甲醇、苯乙烯和粮食。湛江与海南在航线配置、转水业务上都有着紧密互动，并不断强化港航合作，开通湛江—海南航线共7条，其中外贸4条，内贸3条。在提升与海南的开放合作水平、推动口岸互联互通方面，湛江港集团依托招商局整体资源优势，加强与战略船公司合作，争取与海南港航联动，进一步完善航线网络布局，打造公共驳船运输体系。通过陆海新通道运营湛江公司政策优势，加强与新通道沿线重点企业合作，创新“物流+贸易+产业”模式，引导沿线产业与湛江互动发展；按照枢纽对枢纽的班列模式争取铁路总公司和沿线路局给予更有竞争力的运费支持和运力保障，陆续启动“粤港澳大湾区—湛江港—海口”“重庆—湛江—粤港澳大湾区”等海铁联运班列，打造新通道沿线地区—湛江—粤港澳大湾区/海南自贸港/东北/海外的新路径。

---

* 供稿单位：湛江港（集团）股份有限公司，湛江市发展和改革局。

湛江港（集团）股份有限公司（以下简称湛江港集团）作为湛江港口型国家物流枢纽建设的主要牵头单位，先后开通“重庆—湛江—粤港澳大湾区”“福建—湛江—云南”“山东—湛江—云南青龙寺”“黔东南（羊坪站）—湛江港—阳江”“海南自贸港—湛江—王家营西（昆明）”“贺州（钟山站）—湛江—宁波”“中国·湛江—乌兹别克斯坦·塔什干”“印度/马来西亚/越南—湛江”东印快线等，截至2023年3月底，累计开通海铁联运班列达30条，通道对内辐射国内10省（区、市）、24市、47站，线路覆盖重庆、贵州、云南及珠三角区域共30个铁路站点，黔粤、渝湛、桂湛、滇湛班列常态化开行，推动湛江港海铁联运量迅速扭转下滑趋势。2022年湛江港集团海铁联运量完成1.24万标准箱，其中重箱量完成0.83万标准箱。湛江港集团2022年经湛江港集装箱码头进出口RCEP国家的外贸集装箱吞吐量为3.08万标准箱，同比增长25.3%，其中出口主要以越南、泰国、印度尼西亚等国家为主；货源主要以纸制品、冷链产品、农副产品和木制家具、板材为主。湛江港集团积极拓宽往来RCEP成员国的海上通道，完善航线布局，2022年启动“印度/马来西亚/越南—湛江”东印快线（CI7）航线，加密了湛江港与RCEP成员国多个港口之间的航线布局，便利了湛江与RCEP成员国之间的贸易往来。同时，湛江港集团推动并参与组建陆海新通道运营湛江有限公司（以下简称湛江平台公司），在省政府相应的扶持政策及湛江市政府的扶持政策下（参见《湛江市人民政府关于印发湛江市促进西部陆海新通道物流发展的若干措施（试行）的通知》），推出“一口价”政策。湛江平台公司成立以来，立足自身所在区位和交通优势，以发展交通物流为重要抓手，通过夯基础、优组织、强服务，织密物流网络，积极参与西部陆海新通道“13+2”共建格局，助力国家重大战略联动发展。

二、湛江港口型国家物流枢纽发展定位

（一）服务海南自由贸易港的核心物流枢纽

深入贯彻习近平总书记关于湛江与海南相向而行的指示精神，充分发挥湛江港口群对海南自贸港客货运输最佳区位优势，以保供海南自贸岛生产生活为目标，进一步拓展湛江港口群与海南港口间的运输通道，强化对海南自贸港物资转运、仓储、物流加工的能力，提升供应链组织水平，积极衔接全国各大经济区物流枢纽，打造服务海南自贸港的核心物流枢纽。

（二）西部陆海新通道海铁联运的组织中心

充分发挥湛江作为全国首批沿海开放城市、首批“一带一路”海上合作支点城市的优势，以服务西部地区高水平对外开放为目标，积极参与西部陆海新通道建设，加强与西部陆海新通道沿线城市合作，丰富国内国际铁路班列线路，畅通湛江国际铁路港与湛江港口群间物流通道，全面提升海铁联运组织水平和作业效率，打造西部陆海

新通道海铁联运的组织中心。

（三）对接 RCEP 国际物流的桥头堡

充分发挥湛江与东盟交流合作的桥头堡作用，借助全面落实 RCEP 契机，拓宽往来 RCEP 成员国的海上通道，织密湛江港与东盟成员国多个港口之间的航线布局，提升国际物流通关效率和保税物流组织能力，建立“国际海运 + 国内干支仓配”一体化服务模式，整合国际国内物流资源，高效串接国际物流网络和国家物流枢纽网络，打造对接 RCEP 国际物流桥头堡。

（四）湛江枢纽经济发展的核心引擎

发挥湛江港口型国家物流枢纽物流产业集聚优势，以培育湛江经济发展新动能为目标，以强枢纽、集要素、聚产业为路径，加强湛江枢纽物流资源整合和物流服务能力的提升，打造与现代产业发展特征相匹配的低成本、高效率的物流枢纽服务网络以及组织平台，培育全链条综合服务能力和价值创造能力，促进湛茂制造业集群价值链迈向中高端，形成湛茂都市圈供应链组织服务中心。围绕国家物流枢纽，改善要素发展环境，提升要素供给能力、供给规模，促进多业态、多环节、多要素、多模式融合集成创新，形成新的产业组织模式和资源配置方式，强化湛江枢纽产业集聚能力，提升产业集聚规模，推动产业升级，提高产业链供应链现代化水平，引领湛茂都市圈经济社会高质量发展。

三、湛江港口型国家物流枢纽功能

（一）基本功能

海运干线运输组织。依托湛江港现代化港口资源、深厚的岸线资源以及横跨太平洋的远洋干线资源，聚焦枢纽高效运行，推动港口高质量发展，强化湛江港作为国内强港、集装箱干线港以及区域重要能源和原材料运输中转港在规模化、组织化、网络化上的突出优势，凸显湛江港作为粤西地区、广东沿海港口群枢纽港及北部湾城市群物流枢纽中心的重要地位。

铁路干线运输组织。依托麻章片区内湛江西货运站、霞山片区湛江港铁路专用线等设施，通过与国铁集团合作，围绕大宗商品、金属矿石、原油、集装箱等提供国内国际的铁路干线物流、“无水港”干支衔接、口岸作业、信息服务等综合服务。

区域分拨及配送组织。以枢纽为组织中心，围绕金属矿石为代表的大宗物资，积极利用铁路班列开展面向粤西地区及北部湾城市群区域分拨业务，优化面向粤西腹地主要货源地的公路运输组织业务，进一步强化港口与腹地、运输与生产、枢纽与产业间的物流联系，建立宜铁则铁、宜公则公、高效运转的区域分拨和配送体系。

联运转运组织。依托集装箱运载单元，提供公铁联运、公水联运等多式联运功能，以及以集装箱为主的快速转换运输功能。发展国内外陆海联运业务，提供集装箱拆拼集并、装载工具转换、仓储配送等服务，实现公、水、铁运输方式的衔接。在强化现有大湾区组合港及招商局集团国内沿海港口合作的基础上，继续拓展与其他港口枢纽的合作，推进水水转运体系建设，实现与环北部湾经济圈、湛茂都市区发展的有效衔接。

提供国际物流服务。依托湛江综合保税区、保税物流中心（B 型）等国际物流资源优势，接收、发送、存储、中转通过保税物流中心进出境的货物以及其他未办结海关手续的货物，为外贸货物提供口岸监管、保税仓储、保税加工、通关等服务；依托口岸作业区，提供国际货物装卸、监管、通关等服务。以湛江为支点，进一步发展东南亚、日韩货物经枢纽转运至粤西及华南腹地的国际物流业务。在巩固传统东南亚航线优势的基础上，推进以湛江为起点至欧美、中东的海运物流网络。

现代供应链组织。在枢纽与临港产业、腹地产业延续既有业务合作的基础上，着力强化枢纽与产业协同联动和深度融合发展。加强枢纽与国际国内生产商、供应商、贸易渠道商、零售商和金融服务商的对接，促使产业上下游各环节资源在枢纽集聚，实现相关产业的资源优化整合和生产高效协同。创新“供应链 + 互联网”模式、“供应链 + 资本”模式，为企业提供包括国际采购、供应链金融等在内的供应链组织集成服务。

提供大宗商品物流服务。发挥港口枢纽在大宗商品物流及矿石、石化等专业物流上的资源优势，加快商品车及大宗商品专业物流系统嵌入枢纽服务系统，实现枢纽与资源产地、工业聚集区的物流协同组织，优化枢纽与相关企业仓储、运输等资源的合理配置和集约利用，进一步降低企业库存和存货资金占用。依托华南大宗商品分拨中心建设，提供大宗商品线上交易港口交割服务。

提供冷链物流服务。以枢纽高标准冷链物流设施为依托，以湛江市洲际科技有限公司等具备专业冷链物流服务能力的运营主体为核心，突出湛江枢纽的特色优势，加快水产品、肉类、果蔬等冷链物流发展，扩大冷链平台运营服务范围，促进枢纽与捕捞业、畜牧养殖业、水产品养殖业等冷链上下游产业紧密结合，加快构建冷链全产业链条，推进冷链物流规模化发展。

提供口岸综合服务。以湛江港水运口岸为依托，为进出口企业提供快速报关、检验检疫、指定口岸查验、出口退税等口岸综合服务，为国际口岸贸易发展提供功能支持平台。

（二）延伸功能

提供应急物流服务。为应对严重自然灾害、突发性公共卫生事件及公共安全事件等突发事件，提供紧急物资配送运输服务，以及在商业厂商出现应急物流需求时，提供紧急物流服务。采用先进的仓储管理技术和运输管理软件实现对货物数量、流量、流向的全程跟踪，保障物流和储备的准确性，并对进出园区的应急产品进行质量检测，禁止不符合标准的应急产品和物资进园和出园。

提供电子商务物流服务。发挥海运干线运输和区域分拨网络作用，为电商提供覆盖更广、成本更优的电商物流服务，增强枢纽在跨境电商通关、保税、结算等方面的服务功能，提高枢纽支撑电子商务物流一体化服务的能力。通过枢纽综合信息服务平台与电子商务信息平台对接，实现物流和信息流的协同服务，加快构建立足枢纽面向腹地的电商服务体系，提高电子商务物流服务质量和能力。

提供信息平台服务。以枢纽既有信息平台和系统为基础，按照国家物流枢纽建设要求进行资源整合、功能拓展和服务提升，提供物流信息、商贸交易、信贷保险、金融结算、信息追溯等集成金融信息服务。依托集装箱、混矿、石化等物流集散业务，拓展相关商品的交易结算服务，实现枢纽价值链的延伸。加快5G技术应用，实现物流高度互联，推动智慧港口、智能枢纽、智能仓储、智能配送等智能化物流建设，通过“5G + IoT + AI”技术融合创新应用，全面提升人员、车辆、生产、安防、运维等要素的管理能力。

提供企业孵化服务。利用枢纽运作的成功经验及相关的物流业务咨询优势开展物流咨询与培训，吸引物流咨询企业进驻发展，充分发挥高校、科研、企业、政府多方合作的优势，开展物流人才培训业务。

四、湛江港口型国家物流枢纽信息化建设

（一）湛江智慧物流枢纽综合服务平台

湛江智慧物流枢纽综合服务平台以湛江港集团已有的物流信息平台为载体，开放端口，在现有基础上拓展多式联运平台、物流园区服务平台和智慧物流大数据平台等功能。智慧港口一体化平台包括“一门户、七平台”，“一门户”指智慧港口综合门户，“七平台”为智慧物流平台、智能生产作业平台、智能感知平台、智慧营运管理平台、多式联运平台、物流园区服务平台、智慧物流大数据平台。湛江智慧物流枢纽综合服务平台依托港口型国家物流枢纽的多式联运条件实现水路、铁路、公路、港口等运输节点的信息发布、运力在线交易、物流线路优化、多式联运解决方案、政策发布等功能。多式联运平台包含外贸综合服务系统、海铁公空联运系统、多式联运订单系统、场站管理系统、多式联运费用结算系统等。对接湛江市内的公共信息服务平台和全国范围内的企业信息服务平台，为企业实现干支配一体化和供应链上下游管理提供支撑服务。物流园区服务平台为没有信息系统的园区企业提供可用信息系统，为已有信息平台的联盟企业提供展示入口及相应的数据标准对接。在提供公共入口的同时整合数据资源，对智慧物流大数据平台进行数据统计分析，通过智能算法进行行业分析、

过程优化、业务指导以及提供决策支撑数据。智能生产信息平台将以港口生产系统为基础，将各个与货物相关单位的管理系统信息集成处理，打造港口信息管理平台，范围涵盖海关、边防、海事等口岸单位，以及铁路、货主、贸易商、第三方物流公司、运输公司、交易平台等，实现港口数据与各个相关单位管理系统的联动对接，达到信息共享、数据交换、互联互通的效果，提升湛江港物流的整体快捷性、便利性。湛江智慧物流枢纽综合服务平台系统框架如图 4－1 所示。

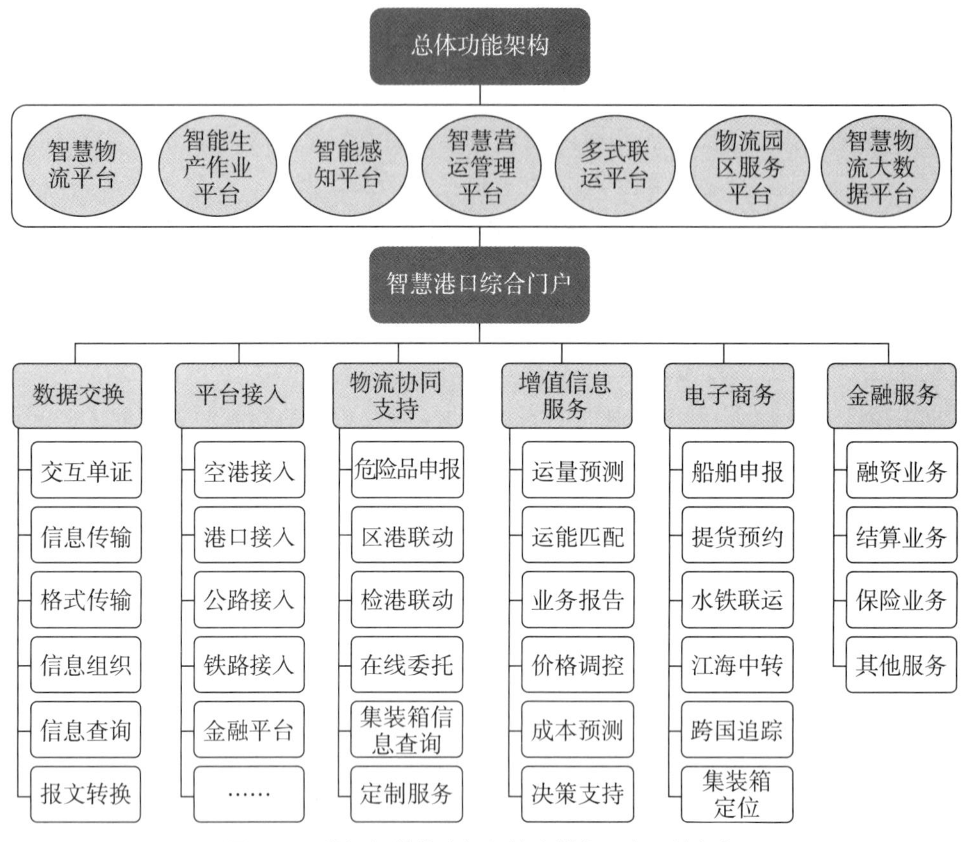

图 4－1　湛江智慧物流枢纽综合服务平台系统框架

（二）大宗商品交易平台

依托公共服务平台，合理整合周边平台资源，引进国内外各类交易主体，打造煤炭、铁矿石、原油、粮食、原糖、木材交易平台，形成从挂单到应单、从商谈质量价格到合同签订的全流程服务体系。同时，联动湛江港口型国家物流枢纽建立大宗商品交割服务网络，对接仓储管理信息平台与交易系统，形成快捷交割服务。建立大宗商品跨境金融服务平台，对接电子交易平台、商业银行，提供支付服务、融资服务、账户管理、保证金管理等功能。湛江大宗商品交易平台如图 4－2 所示。

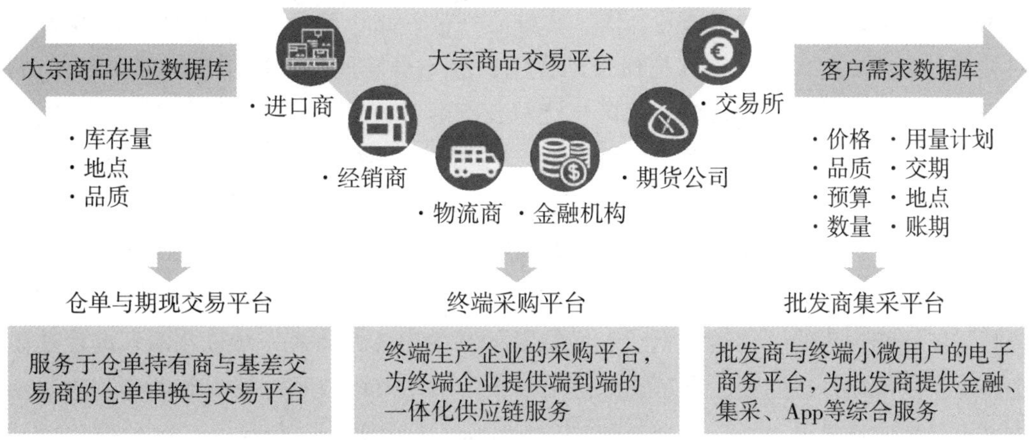

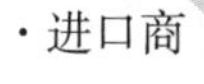

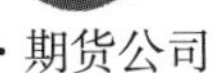

图4-2　湛江大宗商品交易平台

五、建设湛江港口型国家物流枢纽的预期成效

（一）建成高效多式联运服务体系，提高枢纽国际化水平

湛江港口型国家物流枢纽建成后，海铁联运、水陆联运的多式联运体系更加完善，150公里范围内形成1.5小时水陆联运网络，与RCEP成员国联系的国际陆海联运服务效率和品质达到国际先进水平。物流枢纽组织效率大幅提升，物流多环节实现高效衔接，多式联运、甩挂运输等先进运输组织方式广泛应用，联运换装效率大大提高，“湛江—穗深”“湛江—海口”内支线常态化运行。琼州海峡通道更加完善，构建由高速铁路、高速公路、水路客滚运输等多种运输方式组成的综合交通走廊，融入国家综合运输大通道。基本形成以湛江港为枢纽，南向海南、北接辽港、融入西部、辐射东盟和招商海外“一带一路”的供应链服务体系，实现陆海内外联动、东西双向互通的战略格局，加强内陆港业务开发和布局建设，向西南内陆延伸港口服务功能，搭建一站式物流服务平台；结合中西部粮食、煤炭等产业布局，优化海铁联运网络，联动广东、广西地区陆港，提供多式联运“一单制”服务，中西部产业货源占比增加。预计2025年，湛江枢纽同RCEP成员国联系的国际陆海联运换装效率提升10%，进一步织密RCEP东盟国家航线网络，基本实现航线每周2班运作，集装箱航线总数增长25%。

（二）强化物流运行组织与管理，助推区域经济协调发展

湛江枢纽高标准建设和高质量运行，推动物流组织方式变革和结构优化，促进湛江乃至粤西区域与国内外主要经济板块密切联系，以全面开放激活比较优势，枢纽经济将成为重要的发展模式，为“海南自贸港建设”“西部陆海新通道城市群建设”“环北部湾经济区”“泛珠三角经济合作区”“广东沿海经济带建设”发展提供有力保障，

为引领粤西地区深度对接 RCEP 合作、参与“一带一路”建设、加快与世界经济高效对接提供有力支撑。依托湛江枢纽带动作用，进一步发挥湛江连接西部陆海新通道、海南自由贸易港、粤港澳大湾区的区位优势，畅通“贵州—湛江—粤港澳大湾区—海外”运输通道，打造湛江—海南跨海交通“半小时交通圈”。湛江枢纽将推动湛江由服务本地向服务粤琼区域、辐射西部陆海新通道城市群发展，带动湛江实现国际转型，促进湛江物流行业的快速发展，预计 2025 年，湛江枢纽同西部陆海新通道沿线城市集装箱运输量达 5 万标准箱，建设海南后方加工制造基地 3 个、共建产业合作园区两个。依托湛江枢纽构建的“通道 + 枢纽 + 网络”的高效率体系将进一步优化湛江的产业生态环境，立体化打造湛江、广东省经济增长极，推动海南自贸港建设和西部陆海新通道城市群高质量发展。

（三）完善大宗商品贸易运行体系，有效提升产业能级

基于华南区域，加强湛江枢纽同粤港澳大湾区港口供应链合作，共建南方铁矿石交易中心，打造铁矿石供应网络，力争形成稳固华南区域，服务中西部，联动北方港口，保税转口至 RCEP 成员国的国际化区域交易分销中心。依托湛江所拥有的我国南方最大的石油综合罐储能力，配套原油商业储备、国家战略储备、原油期货交割仓库等战略资源，拓展贸易原油、期货原油、保税转口等业务，强化湛江华南石油贸易分销中心的市场地位。深化与中外运合作，围绕巴斯夫等化工企业的物流需求，打造化工品转运中心。加强与西部陆海新通道地区内陆港的联系，重点开展大宗物资公铁水联运，形成以临港工业生产物资供需为导向，内联我国主要经济圈，外接中亚、欧洲等国家和地区，打造矿石、煤炭、石油、化工、粮食等大宗商品集疏运体系。预计到 2025 年，打造钢铁、石化等千亿产业集群，布局建设大宗商品储运基地两个，实现大宗商品进口量年平均增长 15%，大宗商品供应链产业链持续优化，湛江枢纽大宗商品业务覆盖全国、辐射全球主要经济体。

（四）推动消费规模与品质升级，满足人们对美好生活的向往

湛江港口型国家物流枢纽建成后，将有效提升民生保障领域的物流服务品质。城乡配送、冷链物流等业态逐步成熟，将有效保障民生需求，实现民生物流提质增效，有效提升城乡居民生活品质。开拓枢纽跨境电商、进口商品、“一带一路”特色商品、保税物流、供应链金融等新兴物流业态，丰富居民消费品类，提升消费品质，带动现代物流、高端服务和先进制造产业链上下游企业集聚，吸引物流、供应链相关人才集聚，带动枢纽周边居民就业。港口物流绿色环保水平不断提高，将最大限度地减少物流活动对环境的危害。全面落实“碳达峰、碳中和”要求，区域单位吞吐量综合能耗、二氧化碳排放量实现下降，交通运输新能源、清洁能源得到广泛应用，实现绿色、低碳、可持续发展，社会责任和贡献度持续提升。完善强化应急物流体系，有效保障自

然灾害、公共卫生等重大突发事件的生活必需品以及医疗救助物资、防疫物资供应，为妥善应对自然灾害、公共卫生等重大突发事件奠定坚实基础。到 2025 年，枢纽预计带动就业人数达到一万余人，新能源汽车占物流运输车辆的比值增长 30%，应急物资储备库面积增长 20%。

案例三　湛江国家骨干冷链物流基地——国家冷链物流基础支撑和组织核心的新节点*

一、湛江国家骨干冷链物流基地概况

湛江国家骨干冷链物流基地总体规划占地1550亩，由麻章水产冷链综合示范区的350亩用地（总面积350亩）和遂溪农产品流通示范区的687亩用地（总规划1200亩，已完成开发513亩）构成，两个片区相距约7公里，均位于374省道沿线，地理位置优越，具有显著的区域辐射能力。其中，麻章水产冷链综合示范区以水产品冷链物流为主，而遂溪农产品流通示范区则以农产品冷链物流为主，两个片区业务互补，共同组成湛江国家骨干冷链物流基地。

湛江国家骨干冷链物流基地的建设，由麻章水产冷链综合示范区和遂溪农产品流通示范区组成的企业联盟作为实施主体，主要依托湛江及其周边地区良好的水产品、农产品产区的优势，以创新的体制机制，优化整合现有的存量设施，同时合理规划增量设施，实现存量设施与增量设施的联动发展。

二、湛江国家骨干冷链物流基地发展定位

（一）面向国际国内的冷链物流供应基地

湛江是北部湾中心城市、“一带一路”倡议的桥头堡，是水产进口、农副产品进口、RCEP地区农海产品进入中国的第一站。湛江整合基地已有的冷链物流基础设施，依托完善的铁路、公路、水路交通体系，构建国内、国际双向辐射冷链物流通道，打造面向全国和东南亚地区、东盟国际物流中心的重要供应基地，为东盟等“一带一路”沿线国家的物流运输提供有力保障。

（二）“南菜北运”冷链仓储物流中心

以湛江为中心，辐射粤桂琼及北方市场，搭建一个全面的“南菜北运”冷链仓储物流中心，通过提供包括粮食、肉类、水产品、奶制品等全品类全温控生鲜农产品的

* 供稿单位：湛江市发展和改革局。

仓储加工和配送服务等全方位的冷链物流服务，进一步促进南北方市场的交流与合作。

（三）全省数字化冷链物流示范区

加快推进大数据、互联网、物联网等信息技术与冷链物流产业深度融合。通过项目带动、资源整合、招商引资等方式，形成以数据驱动为核心、以平台为支撑、以商产融合为主线的数字化、智能化的产业互联网发展模式，打造数字化冷链物流示范区。

（四）冷链配送及应急冷链物流基地

整合现有冷链食品加工企业，集中建设仓储加工中心、物流配送中心、中央厨房。加强肉类、水产、水果、蔬菜等物资储备，确保区域内的物资供应稳定；提升冷链物流的组织效率和保障能力，成为储备充分、组织高效、保障有力的区域应急冷链物流基地。

三、湛江国家骨干冷链物流基地八大功能

（一）仓储功能

基地是针对整个鲜活农产品流通链条中最复杂、最薄弱、发展空间最大的“最先一公里”环节。一是主要满足鲜活农产品检验、分拣、预冷、保鲜、配送等功能；二是储藏大量的需要低温冷冻的肉类、水产类产品，如进出口海产品、国家储备肉、水果保鲜等，以区域中转、仓储、运输为主要功能。

（二）加工冷藏功能

基地具有加工冷藏功能，在低温储存的基础上延展加工服务。主要提供农产品初加工、深加工、中央厨房、预制菜生产等服务功能，提供大型低温加工车间，并配置相应的研发、测试和生活服务区。

（三）市场交易功能

互联网的快速发展加速了交易环节去中介化的进程。基地以农产品批发交易为核心服务功能，形成冷链物流与市场交易相互促进、良性互动的服务模式。

（四）区域配送功能

基地主要承担城市配送功能，具有多温区、多品类、多频率、共存配送等特点，充分发挥区域配送效率高、成本低的优势。

（五）配套服务功能

基地不仅拥有餐饮、住宿、娱乐等生活服务设施，同时还配备办公设施、市场管

理设施等，为基地的正常运营提供保障。

（六）信息服务功能

基地整合区域冷链货源、运力、库存等市场供需信息，提供冷链车货匹配、仓货匹配等信息撮合服务，为企业提供金融、信息、数据、供应链等综合配套服务，促进冷链物流业务一体化发展。

（七）检验检测功能

冷链物流基地的发展为政府监管部门集中监管食品安全提供了便利条件，基地的检验检测功能为食品安全保障体系建设和强化食品安全监管体系功能起到了积极的推动作用。

（八）保税仓储服务

基地拥有保税仓资质、进境冻肉备案查验资质、进境水产品备案查验资质。冷库按照国际 GMP 标准建设，达到美国 FDA 和欧盟标准，同时配备海关监管的电子眼系统、仓库计数机管理系统。此外，基地还具有对外展示功能，主要采用租赁的方式对外经营进出口水产业务。

四、湛江国家骨干冷链物流基地发展目标

按照湛江国家骨干冷链物流基地建设要求，高标准建成一批规模大、数字化、智能化的冷链物流设施；适应全省居民消费升级需求，建立管理规范、国际标准、无缝衔接、可追溯的冷链物流服务体系，基本建成区域性国际冷链物流中心。

（一）冷链基础设施进一步完善

到 2025 年，全市新增冷库总容量约 100 万立方米。其中包括，新建公共型冷库约 60 万立方米，新建批发市场冷库约 20 万立方米，新建农产品产地集散中心冷库约 5 万立方米，新建和改造田头预冷库约 5 万立方米，新建和改建渔港冷库约 10 万立方米。

（二）冷链流通率大幅提高

到 2025 年，国际冷链中转服务产品冷链流通率达 100%。省内果蔬、肉类、水产品等的综合冷链流通率达 85% 以上，流通环节腐损率降至 10% 以下。

（三）物流企业竞争力进一步提升

到 2025 年，通过政策倾斜等方式促进冷链物流企业快速发展，在基地内打造 5 家市级重点冷链物流企业，使区域内冷链物流企业的竞争力得到进一步提升。

（四）冷链服务数字化基本实现

到 2025 年，基地建成湛江冷链物流供应链数字平台，培育一批全程冷链、全程监控、全程可追溯的示范安全产品。

五、湛江国家骨干冷链物流基地预期成效

（一）加深支撑国家战略落实力度

湛江国家骨干冷链物流基地的建设将强化其在国家三大战略中的重要枢纽地位，构建服务西部陆海新通道沿线地区，北接辽港东北亚、南向海南自贸港、东融粤港澳大湾区的供应链体系。通过冷链物流基地的建设，使湛江有效融入西部陆海新通道，助力湛江建设成为“21 世纪海上丝绸之路战略支点城市”，有效融入粤港澳大湾区和海南自贸区的建设，加快完善湛江与粤港澳大湾区铁路、公路、水运的立体交通联系，构建现代化快速立体交通体系，开展与粤港澳大湾区国家冷链物流基地的干线运输，促进湛江与粤港澳大湾区之间的要素流动，积极承接粤港澳大湾区生鲜农产品需求，并发展与粤港澳大湾区契合的配套产业，形成梯度发展、分工合理、优势互补的产业协作体系，对接和支持粤港澳大湾区发展建设。与海南共建海南国际贸易“岛外仓”，对接海南自贸区发展，促进两地国际贸易、国际航运合作共赢。

（二）促进与农产品产运销融合发展

通过建设湛江国家骨干冷链物流基地，推动第一、第二、第三产业深度融合。一是促进生鲜农产品产业化发展。通过促进农业生产、加工、物流、研发、示范、服务等相互融合和全产业链开发，培育做强生鲜农产品品牌。二是聚焦“最先一公里”。增加田头冷库、移动冷库等田头冷链服务设施，大力推进冷链技术在生鲜农产品种植养殖过程中的应用，促进农业提质增效，提升农业现代化水平，助力农业现代化建设。三是引导资本、信息、技术等现代要素与湛江农业生产对接融合，推进更宽领域、更高层次的农业合作和对外开放。通过全省域组网、全链条建设、全产业发展、全方位服务、全流程保障，联结小农户、对接大市场，成为服务覆盖全省城乡的农产品供应链服务平台企业，当好公共型农业社会化服务体系的重要载体和抓手，为广东农业农村高质量发展提供强大新动能。

（三）加大政府对冷链物流龙头企业的培养力度

为了充分发挥湛江国家骨干冷链物流基地的潜力，政府需要加大对该领域龙头企业的培养力度。通过引导龙头企业发挥带动能力和创新能力，促进冷链物流企业集聚，提高湛江冷链物流业的进一步发展。同时鼓励龙头冷链物流企业深度参与全球冷链产

品生产和贸易组织，强化境内外冷链物流、采购分销等网络协同，带动上下游企业共同打造具有影响力的冷链食品品牌。在此基础上，延伸跨境电商、交易结算等服务，提升国际供应链管理能力和国际竞争力。此外，围绕全球肉类、水果、水产品等优势产区，积极布局境外冷链物流设施，依托远洋海运、国际铁路联运班列、国际货运航空等开展国际冷链物流运作。通过政府的支持，发挥政府在规划、标准、政策等方面创造需求的引力作用，持续为冷链物流产业发展营造良好的市场环境，加快湛江国家骨干冷链物流基地的建设和运营。引导资金、人才、技术等资源更多向冷链物流基础薄弱环节配置，集中力量补短板、强弱项，实现资源的高效整合和优化配置，不断夯实冷链物流行业发展基础。

（四）加快冷链物流信息化网络建设

湛江国家骨干冷链物流基地通过应用先进的冷链物流技术与冷链物流设备，推动冷链物流企业的信息化建设，降低冷链物流成本，保证冷链物流服务质量，提高信息化水平。一是推进冷链物流信息平台建设，促进信息流、物流和资金流的协同联动，进而提高冷链物流服务效率和经营管理水平。二是以企业信息技术的广泛应用为基础，以信息基础交换共享网络为支撑，以公共信息服务平台为推手，充分发挥信息化、智能化在冷链物流领域的作用，实现冷链物流资源的有效整合和高效利用。三是加速“互联网＋”、大数据等新技术的应用，进一步完善物流公共信息平台的建设。四是加快完善各运输方式行业信息系统，推进互联互通。支持企业加快推进信息化建设，引导规模化企业利用先进信息技术，实现企业内部管理优化和服务升级，推动物流企业与供应链上下游企业间信息标准统一和系统对接。湛江国家骨干冷链物流基地将实现信息化网络的全面覆盖和高效运行，提升冷链物流行业的整体竞争力。

（五）持续联农带农，促进农民稳定增收

湛江国家骨干冷链物流基地可持续联农带农，促进农民稳定增收。长期以来，我国农产品产后损失严重，果蔬、肉类、水产品流通腐损率分别达20%～30%、12%、15%，仅果蔬一类每年损失就达到1000亿元以上。同时，受到生鲜农产品集中上市后保鲜储运能力制约，农产品“销售难”和价格季节性波动的矛盾突出，农民增产不增收的情况时有发生。发展冷链物流既是减少农产品产后损失，间接节约耕地等农业资源，促进农民可持续发展的重要举措，也是带动农产品跨季节均衡销售，促进农民稳定增收的重要途径。一方面，基地通过冷链基础设施服务功能转型升级，增加产地冷链设施，增强生鲜农产品收储能力，扩大收储规模，积极发展“公司＋基地＋农户”种植养殖经营管理模式和“产业园＋龙头企业＋基地＋农户”产业园区运行模式，进一步联农带农。另一方面，基地通过创新利益联结机制和成果共享机制，在提高种植养殖的产量和质量、减少农产品损耗、提升农产品附加值、增加农民就业等方面，与

农民利益联结、成果共享，确保农民持续稳定增收。

（六）强化物流专业人才的培养与管理

湛江国家骨干冷链物流基地的蓬勃发展，亟须引进具备现代物流专业知识的复合型人才。通过湛江将物流专业人才引进纳入全市人才引进计划，大力推动物流人才培训，深入实施高层次青年现代服务人才培养工程，加大高端物流人才引智力度。支持物流企业与高等院校、职业学校合作，借助高等学校教育资源和第三方培训机构，开办物流人才培训班，加强高技能专业物流人才和急需的物流实用型人才的培训。通过实施物流人才订单式培养，开展物流专业培训，提高从业人员整体素质，为广东省物流行业输送大批实用适用人才。

案例四　广百物流有限公司——华南地区领先的供应链服务提供商*

一、企业概况

广州市广百物流有限公司（以下简称广百物流）是广州岭南商旅投资集团有限公司旗下从事现代物流经营的国有独资企业，2015 年年底由广州市商业储运公司整体改制更名而来。公司始创于 1953 年，是国家最早认定“发展商品物流配送重点企业”之一、国家 AAAA 级物流企业、中国物流示范基地、中国五星级仓库、中国绿色仓库、中国仓储服务质量金牌企业、中国供应链创新示范企业、广东省现代物流龙头企业、广东省首批供应链管理示范企业、广州市城市物流配送重点企业。2022 年入选国家商务部首批全国商贸物流重点联系企业。公司注册资本 7.3299 亿元，物流经营用地面积超过 41 万平方米，拥有占地 10 万平方米以上大型物流基地 3 个，自有营运车辆超过 270 台，可调配社会车辆过千台，构建了以广州为中心、对接大湾区、面向全国的现代物流服务体系。公司发挥国企诚信优势，经营稳健，资产优良，具备良好的企业品牌社会信誉度，银行信用评级长期维持在 AAA 级别，具有很强的融资能力和资金实力，先后为消费、化工等行业跨国公司客户提供外仓与运输配送服务；与电商物流、零售百货、烟草、医疗器械、食品快消品等行业领先品牌客户保持长久合作。

二、业务概况

广百物流坚持“安全、便捷、优质、诚信”服务理念，厚植“岩竹精神”。广百物流深耕商贸物流，在传统仓储、配送业务基础上提升发展，逐步形成一主四翼业务板块，建设枢纽型、智能化、国际化的中国南部物流枢纽园区，发展现代仓储、城市配送、供应链一体化、物业经营管理。广百物流的业务模式如图 4－3 所示。

（一）“一主”业务板块

“一主”业务板块是指中国南部物流枢纽园区项目。项目位于清远市清城区源潭镇广清空港现代物流产业新城核心区内，地处粤港澳大湾区的北端，紧邻广乐高速，是

* 供稿单位：广州市广百物流有限公司。

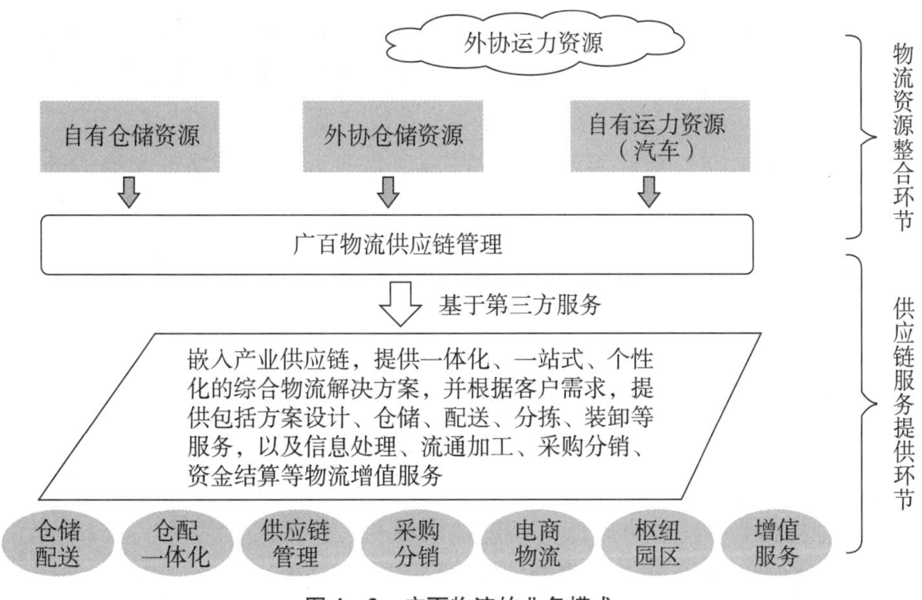

图 4－3　广百物流的业务模式

南货北上、北货南下、内陆联通的重要节点。园区规划用地面积 1500 亩，投资规模超过 100 亿元，已取得超过 700 亩用地，建成总面积 28 万平方米的园区，目前项目建设进入二期阶段，计划“十四五”期间基本建成服务粤港澳大湾区的国际化、智能化、枢纽型综合现代物流园区。项目一期，华南电商物流中心择优引入阿里巴巴心怡物流、菜鸟网络、中国邮政、北京盛世科技等龙头企业；二期主要建设粤港澳大湾区生产生活物资分拨中心和跨境电商物流中心，与机场空港联动全力推进“跨境电商”和“大湾区菜篮子工程”，目前建设工程已全面开工，预计 2023 年内投产；项目三期由广州粮食集团建设广清粮油中心，积极推动广清粮食产业实现新跨越；项目四期、五期计划打造公路港联通铁路站场，全面建成中国南部物流枢纽园区。

（二）“四翼”业务板块

一是现代仓储。广百物流凭借在仓储服务领域的多年积累，以运作信息化、操作标准化、装卸机械化为发展方向，为大型工商企业提供现代仓储服务。广百物流拥有经营用地 41 万平方米，10 万平方米以上的大型物流基地 3 个，其中国家四星级仓库 1 个、五星级仓库 2 个。东部物流基地位于广州市黄埔区，毗邻港口和保税区，开展进出口商品的储存管理，并延伸至装卸、分拣、加工、包装、运输等一体化运作。北部物流基地位于广州市白云区广州空港国际物流园核心地带，依托综合物流产业圈、空港物流产业带、铁路物流产业带和公路物流产业带形成的“一圈三带”，打造区域分拨物流中心，提供仓储管理、配送、库内搬运、分拣装卸等服务。

二是城市配送。以新能源、智能调度、拣配一体为发展方向，重点打造“广商城配”“广商快运”品牌，发展零售终端配送业务和城际运输业务。目前拥有近 5000 平方米配送运营场地、5 万多个配送服务网点。广百物流以自有车辆及整合社会车辆资源，提供仓库直发配送、点对点配送、“门到门”配送等服务，应用车辆运输管理系统，实现智能优化运输配送路径和车辆调度，在线监管车辆运输轨迹、车况、驾驶员状况，通过数据抓取与分析完善配送线路安排，实现配送效率提升和配送安全保障，构建起高效配送服务体系。

三是供应链一体化。广百物流着力开拓国资企业和品牌企业的物流与供应链业务，应用信息技术和现代化设备设施，向客户提供采购、仓储、库存管理、分拣、配送等一体化服务。以“菜篮子”供应链项目为例，广百物流以电商物流服务为切入点向上下游环节延伸，构建完整的供应链服务生态体系，为多家知名电商企业提供全方位的供应链系统解决方案，响应满足客户销售增长带来的小批量、多频次配送服务需求，多地设仓强化供应链配套。

四是物业经营管理。广百物流商用物业资源在广州天河、越秀、海珠、荔湾、黄埔、从化等区均有分布，涵盖写字楼、商铺、住宅、仓库、土地等类别，面积超过 8 万平方米，物业运营稳步提效，为公司发展奠定了良好的利润基础。

三、典型项目介绍

广百物流大力推动大湾区“菜篮子”供应链项目的高质量发展。项目以鲜鸡蛋产品为突破口，积极整合产业链上下游资源，抢抓社区电商发展机遇，重点布局拼多多、淘菜菜、美团等主流电商渠道，2022 年实现“菜篮子”鸡蛋供应链一体化业务收入近 1 亿元。

（一）“菜篮子”供应链项目业务流程

项目业务流程主要分为采购，交货，验收入库，结算货款，销售，分拣、打包、运输，验收及结算七个环节，具体如下。

一是采购环节。下游多多买菜、淘菜菜、美团快驴等社区电商平台渠道向广百物流旗下控股子公司广东南天供应链管理有限公司（以下简称南天公司）发出商品采购需求。南天公司依据订单明细向各个地区上游大型养殖场、经销商询价比选，在相同商品质量情况下，从价格最低的供货商处进行采购。

二是交货环节。上游供应商收到南天公司的采购订单后，进行备货、包装，由南天公司选定的服务商运输至南天公司指定仓库地址。

三是验收入库环节。南天公司驻仓人员对商品进行验收入库，确认最终到货数量及需结算供应商的金额。

四是结算货款环节。南天公司根据最终验收入库数量与上游结算货款。

五是销售环节。南天公司制定销售价格，管理销售渠道，合格的商品销售价不低于购进价格 + 运营成本 + 合理利润。

六是分拣、打包、运输环节。服务商或南天公司根据销售订单按时进行分拣备货、分类打包、运输配送。南天公司通过参与部分运输，了解平台收货标准和掌握运输成本。

七是验收及结算环节。完成运输配送后，下游社区电商平台在规定时间内与南天公司进行结算，南天公司收回销售货款。

（二）“菜篮子”供应链项目业务特点

在采购销售业务的基础上，南天公司参与库存管理、仓储、装卸、分拣、加工、包装、配送、售后等供应链一体化服务，携服务商为上下游企业搭建了一张完善的全链路服务网络，实现了从单一的采购分销业务向真正的供应链一体化业务的转型升级。

（三）“菜篮子”供应链项目发展计划

一是拓展“菜篮子”产品供应链。一方面，进一步提高鲜鸡蛋产品的市场份额，拓展美团（深圳）区域和阿里数农等渠道，做大做强销售规模；另一方面，不断拓展米面、食用油等销售，丰富产品品类。加强大米产品组织和营销力度，争取在销量上取得突破。同时，配合兄弟单位开展金龙鱼、蒙牛等优质厂家的供应链业务，共同努力逐步丰富“菜篮子”品类，不断开发积累产品、提升产品协同性是推动“菜篮子”大项目的关键。

二是优化电商项目运营管理。结合运营管理实际，继续完善《社区电商供应链一体化业务结算管理办法》《社区电商团购项目运营服务手册》，致力于提升服务质量和运作效率。

三是提升企业知名度和竞争力。广百物流正在积极申报清远市清城区重点农业龙头企业，争取尽快拿到龙头企业认定，下一步争取获得“粤港澳大湾区菜篮子”成员企业认定，不断提升企业知名度和竞争力。

四是创建自有品牌和自有销售平台。以鸡蛋产品为切入口创立自有品牌，加快品牌蛋的上市，通过品牌化运营，提升公司品牌知名度，不断赋能产品竞争力和附加值。针对“菜篮子”项目对第三方销售渠道依赖度过高的问题，通过建立“南天甄选”自有销售平台，在自有平台上通过自营、经销、代销等多种模式聚集自有流量，沉淀电商渠道用户，运营私域流量增量提升，建立矩阵式营销体系。

启用新公司参与各电商平台的竞价销售，做差异化产品，避免平台站队，在市场存量份额中提升增量。

四、发展计划

未来，公司将从以下四个方面打造高效的物流资源整合平台。一是全力推进中国南部物流枢纽园区的建设和运营，发展智能仓储、智能仓配、智慧供应链管理，全力打造现代物流枢纽平台综合服务型企业，增强产业促进和辐射带动；二是发力新蓝海，发展跨境电商物流；三是聚焦民生“菜篮子”，构建供应链一体化业务体系；四是整合资源，优化资本运作，谋求上市，全面布局“枢纽 + 通道 + 网络”的高质量发展新路径，为客户提供一体化、一站式、一网通的高效物流运营服务，打造国内一流的商贸物流与供应链服务企业，实现百年基业弯道超车。

（一）整合集中变革，做优做强存量业务

一方面，通过进一步梳理、整合业务体系，突出物流主业的主导地位，不断发掘现有业务潜力，纵向横向延伸物流产业链条，通过加快中国南部物流枢纽项目的征地和建设，争取建设成为国内一流的“枢纽型、智能化、国际化”的大型现代物流园区；另一方面，做大做强仓储、供应链和物业三大板块的存量业务。一是持续发掘仓储板块现有客户的需求，提高仓库出租率，增加增值服务内容，拓展跨境物流供应链一体化业务。二是聚焦民生“菜篮子”供应链板块，加大市场拓展力度，创新供应链发展新模式，不断做大做强供应链一体化业务。三是以创新思维研究存量物业的利用开发，开发商业伙伴的物流需求，为物流板块业务引流，为公司发展提供稳健的现金流支持。

（二）优化提升发展，开拓新模式新增量

根据自身资源情况，大胆探索广州城市配送服务平台、大湾区仓储服务平台、供应链服务平台。一是以城区物业及城市配送牌照为依托，通过建设城区配送中心网络，建设广州城市配送智能网络平台。二是以清远项目和仓储基地网点为基础，通过轻重结合的方式大力提高物流基地控制力，提高在大湾区的市场占有率，发展仓储服务新模式。三是以资金及品牌优势及拥有的物流实操链条为依托，建立供应链服务平台。

（三）精简高效协同，改善层级管理机制

调整广百物流总部职能，从流程控制型变为战略管控型，提高人均管理效能。首先，根据业务类别、地理位置、发展方向等逐步对广百物流业务进行分类，将业务资源按业态整合，并成立子公司进行运作，给予子公司充分自主权，探索员工持股等激励机制。其次，发挥“班组”作用，着力发展适合协同作业、短链运维的精干项目班组。再次，充分发挥“头雁”效应，着力培养适合带队伍、拉业务的精英队伍带头人。最后，让全员营销、精细管理、精准服务成为企业特色。

第五部分
政策资料

国家物流业主要政策文件

国务院办公厅关于印发“十四五”现代物流发展规划的通知

国办发〔2022〕17 号

各省、自治区、直辖市人民政府，国务院各部委、各直属机构：

《“十四五”现代物流发展规划》已经国务院同意，现印发给你们，请认真贯彻执行。

国务院办公厅

2022 年 5 月 17 日

（本文有删减）

“十四五”现代物流发展规划

现代物流一头连着生产，一头连着消费，高度集成并融合运输、仓储、分拨、配送、信息等服务功能，是延伸产业链、提升价值链、打造供应链的重要支撑，在构建现代流通体系、促进形成强大国内市场、推动高质量发展、建设现代化经济体系中发挥着先导性、基础性、战略性作用。“十三五”以来，我国现代物流发展取得积极成效，服务质量效益明显提升，政策环境持续改善，对国民经济发展的支撑保障作用显著增强。为贯彻落实党中央、国务院关于构建现代物流体系的决策部署，根据《中华人民共和国国民经济和社会发展第十四个五年规划和 2035 年远景目标纲要》，经国务院同意，制定本规划。

一、现状形势

（一）发展基础

物流规模效益持续提高。“十三五”期间，社会物流总额保持稳定增长，2020 年超过 300 万亿元，年均增速达 5.6%。公路、铁路、内河、民航、管道运营里程以及货运量、货物周转量、快递业务量均居世界前列，规模以上物流园区达到 2000 个左右。社会物流成本水平稳步下降，2020 年社会物流总费用与国内生产总值的比率降至 14.7%，较 2015 年下降 1.3 个百分点。

物流资源整合提质增速。国家物流枢纽、国家骨干冷链物流基地、示范物流园区等重大物流基础设施建设稳步推进。物流要素与服务资源整合步伐加快，市场集中度提升，中国物流企业 50 强 2020 年业务收入较 2015 年增长超过 30%。航运企业加快重组，船队规模位居世界前列。民航货运领域混合所有制改革深入推进，资源配置进一步优化。

物流结构调整加快推进。物流区域发展不平衡状况有所改善，中西部地区物流规模增速超过全国平均水平。运输结构加快调整，铁路货运量占比稳步提升，多式联运货运量年均增速超过 20%。仓储结构逐步优化，高端标准仓库、智能立体仓库快速发展。快递物流、冷链物流、农村物流、即时配送等发展步伐加快，有力支撑和引领消费结构升级。

科技赋能促进创新发展。移动互联网、大数据、云计算、物联网等新技术在物流领域广泛应用，网络货运、数字仓库、无接触配送等“互联网 +”高效物流新模式新业态不断涌现。自动分拣系统、无人仓、无人码头、无人配送车、物流机器人、智能快件箱等技术装备加快应用，高铁快运动车组、大型货运无人机、无人驾驶卡车等起步发展，快递电子运单、铁路货运票据电子化得到普及。

国际物流网络不断延展。我国国际航运、航空物流基本通达全球主要贸易合作伙伴。截至 2020 年年底，中欧班列通达欧洲 20 多个国家的 90 多个城市，累计开行超过 3 万列，在深化我国与共建“一带一路”国家经贸合作、应对新冠肺炎疫情和推进复工复产中发挥了国际物流大动脉作用。企业海外仓、落地配加快布局，境外物流网络服务能力稳步提升。

营商环境持续改善。推动现代物流发展的一系列规划和政策措施出台实施，特别是物流降本增效政策持续发力，“放管服”改革与减税降费等取得实效。物流市场监测、监管水平明显提升，政务服务质量和效率大幅改善。物流标准、统计、教育、培训等支撑保障体系进一步完善，物流诚信体系建设加快推进，行业治理能力稳步提升。

（二）突出问题

物流降本增效仍需深化。全国统一大市场尚不健全，物流资源要素配置不合理、利用不充分。多式联运体系不完善，跨运输方式、跨作业环节衔接转换效率较低，载运单元标准化程度不高，全链条运行效率低、成本高。

结构性失衡问题亟待破局。存量物流基础设施网络“东强西弱”“城强乡弱”“内强外弱”，对新发展格局下产业布局、内需消费的支撑引领能力不够。物流服务供给对需求的适配性不强，低端服务供给过剩、中高端服务供给不足。货物运输结构还需优化，大宗货物公路中长距离运输比重仍然较高。

大而不强问题有待解决。物流产业规模大但规模经济效益释放不足，特别是公路货运市场同质化竞争、不正当竞争现象较为普遍，集约化程度有待提升。现代物流体系组织化、集约化、网络化、社会化程度不高，国家层面的骨干物流基础设施网络不健全，缺乏具有全球竞争力的现代物流企业，与世界物流强国相比仍存在差距。

部分领域短板较为突出。大宗商品储备设施以及农村物流、冷链物流、应急物流、航空物流等专业物流和民生保障领域物流存在短板。现代物流嵌入产业链深度广度不足，供应链服务保障能力不够，对畅通国民经济循环的支撑能力有待增强。行业协同治理水平仍需提升。

（三）面临形势

统筹国内国际两个大局要求强化现代物流战略支撑引领能力。中华民族伟大复兴战略全局与世界百年未有之大变局历史性交汇，新冠肺炎疫情、俄乌冲突影响广泛深远，全球产业链供应链加速重构，要求现代物流对内主动适应社会主要矛盾变化，更好发挥连接生产消费、畅通国内大循环的支撑作用；对外妥善应对错综复杂国际环境带来的新挑战，为推动国际经贸合作、培育国际竞争新优势提供有力保障。

建设现代产业体系要求提高现代物流价值创造能力。发展壮大战略性新兴产业，促进服务业繁荣发展，要求现代物流适应现代产业体系对多元化专业化服务的需求，深度嵌入产业链供应链，促进实体经济降本增效，提升价值创造能力，推进产业基础高级化、产业链现代化。

实施扩大内需战略要求发挥现代物流畅通经济循环作用。坚持扩大内需战略基点，加快培育完整内需体系，要求加快构建适应城乡居民消费升级需要的现代物流体系，提升供给体系对内需的适配性，以高质量供给引领、创造和扩大新需求。

新一轮科技革命要求加快现代物流技术创新与业态升级。现代信息技术、新型智慧装备广泛应用，现代产业体系质量、效率、动力变革深入推进，既为物流创新发展注入新活力，也要求加快现代物流数字化、网络化、智慧化赋能，打造科技含量高、创新能力强的智慧物流新模式。

二、总体要求

（一）指导思想

以习近平新时代中国特色社会主义思想为指导，坚持稳中求进工作总基调，完整、准确、全面贯彻新发展理念，加快构建新发展格局，全面深化改革开放，坚持创新驱动发展，推动高质量发展，坚持以供给侧结构性改革为主线，统筹疫情防控和经济社会发展，统筹发展和安全，提升产业链供应链韧性和安全水平，推动构建现代物流体系，推进现代物流提质、增效、降本，为建设现代产业体系、形成强大国内市场、推动高水平对外开放提供有力支撑。

（二）基本原则

——市场主导、政府引导。充分发挥市场在资源配置中的决定性作用，激发市场主体创新发展活力，提高物流要素配置效率和效益。更好发挥政府作用，加强战略规划和政策引导，推动形成规范高效、公平竞争、统一开放的物流市场，强化社会民生物流保障。

——系统观念、统筹推进。统筹谋划物流设施建设、服务体系构建、技术装备升级、业态模式创新，促进现代物流与区域、产业、消费、城乡协同布局，构建支撑国内国际双循环的物流服务体系，实现物流网络高效联通。

——创新驱动、联动融合。以数字化、网络化、智慧化为牵引，深化现代物流与制造、贸易、信息等融合创新发展，推动形成需求牵引供给、供给创造需求的良性互动和更高水平动态平衡。

——绿色低碳、安全韧性。将绿色环保理念贯穿现代物流发展全链条，提升物流可持续发展能力。坚持总体国家安全观，提高物流安全治理水平，完善应急物流体系，提高重大疫情等公共卫生事件、突发事件应对处置能力，促进产业链供应链稳定。

（三）主要目标

到2025年，基本建成供需适配、内外联通、安全高效、智慧绿色的现代物流体系。

——物流创新发展能力和企业竞争力显著增强。物流数字化转型取得显著成效，智慧物流应用场景更加丰富。物流科技创新能力不断增强，产学研结合机制进一步完善，建设一批现代物流科创中心和国家工程研究中心。铁路、民航等领域体制改革取得显著成效，市场活力明显增强，形成一批具有较强国际竞争力的骨干物流企业和知名服务品牌。

——物流服务质量效率明显提升。跨物流环节衔接转换、跨运输方式联运效率大幅提高，社会物流总费用与国内生产总值的比率较2020年下降2个百分点左右。多式联运、铁路（高铁）快运、内河水运、大宗商品储备设施、农村物流、冷链物流、应急物流、航空物流、国际寄递物流等重点领域补短板取得明显成效。通关便利化水平进一步提升，城乡物流服务均等化程度明显提高。

——“通道＋枢纽＋网络”运行体系基本形成。衔接国家综合立体交通网主骨架，完成120个左右国家物流枢纽、100个左右国家骨干冷链物流基地布局建设，基本形成以国家物流枢纽为核心的骨干物流基础设施网络。物流干支仓配一体化运行更加顺畅，串接不同运输方式的多元化国际物流通道逐步完善，畅联国内国际的物流服务网络更加健全。枢纽经济发展取得成效，建设20个左右国家物流枢纽经济示范区。

——安全绿色发展水平大幅提高。提高重大疫情、自然灾害等紧急情况下物流对经济社会运行的保障能力。冷链物流全流程监测能力大幅增强，生鲜产品冷链流通率显著提升。货物运输结构进一步优化，铁路货运量占比较2020年提高0.5个百分点，集装箱铁水联运量年均增长15%以上，铁路、内河集装箱运输比重和集装箱铁水联运比重大幅上升。面向重点品类的逆向物流体系初步建立，资源集约利用水平明显提升。清洁货运车辆广泛应用，绿色包装应用取得明显成效，物流领域节能减排水平显著提高。

——现代物流发展制度环境更加完善。物流标准规范体系进一步健全，标准化、集装化、单元化物流装载器具和包装基础模数广泛应用。社会物流统计体系、信用体系更加健全，营商环境持续优化，行业协同治理体系不断完善、治理能力显著提升。

展望2035年，现代物流体系更加完善，具有国际竞争力的一流物流企业成长壮大，通达全球的物流服务网络更加健全，对区域协调发展和实体经济高质量发展的支撑引领更加有力，为基本实现社会主义现代化提供坚实保障。

三、精准聚焦现代物流发展重点方向

（一）加快物流枢纽资源整合建设

深入推进国家物流枢纽建设，补齐内陆地区枢纽设施结构和功能短板，加强业务协同、政策协调、运行协作，加快推动枢纽互联成网。加强国家物流枢纽铁路专用线、联运转运设施建设，有效衔接多种运输方式，强化多式联运组织能力，实现枢纽间干线运输密切对接。依托国家物流枢纽整合区域物流设施资源，引导应急储备、分拨配送等功能设施集中集约布局，支持各类物流中心、配送设施、专业市场等与国家物流枢纽功能对接、联动发展，促进物流要素规模集聚和集成运作。

专栏1　国家物流枢纽建设工程
优化国家物流枢纽布局，实现东中西部物流枢纽基本均衡分布。发挥国家物流枢纽联盟组织协调作用，建立物流标准衔接、行业动态监测等机制，探索优势互补、资源共享、业务协同合作模式，形成稳定完善的国家物流枢纽合作机制。积极推进国家级示范物流园区数字化、智慧化、绿色化改造。

（二）构建国际国内物流大通道

依托国家综合立体交通网和主要城市群、沿海沿边口岸城市等，促进国家物流枢纽协同建设和高效联动，构建国内国际紧密衔接、物流要素高效集聚、运作服务规模化的“四横五纵、两沿十廊”物流大通道。“四横五纵”国内物流大通道建设，要畅通串接东中西部的沿黄、陆桥、长江、广昆等物流通道和联接南北方的京沪、京哈—京港澳（台）、二连浩特至北部湾、西部陆海新通道、进出藏等物流通道，提升相关城市群、陆上口岸城市物流综合服务能力和规模化运行效率。加快“两沿十廊”国际物流大通道建设，对接区域全面经济伙伴关系协定（RCEP）等，强化服务共建“一带一路”的多元化国际物流通道辐射能力。

（三）完善现代物流服务体系

围绕做优服务链条、做强服务功能、做好供应链协同，完善集约高效的现代物流服务体系，支撑现代产业体系升级，推动产业迈向全球价值链中高端。加快运输、仓储、配送、流通加工、包装、装卸等领域数字化改造、智慧化升级和服务创新，补齐农村物流、冷链物流、应急物流、航空物流等专业物流短板，增强专业物流服务能力，推动现代物流向供应链上下游延伸。

（四）延伸物流服务价值链条

把握物流需求多元化趋势，加强现代物流科技赋能和创新驱动，推进现代物流服务领域拓展和业态模式创新。发挥现代物流串接生产消费作用，与先进制造、现代商贸、现代农业融合共创产业链增值新空间。提高物流网络对经济要素高效流动的支持能力，引导产业集群发展和经济合理布局，推动跨区域资源整合、产业链联动和价值协同创造，发展枢纽经济、通道经济新形态，培育区域经济新增长点。

（五）强化现代物流对社会民生的服务保障

围绕更好满足城乡居民生活需要，适应扩大内需、消费升级趋势，优化完善商贸、快递物流网络。完善城市特别是超大特大城市物流设施网络，健全分级配送体系，实现干线、支线物流和末端配送有机衔接、一体化运作，加强重点生活物资保障能力。补齐农村物流设施和服务短板，推动快递服务基本实现直投到建制村，支撑扩大优质消费品供给。加快建立覆盖冷链物流全链条的动态监测和追溯体系，保障食品药品消费安全。鼓励发展物流新业态新模式，创造更多就业岗位，保障就业人员权益，促进灵活就业健康发展。

（六）提升现代物流安全应急能力

统筹发展和安全，强化重大物流基础设施安全和信息安全保护，提升战略物资、应急物流、国际供应链等保障水平，增强经济社会发展韧性。健全大宗商品物流体系。加快构建全球供应链物流服务网络，保持产业链供应链稳定。充分发挥社会物流作用，推动建立以企业为主体的应急物流队伍。

四、加快培育现代物流转型升级新动能

（一）推动物流提质增效降本

促进全链条降成本。推动解决跨运输方式、跨作业环节瓶颈问题，打破物流“中

梗阻”。依托国家物流枢纽、国家骨干冷链物流基地等重大物流基础设施，提高干线运输规模化水平和支线运输网络化覆盖面，完善末端配送网点布局，扩大低成本、高效率干支仓配一体化物流服务供给。鼓励物流资源共享，整合分散的运输、仓储、配送能力，发展共建船队车队、共享仓储、共同配送、统仓统配等组织模式，提高资源利用效率。推动干支仓配一体化深度融入生产和流通，带动生产布局和流通体系调整优化，减少迂回、空驶等低效无效运输，加快库存周转，减少社会物流保管和管理费用。

推进结构性降成本。加快推进铁路专用线进港区、连园区、接厂区，合理有序推进大宗商品等中长距离运输“公转铁”“公转水”。完善集装箱公铁联运衔接设施，鼓励发展集拼集运、模块化运输、“散改集”等组织模式，发挥铁路干线运输成本低和公路网络灵活优势，培育有竞争力的“门到门”公铁联运服务模式，降低公铁联运全程物流成本。统筹沿海港口综合利用，提升大型港口基础设施服务能力，提高码头现代化专业化规模化水平，加快推进铁水联运衔接场站改造，提高港口铁路专用线集疏网络效能，优化作业流程。完善内河水运网络，统筹江海直达、江海联运发展，发挥近海航线、长江水道、珠江水道等水运效能，稳步推进货物运输“公转水”。推进铁水联运业务单证电子化，促进铁路、港口信息互联，实现铁路现车、装卸车、货物在途、到达预确报以及港口装卸、货物堆存、船舶进出港、船期舱位预订等铁水联运信息交换共享。支持港口、铁路场站加快完善集疏运油气管网，有效对接石化等产业布局，提高管道运输比例。

专栏 2　铁路物流升级改造工程
大力组织班列化货物列车开行，扩大铁路“点对点”直达货运服务规模，在运量较大的物流枢纽、口岸、港口间组织开行技术直达列车，形成“核心节点 + 通道 + 班列”的高效物流组织体系，增强铁路服务稳定性和时效性。有序推动城市中心城区既有铁路货场布局调整，或升级改造转型为物流配送中心。到 2025 年，沿海主要港口、大宗货物年运量 150 万吨以上的大型工矿企业、新建物流园区等的铁路专用线接入比例力争达到 85% 左右，长江干线主要港口全面实现铁路进港。

（二）促进物流业与制造业深度融合

促进企业协同发展。支持物流企业与制造企业创新供应链协同运营模式，将物流服务深度嵌入制造供应链体系，提供供应链一体化物流解决方案，增强制造企业柔性制造、敏捷制造能力。引导制造企业与物流企业建立互利共赢的长期战略合作关系，共同投资专用物流设施建设和物流器具研发，提高中长期物流合同比例，制定制造业物流服务标准，提升供应链协同效率。鼓励具备条件的制造企业整合对接分散的物流服务能力和资源，实现规模化组织、专业化服务、社会化协同。

推动设施联动发展。加强工业园区、产业集群与国家物流枢纽、物流园区、物流中心等设施布局衔接、联动发展。支持工业园区等新建或改造物流基础设施，吸引第三方物流企业进驻并提供专业化、社会化物流服务。发展生产服务型国家物流枢纽，完善第三方仓储、铁路专用线等物流设施，面向周边制造企业提供集成化供应链物流服务，促进物流供需规模化对接，减少物流设施重复建设和闲置。

支持生态融合发展。统筹推进工业互联网和智慧物流体系同步设计、一体建设、协同运作，加大智能技术装备在制造业物流领域应用，推进关键物流环节和流程智慧化升级。打造制造业物流服务平台，促进制造业供应链上下游企业加强采购、生产、流通等环节信息实时采集、互联共享，实现物流资源共享和过程协同，提高生产制造和物流服务一体化运行水平，形成技术驱动、平台赋能的物流业制造业融合发展新生态。

专栏3　物流业制造业融合创新工程
在重点领域梳理一批物流业制造业深度融合创新发展典型案例，培育一批物流业制造业融合创新模式、代表性企业和知名品牌。鼓励供应链核心企业发起成立物流业制造业深度融合创新发展联盟，开展流程优化、信息共享、技术共创和业务协同等创新。研究制定物流业制造业融合发展行业标准，开展制造企业物流成本核算对标。

（三）强化物流数字化科技赋能

加快物流数字化转型。利用现代信息技术推动物流要素在线化数据化，开发多样化应用场景，实现物流资源线上线下联动。结合实施“东数西算”工程，引导企业信息系统向云端跃迁，推动“一站式”物流数据中台应用，鼓励平台企业和数字化服务商开发面向中小微企业的云平台、云服务，加强物流大数据采集、分析和应用，提升物流数据价值。培育物流数据要素市场，统筹数据交互和安全需要，完善市场交易规则，促进物流数据安全高效流通。积极参与全球物流领域数字治理，支撑全球贸易和跨境电商发展。研究电子签名和电子合同应用，促进国际物流企业间互认互验，试点铁路国际联运无纸化。

推进物流智慧化改造。深度应用第五代移动通信（5G）、北斗、移动互联网、大数据、人工智能等技术，分类推动物流基础设施改造升级，加快物联网相关设施建设，发展智慧物流枢纽、智慧物流园区、智慧仓储物流基地、智慧港口、数字仓库等新型物流基础设施。鼓励智慧物流技术与模式创新，促进创新成果转化，拓展智慧物流商业化应用场景，促进自动化、无人化、智慧化物流技术装备以及自动感知、自动控制、智慧决策等智慧管理技术应用。加快高端标准仓库、智慧立体仓储设施建设，研发推广面向中小微企业的低成本、模块化、易使用、易维护智慧装备。

促进物流网络化升级。依托重大物流基础设施打造物流信息组织中枢，推动物流设施设备全面联网，实现作业流程透明化、智慧设备全连接，促进物流信息交互联通。推动大型物流企业面向中小微企业提供多样化、数字化服务，稳步发展网络货运、共享物流、无人配送、智慧航运等新业态。鼓励在有条件的城市搭建智慧物流“大脑”，全面链接并促进城市物流资源共享，优化城市物流运行，建设智慧物流网络。推动物流领域基础公共信息数据有序开放，加强物流公共信息服务平台建设，推动企业数据对接，面向物流企业特别是中小微物流企业提供普惠性服务。

专栏4　数字物流创新提质工程
加强物流公共信息服务平台建设，在确保信息安全的前提下，推动交通运输、公安交管、市场监管等政府部门和铁路、港口、航空等企事业单位向社会开放与物流相关的公共数据，推进公共数据共享。利用现代信息技术搭建数字化、网络化、协同化物流第三方服务平台，推出一批便捷高效、成本经济的云服务平台和数字化解决方案，推广一批先进数字技术装备。推动物流企业“上云用数赋智”，树立一批数字化转型标杆企业。

（四）推动绿色物流发展

深入推进物流领域节能减排。加强货运车辆适用的充电桩、加氢站及内河船舶适用的岸电设施、液化天然气（LNG）加注站等配套布局建设，加快新能源、符合国六排放标准等货运车辆在现代物流特别是城市配送领域应用，促进新能源叉车在仓储领域应用。继续加大柴油货车污染治理力度，持续推进运输结构调整，提高铁路、水路运输比重。推动物流企业强化绿色节能和低碳管理，推广合同能源管理模式，积极开展节能诊断。加强绿色物流新技术和设备研发应用，推广使用循环包装，减少过度包装和二次包装，促进包装减量化、再利用。加快标准化物流周转箱推广应用，推动托盘循环共用系统建设。

加快健全逆向物流服务体系。探索符合我国国情的逆向物流发展模式，鼓励相关装备设施建设和技术应用，推进标准制定、检测认证等基础工作，培育专业化逆向物流服务企业。支持国家物流枢纽率先开展逆向物流体系建设，针对产品包装、物流器具、汽车以及电商退换货等，建立线上线下融合的逆向物流服务平台和网络，创新服务模式和场景，促进产品回收和资源循环利用。

专栏5　绿色低碳物流创新工程
依托行业协会等第三方机构，开展绿色物流企业对标贯标达标活动，推广一批节能低碳技术装备，创建一批绿色物流枢纽、绿色物流园区。在运输、仓储、配送等环节积极扩大电力、氢能、天然气、先进生物液体燃料等新能源、清洁能源应用。加快建立天然气、氢能等清洁能源供应和加注体系。

（五）做好供应链战略设计

提升现代供应链运行效率。推进重点产业供应链体系建设，发挥供应链核心企业组织协同管理优势，搭建供应链协同服务平台，提供集贸易、物流、信息等多样化服务于一体的供应链创新解决方案，打造上下游有效串接、分工协作的联动网络。加强数字化供应链前沿技术、基础软件、先进模式等研究与推广，探索扩大区块链技术应用，提高供应链数字化效率和安全可信水平。规范发展供应链金融，鼓励银行等金融机构在依法合规、风险可控的前提下，加强与供应链核心企业或平台企业合作，丰富创新供应链金融产品供给。

强化现代供应链安全韧性。坚持自主可控、安全高效，加强供应链安全风险监测、预警、防控、应对等能力建设。发挥供应链协同服务平台作用，引导行业、企业间加强供应链安全信息共享和资源协同联动，分散化解潜在风险，增强供应链弹性，确保产业链安全。积极参与供应链安全国际合作，共同防范应对供应链中断风险。

专栏6　现代供应链体系建设工程
现代供应链创新发展工程。总结供应链创新与应用试点工作经验，开展全国供应链创新与应用示范创建，培育一批示范城市和示范企业，梳理一批供应链创新发展典型案例，推动供应链技术、标准和服务模式创新。 制造业供应链提升工程。健全制造业供应链服务体系，促进生产制造、原材料供应、物流等企业在供应链层面强化战略合作。建立制造业供应链评价体系、重要资源和产品全球供应链风险预警系统。提升制造业供应链智慧化水平，建设以工业互联网为核心的数字化供应链服务体系，深化工业互联网标识解析体系应用。选择一批企业竞争力强、全球化程度高的行业，深入挖掘数字化应用场景，开展制造业供应链数字化创新应用示范工程。

（六）培育发展物流经济

壮大物流枢纽经济。发挥国家物流枢纽、国家骨干冷链物流基地辐射广、成本低、效率高等优势条件，推动现代物流和相关产业深度融合创新发展，促进区域产业空间布局优化，打造具有区域集聚辐射能力的产业集群，稳妥有序开展国家物流枢纽经济示范区建设。

发展物流通道经济。围绕共建“一带一路”、长江经济带发展等重大战略实施和西部陆海新通道建设，提升“四横五纵、两沿十廊”物流大通道沿线物流基础设施支撑和服务能力，密切通道经济联系，优化通道沿线产业布局与分工合作体系，提高产业组织和要素配置能力。

五、深度挖掘现代物流重点领域潜力

（一）加快国际物流网络化发展

推进国际通道网络建设。强化国家物流枢纽等的国际物流服务设施建设，完善通关等功能，加强国际、国内物流通道衔接，推动国际物流基础设施互联互通。推动商贸物流型境外经贸合作区建设，优化海外布局，扩大辐射范围。巩固提升中欧班列等国际铁路运输组织水平，推动跨境公路运输发展，加快构建高效畅通的多元化国际物流干线通道。积极推进海外仓建设，加快健全标准体系。鼓励大型物流企业开展境外港口、海外仓、分销网络建设合作和协同共享，完善全球物流服务网络。

补齐国际航空物流短板。依托空港型国家物流枢纽，集聚整合国际航空物流货源，完善配套服务体系，打造一体化运作的航空物流服务平台，提供高品质“一站式”国际航空物流服务。加快培育规模化、专业化、网络化的国际航空物流骨干企业，优化国际航空客运航线客机腹舱运力配置，增强全货机定班国际航线和包机组织能力，逐步形成优质高效的国际航空物流服务体系，扩大国际航空物流网络覆盖范围，建设覆盖重点产业布局的国际货运通道。

培育国际航运竞争优势。加密国际海运航线，打造国际航运枢纽港，提升国际航运服务能力，强化国际中转功能，拓展国际金融、国际贸易等综合服务。加快推进长三角世界级港口群一体化治理体系建设。加强港口与内陆物流枢纽等联动，发展海铁联运、江海联运，扩大港口腹地辐射范围。鼓励港航企业与货主企业、贸易企业加强战略合作，延伸境外末端服务网络。

提高国际物流综合服务能力。优化完善中欧班列开行方案统筹协调和动态调整机制，加快建设中欧班列集结中心，完善海外货物集散网络，推动中欧班列双向均衡运输，提高货源集结与班列运行效率。加快国际航运、航空与中欧班列、西部陆海新通道国际海铁联运班列等协同联动，提升国际旅客列车行包运输能力，开行客车化跨境班列，构建多样化国际物流服务体系。提高重点边境铁路口岸换装和通行能力，推动边

专栏7　国际物流网络畅通工程
国际物流设施提升工程。培育一批具备区域和国际中转能力的海港、陆港、空港。发挥国家物流枢纽资源整合优势，加快中欧班列集结中心建设，完善物流中转配套能力，加快形成“干支结合、枢纽集散”的高效集疏运体系；开展航空货运枢纽规划布局研究，提升综合性机场货运设施服务能力和服务质量，稳妥有序推进专业性航空货运枢纽机场建设。 西部陆海新通道增量提质工程。发挥西部陆海新通道班列运输协调委员会作用，提升通道物流服务水平。加强通道物流组织模式创新，推动通道沿线物流枢纽与北部湾港口协同联动，促进海铁联运班列提质增效。推动通道海铁联运、国际铁路联运等运输组织方式与中欧班列高效衔接。

境水运口岸综合开发和国际航道物流合作，提升边境公路口岸物流能力。推进跨境物流单证规则、检验检疫、认证认可、通关报关等标准衔接和国际互认合作。

（二）补齐农村物流发展短板

完善农村物流节点网络。围绕巩固拓展脱贫攻坚成果与乡村振兴有效衔接，重点补齐中西部地区、经济欠发达地区和偏远山区等农村物流基础设施短板，切实改善农村流通基础条件。统筹城乡物流发展，推动完善以县级物流节点为核心、乡镇服务网点为骨架、村级末端站点为延伸的县镇村三级物流服务设施体系。推动交通运输与邮政快递融合发展，加快农村物流服务品牌宣传推广，促进交通、邮政、快递、商贸、供销、电商等农村物流资源融合和集约利用，打造一批公用型物流基础设施，建设村级寄递物流综合服务站，完善站点服务功能。推进公益性农产品市场和农产品流通骨干网络建设。

提升农村物流服务效能。围绕农村产业发展和居民消费升级，推进物流与农村第一、第二、第三产业深度融合，深化电商、快递进村工作，发展共同配送，打造经营规范、集约高效的农村物流服务网络，加快工业品下乡、农产品出村双向物流服务通道升级扩容、提质增效。推动物流服务与规模化种养殖、商贸渠道拓展等互促提升，推动农产品品牌打造和标准化流通，创新物流支持农村特色产业品质化、品牌化发展模式，提升农业产业化水平。

（三）促进商贸物流提档升级

完善城乡商贸物流设施。优化以综合物流园区、专业配送中心、末端配送网点为支撑的商贸物流设施网络。完善综合物流园区干线接卸、前置仓储、流通加工等功能。结合老旧小区、老旧厂区、老旧街区和城中村改造以及新城新区建设，新建和改造升级一批集运输、仓储、加工、包装、分拨等功能于一体的公共配送中心，支持大型商超、批发市场、沿街商铺、社区商店等完善临时停靠装卸等配套物流设施，推进智能提货柜、智能快件箱、智能信包箱等设施建设。

提升商贸物流质量效率。鼓励物流企业与商贸企业深化合作，优化业务流程，发展共同配送、集中配送、分时配送、夜间配送等集约化配送模式，优化完善前置仓配送、即时配送、网订店取、自助提货等末端配送模式。深化电商与快递物流融合发展，提升线上线下一体服务能力。

（四）提升冷链物流服务水平

完善冷链物流设施网络。发挥国家物流枢纽、国家骨干冷链物流基地的资源集聚优势，引导商贸流通、农产品加工等企业向枢纽、基地集聚或强化协同衔接。加强产销冷链集配中心建设，提高产地农产品产后集散和商品化处理效率，完善销地城市冷链物流系统。改善机场、港口、铁路场站冷链物流配套条件，健全冷链集疏运网络。加快实施产地保鲜设施建设工程，推进田头小型冷藏保鲜设施等建设，加强产地预冷、仓储保鲜、移动冷库等产地冷链物流设施建设，引导商贸流通企业改善末端冷链设施装备条件，提高城乡冷链设施网络覆盖水平。

提高冷链物流质量效率。大力发展铁路冷链运输和集装箱公铁水联运，对接主要农产品产区和集散地，创新冷链物流干支衔接模式。发展“生鲜电商+产地直发”等冷链物流新业态新模式。推广蓄冷箱、保温箱等单元化冷链载器具和标准化冷藏车，促进冷链物流信息互联互通，提高冷链物流规模化、标准化水平。依托国家骨干冷链物流基地、产销冷链集配中心等大型冷链物流设施，加强生鲜农产品检验检疫、农兽药残留及防腐剂、保鲜剂、添加剂合规使用等质量监管。研究推广应用冷链道路运输电子运单，加强产品溯源和全程温湿度监控，将源头至终端的冷链物流全链条纳入监管范围，提升冷链物流质量保障水平。健全进口冷链食品检验检疫制度，筑牢疫情外防输入防线。

专栏8　冷链物流基础设施网络提升工程
国家骨干冷链物流基地建设工程。到2025年，面向农产品优势产区、重要集散地和主销区，依托存量冷链物流基础设施群布局建设100个左右国家骨干冷链物流基地，整合集聚冷链物流市场供需、存量设施以及农产品流通、生产加工等上下游产业资源，提高冷链物流规模化、集约化、组织化、网络化水平。探索建立以国家骨干冷链物流基地为核心的安全检测、全程冷链追溯系统。 产地保鲜设施建设工程。到2025年，在农产品主产区和特色农产品优势产区支持建设一批田头小型冷藏保鲜设施，推动建设一批产地冷链集配中心，培育形成一批一体化运作、品牌化经营、专业化服务的农产品仓储保鲜冷链物流运营主体，初步形成符合我国国情的农产品仓储保鲜冷链物流运行模式，构建稳定、高效、低成本运行的农产品出村进城冷链物流网络。

（五）推进铁路（高铁）快运稳步发展

完善铁路（高铁）快运网络。结合电商、邮政快递等货物的主要流向、流量，完善铁路（高铁）快运线路和网络。加快推进铁路场站快运服务设施布局和改造升级，强化快速接卸货、集散、分拣、存储、包装、转运和配送等物流功能，建设专业化铁路（高铁）快运物流基地。鼓励电商、邮政快递等企业参与铁路（高铁）快运设施建设和改造，就近或一体布局建设电商快递分拨中心，完善与铁路（高铁）快运高效衔接的快递物流服务网络。

创新高铁快运服务。适应多样化物流需求，发展多种形式的高铁快运。在具备条件的高铁场站间发展“点对点”高铁快运班列服务。依托现有铁路物流平台，构建业务受理、跟踪查询、结算办理等“一站式”高铁快运服务平台，推动高铁快运与电商、快递物流企业信息对接。

（六）提高专业物流质量效率

完善大宗商品物流体系。优化粮食、能源、矿产等大宗商品物流服务，提升沿海、内河水运通道大宗商品物流能力，扩大铁路货运班列、“点对点”货运列车、大宗货物直达列车开行范围，发展铁路散粮运输、棉花集装箱运输、能源和矿产重载运输。有序推进油气干线管道建设，持续完善支线管道，打通管网瓶颈和堵点，提高干支管网互联互通水平。依托具备条件的国家物流枢纽发展现代化大宗商品物流中心，增强储备、中转、通关等功能，推进大宗商品物流数字化转型，探索发展电子仓单、提单，构建衔接生产流通、串联物流贸易的大宗商品供应链服务平台。

安全有序发展特种物流。提升现代物流对大型装备制造、大型工程项目建设的配套服务能力，加强大件物流跨区域通道线路设计，推动形成多种运输方式协调发展的大件物流综合网络。发展危化品罐箱多式联运，提高安全服务水平，推动危化品物流向专业化定制、高品质服务和全程供应链服务转型升级。推动危化品物流全程监测、线上监管、实时查询，提高异常预警和应急响应处置能力。完善医药物流社会化服务体系，培育壮大第三方医药物流企业。鼓励覆盖生产、流通、消费的医药供应链平台建设，健全全流程监测追溯体系，确保医药产品物流安全。

（七）提升应急物流发展水平

完善应急物流设施布局。整合优化存量应急物资储备、转运设施，推动既有物流设施嵌入应急功能，在重大物流基础设施规划布局、设计建造阶段充分考虑平急两用需要，完善应急物流设施网络。统筹加强抗震、森林草原防灭火、防汛抗旱救灾、医疗救治等各类应急物资储备设施和应急物流设施在布局、功能、运行等方面相互匹配、有机衔接，提高紧急调运能力。

提升应急物流组织水平。统筹应急物流力量建设与管理，建立专业化应急物流企业库和人员队伍，健全平急转换和经济补偿机制。充分利用市场资源，完善应急物流干线运输和区域配送体系，提升跨区域大规模物资调运组织水平，形成应对各类突发事件的应急物流保障能力。

健全物流保通保畅机制。充分发挥区域统筹协调机制作用，鼓励地方建立跨区域、跨部门的应对疫情物流保通保畅工作机制，完善决策报批流程和信息发布机制，不得擅自阻断或关闭高速公路、普通公路、航道船闸等通道，不得擅自关停高速公路服务区、港口码头、铁路车站和航空机场，严禁采取全城 24 小时禁止货车通行的限制措施，不得层层加码实施“一刀切”管控措施；加快完善物流通道和物流枢纽、冷链基地、物流园区、边境口岸等环节的检验检疫、疫情阻断管理机制和分类分级应对操作规范，在发生重大公共卫生事件时有效阻断疫情扩散、确保物流通道畅通，保障防疫物资、生活物资以及工业原材料、农业生产资料等供应，维护正常生产生活秩序和产业链供应链安全。

专栏9　应急物流保障工程
研究完善应急物流转运等设施和服务标准，对具备条件的铁路场站、公路港、机场和港口进行改造提升，建设平急两用的应急物资运输中转站。完善应急物流信息联通标准，强化各部门、各地区、各层级间信息共享，提高应对突发事件物流保障、组织指挥、辅助决策和社会动员能力。

六、强化现代物流发展支撑体系

（一）培育充满活力的物流市场主体

提升物流企业市场竞争力。鼓励物流企业通过兼并重组、联盟合作等方式进行资源优化整合，培育一批具有国际竞争力的现代物流企业，提升一体化供应链综合服务能力。引导中小微物流企业发掘细分市场需求，做精做专、创新服务，增强专业化市场竞争力，提高规范化运作水平。完善物流服务质量评价机制，支持企业塑造物流服务品牌。深化物流领域国有企业改革，盘活国有企业存量物流资产，支持国有资本参与物流大通道建设。鼓励民营物流企业做精做大做强，加快中小微企业资源整合，培育核心竞争力。

规范物流市场运行秩序。统筹推进物流领域市场监管、质量监管、安全监管和金融监管，实现事前事中事后全链条全领域监管，不断提高监管效能。加大物流领域反垄断和反不正当竞争执法力度，深入推进公平竞争政策实施。有序放宽市场准入，完善市场退出机制，有效引导过剩物流能力退出，扩大优质物流服务供给。引导公路运输企业集约化、规模化经营，提升公路货物运输组织效率。

专栏10　现代物流企业竞争力培育工程
支持具备条件的物流企业加强软硬件建设，壮大发展成为具有较强国际竞争力的现代物流领军企业，参与和主导全球物流体系建设和供应链布局。支持和鼓励中小微物流企业专业化、精益化、品质化发展，形成一批“专、精、特、新”现代物流企业。

（二）强化基础标准和制度支撑

健全物流统计监测体系。研究建立物流统计分类标准，加强社会物流统计和重点物流企业统计监测，开展企业物流成本统计调查试点。研究制定反映现代物流重点领域、关键环节高质量发展的监测指标体系，科学系统反映现代物流发展质量效率，为政府宏观调控和企业经营决策提供参考依据。

健全现代物流标准体系。强化物流领域国家标准和行业标准规范指导作用，鼓励高起点制定团体标准和企业标准，推动国际国内物流标准接轨，加大已发布物流标准宣传贯彻力度。推动基础通用和产业共性的物流技术标准优化升级，以标准提升促进物流科技成果转化。建立政府推动、行业协会和企业等共同参与的物流标准实施推广机制。建立物流标准实施评价体系，培育物流领域企业标准“领跑者”，发挥示范带动作用。

加强现代物流信用体系建设。加强物流企业信用信息归集共享，通过“信用中国”网站和国家企业信用信息公示系统依法向社会公开。建立健全跨部门、跨区域信用信息共享机制，建立以信用为基础的企业分类监管制度，完善物流行业经营主体和从业人员守信联合激励和失信联合惩戒机制。依法依规建立物流企业诚信记录和严重失信主体名单制度，提高违法失信成本。

加强物流安全体系建设。完善物流安全管理制度，加强对物流企业的监督管理和日常安全抽查，推动企业严格落实安全生产主体责任。提高物流企业承运物品、客户身份等信息登记规范化水平，加强运输物品信息共享和安全查验部门联动，实现物流活动全程跟踪，确保货物来源可追溯、责任能倒查。提高运输车辆安全性能和从业人员安全素质，规范车辆运输装载，提升运输安全水平。落实网络安全等级保护制度，提升物流相关信息系统的安全防护能力。

专栏 11　物流标准化推进工程
研究制定现代物流标准化发展规划，完善现代物流标准体系。加强多式联运、应急物流、逆向物流、绿色物流等短板领域标准研究与制订。制修订一批行业急需的物流信息资源分类与编码、物流单证、智慧物流标签标准，以及企业间物流信息采集、信息交互标准和物流公共信息服务平台应用开发、通用接口、数据传输等标准。完善包装、托盘、周转箱等标准，加强以标准托盘为基础的单元化物流系统系列标准制修订，加快运输工具、载运装备、设施体系等标准对接和系统运作，提高全社会物流运行效率。推动完善货物运输、物流园区与冷链、大件、药品和医疗器械、危化品等物流标准规范。推进危险货物在铁路、公路、水路等运输环节标准衔接。加快制定智慧物流、供应链服务、电商快递、即时配送、城乡物流配送等新兴领域标准。推进面向数字化与智慧化需求的物流装备设施标准制修订。积极参与国际物流标准制修订。

（三）打造创新实用的科技与人才体系

强化物流科技创新支撑。依托国家企业技术中心、高等院校、科研院所等开展物流重大基础研究和示范应用，推动设立一批物流技术创新平台。建立以企业为主体的协同创新机制，鼓励企业与高等院校、科研院所联合设立产学研结合的物流科创中心，开展创新技术集中攻关、先进模式示范推广，建立成果转化工作机制。鼓励物流领域研究开发、创业孵化、技术转移、检验检测认证、科技咨询等创新服务机构发展，提升专业化服务能力。

建设物流专业人才队伍。发挥物流企业用人主体作用，加强人才梯队建设，完善人才培养、使用、评价和激励机制。加强高等院校物流学科专业建设，提高专业设置的针对性，培育复合型高端物流人才。加快物流现代职业教育体系建设，支持职业院校（含技工院校）开设物流相关专业。加强校企合作，创新产教融合人才培养模式，培育一批有影响力的产教融合型企业，支持企业按规定提取和使用职工教育经费，开展大规模多层次职业技能培训，促进现代物流专业技术人员能力提升。指导推动物流领域用人单位和社会培训评价组织开展职业技能等级认定，积极开展物流领域相关职业技能竞赛。实现学历教育与培训并举衔接，进一步推动物流领域“1 + X”证书制度和学分银行建设。对接国际专业认证体系，提高国际化物流人才培养水平，加大海外高端人才引进力度。实施新一轮专业技术人才知识更新工程和职业技能提升行动，推进物流领域工程技术人才职称评审，逐步壮大高水平工程师和高技能人才队伍。

七、实施保障

（一）优化营商环境

深化“放管服”改革，按规定放宽物流领域相关市场准入，消除各类地方保护和隐性壁垒。依托全国一体化政务服务平台，推动物流领域资质证照电子化，支持地方开展“一照多址”改革，促进物流企业网络化布局，实现企业注册、审批、变更、注销等“一网通办”，允许物流领域（不含快递）企业分支机构证照异地备案和异地审验。推动物流领域（不含快递）资质许可向资质备案和告知承诺转变。完善物流发展相关立法，推动健全物流业法律法规体系和法治监督体系。开展现代物流促进法等综合性法律立法研究和准备工作。严格依法行政依法监管，统一物流监管执法标准和处罚清单。推动跨部门、跨区域、跨层级政务信息开放共享，避免多头管理和重复监管。大力推动货车非法改装治理，研究制定非标准货运车辆治理工作方案。依托国际贸易“单一窗口”创新“通关 + 物流”服务，提高口岸智慧管理和服务水平。推动部门间物流安检互认、数据互通共享，减少不必要的重复安检。支持航空公司壮大货运机队规模，进一步简化货机引进程序和管理办法，优化工作流程，鼓励航空物流企业“走出去”。

（二）创新体制机制

完善全国现代物流工作部际联席会议制度，强化跨部门、跨区域政策协同，着力推动降低物流成本等重点工作。深化铁路货运市场化改革，推进投融资、运输组织、科技创新等体制机制改革，吸引社会资本进入，推动铁路货运市场主体多元化和服务创新发展，促进运输市场公平有序竞争。鼓励铁路企业与港口、社会物流企业等交叉持股，拓展战略合作联盟。

（三）强化政策支持

保障重大项目用地用海。依据国土空间规划，落实《国土空间调查、规划、用途管制用地用海分类指南（试行）》要求，完善物流设施专项规划，重点保障国家物流枢纽等重大物流基础设施和港航设施等的合理用地用海需求，确保物流用地规模、土地性质和空间位置长期稳定。创新物流用地模式，推动物流枢纽用地统一规划和科学布局，提升土地空间集约节约利用水平，支持物流仓储用地以长期租赁或先租后让、租让结合的方式供应。鼓励地方政府盘活存量土地和闲置土地资源用于物流设施建设。支持物流企业利用自有土地进行物流基础设施升级改造。支持依法合规利用铁路划拨用地、集体建设用地建设物流基础设施。

巩固减税降费成果。落实深化税收征管制度改革有关部署，推进现代物流领域发票电子化。按规定落实物流企业大宗商品仓储设施用地城镇土地使用税减半征收、购置挂车车辆购置税减半征收等税收优惠政策。严格落实已出台的物流简政降费政策，严格执行收费目录清单和公示制度，严禁违规收费，坚决治理乱收费、乱罚款、乱摊派，依法治理“只收费、不服务”的行为。清理规范铁路、港口、机场等收费，对主要海运口岸、机场地面服务收费开展专项调查，增强铁路货运收费透明度。对货运车辆定位信息及相关服务商开展典型成本调查，及时调整过高收费标准。

加大金融支持力度。鼓励符合条件的社会资本按市场化方式发起成立物流产业相关投资基金。发挥各类金融机构作用，按照市场化、法治化原则，加大对骨干物流企业和中小物流企业的信贷支持力度，拓宽企业兼并重组融资渠道，引导资金流向创新型物流企业。在仓储物流行业稳妥推进基础设施领域不动产投资信托基金（REITs）试点。鼓励保险公司开发农产品仓储保鲜冷链物流保险，提升鲜活农产品经营和质量安全风险保障水平。

（四）深化国际合作

推动建立国际物流通道沿线国家协作机制，加强便利化运输、智慧海关、智能边境、智享联通等方面合作。持续推动中欧班列“关铁通”项目在有合作意愿国家落地实施。逐步建立适应国际铁路联运特点的陆路贸易规则体系，推动完善配套法律法规，加强与国内外银行、保险等金融机构合作，探索使用铁路运输单证开展贸易融资。

（五）加强组织实施

国家发展改革委要会同国务院有关部门加强行业综合协调和宏观调控，协调解决本规划实施中存在的问题，确保规划落地见效。建立现代物流发展专家咨询委员会，加强对重大问题的调查研究和政策咨询，指导规划任务科学推进。推动行业协会深度参与行业治理，发挥社会监督职能，加强行业自律和规范发展，助力规划落地实施。

国务院办公厅关于印发推进多式联运发展优化调整运输结构工作方案（2021—2025年）的通知

国办发〔2021〕54号

各省、自治区、直辖市人民政府，国务院各部委、各直属机构：

《推进多式联运发展优化调整运输结构工作方案（2021—2025年）》已经国务院同意，现印发给你们，请结合实际，认真组织实施。

国务院办公厅

2021年12月25日

推进多式联运发展优化调整运输结构工作方案（2021—2025年）

为深入贯彻落实党中央、国务院决策部署，大力发展多式联运，推动各种交通运输方式深度融合，进一步优化调整运输结构，提升综合运输效率，降低社会物流成本，促进节能减排降碳，制定本方案。

一、总体要求

（一）指导思想。以习近平新时代中国特色社会主义思想为指导，深入贯彻党的十九大和十九届历次全会精神，立足新发展阶段，完整、准确、全面贯彻新发展理念，以推动高质量发展为主题，以深化供给侧结构性改革为主线，以加快建设交通强国为目标，以发展多式联运为抓手，提升基础设施联通水平，促进运输组织模式创新，推动技术装备升级，营造统一开放市场环境，加快构建安全、便捷、高效、绿色、经济的现代化综合交通体系，更好服务构建新发展格局，为实现碳达峰、碳中和目标作出交通贡献。

（二）工作目标。到2025年，多式联运发展水平明显提升，基本形成大宗货物及集装箱中长距离运输以铁路和水路为主的发展格局，全国铁路和水路货运量比2020年分别增长10%和12%左右，集装箱铁水联运量年均增长15%以上。重点区域运输结构显著优化，京津冀及周边地区、长三角地区、粤港澳大湾区等沿海主要港口利用疏港铁路、水路、封闭式皮带廊道、新能源汽车运输大宗货物的比例力争达到80%；晋陕蒙煤炭主产区大型工矿企业中长距离运输（运距 500 公里以上）的煤炭和焦炭中，铁路运输比例力争达到 90%。

二、提升多式联运承载能力和衔接水平

（三）完善多式联运骨干通道。强化规划统筹引领，提高交通基础设施一体化布局和建设水平，加快建设以“6 轴 7 廊 8 通道”主骨架为重点的综合立体交通网，提升京沪、陆桥、沪昆、广昆等综合运输通道功能，加快推进西部陆海新通道、长江黄金水道、西江水运通道等建设，补齐出疆入藏和中西部地区、沿江沿海沿边骨干通道基础设施短板，挖掘既有干线铁路运能，加快铁路干线瓶颈路段扩能改造。（交通运输部、国家发展改革委、国家铁路局、中国民航局、中国国家铁路集团有限公司等按职责分工负责，地方各级人民政府落实。以下均需地方各级人民政府落实，不再列出）

（四）加快货运枢纽布局建设。加快港口物流枢纽建设，完善港口多式联运、便捷通关等服务功能，合理布局内陆无水港。完善铁路物流基地布局，优化管理模式，加强与综合货运枢纽衔接，推动铁路场站向重点港口、枢纽机场、产业集聚区、大宗物资主产区延伸。有序推进专业性货运枢纽机场建设，强化枢纽机场货物转运、保税监管、邮政快递、冷链物流等综合服务功能，鼓励发展与重点枢纽机场联通配套的轨道交通。依托国家物流枢纽、综合货运枢纽布局建设国际寄递枢纽和邮政快递集散分拨中心。（交通运输部、国家发展改革委、财政部、中国国家铁路集团有限公司牵头，海关总署、国家铁路局、中国民航局、国家邮政局等配合）

（五）健全港区、园区等集疏运体系。加快推动铁路直通主要港口的规模化港区，各主要港口在编制港口规划或集疏运规划时，原则上要明确联通铁路，确定集疏运目标，同步做好铁路用地规划预留控制；在新建或改扩建集装箱、大宗干散货作业区时，原则上要同步建设进港铁路，配足到发线、装卸线，实现铁路深入码头堆场。加快推进港口集疏运公路扩能改造。新建或迁建煤炭、矿石、焦炭等大宗货物年运量 150 万吨以上的物流园区、工矿企业及粮食储备库等，原则上要接入铁路专用线或管道。挖掘既有铁路专用线潜能，推动共线共用。（交通运输部、国家发展改革委、生态环境部、国家铁路局、中国国家铁路集团有限公司等按职责分工负责）

三、创新多式联运组织模式

（六）丰富多式联运服务产品。加大 35 吨敞顶箱使用力度，探索建立以 45 英尺内陆标准箱为载体的内贸多式联运体系。在符合条件的港口试点推进“船边直提”和“抵港直装”模式。大力发展铁路快运，推动冷链、危化品、国内邮件快件等专业化联运发展。鼓励重点城市群建设绿色货运配送示范区。充分挖掘城市铁路场站和线路资源，创新“外集内配”等生产生活物资公铁联运模式。支持港口城市结合城区老码头改造，发展生活物资水陆联运。（交通运输部、中国国家铁路集团有限公司牵头，国家

发展改革委、商务部、生态环境部、海关总署、国家铁路局、中国民航局、国家邮政局等配合）

（七）培育多式联运市场主体。深入开展多式联运示范工程建设，到2025年示范工程企业运营线路基本覆盖国家综合立体交通网主骨架。鼓励港口航运、铁路货运、航空寄递、货代企业及平台型企业等加快向多式联运经营人转型。（交通运输部、国家发展改革委牵头，国家铁路局、中国民航局、国家邮政局、中国国家铁路集团有限公司等配合）

（八）推进运输服务规则衔接。以铁路与海运衔接为重点，推动建立与多式联运相适应的规则协调和互认机制。研究制定不同运输方式货物品名、危险货物划分等互认目录清单，建立完善货物装载交接、安全管理、支付结算等规则体系。深入推进多式联运"一单制"，探索应用集装箱多式联运运单，推动各类单证电子化。探索推进国际铁路联运运单、多式联运单证物权化，稳步扩大在"一带一路"运输贸易中的应用范围。（交通运输部、中国国家铁路集团有限公司牵头，商务部、司法部、国家铁路局、中国民航局、国家邮政局等配合）

（九）加大信息资源共享力度。加强铁路、港口、船公司、民航等企业信息系统对接和数据共享，开放列车到发时刻、货物装卸、船舶进离港等信息。加快推进北斗系统在营运车船上的应用，到2025年基本实现运输全程可监测、可追溯。（交通运输部、中国国家铁路集团有限公司牵头，国务院国资委、国家铁路局、中国民航局、国家邮政局等配合）

四、促进重点区域运输结构调整

（十）推动大宗物资"公转铁、公转水"。在运输结构调整重点区域，加强港口资源整合，鼓励工矿企业、粮食企业等将货物"散改集"，中长距离运输时主要采用铁路、水路运输，短距离运输时优先采用封闭式皮带廊道或新能源车船。探索推广大宗固体废物公铁水协同联运模式。深入开展公路货运车辆超限超载治理。（交通运输部、中国国家铁路集团有限公司牵头，国家发展改革委、工业和信息化部、公安部、财政部、自然资源部、生态环境部、市场监管总局、国家铁路局等配合）

（十一）推进京津冀及周边地区、晋陕蒙煤炭主产区运输绿色低碳转型。加快区域内疏港铁路、铁路专用线和封闭式皮带廊道建设，提高沿海港口大宗货物绿色集疏运比例。推动浩吉、大秦、唐包、瓦日、朔黄等铁路按最大运输能力保障需求。在煤炭矿区、物流园区和钢铁、火电、煤化工、建材等领域培育一批绿色运输品牌企业，打造一批绿色运输枢纽。（交通运输部、中国国家铁路集团有限公司牵头，国家发展改革委、自然资源部、生态环境部、国家铁路局等配合）

（十二）加快长三角地区、粤港澳大湾区铁水联运、江海联运发展。加快建设小洋山北侧等水水中转码头，推动配套码头、锚地等设施升级改造，大幅降低公路集疏港比例。鼓励港口企业与铁路、航运等企业加强合作，统筹布局集装箱还箱点。因地制宜推进宁波至金华双层高集装箱运输示范通道建设，加快推进沪通铁路二期及外高桥港区装卸线工程、浦东铁路扩能改造工程、北仑支线复线改造工程和梅山港区铁路支线、南沙港区疏港铁路、平盐铁路复线、金甬铁路苏溪集装箱办理站等多式联运项目建设。推动企业充分利用项目资源，加快发展铁水联运、江海直达运输，形成一批江海河联运精品线路。（交通运输部、中国国家铁路集团有限公司牵头，国家发展改革委、国家铁路局等配合）

五、加快技术装备升级

（十三）推广应用标准化运载单元。推动建立跨区域、跨运输方式的集装箱循环共用系统，降低空箱调转比例。探索在大型铁路货场、综合货运枢纽拓展海运箱提还箱等功能，提供等同于港口的箱管服务。积极推动标准化托盘（1200mm × 1000mm）在集装箱运输和多式联运中的应用。加快培育集装箱、半挂车、托盘等专业化租赁市场。（交通运输部、中国国家铁路集团有限公司牵头，工业和信息化部、商务部、市场监管总局等配合）

（十四）加强技术装备研发应用。加快铁路快运、空铁（公）联运标准集装器（板）等物流技术装备研发。研究适应内陆集装箱发展的道路自卸卡车、岸桥等设施设备。鼓励研发推广冷链、危化品等专用运输车船。推动新型模块化运载工具、快速转运和智能口岸查验等设备研发和产业化应用。（中国国家铁路集团有限公司、工业和信息化部牵头，交通运输部、海关总署、科技部、国家铁路局、中国民航局、国家邮政局等配合）

（十五）提高技术装备绿色化水平。积极推动新能源和清洁能源车船、航空器应用，推动在高速公路服务区和港站枢纽规划建设充换电、加气等配套设施。在港区、场区短途运输和固定线路运输等场景示范应用新能源重型卡车。加快推进港站枢纽绿色化、智能化改造，协同推进船舶和港口岸电设施匹配改造，深入推进船舶靠港使用岸电。（交通运输部、工业和信息化部、国家发展改革委、住房城乡建设部、生态环境部、国家能源局、中国国家铁路集团有限公司等按职责分工负责）

六、营造统一开放市场环境

（十六）深化重点领域改革。深化“放管服”改革，加快构建以信用为基础的新型监管机制，推动多式联运政务数据安全有序开放。深化铁路市场化改革，促进铁路运输市场主体多元化，研究推进铁路、港口、航运等企业股权划转和交叉持股，规范道路货运平台企业经营，建立统一开放、竞争有序的运输服务市场。（国家发展改革委、交通运输部、市场监管总局、国家铁路局、中国民航局、国家邮政局、中国国家铁路集团有限公司等按职责分工负责）

（十七）规范重点领域和环节收费。完善铁路运价灵活调整机制，鼓励铁路运输企业与大型工矿企业等签订“量价互保”协议。规范地方铁路、专用铁路、铁路专用线收费，明确线路使用、管理维护、运输服务等收费规则，进一步降低使用成本。规范海运口岸的港口装卸、港外堆场、检验检疫、船公司、船代等收费。（国家发展改革委、交通运输部、中国国家铁路集团有限公司等按职责分工负责）

（十八）加快完善法律法规和标准体系。推动加快建立与多式联运相适应的法律法规体系，进一步明确各方法律关系。加快推进多式联运枢纽设施、装备技术等标准制修订工作，补齐国内标准短板，加强与国际规则衔接。积极参与国际多式联运相关标准规则研究制定，更好体现中国理念和主张。研究将多式联运量纳入交通运输统计体系，为科学推进多式联运发展提供参考依据。（交通运输部、司法部、商务部、市场监管总局、国家统计局、国家铁路局、中国民航局、国家邮政局、中国国家铁路集团有限公司等按职责分工负责）

七、完善政策保障体系

（十九）加大资金投入力度。统筹利用车购税资金、中央预算内投资等多种渠道，加大对多式联运发展和运输结构调整的支持力度。鼓励社会资本牵头设立多式联运产业基金，按照市场化方式运作管理。鼓励各地根据实际进一步加大资金投入力度。（财政部、国家发展改革委、交通运输部、国家铁路局、中国民航局、国家邮政局、中国国家铁路集团有限公司等按职责分工负责）

（二十）加强对重点项目的资源保障。加大对国家物流枢纽、综合货运枢纽、中转分拨基地、铁路专用线、封闭式皮带廊道等项目用地的支持力度，优先安排新增建设用地指标，提高用地复合程度，盘活闲置交通用地资源。加大涉海项目协调推进力度，在符合海域管理法律法规、围填海管理和集约节约用海政策、生态环境保护要求的前提下，支持重点港口、集疏港铁路和公路等建设项目用海及岸线需求；对支撑多式联运发展、运输结构调整的规划和重点建设项目，开辟环评绿色通道，依法依规加快环评审查、审批。（自然资源部牵头，生态环境部、住房城乡建设部、交通运输部等配合）

（二十一）完善交通运输绿色发展政策。制定推动多式联运发展和运输结构调整的碳减排政策，鼓励各地出台支持多种运输方式协同、提高综合运输效率、便利新能源和清洁能源车船通行等方面政策。在特殊敏感保护区域，鼓励创新推广绿色低碳运输组织模式，守住自然生态安全边界。（国家发展改革委、公安部、财政部、生态环境部、住房城乡建设部、交通运输部等按职责分工负责）

（二十二）做好组织实施工作。完善运输结构调整工作协调推进机制，加强综合协调和督促指导，强化动态跟踪和分析评估。各地、各有关部门和单位要将发展多式联运和调整运输结构作为“十四五”交通运输领域的重点事项，督促港口、工矿企业、铁路企业等落实责任，有力有序推进各项工作。在推进过程中，要统筹好发展和安全的关系，切实保障煤炭、天然气等重点物资运输安全，改善道路货运、邮政快递等从业环境，进一步规范交通运输综合行政执法，畅通“12328”热线等交通运输服务监督渠道，做好政策宣传和舆论引导，切实维护经济社会发展稳定大局。（交通运输部、国家发展改革委、中国国家铁路集团有限公司牵头，各有关部门和单位配合）

关于加快推进冷链物流运输高质量发展的实施意见

交运发〔2022〕49 号

各省、自治区、直辖市、新疆生产建设兵团交通运输厅（局、委）、邮政管理局，各地区铁路监督管理局，各民航地区管理局，各铁路局集团公司：

为深入贯彻党中央、国务院决策部署，认真落实《“十四五”冷链物流发展规划》，进一步推动冷链物流运输（以下简称冷链运输）高质量发展，更好满足人民日益增长的美好生活需要，服务加快构建新发展格局，提出如下意见。

一、总体要求

以习近平新时代中国特色社会主义思想为指导，全面贯彻落实党的十九大和十九届历次全会精神，完整、准确、全面贯彻新发展理念，以推动冷链物流高质量发展为主题，以深化供给侧结构性改革为主线，以改革创新为根本动力，以满足人民日益增长的美好生活需要为根本目的，着力完善冷链运输基础设施，提升技术装备水平，创新运输服务模式，健全冷链运输监管体系，推进冷链运输畅通高效、智慧便捷、安全规范发展，为保障食品流通安全、减少食品流通环节浪费、推动消费升级和培育新增长点、构建新发展格局提供有力支撑。

二、加快完善基础设施网络

（一）优化枢纽港站冷链设施布局。结合国家冷链物流骨干通道网络建设，依托农产品优势产区、重要集散地和主要销区所在地货运枢纽、主要港口、铁路物流基地、枢纽机场，统筹冷链物流基础设施规划布局，推动铁路专用线进入物流园区、港口码头，完善干支衔接、区域分拨、仓储配送等冷链运输服务功能，提升冷链运输支撑保障能力。

（二）完善产销冷链运输设施网络。支持有条件的县级物流中心和乡镇运输服务站拓展冷链物流服务功能，为农产品产地预冷、冷藏保鲜、移动仓储、低温分拣等设施设备提供运营场所，改善农产品产地“最初一公里”冷链物流设施条件。依托城市绿色货运配送示范工程，在冷链产品消费和中转规模较大的城市，推进建设销地冷链集配中心，研究设置冷链配送车辆卸货临时停车位，推动出台冷链配送车辆便利通行政策，提升城市冷链配送服务质量。鼓励生鲜电商、寄递物流企业加大城市冷链前置仓等“最后一公里”设施建设力度，在社区、商业楼宇等设置智能冷链自提柜等，提升便民服务水平。

三、推动技术装备创新升级

（三）推进冷链运输工具专业化发展。加强冷链运输车辆技术管理，冷链运输车辆应当按规定配备符合标准要求的制冷和温度监测设备，并保持功能良好。强化冷链运输车辆相关标准引导作用，推广应用多温层、新能源冷链运输车辆，支持城市冷链配送车辆安装使用尾板。加快铁路机械冷藏车更新升级，加大货车轴端发电、机车供电、电网取电等技术攻关力度，研发和制造适应小批量、多批次、高时效运输需求的铁路冷藏车型。

（四）促进冷链运载单元标准化发展。推广应用标准化周转箱、托盘、笼车等运载单元以及冷藏集装箱、蓄冷箱、保温箱等单元化冷链载器具，提高带板运输比例。鼓励企业研发应用适合果蔬等农产品的单元化包装，推动冷链运输全程“不倒托”“不拆箱”，减少运输环节损耗。加强冷藏集装箱检验检测，大力发展国际海运标准冷藏集装箱，推动和规范海运冷藏集装箱在道路运输等其他运输方式中的使用。

（五）推广应用智能化温控设施设备。加强温湿度监测设备、卫星定位装置、视频监控设备、电子围栏等在冷链运输车辆、保温箱、集装箱的推广应用，鼓励企业建立完善冷链运输温度监测管理信息系统，实现对冷链运输过程的温湿度实时监测、自动调节、远程控制等，促进冷链运输上下游企业温控信息共享，提升冷链运输过程智能温控管理水平。开展基于区块链和物联网的冷藏集装箱港航服务提升行动，鼓励重点海运企业安装配备冷藏集装箱物联网设备，实现海运企业、代理企业、货主等各方对冷藏集装箱实时跟踪、智能温控、全程可溯。

四、创新运输组织服务模式

（六）创新冷链运输组织模式。依托多式联运示范工程，积极推进冷链物流多式联运发展。鼓励铁路企业开行冷链班列，推动冷链班列与冷链海运直达快线无缝衔接，积极发展“海运＋冷链班列”海铁联运新模式。推动冷链陆空联运发展，支持发展冷鲜航班和冷链卡车航班网络，探索机场异地货站模式，提升一体化组织服务能力。大力发展面向高端生鲜食品、医药产品的航空冷链物流，支持口岸机场建设具有国际货运、冷链仓储、报关、检验检测检疫等功能的航空货运冷链物流服务通道，提升航空冷链运输效率。

（七）培育冷链运输骨干企业。组织开展冷链运输服务品牌宣传推广工作，宣传推广服务优质、组织高效、安全规范的冷链运输服务模式，打造一批知名冷链运输服务品牌。引导冷链运输企业加强与果蔬、水产、肉类等生产加工企业的联盟合作，积极发展公路冷链专线、多温区共同配送、“生鲜电商＋冷链宅配”、“中央厨房＋食材冷链配送”、“水产品深加工＋冷链运输”等新模式。支持冷链物流企业建设网络货运平台，优化整合产品、冷库、冷链运输车辆等资源，培育龙头冷链物流企业，提升市场集中度。

（八）增强跨境冷链物流服务能力。支持国际物流企业通过合资合作、自建网络、兼并收购等方式，延伸境外地面服务网络，提升跨境冷链物流全程组织能力，培育一批具有较强国际竞争力的现代冷链物流企业。推进国际物流企业与跨境电商平台战略合作，充分发挥海运在跨境冷链物流服务中的优势作用，促进供应链上下游企业协同发展。提升中欧班列集结中心冷链物流服务水平，畅通亚欧陆路冷链物流通道。扩展西部陆海新通道等海铁联运、国际铁路联运、国际道路冷链物流业务。

五、健全完善运输监管体系

（九）建立健全法规标准体系。研究制定道路冷链运输管理规定，健全完善冷链运输监管体系。规范道路冷链运输车辆及从业人员管理，加强食品安全、温控管理等专业知识和技能培训。研究完善冷链物流细分领域运输服务标准规范，加大宣贯力度，提升标准规范应用水平。借鉴国际先进冷链运输行业管理标准和经验，积极参与、倡导国际冷链运输标准制定。

（十）提升数字化监管能力。以进口冷链食品为重点，研究建立道路冷链运输追溯管理制度，依托现有信息系统健全完善道路冷链运输信息追溯管理功能，实现冷链运输车辆、驾驶员、货物、温湿度以及流向信息的动态采集，强化冷链运输过程跟踪监测。依托国家综合交通运输信息平台，与全国进口冷链食品追溯管理平台实现系统对接和信息共享，推动跨部门协同联动，实现冷链物流源头可溯、过程可控、去向可查。

（十一）强化运行监测与统计分析。加强冷链运输市场动态运行监测，定期发布冷链设施、运力装备、运价水平等信息，引导资源合理配置。支持第三方机构开展冷链运输企业服务质量评价，探索建立企业服务质量与行业管理联动工作机制，将评价结果纳入信用体系，引导市场公平竞争、规范发展。建立健全冷链运输统计机制与指标体系，建立涵盖经营业户、冷链设施、运输工具、从业人员等基础数据库。

六、强化政策支持保障

（十二）强化政策支持。利用现有资金渠道和政策，对具有冷链物流功能的综合货运枢纽给予补助。继续严格执行鲜活农产品运输“绿色通道”政策，对整车合法装载运输全国统一的《鲜活农产品品种目录》内产品的车辆，免收车辆通行费。鼓励鲜活农产品车辆通过安装使用ETC和预约通行，进一步提升通行效率。

（十三）加强行业自律。鼓励冷链物流相关行业协会发挥桥梁纽带作用，及时向有关政府部门反馈行业发展共性问题，积极开展冷链物流法规标准、冷链知识的宣传普及，推动行业自律、规范发展、诚信经营。支持行业协会统筹冷链物流不同领域、不同环节市场主体需求，推动冷链物流上下游企业产销对接、供需对接，提高行业发展质量。

（十四）注重人才培养。充分发挥职业院校作用，鼓励支持职业院校开展冷链物流相关专业人才培养，优化专业和课程设置，积极创新校企合作、工学结合等人才培养模式。充分发挥企业人才培养的主体作用，搭建创新开放的人才发展平台和培训基地，强化从业人员继续教育和专业技术技能培训，为冷链物流发展提供高素质人才。

交 通 运 输 部

国 家 铁 路 局

中国民用航空局

国 家 邮 政 局

中国国家铁路集团有限公司

2022 年 4 月 7 日

关于支持加快农产品供应链体系建设进一步促进冷链物流发展的通知

财办建〔2022〕36号

各省、自治区、直辖市财政厅（局）、商务主管部门：

为深入贯彻落实《中共中央　国务院关于做好2022年全面推进乡村振兴重点工作的意见》及党中央、国务院关于实施乡村建设行动、《国务院办公厅关于进一步释放消费潜力促进消费持续恢复的意见》（国办发〔2022〕9号）有关要求，加强农产品现代流通体系建设，提高农产品流通效率，更好保障市场供应，财政部、商务部决定以促进农产品冷链物流发展为重点，支持加快农产品供应链体系建设。现将有关事项通知如下：

一、总体要求

以习近平新时代中国特色社会主义思想为指导，立足新发展阶段，完整、准确、全面贯彻新发展理念，构建新发展格局，贯彻落实党中央、国务院决策部署，按照"强节点、建链条、优网络"工作思路，在已实施农产品供应链体系建设的工作基础上，进一步聚焦补齐冷链设施短板，提高冷链物流质量效率，建立健全畅通高效、贯通城乡、安全规范的农产品现代流通体系。重点抓住跨区域农产品批发市场和销地农产品冷链物流网络，加快城市冷链物流设施建设，健全销地冷链分拨配送体系，创新面向消费的冷链物流模式，推动农产品冷链物流高质量发展。

通过2年时间，推动农产品冷链流通基础设施更加完善，重要集散地和销地农产品批发市场、加工配送中心及零售终端冷链流通能力显著提升，调节农产品跨季节供需、支撑农产品跨区域冷链流通的能力和效率继续增强，为农产品现代流通体系建设提供坚实基础。

二、支持内容

通过中央财政服务业发展资金（以下简称服务业资金）引导有关省（自治区、直辖市，以下统称省）统筹推进农产品供应链体系建设，抓住集散地和销地两个关键节点，进一步聚焦发展农产品冷链物流，提高农产品流通效率和现代化水平。引导支持的主要方向如下：

（一）增强农产品批发市场冷链流通能力。在集散地、销地支持农产品批发市场冷链流通基础设施改造升级，鼓励建设公共冷库、中央厨房等设施，加快绿色、高效、低碳冷藏设施应用，完善物流集散、加工配送、质量安全等功能，增强流通主渠道冷链服务能力。

（二）提高冷链物流重点干支线配送效率。在销地支持农产品流通企业、冷链物流企业等改扩建冷链集配中心和低温配送中心，集成流通加工、区域分拨、城市配送等功能，提高冷链干线与支线衔接效率。推广可循环标准化周转箱，促进农产品冷链物流各环节有序衔接。

（三）完善农产品零售终端冷链环境。在城市供应链末端支持连锁商超、农贸市场、菜市场、生鲜电商等流通企业完善终端冷链物流设施，进一步增强冷藏保鲜等便民惠民服务能力。推动建设改造前置仓等末端冷链配送站点，鼓励配备移动冷库（冷箱）等产品，提高冷链物流终端配送效率。

（四）统筹支持农产品市场保供。有关省（含 2021—2022 年农产品供应链体系建设支持省）可根据本地实际情况，将获得的 2022—2023 年服务业资金支持农产品供应链体系建设的补助资金，适当用于支持农产品市场保供工作。对于 2022 年以来承担相关流通保供任务并受到疫情影响的冷链物流企业，地方可结合实际统筹支持。具体支持内容、方式等由省级商务和财政主管部门确定，并在工作方案中予以体现。

服务业资金主要立足于弥补市场失灵，做好基础性、公共性工作，发挥对社会资本的引导作用。申请支持的省可根据上述支持内容，结合本地实际细化支持事项。

三、工作程序

（一）组织地方申报。有意愿的省（已获 2021 年农产品供应链体系建设支持的省除外）根据本通知要求，结合本地实际情况，制定 2 年期工作方案（具体要求见附件 1），确定总体目标、年度分解任务、重点举措、项目清单、绩效考核等内容，于 5 月 20 日前报商务部、财政部，逾期未报视为放弃申请资格。各省工作方案作为政策实施期间监督考核的重要依据，目标任务原则上不作调整。

（二）选定支持省。在地方申报工作方案的基础上，商务部会同财政部通过公平择优的方式确定最终支持省，并向中西部地区适度倾斜。

（三）下达补助资金。中央财政有关补助资金分年度下达，具体金额结合有关各省工作基础、发展指标、绩效评价等因素确定。2022 年对相关省先行拨付部分资金，2023 年根据工作开展情况，对通过绩效评价的省拨付剩余资金。补助资金由有关各省按照上报的工作方案统筹安排使用。鼓励地方统筹用好自有财力，落实到具体项目。

四、工作要求

（一）加强统筹协调。省级财政、商务主管部门按职责分工，切实加强组织领导、顶层设计和工作协调，结合实际制定工作方案，明确时间进度，确保顺利推进。相关地方具体使用财政资金时，要加强统筹协调，并与发展改革委安排的国家骨干冷链物流基地建设、农业农村部安排的产地冷链设施、中央财政支持的县域商业建设行动等相关资金及支持事项加强衔接，避免重复投入。对于已获其他中央财政资金支持的项目，不得重复申请或安排支持。

（二）完善项目管理。省级商务、财政主管部门要认真履行本地区项目申报、评审、执行、验收、成效评估等职能，形成闭环管理。动态掌握本地区农产品产销格局、农产品冷链物流发展和农产品市场体系建设有关工作情况，鼓励做好跨区域项目联动。完善农产品流通骨干网络，建立健全农产品流通骨干队伍。要按照相关规定，切实做好有关项目等信息公开，强化信息共享。自 2014 年起，获得过服务业资金支持的农产品流通企业，原则上均应被纳入骨干队伍，持续发挥民生保障功能。

（三）严格资金监管。强化日常监管，可引入审计或监理咨询等独立第三方，参与决策监督，加强资金和项目审核，及时防范和化解风险。有关各省具体分配使用中央财政资金应符合《服务业发展资金管理办法》（财建〔2019〕50 号）规定。具体支持对象须在近 3 年内未发生过安全生产事故，且相关资金不得用于征地拆迁，不得用于支付罚款、捐款、赞助、投资、偿还债务以及财政补助单位人员经费和工作经费。

（四）强化绩效考核。省级商务主管部门于每个季度首月将上季度项目进展情况表（附件 2）报商务部，并会同同级财政部门于 2023 年 3 月底前对工作进展情况进行中期自评，于 2024 年 3 月底前对工作完成情况进行终期自评，有关自评报告报商务部、财政部。资金使用情况通过内贸资金网络管理系统（网址：http：//emanage. mofcom. gov. cn）填报，作为绩效评价的重要依据。商务部、财政部将适时委托第三方机构对各地工作情况进行绩效评价。

（五）做好宣传推广。省级商务、财政主管部门要及时跟进工作进展情况，总结发现工作推进过程中出现的先进经验和典型案例，重点总结机制创新、政策创新、模式创新等经验成果，加大典型案例宣传和推广力度，扩大政策效果，推动工作成效由点到面拓展。

财政部办公厅

商务部办公厅

2022 年 5 月 10 日

商务部、国家邮政局等八部门关于加快贯通县乡村电子商务体系和快递物流配送体系有关工作的通知

商流通函〔2022〕143 号

各省、自治区、直辖市及新疆生产建设兵团商务、邮政管理、网信、发展改革、农业农村、市场监管部门，各乡村振兴局、供销合作社：

发展农村电子商务和快递物流配送是促进城乡生产和消费有效衔接的重要举措，是全面推进乡村振兴、构建新发展格局的客观要求。为认真贯彻落实党中央、国务院决策部署，深入推进电子商务与快递物流配送协同发展，加快贯通县乡村电子商务体系和快递物流配送体系，现就有关工作通知如下。

一、工作目标

升级改造一批县级物流配送中心，促进县域快递物流资源整合，建设一批农村电商快递协同发展示范区，提升公共寄递物流服务能力，争取到 2025 年，在具备条件的地区基本实现县县有中心、乡乡有网点、村村有服务。农村电子商务、快递物流配送覆盖面进一步扩大，县乡村电子商务体系和快递物流配送体系更加健全，农产品出村进城、消费品下乡进村的双向流通渠道更加畅通，人民群众获得感、幸福感不断增强。

二、主要任务

（一）完善基础设施，优化网络布局。鼓励各地结合实际，加强县乡村快递物流配送基础设施建设，升级改造县级物流配送中心，面向乡镇、村及本地生产流通企业、邮政快递企业、合作社、家庭农场等各类主体，提供仓储、分拣、中转、配送等服务。引导农村邮政、快递物流企业利用现有设施资源合作建设乡镇服务站点。依托村邮站、益农信息社、村委会等公共服务设施和夫妻店、便利店、电子商务服务站点等便民商业设施，设立村级寄递物流综合服务站，实现“多站合一、一点多能、一网多用”。鼓励有条件的村布放智能快件箱（信包箱）、快递自提点。通过基础设施建设，基本形成以县级物流配送中心、具有集散功能的乡镇网点和村级寄递物流综合服务站为主体的农村快递物流配送体系。

（二）补齐冷链短板，提升冷链流通率。聚焦鲜活农产品主产区、特色农产品优势

区，推进农产品仓储保鲜冷链物流设施建设，加快补齐产地冷链物流短板，促进农产品电子商务高质量发展。结合农产品生产情况和物流集散点网络布局，在具备条件的县域或特大镇建设具有商品化处理能力的产地冷链集配中心，推广移动式冷库。加强农产品供应链建设，引导农产品批发市场加快完善具备物流集散、低温配送等功能的冷链设施。推进农产品冷链标准制修订，加强生鲜农产品质量监管和产品溯源。

（三）整合快递物流资源，提高配送效率。支持农村电子商务、快递物流配送协同发展。引导电子商务、邮政、供销、快递、物流、商贸流通等各类主体开展市场化合作，推动仓储、揽收、分拣、运输、配送“五统一”，场地、车辆、人员、运营、管理“五整合”，提升快递物流配送能力。鼓励具备条件的农村地区探索智慧物流，依托云计算、大数据、物联网等技术，推进农村快递物流数字化、智能化改造，打造仓储、分拣、配送、增值服务等一体化快递物流配送服务体系。发挥邮政网络在边远地区的基础支撑作用，鼓励邮政快递企业整合末端投递资源，满足边远地区群众基本寄递需求。支持农产品产地发展“电子商务＋产地仓＋快递物流”仓配融合模式，提高农产品上行效率。

（四）扩大电子商务覆盖面，提升服务能力。鼓励依托县级物流配送中心、农村快递物流站点等，完善农村电子商务公共服务体系，提供产品开发、品牌孵化、包装设计、数据分析、市场营销等服务，提高农村电子商务应用水平。鼓励大型电子商务企业、流通企业以县镇为重点，下沉供应链和新型交易模式，推动农村流通设施和业态融入现代流通体系。支持农村产业融合发展示范园建设，畅通农产品线上线下多渠道流通，促进农村产业融合发展。建设农村电商快递协同发展示范区，打造快递服务现代农业示范项目，支撑农业转型、农民增收。实施“互联网＋”农产品出村进城工程，建立健全适应农产品网络销售的供应链体系、运营服务体系和支撑保障体系。

（五）培育市场主体，促进协同发展。支持农村邮政、供销、快递物流和商贸流通企业数字化、连锁化转型升级、做大做强，带动县域商业体系建设和促进农村消费。引导农村中小电子商务、快递物流企业采用联盟、股权投资等方式合作，提高市场竞争力。加强农村电子商务、快递物流配送人员培训，强化实操技能，增强创业就业能力。鼓励电子商务平台与快递物流企业深入合作，搭建特色农产品外销平台，推动农产品上行。

（六）规范行业秩序，优化发展环境。简化农村快递末端网点备案手续，鼓励发展农村快递末端服务。修订《快递服务》等标准，规范农村快递经营行为。加强寄递物流服务监管，依法查处未按约定地址投递、违规收费等行为，促进公平竞争，保障用户合法权益。指导从事农村快递物流的企业严格遵守服务规范、安全生产、绿色发展、疫情防控等管理规定，提供规范化服务。引导快递物流企业合理制定价格，探索符合农村实际的成本分担、利益共享等机制，促进电子商务、快递、商贸等企业合作，维护各方权益，推动农村快递物流基础设施共建共用，为农村电子商务快递“最后一公里”配送提供保障。

三、保障措施

（七）加强组织领导，压实主体责任。各地要积极支持农村电子商务和快递物流配送协同发展，建立政府统一领导、多部门共同参与的农村电子商务、快递物流配送协同发展工作协调机制。把贯通县乡村电子商务体系和快递物流配送体系作为保障和改善民生的重要工作，扎实统筹推进。强化“省级统筹、市县抓落实”机制要求，省级主管部门做好政策、资金、资源等要素统筹和成效监督；市县结合本地区实际，实化细化本地区工作方案，强化技术指导和监督考核，压实责任，务求实效。

（八）加强横向协作，形成工作合力。各地有关主管部门要牢固树立一盘棋思想，统筹资金政策，加强沟通协调，突出功能错位和优势互补，避免多头投入、重复建设，共同推动农村电子商务和快递物流配送协同发展。鼓励“一点多能、一网多用”，以共建共享为方向，整合村邮站、益农信息社、电子商务服务站、快递物流站点等网点设施，叠加日用消费品、农资、电子商务、邮政、快递、涉农信息等综合服务功能，更好服务农民生产和生活消费。

（九）加强政策保障，推动工作落地。各地要跟踪研究农村电子商务和快递物流配送发展中面临的问题，积极出台支持政策，发挥中央财政和地方财政资金示范引导作用，带动社会资本加大投入，推动县级物流配送中心、乡镇服务站点、村级寄递物流综合服务站等数字化信息化改造和综合服务提升，综合施策降低农村快递物流成本。推动农村电子商务和快递物流配送发展纳入本地乡村振兴重要工作，加强指导监督检查。

各地要把加快贯通县乡村电子商务体系和快递物流配送体系作为全面推进乡村振兴、加快农业农村现代化的重要任务，加强工作指导，密切跟踪进展。重要情况及时按程序报告有关部门。

商务部
国家邮政局
中央网信办
发展改革委
农业农村部
市场监管总局
国家乡村振兴局
中华全国供销合作总社
2022 年 5 月 18 日

财政部 交通运输部关于支持国家综合货运枢纽补链强链的通知

财建〔2022〕219 号

各省、自治区、直辖市、计划单列市财政厅（局）、交通运输厅（局、委），新疆生产建设兵团财政局、交通运输局：

为深入贯彻落实党中央、国务院决策部署，加快构建现代化高质量国家综合立体交通网，根据《车辆购置税收入补助地方资金管理暂行办法》（财建〔2021〕50 号）规定，财政部、交通运输部决定联合支持国家综合货运枢纽补链强链。现将有关事宜通知如下：

一、总体要求

（一）指导思想。坚持以习近平新时代中国特色社会主义思想为指导，深入贯彻党的十九大和十九届历次全会精神，落实中央财经委员会第十一次会议部署要求，以深化供给侧结构性改革为主线，立足新发展阶段，完整、准确、全面贯彻新发展理念，服务构建新发展格局，立足产业链供应链保通保畅，聚焦国家综合立体交通网主骨架上的综合货运枢纽，深刻认识和把握多种运输方式发展的规律特征，坚持问题和目标导向，支持引导多方力量加强资源统筹利用，优化货物运输结构，实现多种运输方式深度融合发展，联网补网强链，合力打造互联互通、便捷顺畅、经济高效、绿色集约、智能先进、保障有力的综合货运枢纽体系，不断增强互联互通和网络韧性，提高资源集约利用水平，提升货物综合运输效率与质量，降低综合运输成本，有力支撑产业链供应链稳定，服务产业链供应链延伸，践行绿色低碳发展，更好促进经济高质量发展。

（二）支持原则。

1. 共同事权，共同承担。全国性综合货运枢纽与集疏运体系属于中央与地方共同事权，中央与地方共同承担支出责任。地方应充分发挥本区域在货物集散运输、供应链服务等方面组织管理职能和优势，找准问题，主动作为，精准施策。中央加强工作指导，科学引领综合货运枢纽补链强链。

2. 目标导向，择优支持。地方从国家交通战略布局、区位发展定位、运输条件、综合货运发展潜力等方面选择申报开展综合货运枢纽补链强链的城市或城市群，明确综合货运枢纽功能定位，组织编制实施方案，制定实施目标，围绕既定目标采取有效措施，将目标细化成为可量化、可考核的具体指标。交通运输部、财政部通过竞争性评审方式择优支持。

3. 跟踪问效，奖补结合。加强预算绩效管理，对纳入支持的城市或城市群，做好绩效运行监控，跟踪工作进展情况和实施成效，适时开展绩效评价，将评价结果与中央财政年度预算安排挂钩，突出绩效导向。

4. 资源统筹，工作协同。中央层面，交通运输部、财政部会同有关单位和省份建立部省工作协调机制，加强工作指导和资源统筹，形成合力。地方层面，省级有关部门和申报城市建立工作领导机制，加强组织保障，充分调动各方资源、政策予以支持，确保工作取得实效。

（三）政策目标。自2022年起，用3年左右时间集中力量支持30个左右城市（含城市群中的城市）实施国家综合货运枢纽补链强链，促使综合货运枢纽在运能利用效率、运输服务质量、运营机制可持续等三方面明显提升，在提高循环效率、增强循环动能、降低循环成本中发挥积极作用，从而形成资金流、信息流、商贸流等多方面集聚效应，更好服务重点产业链供应链，辐射带动区域经济高质量发展，东部城市做优做强，中部城市巩固提高，西部城市打基础立长远。

（四）支持范围。本通知所指综合货运枢纽既包括枢纽港站等交通运输基础节点，也包括多节点串联与往返形成的重要网链。符合以下条件的枢纽可由相关城市或城市群申报。

1. 综合货运枢纽应纳入《现代综合交通枢纽体系“十四五”发展规划》（交规划发〔2021〕113号）中“国家综合交通枢纽城市”的范围。

2. 根据中共中央、国务院印发的《国家综合立体交通网规划纲要》，以线定点，以点带面。一是优先选择6条主轴上覆盖京津冀、长三角、珠三角、成渝、长江经济带、粤港澳等国家重大战略区域的枢纽。二是优先选择位于大陆桥走廊、西部陆海走廊等涉及西部地区走廊、沿边通道上的枢纽。三是鼓励2个及以上城市联合申报综合货运枢纽。

3. 综合货运枢纽应聚焦国家重点产业集群（粮食煤炭、装备制造、电子信息、生物医药等）分布区域，且在进出口贸易、货物运输能力等方面已自发形成规模优势。

（五）支持类型。相关地方应结合不同货物在运输时间、附加值等方面的特点和运输需求，在两种或两种以上运输方式间进行组合，区分综合货运枢纽类型，包括：依托海运港口、内河港口形成与铁路专用线有效衔接的铁水联运型；依托机场货运作业区形成与铁路或高等级公路有效衔接的空铁（高铁）联运型、陆（公路）空联运型；依托铁路货运站形成与高等级公路有效衔接并实现大宗货物及集装箱大规模便捷转运的公铁联运型等。优先选择支持铁水联运型、空铁联运型综合货运枢纽，西部地区视本区域发展实际还可选择支持陆空联运型、公铁联运型综合货运枢纽。

二、实施内容

根据《国家综合立体交通网规划纲要》、《“十四五”现代综合交通运输体系发展规划》（国发〔2021〕27号），引导带动不同类型的综合货运枢纽在基础设施及装备硬联通、规则标准及服务软联通、运营机制一体化等方面开展工作。不同运输方式之间互联互通应切实可行，开展必要的可行性研究论证。

（一）基础设施及装备硬联通。结合各类货物运输需要，支持公共服务功能突出的综合货运枢纽及集疏运体系项目建设，以盘活存量为主，适度做优增量。一是围绕铁路、水路、航空等货运基础设施进场站、进港口码头、进园区，延伸拓展既有线路，实施专用线路新建或改扩建工程等。二是围绕有效满足多式联运节点集散分拨需要，对现有仓储、堆场实施扩能改造，适当新建仓储、堆场，增加设施容量。三是围绕货运装备标准化、智能化、绿色化发展，推广应用专业化多式联运设备和跨方式快速换装转运的装卸、分拣设施及标准化载运单元，鼓励配备符合低碳目标的作业设施、新能源货车和全货运机型等。

（二）规则标准及服务软联通。引导完善与多式联运适配的服务和规则标准。一是加快推动多种运输方式的信息平台互联互通，应用全程“一单制”联运服务，铁路运单、订舱托运单、场站收据、海运提单、邮政快递运单等实现单证信息交叉验证与互认；促进保单等金融服务产品与联运单全程化匹配。二是丰富联运服务产品，依托综合货运枢纽，提供优质的全程联运方案，实现货运全程跟踪定位查询功能，开展冷链等专业化多式联运业务。三是推动建立健全多式联运标准和规则。包括多式联运的货物品类划分标准、运载单元标准、产品和服务标准、安检标准及安全管理规则、信息互认规则等制度体系。

（三）建立健全一体化运营机制。鼓励铁路、水路、航空等不同运输企业加强合作，鼓励这些企业与第三方物流企业、邮政企业、快递企业、供应链平台企业、跨境电商等加强合作，鼓励政府与企业加强合作，发挥各方资源优势和专业化水平，促进有效市场和有为政府相结合，形成发展合力。鼓励各方在合作过程中创新投融资等模式，以项目合资、股权投资基金、PPP等市场化方式吸引带动民间资本，共同参与综合货运体系建设运营，实现“利益共享、风险共担”的跨方式一体化运作。

三、组织实施

（一）方案编制。城市或城市群是开展综合货运枢纽补链强链的基层组织及实施主体，应按要求组织编制综合货运枢纽补链强链3年实施方案，根据城市实际情况可选择单个或多个综合货运枢纽类型编制。实施方案应明确城市或城市群现状及工作基础、工作目标、工作内容、组织保障等（具体实施方案提纲由交通运输部会同财政部在有关工作通知中明确）。联合申报的城市应明确牵头城市，共同协商编制实施方案，细化相关城市目标任务和共建共享机制等。

（二）组织申报。各省份于每年 2 月底前向交通运输部、财政部申报。该项政策实施第一年，各省份于 7 底前完成申报工作。其中涉及跨省域的以 1 个省份为主牵头申报（具体申报文件提纲在有关工作通知中规定）。

（三）专家评审。交通运输部会同有关部门建立专家库，涵盖多个行业领域专家。每年 3 月底前，交通运输部组织专家开展竞争性评审，重点评审地方工作基础、工作目标、工作内容、组织保障以及现场答辩情况等方面。根据专家评审结果，交通运输部提出建议纳入支持的城市或城市群名单，以及对地方实施方案研提修改完善建议。

四、资金分配

（一）分配方法。财政部根据交通运输部建议名单，结合财力情况，采取“奖补结合”方式，专门安排一定规模的车辆购置税收入补助地方资金（以下简称奖补资金）予以支持，并加强对车辆购置税收入补助地方的公路建设等其他相关项目资金、中央企业资金的统筹协调。奖补资金按照每个城市原则上不超过 15 亿元、每个城市群原则上不超过 30 亿元控制。具体按交通运输部核定投资额的一定比例奖补，东部、中部（含辽宁、吉林、黑龙江）、西部地区奖补比例分别为 40%、50%、60%，实施第一年按每个城市 5 亿元的统一标准予以补助（城市群补助总额按 10 亿元上限控制），用于启动相关工作。后续年度根据绩效评价结果予以奖励。

（二）资金使用。财政部按规定拨付奖补资金。相关省级财政部门结合各方面相关资金政策，会同同级交通运输主管部门统一制定资金管理细则，明确细化安排项目资金的程序、标准、投入方式等，规范资金用途与拨付流程等。有关城市或城市群按照有关规定和修改完善后的实施方案，将奖补资金用于支持基础设施及装备硬联通，引导规则标准及服务软联通，引导建立健全一体化运营机制等，不得用于征地拆迁、房地产开发、楼堂馆所建设以及除前述规定用途外的物流园区建设和运营。鼓励城市或城市群加强各方面资金统筹，创新投入机制，灵活采取资本金注入、PPP、股权投资基金、绩效奖励、政府购买服务等方式，吸引撬动社会资本投入。

其他高等级公路、铁路主干线、航空机场等通道干线及基础设施建设，邮政快递基础设施建设，以及货物尾程配送、邮政快递末端配送等物流微循环建设相关项目资金可编制纳入实施方案，目前已有资金支持渠道的按既有渠道和方式安排（不作为交通运输部核定投资的内容），与奖补资金形成合力。

五、绩效管理

（一）绩效目标设置。地方应在实施方案编制环节设置绩效目标，包括但不限于运输能力、运输服务、运营机制、综合效率、经济效益等方面。除规定的必选指标外，地方可结合实际自主选择其他指标。同时，结合实际从高从严设置指标值。

（二）绩效跟踪监控。地方各级交通运输部门、财政部门会同有关单位利用车辆购置税资金现有考核数据支撑系统，对纳入支持的城市或城市群绩效目标实现情况进行线上动态跟踪、穿透监管，并对发现的问题及时督促整改。省级交通运输部门负责对相关行业数据信息进行审核，省级财政部门负责对相关资金数据信息进行审核，城市人民政府、项目单位对相关数据真实性负责。省级交通运输部门应会同财政部门等有关单位及时总结工作成效、查摆问题或困难、研究对策建议等，形成上报信息书面报送交通运输部、财政部。交通运输部会同财政部等有关单位对好的经验做法研究予以推广。

（三）实施绩效评价。省级交通运输部门会同财政部门于每年 3 月底前完成对上一年度工作的绩效评价，书面报送交通运输部、财政部。交通运输部、财政部视情况通过抽查等方式开展重点绩效评价，本通知实施期内对纳入支持范围的城市或城市群实现重点绩效评价全覆盖。

（四）评价结果反馈与应用。交通运输部根据绩效评价结果提出后续资金安排建议，财政部结合财力情况下达预算。年度安排奖励资金原则上不超过 3 年应安排资金的 1/3。绩效评价结果为 A 的，即评分 90 分（含）~100 分，按 3 年应安排车辆购置税资金的 1/3 奖励；绩效评价结果为 B 的，即评分 80 分（含）~90 分，相关城市减少奖励资金 2.5 亿元，相关城市群合计减少奖励资金 5 亿元；绩效评价结果为 C 或 D 的，即评分 80 分以下，不再安排奖励资金，视整改情况决定是否收回中央财政已安排的奖补资金。

六、工作机制

（一）部省工作协调机制。交通运输部、财政部会同有关单位与相关省份建立部省工作协调机制，在用地、线路、时刻表、运力调度、国际邮件通关权、资金等方面加强资源统筹利用，形成合力；在规划、方案、项目、绩效管理等方面加强工作指导，发挥各方专业优势；对跨省域实施的重点事项进行协调推动。

（二）地方工作领导机制。地方各级交通运输部门、财政部门和相关城市人民政府应充分认识开展国家综合货运枢纽补链强链的重要性，将该项工作纳入贯彻交通强国战略、国家综合立体交通网规划的重点工作，予以高度重视。省级有关部门和申报城市应建立工作领导机制，落实责任分工，安排专人负责推进相关工作，充分调动各方资源、政策予以支持，确保工作取得实效。

财政部　交通运输部

2022 年 6 月 30 日

交通运输部　自然资源部　海关总署　国家铁路局 中国国家铁路集团有限公司关于印发《推进铁水联运高质量发展行动方案（2023—2025年）》的通知

交水发〔2023〕11号

有关省、自治区、直辖市交通运输、自然资源厅（局、委），有关直属海关、直属海事局、铁路监管局，中国国家铁路集团有限公司所属各铁路局集团公司，招商局集团有限公司、中远海运集团有限公司，各有关港口集团：

为深入贯彻党中央、国务院决策部署，加快运输结构调整优化，进一步发挥水路、铁路运输比较优势和综合运输组合效率，推动沿海和内河港口集装箱、大宗货物等铁水联运高质量发展，现将《推进铁水联运高质量发展行动方案（2023—2025年）》印发给你们，请认真组织实施。

交通运输部　自然资源部
海关总署　国家铁路局
中国国家铁路集团有限公司
2023年1月31日

推进铁水联运高质量发展行动方案（2023—2025年）

推进铁水联运高质量发展是加快建设交通强国、构建现代综合交通运输体系的重要举措，也是服务构建新发展格局、全面建设社会主义现代化国家的内在要求。近年来，交通运输部会同相关部门、地方人民政府和有关铁路、港航等企业，深入贯彻习近平总书记重要指示精神，认真落实党中央、国务院决策部署，按照《交通强国建设纲要》《国家综合立体交通网规划纲要》《“十四五”现代综合交通运输体系发展规划》和《推进多式联运发展优化调整运输结构工作方案（2021—2025年）》等要求，进一步加快沿海和内河港口集装箱、大宗货物等铁水联运发展，取得了明显成效。为进一步发挥水路、铁路运输比较优势和综合运输组合效率，加快运输结构调整优化，推动交通运输绿色低碳发展，着力推动铁水联运高质量发展，制定本方案。

一、总体要求

以习近平新时代中国特色社会主义思想为指导，深入学习贯彻党的二十大精神，立足新发展阶段，完整、准确、全面贯彻新发展理念，统筹发展和安全，以加快建设交通强国为统领，以推动高质量发展为主题，以深化供给侧结构性改革为主线，以基础设施联通、运输组织优化、信息共享共用、政策标准衔接为抓手，坚持规划引领，强化项目牵引，创新联运机制，降低物流成本，推动融合发展，提升运营效率，加快构建现代综合交通运输体系，更好服务构建新发展格局。

到2025年，长江干线主要港口铁路进港全覆盖，沿海主要港口铁路进港率达到90%左右。全国主要港口集装箱铁水联运量达到1400万标箱，年均增长率超过15%；京津冀及周边地区、长三角地区、粤港澳大湾区等沿海主要港口利用疏港水路、铁路、封闭式皮带廊道、新能源汽车运输大宗货物的比例达到80%，铁水联运高质量发展步入快车道。

二、主要任务

（一）强化一体衔接，提升设施联通水平。

1. 加强港口与铁路的规划和建设衔接。统筹考虑港口集装箱、大宗货物铁水联运发展需求，港口新建或改扩建集装箱、大宗干散货作业区时，原则上同步规划建设集疏运铁路。依托国土空间规划“一张图”实施监督信息系统，与国土空间规划管控要素强化协调衔接。加强港口和铁路的规划衔接，做好联运发展线路、枢纽建设用地预留。统筹考虑主要港口建设条件、运输需求、货源分布等，加强集装箱、大宗货物铁路运输骨干通道与港口集疏运体系规划建设，推动铁路运输网络和水运网络的高效衔接。

2. 加强港口集疏运铁路设施建设。建立港口集疏运铁路建设项目清单管理和更新机制，根据项目前期推进、用海用地要素保障和投资落实等情况，对集疏运铁路建设项目动态更新。重点实施主要港口重要港区集疏运铁路及“最后一公里”畅通工程，配足到发线、调车线、装卸线等铁路设施，实现铁路深入码头堆场。鼓励地方人民政府和港口、航运企业积极参与集疏运铁路项目建设，推进港口集疏运铁路投资建设多元化。

3. 加强港口后方铁路通道与内陆场站能力建设。研究港口后方铁路运输能力问题，加快不满足运输需求的瓶颈路段的新线建设或扩能改造。建好用好铁水联运的铁路场站，完善接卸、堆场、道路等配套设施，推进铁路港站与港区堆场“无缝衔接”。结合国家物流枢纽、国家综合货运枢纽、铁路物流基地等，推动铁水联运铁路场站布局优化调整，实施一批铁路内陆场站建设和扩能改造项目，满足业务办理需求。

（二）强化组织协同，提升联运畅通水平。

4. 优化联运组织方式。鼓励铁路、港口、航运企业联合开展市场营销，加强铁水联运货源开发，大力发展跨境电商、冷藏箱、商品汽车、适箱散货等铁水联运，推动形成“联运枢纽＋物流通道＋服务网络”的铁水联运发展格局。推动铁水联运全程组织，探索开展联运集装箱共享共用、联合调拨，减少集装箱拆装箱、换箱转运、空箱调运等，在铁水联运领域率先实现“一箱到底、循环共享”突破。有条件的区域推进铁路重去重回、直达运输等方式，开通点对点短途循环班列，提升运输时效性。

5. 拓展联运辐射范围。根据运输需求、货源分布等，积极拓展主要港口国内国际航线和运输服务辐射范围，支持将海港功能向内陆延伸，促进海陆高效联动，提升海港辐射带动能力；拓展铁路货运市场，加强铁路班列、船舶班期的衔接匹配，增强铁水联运服务能力和水平。统筹布局铁路集装箱、大宗货物办理站点，发展铁路无轨站，拓展内陆货源市场。加快国际集装箱铁水联运发展，进一步推动以主要港口为节点的中欧班列、过境运输班列和西部陆海新通道班列发展。发挥“西煤东运”“北煤南运”联运主通道作用，推动联运装备自动化、专业化、绿色化发展，进一步增强煤炭铁水联运服务和保障能力。

6. 充分挖掘联运通道运输潜力。挖掘联运铁路货运潜能，统筹高铁与普速列车、客车与货车运输需求，统筹国家铁路、地方铁路等运输能力，进一步简化铁路箱提还箱手续，提升不同产权铁路直通运输便利化水平。挖掘联运港口潜能，通过码头改扩建、设备自动化改造、增配桥吊、扩容堆场等方式，积极推进既有集装箱码头智能化改造、通用码头专业化改造、老旧码头提升改造工作，提升港口服务保障能力和安全韧性。挖掘联运船舶运输潜能，进一步优化船期安排、船岸衔接，加快船舶运力周转。

7. 推进“散改集”运输。积极推进粮食、化肥、铜精矿、铝矾土、水泥熟料、焦炭等适箱大宗货物“散改集”，加强港口设施设备建设和工艺创新，鼓励港口结合实际配置“大流量”灌箱、卸箱设备，鼓励铁路针对大客户开行“散改集”定制化班列。深入开展港口内贸集装箱超重运输治理，加强港口、航运、铁路企业间联动，禁止超重箱进出港口、装卸车，促进铁水联运安全发展。

（三）强化创新发展，提高联运服务效能。

8. 培育铁水联运龙头企业。鼓励支持铁路、港口、航运、货代等企业加强合作，以平台为支撑、以资本为纽带、以股权合作为方式，通过成立合资公司、组建运营机构、成立区域发展合作联盟、跨产业集群等形式，加强联运物流资源整合，支持发展专业化、数字化、轻资产的多式联运经营主体，培育壮大全程物流经营人，提供全程综合物流解决方案。鼓励具备条件的联运经营人开展业务流程改造，压缩业务冗余环节，提供“一站托运、一次收费、一次认证、一单到底”的“一站式”门到门服务，打造铁水联运龙头企业品牌。

9. 提升口岸通关便利化水平。积极推进便捷通关，鼓励具备条件的地区利用先进技术设备快速完成进出口集装箱货物检查，增强铁水联运客户黏性。研究推广进口货物“船边直提”和出口货物“抵港直装”模式。推动条件成熟的铁水联运港站与港区作业一体化管理，实行快速通关、快速装卸转运，减少“短倒”运输。

10. 推动铁水联运“一单制”。推进铁水联运业务单证电子化和业务线上办理。依托多式联运示范工程建设，开展集装箱铁水联运领域“一单制”，研究在铁水联运领域率先突破“一单制”运单物权问题。鼓励具备条件的联运企业发展“一单制”服务，研究完善“一单制”电子标签赋码及信息汇集、共享、监测等功能，推动单证信息联通和运输全程可监测、可追溯。

（四）强化统筹协调，营造良好发展环境。

11. 完善铁水联运标准规则。研究推动水运和铁路在货物分类、装载要求、运输管理、安全监管、计费规则、危险货物等方面的政策法规标准协调与衔接，加强联运装备技术、作业程序、服务质量、电子数据交换等标准制修订。开展统一水运、铁路运输货物品名划分研究，完善铁水联运作业规则体系，研究含锂电池货物等的铁水联运标准，开展铁路运输双层高箱及其专用车型技术条件的研究。

12. 健全市场价格体系。鼓励港口企业实行铁水联运业务港口作业包干费优惠，铁路、航运企业延长集装箱使用期，研究完善铁路运价调节机制，鼓励港口、航运、铁路企业与客户签订量价互保协议、延长堆场堆存使用期等，研究“一口价”联运收费模式，提升铁水联运价格优势和市场竞争力。规范铁路、港口、船代、船公司、货代等重点领域和环节收费行为，做到清单与实际相符、清单外无收费。实施灵活的铁路价格调整策略和运费结算模式，给予信用较好单位一定的结算期。

13. 强化科技创新驱动。推动5G、北斗导航、大数据、区块链、人工智能、物联网等在铁路水运行业深度应用，探索推进跨区域、跨业务协同和货物全程追踪。推动海关、海事、铁路、港口、航运等信息开放互通，探索实时获取铁路计划、到发时刻、货物装卸、船舶靠离港等信息，实现车、船、箱、货等信息实时获取。支持铁水联运信息系统互联互通，鼓励发展第三方供应链全链路数据互联共享服务。完善铁水联运信息交换接口标准体系，推动铁路、港口等信息系统对接和实时交换，提升港铁协同作业效率和联运服务整体效能。

三、保障措施

14. 建立协同推进机制。交通运输部、国家铁路局、国铁集团等单位联合成立协同推进铁水联运发展工作专班，开展定期会商，制定实施年度工作要点。积极推进铁水联运交通强国建设试点任务，打造一批铁水联运示范工程，尽快形成示范带动效应。地方相应建立协同推进铁水联运发展工作机制，及时协调解决铁水联运发展相关问题。压实铁水联运安全生产企业主体责任和管理部门监管责任，营造良好环境。

15. 加大政策扶持力度。推动做好港口枢纽发展空间预留、用地功能管控、开发时序协调，加大对主要港口、集疏运铁路及配套建设工程的用地用海要素保障和铁路接轨条件支持。加快港口集疏运铁路建设项目手续办理，其中涉及占用永久基本农田或生态保护红线的项目，可按照规定的条件和程序，纳入国家重大项目清单。用好国家综合货运枢纽补链强链车购税政策，加大财政等资金支持力度，支持铁水联运重点项目建设。鼓励港口、航运、铁路等企业按照市场化原则，以股权合作等方式共同建设运营集疏运铁路项目。

16. 发挥地方积极作用。各地交通运输主管部门要争取地方人民政府加大对铁水联运发展的重视和政策支持力度，积极申请预算内资金、专项资金等投入，将铁路集疏运项目建设、集装箱铁水联运发展、大宗货物港口绿色集疏运结构调整等列入年度重点工作，大力推动“公转铁”“公转水”，促进运输结构调整。要做好工作谋划、专项研究和统筹安排，加大资金投入，加大项目前期工作力度，全力推动项目落地，制定项目建设计划，倒排工期、压茬推进建设项目，按期完成重点任务。

附件：（略）。

广东省物流业主要政策文件

广东省人民政府办公厅关于印发广东省推进多式联运发展优化调整运输结构实施方案的通知

粤府办〔2022〕25号

各地级以上市人民政府，省政府各部门、各直属机构：

《广东省推进多式联运发展优化调整运输结构实施方案》已经省人民政府同意，现印发给你们，请认真组织实施。实施过程中遇到的问题，请径向省交通运输厅反映。

广东省人民政府办公厅

2022年8月13日

广东省推进多式联运发展优化调整运输结构实施方案

为深入贯彻落实党中央、国务院决策部署，大力发展多式联运，推动各种交通运输方式深度融合，进一步优化调整运输结构，提升综合运输效率，降低社会物流成本，促进节能减排降碳，根据《国务院办公厅关于印发推进多式联运发展优化调整运输结构工作方案（2021—2025年）的通知》（国办发〔2021〕54号）、《交通运输部　国家铁路集团关于贯彻落实国务院办公厅〈推进多式联运发展优化调整运输结构工作方案（2021—2025年）〉的通知》（交运函〔2022〕201号）等文件精神，制定本方案。

一、总体要求

（一）指导思想。以习近平新时代中国特色社会主义思想为指导，深入贯彻习近平总书记对广东系列重要讲话和重要指示精神，立足新发展阶段，完整、准确、全面贯彻新发展理念，更好服务构建新发展格局，以推动高质量发展为主题，以推动供给侧结构性改革为主线，以加快建设交通强省为目标，以发展多式联运为抓手，坚持系统推进、重点突破、综合施策的基本原则，通过强化基础设施高效衔接、推动运输组织创新、打造多式联运示范标杆、推动装备设施升级、优化营商环境等工作措施，更好发挥各种交通运输方式比较优势，优化运输方式间衔接融合，提升综合运输整体效率，加快构建安全、便捷、高效、绿色、经济的现代化综合交通运输体系，为实现碳达峰、碳中和目标作出交通贡献。

（二）工作目标。力争到2025年，全省多式联运发展水平明显提升，运输结构更加优化，基本形成大宗货物及集装箱中长距离运输以铁路和水路为主的发展格局，铁路货运量、水路货运量、集装箱铁水联运量分别增长达到1.2亿吨、12.5亿吨、100万TEU，珠三角地区沿海主要港口利用疏港铁路、水路、封闭式皮带廊道、新能源汽车运输大宗货物的比例达到80%。

二、提升基础设施能级

（三）提升多式联运通道能级。强化规划统筹引领，推动构建“三横、四纵、两联”的省域综合立体交通网主骨架。加快建设串联北部生态发展区的沪广—广昆综合运输通道。支持湛江等地对接西部陆海新通道建设，谋划河茂铁路西延线。有序推进瑞金至梅州、柳州至广州等普速干线铁路建设。协调推动广梅汕、粤海等铁路项目电气化改造。适时推动广深铁路等主要线路货运列车提速达速。推动崖门出海航道等一批内河航道主骨架重点项目建设。提升珠江—西江黄金水道运能，开展西江5000吨级航道建设前期研究。开展粤赣运河前期重点问题专题研究。（省交通运输厅、发展改革委、自然资源厅、生态环境厅、水利厅及广州铁路监管局、省港航集团、省铁投集团、中国铁路广州局集团等按职责分工负责，各地级以上市政府落实；以下工作均需各地级以上市政府落实，不再重复列出）

（四）加快完善多式联运集疏运网络。各主要港口要因地制宜加快制修订有关规划，协调解决用地用海问题，为铁路直通港区、码头创造有利条件。加快落实“十四五”相关规划，推动建设深圳、汕头、湛江、茂名等地港口主要港区的疏港铁路、铁路专用线，全省各港口重要港区实现通二级及以上公路。推动铁路专用线共建共用，提升与干线、支线铁路的衔接效率。推动港口在新建或改扩建集装箱、大宗干散货作业区时同步建设进港铁路并直达码头堆场。大宗货物年运量150万吨以上的大型工矿企业、新建物流园区及粮食储备库原则上接入铁路专用线或管道。推动珠三角、粤东、粤西三个港口集群协同发展，拓展干线港国际航线和物流服务网络。（省交通运输厅、发展改革委、自然资源厅、水利厅及省铁投集团、中国铁路广州局集团等按职责分工负责）

（五）完善货运枢纽功能布局。支持广州港、深圳港、珠海港、汕头港、湛江港等主要港口完善多式联运、便捷通关的配套基础设施及服务功能，在综合运输通道沿线布局建设内陆无水港。支持铁路运输企业加快建设完善铁路三级物流基地体系，指导相关地市依托铁路物流基地打造一批功能突出、产业集聚明显、辐射带动力强的铁路综合物流园区。推动广州、深圳机场航空货运枢纽转运设施建设，配套完善货物转运、保税监管、邮政快递、冷链物流等综合服务功能，鼓励有条件的地市研究论证建设专业性货运枢纽机场可行性，布局建设空（高）铁联运场站。支持将广州—深圳打造为全球性国际邮政快递枢纽集群，推动佛山、东莞、珠海、揭阳等地建设全国性邮政快递枢纽，支持邮政快递枢纽与国家物流枢纽、综合货运枢纽共建共用。（省交通运输厅、发展改革委、商务厅及省邮政管理局、海关总署广东分署、省机场集团、中国铁路广州局集团等按职责分工负责）

三、加快多式联运发展

（六）创新多式联运组织模式。鼓励沿海主要港口、铁路运输企业加大35吨敞顶箱使用力度。探索建立以45英尺内陆标准箱为载体的内贸多式联运体系。支持有条件的港口探索推进“船边直提”和“抵港直装”模式。鼓励沿海主要港口及其内陆港应用“预渡柜”等模式提升联运效率。支持有条件的地市积极探索轨道物流发展模式，创新“外集内配”等生产生活物资公铁联运模式；充分发挥珠三角高等级航道网络优势，发展生活物资水陆联运。支持有条件的港口和铁路物流基地开展冷链、危化品、国内邮件快件等专业化多式联运。鼓励高铁客运枢纽及线路开展适货改造，发展铁路快运和公铁联运。推动广州、深圳、佛山、珠海等市深入推进“绿色货运配送示范城市”建设，探索划设绿色货运配送示范区。鼓励铁路运输企业布设完善“无轨铁路港场”网，推动内河“班列+班轮”铁公水联运发展。鼓励各地协调发展国际班列，提升国际班列开行总体规模。（省交通运输厅、公安厅、水利厅、商务厅及省邮政管理局、中国铁路广州局集团等按职责分工负责）

（七）壮大多式联运市场主体。推动我省列入国家第三批、第四批多式联运示范工程的项目加快创建工作，指导已完成创建验收的示范工程项目总结推广经验，探索建立标准化、可推广的多式联运运行体系。鼓励引导具备较好条件的港口、综合性物流企业等申报国家多式联运示范工程，新培育2—3个国家多式联运示范工程。指导开展省级多式联运示范工程创建，推动提升相关企业的多式联运市场运作能力。鼓励港口航运、铁路货运、航空寄递、货代企业及平台型企业等加快向多式联运经营人转型。（省交通运输厅牵头，省发展改革委、公安厅及中国铁路广州局集团等按职责分工负责）

（八）推进多式联运“一单制”。引导开展粤港澳大湾区货运“一单制”应用试点，支持有关行业协会和综合性物流企业构建多式联运信息共享机制，应用集装箱多式联运运单，推动各类单证电子化，探索建立完善货物装载交接、安全管理、支付结算等规则体系。引导铁路、港口、船公司、民航等企业信息系统对接和数据共享，鼓励有条件的企业依托粤商通、中国（广东）国际贸易“单一窗口”等建设多式联运运营平台，加强主要物流通道货源组织和运输资源整合，实现“一单到底、一票结算、一次委托、一口报价”。（省交通运输厅牵头，省公安厅、商务厅、政务服务数据管理局及海关总署广东分署、中国铁路广州局集团等按职责分工负责）

四、深化调整运输结构

（九）加快大宗物资运输“公转铁、公转水”。研究制定铁路货运增量行动方案，引导释放普速铁路货运能力。支持有关港口码头拓展提升各类物资集散能力，鼓励各地出台奖补措施，引导具备条件的工矿、粮食等企业将货物“散改集”，逐步将大宗物资中长距离运输转向铁路、水路，短距离运输时优先采用封闭式皮带廊道或新能源车船。支持相关地市、企业探索大宗固体废物公铁水协同联运。（省交通运输厅、公安厅、财政厅、生态环境厅及中国铁路广州局集团等按职责分工负责）

（十）推进粤港澳大湾区铁水联运、江海联运发展。支持粤港澳大湾区相关企业依托港口、疏港铁路和珠三角高等级航道开展铁水、江海联运试点，构建供港澳民生物资绿色通道和联运专线，打造精品联运示范线路。推进完善泛珠三角地区无水港布局，支持深圳港等探索研究建设集装箱近距离内陆港体系，不断拓展珠三角港口群面向内陆的铁路集疏运网络。支持广州、深圳、珠海等地加快建设江海联运枢纽及码头设施，充分利用珠江—西江黄金水道等内河航道发展驳船运输，强化珠三角港口群在珠江流域的龙头效应。鼓励相关航运、铁路、港口等企业加强合作，统筹布局集装箱还箱点。（省交通运输厅、中国铁路广州局集团牵头，省发展改革委、自然资源厅、生态环境厅、港航集团等按职责分工负责）

五、提升装备设施水平

（十一）推广应用标准化技术装备。支持航运、港口、铁路相关企业协同建设跨区域、跨运输方式的集装箱循环共用系统，降低空箱调转比例。支持有关企业探索在大型铁路货场、综合货运枢纽拓展海运箱提还箱等功能，提供等同于港口的箱管服务。积极推动标准化托盘（1200mm × 1000mm）在集装箱运输和多式联运中的应用，推进优化邮件快件“上机上铁”流程，探索推动运输器具标准化。支持相关企业开展集装箱、半挂车、托盘等专业化租赁业务。（省交通运输厅、工业和信息化厅、市场监管局及省邮政管理局、中国铁路广州局集团等按职责分工负责）

（十二）提升装备设施绿色化水平。支持在物流园区、钢铁、火电、煤化工、建材等领域培育绿色运输品牌企业，打造绿色运输枢纽。推动高速公路服务区和港站枢纽规划、建设，完善充换电、加气（氢）等配套设施，不断完善港口码头 LNG 加注设施布局和供应服务体系。合理规划建设区域性内河水上服务区，推进内河航运绿色发展。积极推动新能源和清洁能源货运车船及新型载运工具应用，依托城市绿色货运配送试点等工作加大新能源货车应用规模，落实 50 艘 LNG 单燃料动力船舶新建、300 艘 LNG 动力船舶改建任务，鼓励加快铁路运输机车、设备电气化改造。（省交通运输厅、发展

改革委、工业和信息化厅、住房城乡建设厅、市场监管局及省港航集团、中国铁路广州局集团等按职责分工负责）

（十三）推动装备设施智慧化发展。加快建设完善全省综合运输业务协同平台港口监管子系统、铁路运输（城市轨道交通）监管服务系统、智慧航道、智慧水运等管理应用平台。支持建设广州港南沙港区四期、深圳妈湾智慧港区、西江干线数字航道，支持广州大田、广州东部公铁联运枢纽、深圳平湖南等铁路物流基地率先试点建设智慧物流示范基地。（省交通运输厅、发展改革委、工业和信息化厅、生态环境厅、政务服务数据管理局及中国铁路广州局集团等按职责分工负责）

（十四）加强技术装备研发应用。支持铁路快运、空铁（公）联运标准集装器（板）等物流技术装备研发。支持多式联运、快速转运和智能口岸查验等设备研发应用。鼓励研发推广冷链、危化品等专用运输车船。鼓励研发应用智能集装箱、智能装车设备、自动转运设备、无人驾驶设备等智能技术装备。（省工业和信息化厅、中国铁路广州局集团牵头，省交通运输厅、发展改革委、市场监管局等按职责分工负责）

六、优化市场营商环境

（十五）深化重点领域改革。深化“放管服”改革，加快构建以信用为基础的新型监管机制，健全运输各领域的信用管理体系。开展跨部门、跨行业信用联合治理，加强信用评价、诚信宣传、信用奖惩。开展服务质量、运输安全等重点领域专项治理行动。研究建立多式联运相关领域公共信息协同共享机制，推动多式联运数据信息安全有序开放。加快推动铁路市场化改革，促进铁路运输市场主体多元化，研究推进铁路、港口、航运等相关企业股权划转和交叉持股。组织开展网络平台道路货运线上服务能力评审工作，健全完善统一开放、竞争有序的道路货运市场。（省发展改革委、交通运输厅、市场监管局、政务服务数据管理局及广州铁路监管局、中国铁路广州局集团等按职责分工负责）

（十六）规范收费和价格体系。推进落实减并港口收费政策，取消港口设施保安费的政府定价，将其纳入港口作业包干费作为子项，该子项收费标准不得高于原收费标准，深圳港国际航线船舶引航（移泊）费基准费率下调15%。引导铁路运输企业进一步精简铁路货运杂费项目，降低铁路装卸收费标准。规范地方铁路和铁路专用线的线路使用、管理维护、运输服务收费，降低铁路专用线使用成本。支持铁路运输企业建立价格快速响应机制，简化价格调整流程，加快建立公开、透明的价格体系，与大型工矿企业等签订“量价互保”协议。（省发展改革委、交通运输厅及广州铁路监管局、中国铁路广州局集团等按职责分工负责）

（十七）完善标准规范。加强国际、国家、行业多式联运相关标准规范的宣贯、推广及应用工作，支持相关行业协会、企业联合成立多式联运发展促进机构，制订多式联运装备设施、操作规程、电子单证、运营服务等方面的地方标准或团体标准，积极

参与国内国际多式联运相关标准规则的制修订工作。（省交通运输厅、市场监管局及中国铁路广州局集团等按职责分工负责）

（十八）营造良好发展氛围。健全完善物流保通保畅运行机制，切实保障煤炭、天然气、铁矿石等重点物资运输畅通安全。引导货运物流企业、货车司机建立互帮互助机制，推进“司机之家”建设，改善道路货运、邮政快递等从业环境。进一步规范交通运输综合行政执法，严格执行交通运输部印发的《交通运输综合行政执法事项指导目录》，切实解决多头多层重复执法问题，深入开展公路货运车辆超限超载治理，落实治超联合执法常态化制度化机制，推进路面治超和源头治超的综合治理。畅通“12328”热线等交通运输服务监督渠道，提升“12328”热线限时办结率。组织开展多式联运、运输结构调整、绿色交通等政策宣传和舆论引导，切实维护经济社会发展稳定大局。（省交通运输厅、公安厅、市场监管局及省邮政管理局、中国铁路广州局集团等按职责分工负责）

七、保障措施

（十九）加强组织领导。各地、各有关单位要健全完善协调推进机制，落实落细任务分工，制定责任清单，合理安排工作进度，及时解决重大困难问题，确保各项工作举措落实到位。各地级以上市要加快制订本地区运输结构调整具体实施方案，并于2022年9月底前报省交通运输厅备案。省交通运输厅会同省有关单位加强动态监测和分析评估，建立完善督导考评机制，确保按时保质完成各项工作任务。（省交通运输厅牵头，各有关单位按职责分工负责）

（二十）加大资金支持。各地、各有关单位要积极争取和运用车购税资金、中央预算内投资等多种渠道，加大对多式联运发展和运输结构调整的支持力度，结合当地实际研究制订具体财政支持政策。鼓励社会资本牵头设立多式联运产业基金，拓宽投融资渠道，通过市场化运作管理创新发展模式、提升发展效益。（省财政厅、发展改革委、交通运输厅及广州铁路监管局、民航中南管理局、省邮政管理局、中国铁路广州局集团等按职责分工负责）

（二十一）加强用地用海保障。各地、各有关单位要积极争取国家对疏港铁路等重点项目用地等支持政策，加大对国家物流枢纽、综合货运枢纽、中转分拨基地、铁路专用线、封闭式皮带廊道等项目用地的支持力度，优先安排新增建设用地指标，提高用地复合程度，盘活闲置交通用地资源。加大涉海项目协调推进力度，在符合海域管理法律法规、围填海管理和集约节约用海政策、生态环境保护要求的前提下，支持重点港口、集疏港铁路和公路等建设项目用海及岸线需求；对支撑多式联运发展、运输结构调整的规划和重点建设项目，开辟环评绿色通道，依法依规加快环评审查、审批。（省自然资源厅牵头，省生态环境厅、住房城乡建设厅、交通运输厅等按职责分工负责）

（二十二）完善发展政策。各地、各有关单位要对纳入多式联运、运输结构调整的重点建设项目建立审批“绿色通道”，实施并联审批。将推进多式联运发展和运输结构调整纳入我省碳达峰碳中和等有关规划政策，促进经济效益与社会效益相统一。鼓励各地出台支持运输组织创新、降本增效、便利清洁低碳车船通行等方面的政策。鼓励珠三角地区各地市率先创新推广绿色低碳运输组织模式，打造绿色低碳运输体系。（省发展改革委、公安厅、财政厅、生态环境厅、住房城乡建设厅、交通运输厅等按职责分工负责）

广东省人民政府办公厅关于印发广东省推进冷链物流高质量发展“十四五”实施方案的通知

粤府办〔2022〕28 号

各地级以上市人民政府，省政府各部门、各直属机构：

《广东省推进冷链物流高质量发展“十四五”实施方案》已经省人民政府同意，现印发给你们，请认真贯彻执行。实施过程中遇到的问题，请径向省发展改革委反映。

广东省人民政府办公厅

2022 年 9 月 23 日

广东省推进冷链物流高质量发展“十四五”实施方案

为贯彻落实《国务院办公厅关于印发“十四五”冷链物流发展规划的通知》（国办发〔2021〕46 号），进一步明确我省“十四五”时期推进冷链物流高质量发展的主要目标和重点任务，制定本实施方案。

一、发展目标

到 2025 年，基本建成符合我省产业结构特点、适应经济社会发展需要的冷链物流体系，区域冷链物流综合实力稳居全国前列。**一是设施设备更加完善。**加快冷链物流基础设施建设和冷链装备提升，冷库库容规模和冷藏车保有量年均增长 10% 以上。加快建设申报国家骨干冷链物流基地，力争实现 4—5 个国家骨干冷链物流基地纳入国家年度建设名单。产地预冷、传统农批市场冷库等末端设施短板基本补齐，设施装备网络化、标准化、智能化、绿色化水平明显提高，建成广东供销公共型农产品冷链物流基础设施骨干网。**二是服务能力更加优质。**专业化冷链服务质量大幅提升，肉类、果蔬、水产品产地低温处理率分别达到 85%、30%、85%，综合冷链流通率显著提升，流通环节腐损率逐步下降。**三是行业影响更加显著。**冷链产业链供应链联动整合加强，冷链新业态新模式更加多元，冷链行业集中度不断提升、市场规模持续扩大，全国百强和星级冷链物流企业数量明显增加，龙头企业综合竞争力进一步增强。**四是监管体**

系更加健全。建成全省冷链物流追溯监管平台，监管体制机制进一步完善，基本形成贯穿冷链物流全流程的监测监管体系，实现重点环节、重点领域全覆盖。冷藏车监控率、重点冷链产品全程监控率显著提升。

二、构建现代冷链物流设施网络

（一）构建“7 + N + X”冷链物流设施网络。围绕7个国家骨干冷链物流基地，依托广东供销公共型农产品冷链物流基础设施骨干网以及具备条件的冷链物流设施，规划布局若干省级产销冷链集配中心和两端冷链物流设施，推动构建以国家骨干冷链物流基地为核心、产销冷链集配中心为重要节点、两端冷链物流设施为末端网点的干支仓配一体、产销协同的现代冷链物流设施网络。

（二）加快冷链物流重要节点设施建设。支持广州、深圳、汕头、江门、湛江、茂名做好国家骨干冷链物流基地建设和申报工作，支持多个承载城市以联合体形式在城市群内部或沿国家冷链物流骨干通道开展合作共建。推进全省产销冷链集配中心布局建设工作，积极鼓励具备条件的产销冷链集配中心城市申请纳入国家骨干冷链物流基地承载城市。引导国家物流枢纽强化冷链物流设施建设。聚焦“最先一公里”和“最后一公里”冷链物流设施短板，加强两端冷链物流设施建设。

（三）强化冷链物流设施互联互通。引导冷链物流骨干基地、集配中心、末端设施加强功能对接和业务联通，推进干支线物流和末端配送协同运作。加强与国家“四横四纵”冷链物流骨干通道、全国供销公共型冷链物流网融合衔接，支持省供销合作社牵头建设华南片区冷链物流基础设施骨干网，鼓励骨干基地和集配中心扩大服务内陆腹地的范围和能力。加强粤港澳大湾区“菜篮子”生产基地和配送中心建设，畅通内陆鲜活农产品入粤通道，提升港澳通关效率，强化面向港澳中转、供应能力。

三、夯实农产品产地冷链物流基础

（一）着力完善产地冷链物流设施。聚焦农产品产地“最先一公里”冷链设施短板，支持农业企业、家庭农场、农民合作社等新型农业经营主体在农产品产地重点镇和中心村，分区分片集中建设田头预冷保鲜设施。复制推广广州增城区、茂名高州市等地共享式“田头智慧小站”示范经验。支持大埔县、罗定市、高州市、徐闻县等国家农产品产地冷藏保鲜设施建设整县推进试点县以及具备条件的农产品优势产区，建设一批产地冷链集配中心。加快推进粤港澳大湾区（广东・惠州）绿色农产品生产供应基地、粤港澳大湾区肇庆（怀集）绿色农副产品集散基地、粤港澳大湾区（肇庆高要）预制菜产业园等重大项目建设。

（二）构建产地冷链物流服务网络。依托农民合作社服务中心、农业生产托管运营中心、供销合作社助农服务平台等，成立“田头智慧小站”产业服务联盟，引入社会力量，重点培育一批产地移动冷库和冷藏车社会化服务主体，大力发展产地冷藏保鲜设施设备租赁等社会化服务，推广“田头冷链服务驿站”“供销田头集散中心”“移动冷库＋集配中心”等模式。完善农产品主产区村级物流服务点、农村电商服务站等配套冷链物流设施，强化干支衔接运输组织，构建“县－乡－村”产地冷链物流服务网络。

（三）创新产地冷链物流组织模式。大力发展农超对接、农批对接、农企对接等农产品短链流通新模式。大力发展广东供销农产品直供配送网络，鼓励产地冷链集配中心开展净菜、半成品加工，为餐饮企业、学校、机关团体等终端大客户提供直供直配服务。鼓励邮政快递企业、供销合作社和其他社会资本在农产品田头市场合作建设预冷保鲜、低温分拣、冷藏仓储等设施。鼓励引导生鲜农产品经营主体加强与配送、快递等专业冷链物流企业合作，推行多品种、小批量、多批次的共同配送模式。

四、提高冷链运输服务质量

（一）强化冷链运输一体化运作。依托骨干冷链物流基地、产销冷链集配中心，大力发展公路冷链专线运输、干线运输。试点开行铁路冷链班列，推动粮食、牛奶、冻肉等品类通过铁路运输，提升铁路冷链市场规模。探索开通荔枝等特色农产品冷链航空绿色通道和高铁冷链专列。推动冷链物流干线运输与区域分拨配送业务高效协同，构建干支线运输和两端集配一体化运作的区域冷链物流服务网络。

（二）大力发展冷链物流多式联运。鼓励国家骨干冷链物流基地完善吊装、平移等换装转运专用设施设备，加强自动化、专业化、智能化冷链多式联运设施建设。推进港口、铁路场站冷藏集装箱堆场建设和升级改造，重点推进广州大田、深圳平湖南、江门北站铁路货场建设，发展冷链集装箱公铁联运。鼓励现有多式联运公共信息平台拓展完善冷链物流服务功能，培育冷链多式联运经营人。提升中老、中欧班列冷链物流服务水平，增强国际冷链联运组织能力。积极推动湛江参与西部陆海新通道公铁海联运冷链物流业务。依托广州白云、深圳宝安、珠海金湾、揭阳潮汕、湛江吴川等枢纽机场，大力发展面向高端生鲜食品、医药产品的航空冷链物流，加强冷链卡车航班建设。支持广州、深圳打造国际冷链物流门户枢纽。

（三）推动冷链车辆通行更加便利。鼓励各地市加快统一城市配送冷藏车辆标志标识，对统一标志标识的冷链城市配送车辆，以及需在限行区域通行的新能源、民生保障冷链运输车辆，优先发放通行许可。探索实施城市配送车辆分时、错时、分类通行和停放措施，合理规划设置中心城区商业区、居住区、大型公共活动场地等区域专用卸货场地和道路范围内配送车辆的临时停车泊位，在不影响正常交通的前提下允许冷链运输车辆进行不超过30分钟的停靠装卸作业。

五、完善销地冷链物流网络

（一）加快城市冷链设施建设。支持在广州、深圳、汕头、佛山、东莞、惠州等农产品主销区和中转规模较大的城市布局新建和改扩建一批与消费规模匹配，集流通加工、区域分拨、城市配送等功能于一体的销地冷链集配中心。加快推进粤港澳大湾区（佛山）民生保障冷链物流园区、中国南部物流枢纽（二期）、清远冷链物流基地建设。推动农产品批发市场冷库改造，配套建设封闭式装卸站台等设施，鼓励建设公共冷库、净菜加工车间等设施，完善流通加工、分拣配送等功能。鼓励商超、生鲜连锁加大零售端冷链设施改造升级力度，提高冷链物流服务能力。引导城市商业街区、商圈、农贸市场共建共享小型公共冷库。

（二）健全销地分拨配送体系。支持国家物流枢纽和国家骨干冷链物流基地、广东供销公共型冷链物流骨干设施扩大分拨服务范围，重点完善面向粤港澳大湾区冷链集配中心、末端配送网点的区域冷链分拨网络。鼓励销地冷链集配中心构建面向大型商超、生鲜连锁、酒店餐饮、学校、机关团体等的农产品集中采购、流通加工、多温区共同配送服务网络。推动农产品批发市场加快向冷链集配中心转变。

（三）创新冷链物流配送模式。积极推广“分时段配送”“无接触配送”“夜间配送”，鼓励社区物业服务企业开展冷链末端配送业务。鼓励龙头物流企业集并城市冷链和常温货物配送。鼓励生鲜农产品新零售、社区团购等新业态发展。加强城市冷链即时配送体系建设，支持生鲜零售、餐饮、体验式消费模式融合创新发展，推广无人超市、智能供货。引导企业建立城市群都市圈同城化共同配送联盟，推动城市冷链配送网络协同发展，共享共用末端设施网点和配送冷藏车，开展多温区共同配送。

六、优化重点品类冷链物流服务

（一）加快肉类冷链物流体系建设。适应消费升级新趋势和禽畜疫病防控新要求，加快构建“集中屠宰、品牌经营、冷链流通、冷鲜上市”的冷鲜肉流通体系，实现预冷排酸、分割加工、包装运输、保鲜销售等全程冷链服务保障。支持茂名、湛江、韶关、肇庆、清远、云浮等生猪家禽优势产区依托现代畜禽产业园完善冷链物流设施，鼓励屠宰加工企业建设标准化预冷集配中心、低温分割加工车间、冷库等设施，配备必要的冷藏车等设备。加快在预制菜产业园布局公共型肉类冷链物流设施，推广标准化流通型冷库、肉类保鲜柜在农贸市场、社区生鲜门店的应用。

（二）增强果蔬产地商品化能力。在粤西南菜北运核心区、特色经济作物主产区、果蔬进出口示范基地建设一批仓储保鲜设施。支持广州、河源、梅州、惠州、汕尾、湛江、茂名、肇庆等特色水果、蔬菜生产示范基地改造或新建产地预冷保鲜设施，配备果蔬清洗、分级分拣、切割包装等商品化处理设施设备，完善脱水干制、称量包装、检验检测等配套功能，开展分级拣选、清洗加工、预冷等初加工。

（三）健全水产品冷链物流体系。鼓励远洋和近海捕捞企业完善船头预冷保鲜、船坞速冻保鲜设施。鼓励大型水产养殖企业加强鱼塘速冻保鲜冷库建设。加强海水、淡水原料产品冷链的标准化研究与建设，提升冷链设施设备技术智能化水平，健全加工储运全程温控可追溯体系。支持机场、港口口岸完善进口水产品冷链配套设施。鼓励广州、珠海、汕头、佛山、江门、湛江等水产优势产区和集散地构建辐射国内、国际的冷链物流网络。

（四）提升医药冷链应急保障水平。支持医药生产流通企业建设医药物流中心，完善医药冷库网络化布局及配套冷链设施设备功能。优化冷链医药储备管理，健全应急联动和统一调度机制，完善医药冷链物流绿色通道，提高冷链医药应急保障能力。完善疫苗流通和接种管理信息系统，加强各级疾控中心和接种单位疫苗冷链配送体系建设，持续推进疫苗储运冷链设备数字化管理，积极探索优化疫苗储存、运输模式。

七、推进冷链物流数字化智能化绿色化发展

（一）加快数字化发展步伐。开展数字化冷库试点工作，推动冷链物流全流程、全要素数字化。鼓励冷链物流企业加大温度传感器、温度记录仪、无线射频识别（RFID）电子标签及自动识别终端、监控设备、电子围栏等设备的安装与应用力度，推动冷链货物、场站设施、载运装备等要素数据化、信息化、可视化，实现对到货检验、入库、出库、调拨、移库移位、库存盘点等各作业环节数据自动化采集与传输。

（二）统筹信息化平台建设。支持广东冷链公共服务管理平台建设，加强与全国农产品冷链流通监控平台对接，引导更多冷链企业纳入平台管理，加强冷链全过程温湿度、定位轨迹监测预警，完善冷链数据采集、认证、查询、溯源等功能。依托广东数字供销平台，加快智慧冷链信息服务、冷链运输配送、冷链资源整合三大平台建设。鼓励骨干企业搭建市场化运作的冷链物流信息平台，整合区域冷链货源、运力、库存等市场供需信息，提供冷链车货匹配、仓货匹配等信息撮合服务，促进冷链物流业务一体化发展。推动专业冷链物流信息平台间数据互联共享，打通各类平台间数据交换渠道。加强对冷链物流数据资源的开发利用，充分挖掘数据要素潜力。

（三）提高智能化发展水平。鼓励企业加快传统冷库等设施智慧化国产化改造升级，打造自主可控的自动化无人冷链仓，加快运输装备更新换代，加强车载智能温控、监控技术装备应用。推动冷库“上云用数赋智”，基于国产基础软硬件环境，加强冷链智慧仓储管理、运输调度管理等信息系统开发应用，优化冷链运输配送路径，提高冷库、冷藏车利用效率。

（四）推动绿色低碳发展。推进冷链设施设备节能改造，推行合同能源管理、节能诊断等模式。逐步淘汰老旧高能耗冷库和制冷设施设备。鼓励新建冷库等设施利用自然冷能、太阳能等清洁能源，严格执行国家节能标准要求。加快淘汰高能耗和国三及以下排放标准的冷藏车，适应城市绿色配送发展需要，鼓励新增或更新的冷藏车采用新能源车型。鼓励使用绿色低碳高效制冷剂和保温耗材。

八、大力培育冷链物流骨干企业

（一）支持冷链物流企业做大做强。在冷链物流领域探索推行“一照多址”，支持冷链物流企业网络化发展。积极培育发展第三方冷链物流企业，重点培育以现代数字技术为支撑，连接主要产销地的跨区域供应链企业。围绕冷链细分领域、特定场景培育专业化冷链物流企业，提高精益化管理、精细化服务能力。鼓励冷链物流企业通过兼并重组、战略合作等方式优化整合资源，拓展服务网络，提升市场集中度。大力引进国内外知名冷链物流企业和具有冷链资源整合能力的大型企业。推动冷链物流平台企业规范发展，提升冷链物流组织化、规模化运营能力。

（二）提升冷链物流企业国际竞争力。推动龙头冷链物流企业深度参与全球冷链产品生产和贸易组织，强化境内外冷链物流、采购分销等网络协同，带动上下游企业共同打造具有影响力的冷链食品品牌，延伸跨境电商、交易结算等服务，提升国际供应链管理能力和国际竞争力。鼓励冷链物流企业与贸易企业等协同“出海”，围绕全球肉类、水果、水产品等优势产区，积极布局境外冷链物流设施，依托远洋海运、国际铁路联运班列、国际货运航空等开展国际冷链物流运作。

九、加强冷链物流标准化建设

（一）完善冷链物流标准体系。支持成立省冷链物流标准化技术委员会，发挥标准化智囊团力量，围绕冷链基础设施、技术装备、作业流程、信息追溯等重点环节以及绿色化智慧化等重点领域，加强冷链物流推荐性标准、行业标准制修订。鼓励我省企事业单位因地制宜参与制定冷链地方标准，根据实际需要制定冷链物流行业标准、团体标准和企业标准，积极参与国际标准化活动。

（二）加大冷链标准宣贯力度。督促企业严格落实冷链物流强制性国家标准，守好冷链产品安全底线，对标国际先进水平，鼓励企业提升冷库、冷藏车等能效环保标准，执行绿色冷链物流技术装备认证及标识体系。充分发挥有关标准化技术委员会、行业协会、龙头企业作用，加强冷链物流标准宣贯，推动协同应用，提高推荐性标准采用水平。开展冷链物流标准监督检查和实施效果评价。

（三）推动冷链设施设备标准化。加大标准化冷藏车推广力度，逐步淘汰非标准化冷藏车，严厉打击非法改装冷藏车。开展冷链物流标准化应用试点，鼓励商贸流通企业以标准化托盘、周转箱（筐）作为采购订货、收验货的计量单位，引导冷链运输企业使用标准化周转箱（筐）、托盘、笼车等运载单元，以及蓄冷箱、保温箱等单元化冷链载具。加强标准化冷链载具循环共用体系建设，完善载具租赁、维修、保养、调度等公共运营服务，推动冷链运输全过程“不倒托”“不倒箱”。鼓励企业应用适合果蔬等农产品的单元化包装。

十、加强冷链物流全链条监管

（一）完善冷链物流监管体制机制。建立统一领导、分工负责、分级管理的冷链物流监管机制，进一步明确各有关部门监管职责，强化跨部门沟通协调，加大督促检查力度。严格执行农产品、食品入市查验溯源凭证制度。加快物流行业信用体系建设，建立冷链物流从业单位和人员信用信息档案，完善守信激励和失信惩戒机制。

（二）推进冷链物流智慧监管。引导企业按照规范化标准化要求配备冷藏车定位跟踪以及全程温度自动监测、记录设备，在冷库、冷藏集装箱等设施中安装温湿度传感器、记录仪等监测设备，实现各环节数据实时监控和动态更新。加快区块链技术在冷链物流智慧监测追溯系统建设中的应用，提高追溯信息的真实性、及时性和可信度。推动海关、市场监管、交通运输等跨部门协同监管和数据融合，依托进口冷链食品追溯监管平台、省冷藏冷冻食品追溯系统形成全链条追溯体系，提升冷链监管效能。

（三）强化冷链物流检验检测检疫。围绕主要农产品产销区、集散地、口岸等，优化检验检测检疫站点布局，加强检验检测检疫设施建设和设备配置。鼓励有条件的地区率先布局建设区域田头快检小站。完善应急检验检测检疫预案，实行闭环式疫情防控管理，防范非洲猪瘟、新冠肺炎、禽流感等疫情扩散风险。完善广州、深圳、汕头等进口口岸城市疫情防控措施，建立多点触发的监测预警机制。建立健全进口冻品集中监管制度，健全进口冷链食品检验检疫制度，压实行业主管部门责任，加强检验检疫结果、货物来源去向等关键数据共享，建立全程可追溯、全链条监管体系。加强国家级、区域性食品安全专业技术机构冷链物流检验检测检疫能力建设，支持物流企业建设快检实验室，推动各地冷链产品检验检测检疫信息互通、监管互认、执法互助。

十一、强化冷链物流政策要素保障

（一）加强资金支持。发挥中央预算内投资撬动作用，加强国家骨干冷链物流基地、产销冷链集配中心等大型冷链物流设施建设。用足用好省重大项目前期工作经费和地方政府专项债券资金，支持广东供销公共型冷链物流骨干网等政府主导建设的公共性、基础性冷链物流设施建设。鼓励有条件的地市统筹涉农资金支持产地冷藏保鲜设施建设。定期梳理重大项目信息，对接引导开发性、政策性金融机构加大对骨干冷链物流基地等大型冷链物流设施的支持。推动冷链物流基础设施 REITs 试点。鼓励银行业金融机构创新金融产品和服务，通过项目贷款、动产抵押、融资租赁、供应链金融等手段拓宽融资渠道，为符合条件的冷链物流企业提供资金支持。鼓励国有资本、社会资本通过设立物流产业基金参与冷链投资建设。支持符合条件的冷链物流企业上市挂牌和发行公司信用类债券。

（二）加强用地保障。结合国土空间规划编制和“三区三线”统筹划定，保障冷链物流设施合理用地需求。重点支持新建重大冷链项目，合理确定冷链物流用地土地出让底价和投资强度、税收贡献等控制指标。对利用符合国土空间规划的已供土地建设冷链物流基础设施的企业，在规划许可等方面予以支持。在符合规划、不改变用途的前提下，对在自有工业用地上新建或提高自有工业用地、仓储用地利用率、容积率并用于冷链物流设施建设的，不再增收土地价款。农产品产地冷藏保鲜设施用地按设施农业用地管理，支持在集体经营性建设用地建设产地型冷库。

（三）加强人才培养。支持华南理工大学、华南农业大学、仲恺农业工程学院、佛山科学技术学院等高校加强食品加工与保藏包装等学科专业建设。支持职业院校将冷链物流产业发展技能人才要求融入人才培养目标，逐步完善专业人才培养体系。深化校企协同育人模式改革，鼓励高校与企业联合推进冷链物流相关专业技能等级证书试点和现代学徒制试点，共建冷链物流领域现代产业学院。支持龙头企业开展冷链物流相关职业（工种）技能等级认定工作。开展多层次、宽领域国际交流合作，培养引进国际高层次冷链物流人才。

（四）加强研发创新。组织省内重点领域研发计划针对南方大宗和特色果蔬在物流过程中品质迅速裂变、低温生理失调和腐烂变质的核心问题，研发新型保鲜共性技术。完善冷链技术创新应用机制，发挥华南理工大学广东省农产品智能冷链物流装备工程实验室、华南农业大学国家农产品冷链物流装备研发专业中心等研发平台作用，进一步加强农产品冷链物流领域科技和装备研发，打造企业为主体、市场为导向、产学研用深度融合的冷链物流技术装备创新应用示范。

（五）推进减税降费。严格落实收费公路鲜活农产品运输“绿色通道”政策，对整车合法装载运输全国统一的《鲜活农产品品种目录》内产品的冷藏运输车辆，免收车辆通行费。对家庭农场、农民合作社、供销社、邮政快递企业等在农村建设的保鲜仓储设施用电执行农业生产电价。鼓励企业建设绿色冷库，通过节能改造和能效管理，充分利用峰谷分时电价政策，降低企业用电成本。支持符合条件的冷库用电企业参与电力市场交易，与发电企业协商签订直购电合同或者与售电公司协商签订零售合同，通过市场化手段降低用电成本。符合条件的冷库仓储用地可按规定享受城镇土地使用税优惠政策。

十二、强化冷链物流工作组织实施

（一）加强组织协调。省发展改革委会同有关部门统筹推进重点工程落地，完善支撑政策，强化评估督导，协调解决跨部门、跨区域问题。各地市人民政府要按照本实施方案确定的主要目标和重点任务，结合发展实际，统筹推进本地区冷链物流高质量发展工作。

（二）加强统计监测。开展冷链物流行业调查。积极争取国家支持我省开展冷链物流统计试点，建立冷链物流统计评价体系，准确掌握全省冷链物流底数情况。依托国家骨干冷链物流基地、产销冷链集配中心、龙头冷链物流企业、冷链物流平台企业等，加强行业日常运行监测和分析研判。研究编制我省冷链物流发展综合性指数，科学、及时、全面反映行业发展现状和趋势。

（三）发挥协会作用。鼓励冷链物流行业协会开展冷链物流发展调查研究和政策宣贯，全面掌握市场规模、行业结构、人员设施设备等情况，及时向有关政府部门反馈行业发展共性问题。支持行业协会根据市场主体需求，开展业务技能培训。推动行业协会加强行业自律建设，引导企业共同打造和维护诚信合规的市场环境，推动行业健康有序发展。

附件：重点任务分工表（略）。

广东省发展改革委关于印发《广东省“十四五”现代流通体系建设实施方案》的通知

粤发改贸易〔2022〕430 号

各地级以上市人民政府，省政府各部门、各直属机构：

我委会同有关部门编制的《广东省“十四五”现代流通体系建设实施方案》（以下简称《实施方案》）已经省人民政府同意（粤府函〔2022〕289 号），现印发给你们，请认真组织实施。有关事项通知如下：

一、《实施方案》组织实施要以习近平新时代中国特色社会主义思想为指导，全面贯彻党的二十大精神，深入贯彻习近平总书记对广东系列重要讲话和重要指示精神，完整、准确、全面贯彻新发展理念，全面深化改革开放，坚持创新驱动发展，统筹推进现代流通体系硬件和软件建设，着力培育壮大现代流通企业，大力发展流通新技术新业态新模式，全力构筑现代流通发展新优势，提高流通效率，降低流通成本，为我省做实做强新发展格局战略支点提供有力支撑。

二、各地级以上市人民政府要把现代流通体系建设作为本地区“十四五”时期经济和社会发展的重要任务，加强组织领导，明确责任分工，完善工作机制，细化落实措施，加快推进本地区现代流通体系建设。

三、省有关部门要按照职责分工，细化提出支持现代流通体系建设的具体政策举措，确保将《实施方案》明确的重要目标任务落实到位。《实施方案》涉及的重要政策、重大工程、重点项目按规定程序报批。

广东省发展改革委

2022 年 12 月 2 日

广东省“十四五”现代流通体系建设实施方案

为贯彻落实国家发展改革委《“十四五”现代流通体系建设规划》，统筹推进全省现代流通体系建设，结合我省实际，制定本实施方案。

一、指导思想

以习近平新时代中国特色社会主义思想为指导，全面贯彻党的二十大精神，深入贯彻习近平总书记对广东系列重要讲话和重要指示精神，以现代物流和现代商贸流通两大体系为载体，强化交通运输、金融、信用三方面支撑，加快推进现代流通体系建设，着力培育壮大具有国际竞争力的现代流通企业，大力发展流通新技术新业态新模式，积极推动流通领域规则衔接和标准对接，全面服务和融入全国统一大市场，为我省做实做强新发展格局战略支点提供有力支撑。

二、发展目标

到 2025 年，全省现代流通体系初步建成，粤港澳三地市场一体化水平明显提升，商品和要素跨区域流通更加顺畅，“通道 + 枢纽 + 网络”现代物流运行体系基本建成，城乡一体、线上线下融合、内外贸互促的商贸流通体系率先建成，交通运输承载能力、金融服务保障能力、信用监管支撑能力进一步增强，流通市场主体创新实力和国际竞争力明显提升，应急保障能力和绿色发展水平显著提升，流通成本持续下降、效率明显提高，对畅通国民经济循环的基础性、先导性、战略性作用显著提升。

三、深化现代流通市场化改革

1. 加快重点领域市场化改革。支持中国铁路广州局集团开展铁路货运市场化综合改革试点，推进铁路物流基地用地综合开发、投融资改革等试点。支持深圳开展邮政企业区域性综合改革试验，打造邮政业数字经济示范区。推进要素市场化配置体制机制建设。研究制定《广东数据条例》，建立完善数据产权、定价、流通交易、监管、安全相关制度规则。构建两级数据要素市场流通体系，推进省公共数据运营机构建设，加快设立广州数据交易所，支持深圳等建设数据交易所。（省交通运输厅、政务服务数据管理局，省邮政管理局、中国铁路广州局集团按职责分工负责）

2. 提升商品要素市场化配置能力。积极培育若干资源整合能力强、经营网络覆盖广的跨国大型贸易商。依托地方特色优势产业，推动现有大宗商品交易场所转型升级，打造集交易、融资、信息、仓储、物流、质检等服务于一体的大宗商品交易平台。支持广州期货交易所研究推出碳排放权、电力、商品指数期货等创新产品。支持深圳排放权交易所开展海洋碳汇交易试点。完善期现货联动市场体系，培育期现货合营的大宗商品交易商，鼓励符合条件的现货企业申请设立大宗商品交割仓，开展保税交割业务。围绕粮食、钢铁、煤炭等重点品种，支持广州、珠海、湛江建设大宗商品交易中心和产业聚集区。支持华南粮食批发交易中心稳步扩大上市交易品种范围，支持深圳建立农产品离岸现货交易平台。（省发展改革委、商务厅、国资委、地方金融监管局、粮食和储备局、能源局，广东证监局按职责分工负责）

3. 促进规则和标准一体衔接。深入实施“湾区通”工程，探索建立大湾区标准确认机制，积极推动粤港澳三地交通、物流、贸易等重点领域规则衔接和机制对接，加快提升粤港澳三地市场一体化水平。发挥省物流标准化技术委员会作用，推动物流标准体系研究和重点领域标准研制，建立健全物流服务标准体系。开展物流服务标准化试点建设，引导产业技术联盟率先推广，支持骨干核心企业示范引领，推动流通领域基础设施、载运工具、集装设备、票证单据、作业规范等标准相互衔接和应用。（省发展改革委、市场监管局、商务厅、交通运输厅按职责分工负责）

4. 优化市场准入准营管理。推进流通企业开办、变更、注销、备案的全程电子化，统一标准规范，优化审批流程，提升“一网通办”办事体验。完善流通领域融合发展业态的登记注册管理制度，统一优化消防、环保、卫生等管理规定。统筹推进“证照分离”改革和“一照通行”改革，持续推进照后减证和简化审批，提升准入准营便利化水平。（省市场监管局、政务服务数据管理局按职责分工负责）

5. 加强反垄断和反不正当竞争执法。推动流通领域落实公平竞争审查制度，开展公平竞争集中审查试点，鼓励有条件的地方探索建立第三方专业机构参与审查机制和开展市场竞争状况评估。依法开展反垄断执法，维护市场公平竞争秩序。引导平台经济、共享经济等新业态良性发展。建立健全反垄断反不正当竞争合规自律机制，编制《广东省平台企业反垄断合规指引》，促进流通企业合规管理。适时组织开展反不正当竞争执法重点行动，依法严厉查处不正当竞争行为。（省市场监管局负责）

四、完善现代商贸流通体系

6. 完善商品交易市场网络。支持有条件的地方建设高标准消费品市场，打造“一站式”商品采购中心。支持工业电商平台与战略性产业集群对接，推动新增一批制造业企业实现网上采购及网上销售。开展商品市场优化升级行动，支持广州建设国家商品交易市场优化升级专项行动试点城市，推进商品市场标准化、规范化、数字化建设，在优势行业领域培育一批商品市场示范基地。引导商品市场与特色产业集聚区、物流配送中心对接合作，整合资源要素，打造供应链综合服务平台。（省商务厅、工业和信息化厅按职责分工负责）

7. 完善农产品现代流通网络。优化农产品田头集货组织，依托县级农民合作社服务中心、农业生产托管运营中心，分片区共建共享产地冷藏保鲜设施，建设“田头智慧小站”线上综合服务平台。推进农产品产地市场、集配中心和低温加工处理中心改造升级。实施县域流通服务网络建设提升行动，建设县域集采集配中心，布局建设供销农产品综合服务站。加快发展供销农产品直供配送，发展标准化、订单化农产品直供配送模式，大力拓展中央厨房、机团配送、消费扶贫等业务。高水平打造粤港澳大湾区（惠州）绿色农产品生产供应基地和肇庆（怀集）绿色农副产品集散基地。深入推进农产品“12221”市场体系建设，大力开展广东特色优势农业品牌宣传推介，提升“粤字号”农

产品品牌影响力和市场竞争力。（省农业农村厅，省供销社按职责分工负责）

8. 完善城乡多层次商贸网络。支持广州北京路步行街高标准建设全国示范步行街，加快深圳东门步行街改造提升。鼓励建设智慧街区，继续认定一批省级示范特色步行街，推动差异化品质化多元化发展，促进商旅文娱体融合创新，打造潮流购物、夜间消费等特色商圈。优化社区便民商业设施布局，打造一刻钟便民生活圈，支持具备条件的城市申报全国一刻钟便民生活圈试点建设。加快县乡村商业网络建设，实施县域商业建设行动，推进县城商贸设施改造提升，合理布局建设商业综合体，支持有条件的乡镇建设商贸中心，支持乡镇商贸设施共建共用，发展新型乡村便利店，打造“多站合一、一站多能”的村级商业网点。加快推进绿色商场创建工作。（省商务厅、住房城乡建设厅、农业农村厅按职责分工负责）

9. 支持电子商务创新规范发展。深入开展国家电子商务示范基地、电子商务示范企业创建活动。督促电子商务平台企业强化产品质量管理和安全追溯。鼓励电子商务企业完善运营基础设施和服务网络，加快贯通县乡村电子商务体系和快递物流配送体系，到2025年在具备条件的地区全面实现县县有中心、乡乡有网点、村村有服务。（省商务厅，省邮政管理局按职责分工负责）

10. 推进实体商业转型融合发展。支持大型商超等连锁商业上线上云上平台，充分利用线下门店网络资源，推动线下线上竞争合作、融合发展。推动购物中心等传统商业积极引进首发商品和首店、旗舰店，拓展文化创意、休闲娱乐等业态，推广深度联营、买手制经营等模式，鼓励“商品＋服务”混合经营。推进“智慧广交会”建设，加快建成全天候商贸平台。推动流通大数据赋能生产环节，为工农业柔性化生产、个性化定制提供决策支持。（省商务厅、工业和信息化厅、农业农村厅按职责分工负责）

11. 构建商贸流通企业发展生态。支持骨干商贸流通企业做大做强，加强现代信息技术应用创新，推动商贸流通设施、技术装备等数字化联动升级，鼓励企业通过战略合作、资本运作等拓展经营网络，完善全球采购与分销渠道，培育国际资源配置和整合优势。鼓励区域特色商贸企业做优做精，提高供应链精细化管理水平，深耕本地市场，拓展辐射范围。鼓励中小微商贸企业发掘细分市场潜力，培育独特竞争优势，实现精细化、多元化、品质化发展。鼓励平台型、科技型企业利用数字技术赋能降低中小微商贸企业进驻和服务费用。（省商务厅、工业和信息化厅按职责分工负责）

12. 推动内外市场衔接联通。开展内外贸一体化促进行动，支持深圳、东莞等开展内外贸一体化试点。大力推进内外贸检验检测认证一体化，支持检测认证机构开展内外贸主要目标市场质量标准、检测认证等方面比对研究，分行业、分产品类别组织开展专题培训，为企业拓展国内外市场提供检测认证一体化服务，支持检测认证机构及市场主体开展“湾区认证”，推动检验检测认证规则对接和结果互认。实施内外销产品同线同标同质工程。深入开展促进跨境贸易便利化专项行动，支持国际贸易“单一窗口”建设，逐步推动口岸和跨境贸易领域相关业务统一通过国际贸易“单一窗口”办

理。(省商务厅、市场监管局按职责分工负责)

13. 拓展出口产品内销渠道。推动外贸企业与电商平台、连锁企业、商品市场合作，开辟线上线下外贸产品内销专区，针对国内市场开展精准营销。鼓励中国进出口商品交易会、中国加工贸易产品博览会等拓展功能，举办出口产品转内销等活动，提高供应链资源整合能力。利用好 RCEP 协定市场开放承诺和规则，推动扩大产品进出口。提升珠江国际贸易论坛影响力，帮助外贸企业开拓国内市场。引导外贸企业主动适应国内消费趋势，推进出口产品加工改造，鼓励有条件的企业打造内销自有品牌。(省商务厅负责)

14. 发展外贸新业态新模式。推动跨境电商示范省建设，完善跨境电商综合试验区线上综合服务平台和线下产业园区平台功能。加强与 RCEP 成员国跨境电商领域合作，推动“一带一路”沿线国家和地区海外仓建设。高水平办好世界跨境电子商务大会等高端论坛，吸引全球资源要素。加快市场采购贸易方式试点培育建设，推动我省市场采购贸易创新提升。争取国家支持我省在有条件的大型商业综合体或商圈设立市内免税店，推动横琴粤澳深度合作区发展免税业。(省商务厅、财政厅，省税务局、海关总署广东分署按职责分工负责)

五、加快发展现代物流体系

15. 加快建设骨干物流枢纽。加强对广州、珠海、汕头、东莞、湛江等国家物流枢纽承载城市的指导与支持，完善国家物流枢纽建设方案。指导有关地市加强国家物流枢纽规划研究，争取国家支持我省更多地市纳入国家物流枢纽承载城市规划布局。支持梅州加强物流枢纽培育，构建联接粤港澳大湾区和海峡西岸经济区的综合物流大通道。依托重要产业基地、交通节点，谋划布局一批省级物流枢纽。引导省内国家物流枢纽沿干线物流通道加强枢纽互联互通，推动枢纽干支仓配一体建设，全面融入国家“通道 + 枢纽 + 网络”物流运行体系。完善枢纽国际物流服务功能，衔接国际物流通道，实现国内国际物流网络融合。(省发展改革委、交通运输厅按职责分工负责)

16. 完善区域物流服务网络。深入推进国家城市绿色货运配送示范工程建设，大力发展共同配送，加快构建高效城市货运配送体系。鼓励邮政、快递企业通过自建或与第三方合建等形式，建设邮政快递综合便民服务站、智能投递终端等设施，提升城市末端寄递网络服务能力。加快推进“快递进村”工程，引导交通客运、邮政快递、供销商贸等共建共享网点服务资源，推动构建县乡村一体、客货邮融合发展的农村快递物流体系。(省交通运输厅、商务厅、公安厅，省供销社，省邮政管理局按职责分工负责)

17. 构建冷链物流设施网络。支持广州、深圳、湛江、汕头、茂名做好国家骨干冷链物流基地布局和申报建设工作。围绕特色农产品优势产区和农产品主产区，建设一批具备产地预冷、分拣包装等功能的田头冷链设施，推广“田头冷链服务驿站”模式。推动农批市场、商超等零售网点冷链物流设施改造升级。加快推进广东供销公共型农产品冷链物流骨干网建设，规划布局若干省级产销冷链物流集配中心，强化冷链物流设施互联互通，引导骨干基地、集配中心、末端设施加强功能对接和业务联通，构建“7+N+X”现代冷链物流设施网络。加大冷链物流全流程监管力度，消除“断链”隐患，减少生鲜农产品流通领域损耗。强化冷链物流检验检测检疫，严格落实进口冷链食品检验检疫制度。（省发展改革委、农业农村厅、商务厅、市场监管局，省供销社按职责分工负责）

18. 加快发展高铁快运物流。加快高铁快运基础设施建设，对新建的高铁站点预留高铁快运作业场地、行包通道等，统筹开办高铁快运作业站点。支持广州、深圳等城市率先建设高铁快运基地，完善高铁快运网络布局，力争实现地级市高铁快运业务全覆盖。加强取配能力建设，逐步完善高铁自配送体系。推行高铁快运与普铁行包站点联合配送，建立高铁配送网络。稳定增加高铁快运列车开行频次，提高高铁快运组织化水平。提升邮件快件铁路运输效能，推动电商班列和国际班列运邮件快件常态化，加快高铁快递示范线建设。（省发展改革委，省邮政管理局、中国铁路广州局集团按职责分工负责）

19. 推进“物流+”融合创新发展。支持物流企业与生产制造、商贸流通企业深度协作，创新供应链协同运营模式，拓展冷链物流、线边物流、电商快递等物流业态。推进物流与生产、制造、采购、分销、结算等服务有机融合，营造物流与产业互促发展生态。引导国家物流枢纽加强与工业园区、商品交易市场等统筹布局、联动发展，支持广州、深圳、佛山等城市争创国家物流枢纽经济示范区，培育壮大枢纽经济。（省发展改革委、交通运输厅、商务厅、工业和信息化厅按职责分工负责）

20. 推广集约智慧绿色物流发展模式。鼓励物流平台企业拓展物流信息平台功能，优化人、车、货、仓等分散物流资源供需对接，提升物流规模化组织水平。引导国家物流枢纽运营主体着力推进国家物流枢纽运营平台建设，集成储、运、仓、配等物流服务，创新一体化物流组织模式。鼓励公路水路货运企业积极应用新能源运输工具，引导骨干流通企业示范应用标准化托盘等装载单元或运输器具，支持铁路运输推广使用45英尺白货专用“泡货箱”。促进快递包装标准化、减量化和可循环，全面推广使用“瘦身胶带”、循环中转袋。支持城市轨道交通运营企业探索轨道物流发展模式，利用城市轨道交通网络资源开展物流服务。（省发展改革委、交通运输厅、商务厅、生态环境厅，省邮政管理局、中国铁路广州局集团按职责分工负责）

21. 提升物流企业网络化经营能力。支持骨干物流企业通过兼并重组、联盟合作等方式加强资源整合，优化网络布局，提升集约化规模化经营水平。支持大型港口、综合性货运物流企业通过实施或参与多式联运示范工程创建，完善运输服务网络。支持大型快递物流企业在我省设立国际、国内或区域总部以及供应链、快运、云仓等专业总部。依托深圳平湖南、江门北等铁路货场和广州南沙港、汕头广澳等港口，推进内陆无水港和港区无轨站建设，实现铁路箱就近提还箱，推动铁水联运高质量发展。引导水运、航空货运、铁路货运、邮政快递、电商物流等领域龙头企业，对接国内国际物流通道，加快境内外节点设施布局，加强国际运力资源统筹和国内货源集散，深度参与国际贸易，构建全球化网络化物流服务体系。推动骨干快递企业、省属重点交通企业组建国际快递骨干企业。（省交通运输厅、发展改革委、商务厅、国资委，省邮政管理局、中国铁路广州局集团按职责分工负责）

22. 提高物流企业专业化服务水平。支持大件物流企业优化跨区域运输线路，构建多种运输方式协调衔接的大件物流网络，提供规范化个性化服务。培育壮大医药物流企业，创新医药流通模式，健全药品物流标准，完善城乡配送体系，提升医药流通效率和全程质量管控水平，支持广州打造成为全国药品现代物流配送中心、药品互联网平台数据处理中心和全国药品零售连锁总部聚集地。推动危化品物流企业完善物流作业规范，逐步推动危险货物运输车辆等安装先进驾驶辅助系统，加快危险货物电子运单推广应用，建立危化品运输全过程动态监控体系。（省交通运输厅、应急管理厅、药监局按职责分工负责）

23. 提升多元化国际物流竞争力。支持广州、深圳完善航空联运转运设施，推进省内各中小机场货运基础设施建设。探索在省内各机场增开全货运航线，着力拓展至北美、欧洲、非洲、中东和东南亚的货运航线网络。实施“快递出海”工程，推动邮政快递企业加快“走出去”，积极参与国际快递网络布局，做大做强国际业务。整合我省中欧班列运营主体，推动业务融合，完善配套设施和综合服务功能，打造统一的广东国际班列品牌。鼓励探索开展海铁联运过境班列业务。支持沿海港口通过“组合港”“无水港”等模式拓展内陆货源腹地。加强与港澳地区在跨境道路运输领域的协调合作，规范直通港澳道路货运行业秩序。推进深圳港、广州港智慧港区建设，提升粤港澳大湾区港口群综合服务能力。强化口岸通关、转运、换装、查验、信息等基础设施配套，推进海运口岸物流单证无纸化，推进航空口岸物流通关便利化。推进邮件快件进出境处理中心建设和升级改造，提升邮件快件通关效率。支持综合保税区、保税物流中心等完善配套服务设施，提升保税物流发展水平。（省发展改革委、商务厅、交通运输厅，民航中南地区管理局、海关总署广东分署、省邮政管理局、中国铁路广州局集团按职责分工负责）

24. 加强高效应急物流体系建设。依托物流保通保畅机制，加快应急运输保障体系建设，统筹应急运输资源，以企业为主体强化道路运输应急运力储备，完善应急运输调度组织。加快建设广东省物流运行动态监测与管控系统支撑体系。加快建设并用好应急物资中转接驳站，落实应急物资运输车辆通行证制度，确保紧急状态下生产生活物资顺畅调运。完善应急物资统一调度制度，健全应急物资紧急征用和跨区域调度机制。支持交通货运枢纽站场完善应急设施功能，提升运转保障能力，强化保通保畅应急处置能力。加快推进广东省暨广州市应急物资保障基地等项目建设，大力推动市、县应急物资储备设施建设，优化区域结构布局，强化协同联动。（省交通运输厅、发展

改革委、应急管理厅、粮食和储备局按职责分工负责）

六、增强交通运输流通承载能力

25. 强化骨干运输通道能力。以广州白云、深圳宝安机场为重点，进一步拓展联通世界主要国家和地区的国际航线、航点，争取逐步放开货运航权，加快完善国内—国际中转航线网络。支持广州白云机场完善国际运输通道，积极发展“经广飞”，提升国际中转服务竞争力。支持地区性航空枢纽提升国内航线通达水平。完善大湾区经粤东粤西粤北至周边省（区）的快速铁路通道，构建沿海高速铁路双通道，增强通往西南腹地运输通道能力。提高普速铁路通行能力，加强疏港铁路与干线铁路和码头堆场衔接，优化铁路港前站布局，支持铁路向堆场、码头前沿延伸，打通铁路进港最后一公里。积极推进货物年运量150万吨以上的大型工矿企业和新建物流园区引入铁路专用线。实施京港澳高速、沈海高速等繁忙路段改扩建，改善高速公路干线通行条件。积极推进普通国省道低等级路升级改造和瓶颈路段改扩建，整体提升路网通行能力和效率。（省发展改革委、交通运输厅，民航中南地区管理局、中国铁路广州局集团按职责分工负责）

26. 完善专业货运设施网络。强化内河港口与珠江口沿海港口联动发展，打造集装箱水上运输“湾区快线”。对接“北煤南运”和外贸煤炭运输，优化完善以沿海用煤企业专用码头直达运输、分散接卸为主的煤炭运输网络。强化与临港石化产业及油气管网衔接，规划布局一批油气接卸港、储备港。加强原油码头和原油储备基地输送管道建设，完善炼化基地成品油外输管道，大力推进珠三角成品油管道互联互通工程和天然气管网“县县通工程”。加快推进大型铁矿码头建设，构建面向西南、中南地区的铁矿石海铁联运网络。对接“北粮南运”和进口粮食运输，强化港口中转仓容建设，提升沿海沿江接卸中转能力。推动铁路货运、内河航运发展，促进大宗货物及中长距离货运“公转铁”“公转水”。（省交通运输厅、发展改革委、能源局、粮食和储备局，中国铁路广州局集团按职责分工负责）

27. 优化城市群都市圈交通网络。完善大湾区铁路枢纽布局，强化高速铁路、城际铁路、城市轨道交通高效衔接、互联互通，全面推动轨道交通多网融合，打造“轨道上的大湾区”。加快推动建设珠三角世界级港口群、世界级机场群，打造干线港—支线港—喂给港三级港口体系，持续优化提升广州国际航空枢纽功能。增强广州、深圳中心城区与周边城市的快速轨道交通联系，加快建设“两环两射”粤东城际铁路网，推进都市圈轨道交通规划建设运营一体化。统筹珠江口两岸城市轨道、市政道路规划衔接，实施“断头路”畅通工程和“瓶颈路”拓宽工程，提升都市圈路网联通水平，打造广州、深圳、珠江口西岸、汕潮揭、湛茂等都市圈1小时通勤圈。（省发展改革委、交通运输厅，中国铁路广州局集团按职责分工负责）

28. 完善城乡融合交通网络。统筹城乡交通网络整体布局和一体建设，重点补齐县城交通网络短板，强化县域流通承载能力，推进市政道路、农村公路与高速公路、国省干线公路等衔接联通。推进“四好农村路”提档升级，基本实现建制村通双车道公路，全面实现镇到镇（乡）三级公路，实施农村公路基础路网延伸工程，推动农村公路“由通变畅”。逐步推进路网联结工程升级改造，实施省际边界县（市）交通提升工程，畅通县域内部省道、县道、乡道、村道微循环。（省交通运输厅、农业农村厅、发展改革委按职责分工负责）

29. 大力发展多式联运。鼓励具备较好条件的港口、综合性物流企业等申报国家多式联运示范工程，力争到2025年新增培育2~3个国家多式联运示范工程。鼓励港口航运、铁路货运、航空寄递、货代等龙头企业及平台型企业等积极向多式联运经营人转型。支持有关行业协会和综合性物流企业构建多式联运信息共享机制。鼓励铁路运输企业布设完善“无轨铁路港场”网，推动内河“班列+班轮”铁公水联运发展。深入推进集装箱多式联运，推动各类单证电子化，积极推进“一单制”，加快完善货物装载交接、安全管理、支付结算等规则体系，提高联运组织效率。（省交通运输厅负责）

30. 提升专业化货运服务品质。推动铁路货运服务转型提质，支持铁路运输企业实施精品班列工程。创新公路运输服务业态模式，推广货车租赁、挂车共享、定制服务。完善港口货运服务功能，延伸港航增值服务链条，支持广州、深圳、湛江等港口有条件的港区试点推进“船边直提”和“抵港直装”模式。提升机场货运配套服务，发展多元化航空运输服务。完善三级货运服务网络，提升城市货运专业化服务水平。（省交通运输厅，民航中南地区管理局、中国铁路广州局集团按职责分工负责）

31. 加快交通基础设施智能化升级。推进交通基础设施移动通信网络覆盖，推动交通基础设施建设中为5G技术预留建设空间，重要交通节点的全方位交通感知网络纳入交通基础设施设计和建设。有序推进智慧公路建设，重点打造广深改扩建、广州机场高速公路改扩建和北二环改扩建项目等粤港澳大湾区主干高速智慧公路。全面推动智能航运建设，打造广州港、深圳港等智慧港口，推进综合交通运输信息平台建设，推进交通基础设施智能化升级，提升运输服务智能化水平。（省交通运输厅、发展改革委按职责分工负责）

32. 加强交通运输智能技术应用。推进运输企业加快数字化、自动化终端设备的普及应用，支持网络平台道路货运规范发展，推动提升道路货运供需匹配和运输组织效率，强化运输企业对在途货物跟踪监测能力。推进内河300总吨及以上船舶安装使用驾驶台监控装置，加快重点船舶智能监管系统建设应用，提升船舶安全航行科技水平。在粤港澳大湾区重点公路通道推进5G、“北斗+智慧高速”场景应用，推动研发搭建高精度定位平台、车路协同应用平台等系统，提高车路协同信息服务能力，打造交通安全和效率预警系统，实现辅助驾驶示范，探索发展自动驾驶货运服务应用。（省交通运输厅、工业和信息化厅，广东海事局按职责分工负责）

33. 推进交通运输绿色低碳转型。持续推进交通运输领域清洁替代，指导广州、深圳、佛山、珠海等市深入推进“绿色货运配送示范城市”建设，引导市内短途货运配送更多采用新能源货车。促进电动汽车在短途物流、港口和机场等领域推广，鼓励港口城市在主要港区推广应用新能源货车从事集疏运。推进内河 LNG 动力船舶及电动船舶、氢能源等新能源船舶推广应用，严格执行船舶强制报废制度，引导高污染高耗能船舶加快退出市场。（省交通运输厅负责）

七、加强现代金融服务流通功能

34. 持续优化支付服务环境。大力推广移动支付，积极开展移动支付示范镇建设，持续拓展移动支付在智慧交通、智慧医疗、智慧生活、智慧养老等重点城乡领域和便民场景的融合运用，扎实推进移动支付便民化。持续开展降低小微企业和个体工商户支付手续费工作，督促银行和支付机构“降费不降服务”。稳妥推进本外币合一银行结算账户体系试点，持续做好试点业务运行监测。（人民银行广州分行负责）

35. 完善流通领域金融服务。引导保险机构继续完善流通领域货物运输等保险服务，丰富对流通各环节的保险产品供给。建立流通领域融资项目库，梳理龙头流通企业、重点建设项目等金融需求，鼓励金融机构在依法合规、风险可控的前提下加大支持力度。发挥金融租赁等非银行金融机构作用，加大对商贸、交通物流、农村流通等领域的金融支持力度。（广东银保监局，省发展改革委、地方金融监管局按职责分工负责）

36. 加强供应链金融基础设施建设。积极推进供应链金融创新试点工作，支持成立广东供应链金融创新合规实验室。大力推广中征应收账款融资服务平台，加强中征应收账款融资服务平台与广东政府采购智慧云平台的系统对接，推动应收账款业务和“政采贷”业务增量扩面。加快实施动产和权利担保统一登记，做好动产融资统一登记系统的宣传推广工作。出台供应链金融发展和配套扶持政策，积极推动供应链金融服务平台规范健康发展。（省地方金融监管局，广东银保监局、人民银行广州分行按职责分工负责）

37. 健全供应链金融运行机制。引导银行保险机构切实应用科技手段提高风险控制水平，通过“金融科技 + 供应链场景”实现核心企业“主体信用”、交易标的“物的信用”、交易信息“数据信用”一体化的信息系统和风控系统。支持银行业金融机构积极挖掘数字资产价值，完善风控技术和模型，强化线上业务场景、供应链金融服务等重点领域创新。支持商业银行与核心企业及仓储、物流、运输等环节管理系统实现信息互联互通。（省地方金融监管局，广东银保监局、人民银行广州分行按职责分工负责）

38. 丰富供应链金融产品。鼓励核心企业通过运用中征应收账款融资服务平台进行确权，推进辖内金融机构与平台完成系统对接，引导金融机构结合省内各地区产业特点，因地制宜开展供应链金融产品创新，为中小微企业供应链融资提供便利。鼓励符合条件的核心企业参与建设供应链金融服务平台，探索供应链金融服务新模式，加快推进依托供应链的票据、订单、应收账款等动产融资。支持保险机构嵌入供应链环节，增加营业中断险、仓单财产保险等供应链保险产品供给，提供抵押质押、纯信用等多种形式的保证保险业务，扩大承保覆盖面。（省地方金融监管局，广东银保监局、广东证监局、人民银行广州分行按职责分工负责）

八、推进流通领域信用体系建设

39. 加快完善重要产品追溯系统。加快广东省食用农产品市场销售监管平台建设，实现重要食用农产品市场销售环节追溯链条合成。加快完善广东省特殊食品电子追溯系统，加大系统应用推广力度，强化监督检查，督促特殊食品生产经营者依法落实食品安全追溯主体责任。完善进口冷链食品追溯体系，发挥广东省冷藏冷冻食品追溯系统“冷库通”作用，强化对进口冷链食品全链条监管。鼓励行业协会、第三方机构等依法依规建立重要产品追溯系统，提供产品溯源、信息查询等服务。（省商务厅、市场监管局按职责分工负责）

40. 推广信用承诺和告知承诺制。探索制定告知承诺事项信用监管制度，推进“信用广东”平台二期升级改造，全面归集市场主体信用承诺和承诺履行信息。综合运用“双随机、一公开”等监管方式，强化对信用承诺履行情况的跟踪监督，将信用承诺书及履约状况纳入市场主体信用记录。鼓励市场主体主动向社会作出信用承诺，支持协会商会建立健全行业信用承诺制度，强化行业自律。（省发展改革委、市场监管局按职责分工负责）

41. 推进信用分级分类监管。依托“信用广东”平台构建“信用＋大数据”综合评价指标体系，分领域建立信用评价指标和分级标准，健全市场主体信用评价机制。统筹使用公共信用综合评价、行业信用评价、市场化信用评价结果，推进信用分级分类管理。提升信用监管运用深度广度，在流通领域更多行业和部门实施以信用为基础的差别化监管措施。（省发展改革委、市场监管局按职责分工负责）

42. 完善信用联合奖惩机制。落实全国失信惩戒措施基础清单，制定我省守信激励措施清单和失信惩戒措施补充清单，研究制定广东省公共信用修复管理办法。建立流通企业信用信息共享机制，完善严重违法失信名单制度，明确信用惩戒认定依据、标准、程序、异议申诉和退出机制。推进重点领域失信治理，严厉打击失信行为，提高失信成本。加大诚信企业示范宣传和典型失信案件曝光力度，增强市场主体信用意识和契约精神。（省发展改革委、市场监管局按职责分工负责）

九、保障措施

43. 完善现代流通支持政策。做好重大流通项目的用地指标和用地保障工作。农产品批发市场用地作为经营性商业用地，土地招拍挂出让前，所在区域有工业用地交易价格的，指导各地按照市场地价水平、所在区域基准地价和工业用地最低价标准等确定出让底价。对重大流通项目用海开辟绿色通道，实行“四个一”服务保障机制。在不新增隐性债务前提下，统筹利用各类资金积极支持流通基础设施建设，将符合条件的项目纳入地方政府债券、政策性金融、基础设施领域不动产投资信托基金（REITs）支持范围。推动符合条件的流通企业通过上市、债券发行、企业并购等方式募集资金。（省发展改革委、自然资源厅、财政厅按职责分工负责）

44. 强化流通重大项目支撑。谋划现代流通战略支点城市建设。聚焦现代流通体系建设重点领域、关键环节、短板弱项，依托国家重大建设项目库，谋划储备一批交通、物流、商贸、金融、信用等领域重大基础设施项目，优化区域布局，加强规划、用地、资金等要素投入保障，强化项目建设跟踪调度。（省发展改革委、自然资源厅、交通运输厅、商务厅、地方金融监管局按职责分工负责）

45. 加强流通专业人才培养。坚持产学研用相结合，鼓励支持科研院所、高等院校、职业学校加强流通相关学科专业建设，建立与企业联合的流通人才培养机制，加强校企联合人才培养。强化在职教育和技能培训，持续提升流通从业人员就业能力。进一步健全高层次人才综合服务保障体系，优化升级人才优粤卡制度，加大对流通领域高层次人才培育和引进。依托劳动保障信用等级评价制度，分级分类加强劳动保障监察执法监管。依法规范流通企业劳动用工行为，督促流通企业落实劳动合同、工资支付、休息休假等制度，依法维护劳动者合法权益。（省教育厅、人力资源社会保障厅按职责分工负责）

46. 强化组织实施。坚持和加强党的全面领导，把党的领导贯彻到现代流通体系建设全过程和各方面。省发展改革委要切实发挥统筹协调作用，会同省有关部门按照职责分工协同推进本方案实施，及时研究解决现代流通体系建设中的重大困难和突出问题，积极争取国家有关部委的指导支持，并定期对各项政策落实情况进行监督检查和评估。各地级以上市人民政府要加强组织领导，完善工作机制，周密部署安排，结合本地实际制定配套措施，确保各项任务落到实处、取得实效。（省有关部门，各地级以上市人民政府按职责分工负责）

广东省重要物流企业名单

2022年评选的A级物流企业名单（广东省）

序号	所属城市	等级	企业名称	备注
1	深圳	AAAAA级（6家）	深圳市一代国际货运代理有限公司	（4A升5A）
2	广州		广东顺心快运有限公司	
3	深圳		深圳越海全球供应链股份有限公司	
4	深圳		深圳市原飞航物流有限公司	
5	广州		广东省港航集团有限公司	
6	广州		广州华新集团有限公司	
7	广州	AAAA级（27家）	广州顶通物流有限公司	
8	深圳		广东省中土航运有限公司	
9	深圳		深圳市大洋物流股份有限公司	
10	广州		广州市欧泰物流有限公司	
11	广州		广东前锦供应链管理有限公司	
12	深圳		群邦科技物流（广东）有限公司	
13	深圳		深圳市韵达速递有限公司	
14	深圳		深圳市世华通物流有限公司	
15	深圳		深圳市航港物流有限公司	
16	广州		广州市带车聘供应链科技有限公司	
17	深圳		深圳市航球国际货运代理有限公司	
18	佛山		广东小康物流有限公司	
19	深圳		安能聚创供应链管理（深圳）有限公司	
20	广州		广东卓志跨境电商供应链服务有限公司	
21	东莞		东莞市百安石化仓储有限公司	

续　表

序号	所属城市	等级	企业名称	备注
22	深圳	AAAA 级（27 家）	深圳佳利达供应链管理有限公司	
23	深圳		深圳市凯依克物流有限公司	
24	深圳		深圳神彩物流有限公司	
25	深圳		深圳市易通安达国际物流有限公司	
26	广州		广东远翔物流实业有限公司	
27	广州		广州市博涛物流有限公司	
28	广州		天图控股集团股份有限公司	
29	广州		广州港物流有限公司	
30	广州		广州东风日梱物流有限公司	
31	广州		广州海福物流有限公司	
32	广州		弘胜集团有限公司（广州）	
33	广州		广东德邦物流有限公司	
34	深圳	AAA 级（13 家）	深圳市利氏物流有限公司	
35	广州		广州捷世通物流股份有限公司	
36	深圳		深圳市鑫宇货物运输有限公司	
37	珠海		珠海港百安物流有限公司	
38	深圳		深圳市乾泰恒物流有限公司	
39	深圳		深圳市中永物流有限公司	
40	深圳		深圳前海致远数智价值链有限公司	
41	深圳		深圳市安道隆物流有限公司	
42	深圳		深圳市胜欧国际物流有限公司	
43	深圳		深圳市力合物流有限公司	
44	广州		广州智德物流有限公司	
45	广州		广东利通物流有限公司	
46	广州		益海嘉里（广州）物流供应链有限公司	

资料来源：中国物流与采购联合会。

2022 年度中国物流企业 50 强排名

排名	企业名称	物流业务收入（万元）	排名变化情况
1	中国远洋海运集团有限公司	48062271	未变化
2	厦门象屿股份有限公司	23125812	未变化
3	顺丰控股股份有限公司	20369023	未变化
4	中国外运股份有限公司	12434553	未变化
5	中国物资储运集团有限公司	7645000	上升 1
6	北京京邦达贸易有限公司	7037333	新进入
7	上海三快智送科技有限公司	6192589	新进入
8	中铁物资集团有限公司	5309188	下降 1
9	上海韵达货运有限公司	4172929	未变化
10	圆通速递股份有限公司	3583209	下降 2
11	陕西省物流集团有限责任公司	3519030	新进入
12	建发物流集团有限公司	3280274	上升 1
13	中通快递股份有限公司	3040584	下降 1
14	中集世联达物流科技（集团）股份有限公司	2864952	新进入
15	上汽安吉物流股份有限公司	2702485	下降 1
16	申通快递有限公司	2459796	下降 1
17	全球国际货运代理（中国）有限公司	2267124	下降 1
18	嘉里物流（中国）投资有限公司	2251022	下降 1
19	极兔速递有限公司	1810316	新进入
20	准时达国际供应链管理有限公司	1765354	未变化
21	日日顺供应链科技股份有限公司	1716276	下降 3
22	中铁铁龙集装箱物流股份有限公司	1704018	下降 3
23	上海环世物流（集团）有限公司	1373568	新进入
24	物产中大物流投资集团有限公司	1295088	未变化

续 表

排名	企业名称	物流业务收入（万元）	排名变化情况
25	中创物流股份有限公司	1241383	上升 15
26	宁波港东南物流集团有限公司	1236229	新进入
27	上海中谷物流股份有限公司	1229072	下降 4
28	全球捷运物流有限公司	1189179	上升 3
29	百世物流科技（中国）有限公司	1142584	下降 19
30	安得智联供应链科技有限公司	1128706	新进入
31	一汽物流有限公司	1126800	下降 10
32	济宁港航发展集团有限公司	1111337	新进入
33	日通国际物流（中国）有限公司	1050334	下降 4
34	湖北交投物流集团有限公司	1029052	下降 7
35	深圳越海全球供应链股份有限公司	1016047	下降 2
36	四川安吉物流集团有限公司	1008381	下降 10
37	上海安能聚创供应链管理有限公司	964537	新进入
38	利丰供应链管理（中国）有限公司	928055	上升 6
39	浙商中拓集团股份有限公司	898462	新进入
40	湖南和立东升实业集团有限公司	843659	下降 15
41	广州发展能源物流集团有限公司	830972	未变化
42	上海天地汇供应链科技有限公司	830057	下降 20
43	安通控股股份有限公司	779418	上升 3
44	云南建投物流有限公司	762347	新进入
45	建华物流有限公司	755932	下降 7
46	云南能投物流有限责任公司	733823	下降 18
47	包头钢铁（集团）铁捷物流有限公司	703128	下降 15
48	四川省港航投资集团有限责任公司	677653	下降 6
49	林森物流集团有限公司	620684	下降 14
50	中都物流有限公司	616215	下降 16

资料来源：中国物流与采购联合会。

2022年中国冷链物流百强（广东省）

顺丰速运有限公司
优合集团有限公司
大昌行物流（中国）
中外运冷链物流有限公司
佛山市粤泰冷库物业投资有限公司
广东华雪冷链物流有限公司
广州拓领物流有限公司
广州鑫赟冷链物流有限公司
广州保事达物流有限公司
广东新供销天业冷链集团有限公司
佛山市鼎昊冷链物流有限公司
广州长运冷链服务有限公司
广州致能冷链物流有限公司
广州拓远物流有限公司

资料来源：中国物流与采购联合会冷链物流专业委员会。

2022 年评选的物流企业信用评价 A 级信用企业名单（广东省）

序号	所属城市	等级	企业名称	备注
1	广州	AAA	广州飞梭云供应链有限公司	第三十一批
2	广州	AAA	宝供物流企业集团有限公司	第三十一批

资料来源：中国物流与采购联合会。

2022 年国家物流枢纽建设名单

天津市	天津商贸服务型国家物流枢纽
山西省	大同陆港型国家物流枢纽
内蒙古自治区	鄂尔多斯生产服务型国家物流枢纽
吉林省	长春陆港型国家物流枢纽
黑龙江省	绥芬河—东宁陆上边境口岸型国家物流枢纽
江苏省	南京空港型国家物流枢纽
浙江省	嘉兴生产服务型国家物流枢纽
安徽省	蚌埠生产服务型国家物流枢纽
福建省	泉州商贸服务型国家物流枢纽
江西省	九江港口型国家物流枢纽
山东省	烟台港口型国家物流枢纽
河南省	郑州陆港型国家物流枢纽
	南阳商贸服务型国家物流枢纽
湖北省	十堰生产服务型国家物流枢纽
湖南省	怀化商贸服务型国家物流枢纽
广东省	广州空港型国家物流枢纽
广西壮族自治区	凭祥陆上边境口岸型国家物流枢纽
重庆市	重庆生产服务型国家物流枢纽
四川省	成都空港型国家物流枢纽
云南省	昆明—磨憨陆港型（陆上边境口岸型）国家物流枢纽
陕西省	西安生产服务型国家物流枢纽
	宝鸡生产服务型国家物流枢纽
甘肃省	酒泉陆港型国家物流枢纽
宁夏回族自治区	银川商贸服务型国家物流枢纽
新疆维吾尔自治区	库尔勒陆港型国家物流枢纽

资料来源：国家发展改革委。

附 录

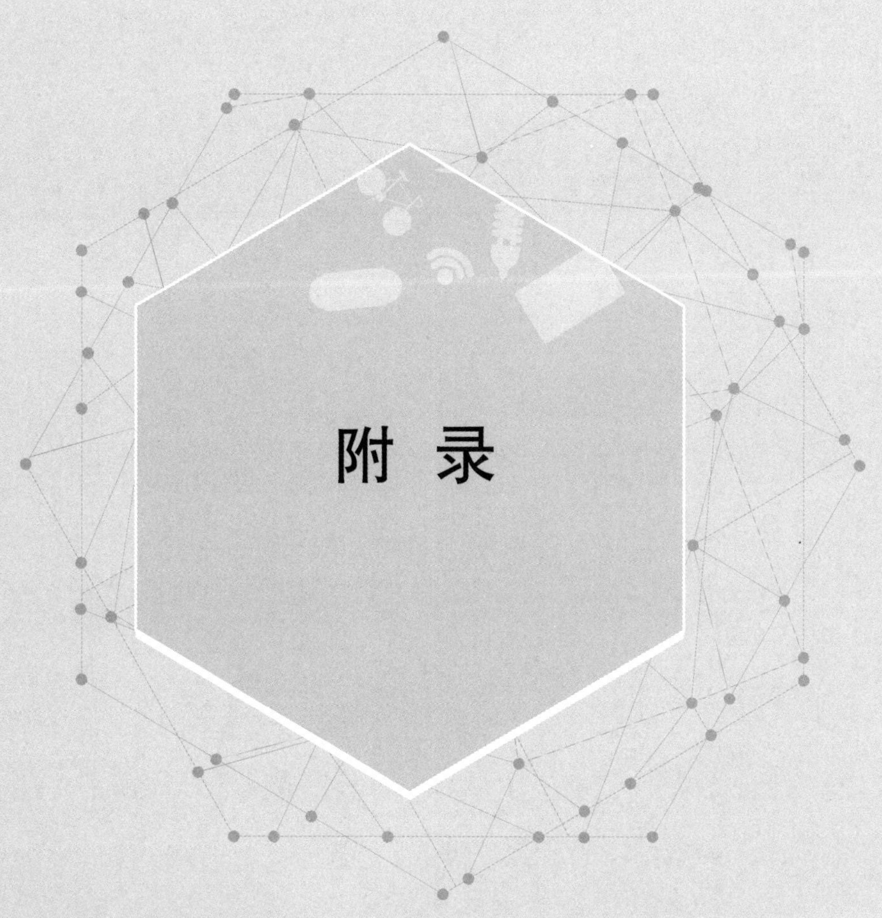

附录一　2022 年广东省全社会交通运输邮电主要统计指标情况

附表 1　　2022 年广东省全社会交通运输邮电主要统计指标情况对比

指标名称	单位	2022 年	2021 年	同比增长率（%）
一、货运量	万吨	364189	398420	-8.6
铁路	万吨	9374	9919	—
公路	万吨	242474	267489	—
水路	万吨	97628	107206	—
民航	万吨	221	240	—
管道	万吨	14492	13564	—
二、货物周转量	亿吨公里	28438.62	28388.06	0.2
铁路	亿吨公里	362.74	356.53	—
公路	亿吨公里	2710.33	2980.46	—
水路	亿吨公里	25005.04	24688.52	—
民航	亿吨公里	89.09	92.35	—
管道	亿吨公里	271.34	270.20	—
三、客运量	万人次	47632	62126	-23.3
铁路	万人次	17396	23977	—
公路	万人次	23730	27567	—

续 表

指标名称	单位	2022 年	2021 年	同比增长率（%）
水路	万人次	884	1580	—
民航	万人次	5492	9002	—
四、旅客周转量	亿人公里	1621.36	2352.19	-31.1
铁路	亿人公里	526.81	670.39	—
公路	亿人公里	193.83	265.96	—
水路	亿人公里	2.31	4.51	—
民航	亿人公里	898.40	1411.33	—
五、港口货物吞吐量	万吨	204802	209600	-2.3
六、港口旅客吞吐量	万人次	1464.19	1849.17	-20.8
七、邮电业务总量	亿元	5063.13	4954.59	2.2
邮政	亿元	3112.87	3021.10	—
电信	亿元	1950.26	1933.49	—

注：1. 邮电业务总量 1988 年及以前按 1980 年不变价格计算，1989—2000 年按 1990 年不变价格计算，2001—2010 年按 2000 年不变价格计算，2011—2016 年按 2010 年不变价格计算。2017 年起，电信业务总量按 2015 年不变价格计算，邮政业务总量仍按 2010 年不变价格计算。2021 年起，按 2020 年不变价计算。2022 年，电信业务总量按上年不变价计算。增速按可比价格计算。

2. 2017 年起，铁路客运量和货运量改为按发送量计算，客运量和货运量数据与往年不可比。增长速度按可比口径计算。

3. 从 2019 年起，港口统计数据采集方式改为企业一套表联网直报，统计范围是辖区内各港口，增长速度按可比口径计算。

4. 由于统计原因，全省合计数据与各地市加总数不一致，本表保持与统计年鉴数据一致。

资料来源：《广东统计年鉴 2023》。

附录二　2022年广东省各市货运量完成情况

附表2　　2022年广东省各市货运量完成情况对比

地市	货运量（万吨）		货物周转量（亿吨公里）	
	2022年	2021年	2022年	2021年
合计	364199	398420	28438.62	28388.06
广州	85820	93968	22053.63	21760.26
深圳	40617	43657	2212.30	2169.88
珠海	7089	7947	335.21	459.28
汕头	7297	8651	78.30	83.43
佛山	26179	27128	306.27	295.92
韶关	8628	9358	149.26	161.56
河源	5769	6548	52.71	56.01
梅州	10235	11211	111.81	119.92
惠州	21844	24483	410.35	409.37
汕尾	3221	3662	27.24	31.23
东莞	15115	17449	459.27	507.04
中山	8668	10661	76.01	82.26
江门	17805	18568	147.55	157.17
阳江	6623	7415	43.28	47.88
湛江	17705	20726	445.82	461.70
茂名	12290	13236	256.84	279.39
肇庆	8759	9705	81.10	80.94
清远	21697	25774	217.76	264.47
潮州	2541	2775	111.01	111.81
揭阳	2876	2870	44.02	28.11
云浮	8326	8903	95.63	101.38
不分地区	24097	23724	723.25	719.08

注：分市数据仅含公路和水路运输，铁路、民航和管道运输在“不分地区”反映。

资料来源：《广东统计年鉴2023》。

附录三　2022 年广东省各市客运量完成情况

附表 3　　2022 年广东省各市客运量完成情况对比

地市	客运量（万人次）		旅客周转量（亿人公里）	
	2022 年	2021 年	2022 年	2021 年
合计	47632	62126	1621. 36	2352. 19
广州	6772	6731	56. 97	66. 86
深圳	4523	4636	22. 98	31. 85
珠海	695	1003	5. 35	8. 60
汕头	263	305	5. 06	6. 80
佛山	1780	2000	15. 08	18. 76
韶关	892	1173	3. 86	5. 91
河源	855	992	9. 06	10. 93
梅州	272	340	3. 98	5. 53
惠州	563	889	4. 54	8. 95
汕尾	580	537	6. 19	6. 03
东莞	704	899	6. 44	9. 49
中山	441	624	3. 62	5. 55
江门	936	1360	6. 37	9. 88
阳江	165	266	2. 12	3. 37
湛江	1851	2674	11. 29	20. 76
茂名	960	1419	13. 29	21. 20
肇庆	555	813	4. 60	7. 41
清远	829	1182	6. 54	10. 95
潮州	146	156	2. 61	3. 21
揭阳	507	658	3. 47	4. 03
云浮	326	489	2. 71	4. 39
不分地区	23018	32979	1425. 21	2081. 72

注：1. 分市数据仅含公路和水路运输，铁路和民航运输在“不分地区”反映。

2. 由于统计原因，全省合计数据与各地市加总数不一致，本表保持与统计年鉴数据一致。

资料来源：《广东统计年鉴 2023》。

附录四　2022 年广东省各市港口货物吞吐量完成情况

附表 4　　　　2022 年广东省各市港口货物吞吐量完成情况对比

地市	港口货物吞吐量（万吨）	
	2022 年	2021 年
合计	204802	209600
广州	65592	65130
深圳	27243	27838
珠海	10237	12826
汕头	4019	4138
佛山	8559	9341
韶关	419	291
河源	—	—
梅州	—	—
惠州	9005	9644
汕尾	1751	1666
东莞	17021	18896
中山	1539	1434
江门	9628	10510
阳江	3838	3403
湛江	25376	25555
茂名	3162	2887
肇庆	4982	4657
清远	2478	2570
潮州	1708	1737
揭阳	2990	2768
云浮	5257	4307

注：由于统计原因，全省合计数据与各地市加总数不一致，本表保持与统计年鉴数据一致。

资料来源：《广东统计年鉴 2023》。

附录五　2022 年广东省港口货物和集装箱吞吐量完成情况

附表 5　　2022 年广东省港口货物和集装箱吞吐量完成情况对比

	港口货物吞吐量（万吨）		港口集装箱吞吐量（万 TEU）	
	2022 年	2021 年	2022 年	2021 年
合计	204802	209600	7064. 83	7078. 20
沿海港口	175517	181604	6490. 04	6428. 94
广州港	62906	62367	2460. 17	2417. 96
湛江港	25376	25555	153. 54	140. 47
汕头港	4019	4138	176. 50	179. 99
深圳港	27243	27838	3003. 62	2876. 76
内河港口	29284	27996	574. 80	649. 25

注：从 2019 年起，港口统计数据采集方式改为企业一套表联网直报，统计范围是辖区内各港口。
资料来源：《广东统计年鉴 2023》。

附录六　2022 年广东省各市邮电业务总量完成情况

附表 6　　　　2022 年广东省各市邮电业务总量完成情况对比

地市	邮电业务总量（亿元）	
	2022 年	2021 年
合计	5063. 13	4954. 59
广州	1266. 65	1298. 94
深圳	1281. 50	1273. 12
珠海	66. 57	71. 55
汕头	232. 51	210. 94
佛山	311. 75	288. 80
韶关	36. 80	35. 74
河源	35. 63	35. 02
梅州	48. 44	46. 91
惠州	143. 04	137. 20
汕尾	35. 79	33. 69
东莞	532. 09	521. 90
中山	157. 53	141. 22
江门	83. 59	80. 23
阳江	48. 62	43. 43

续 表

地市	邮电业务总量（亿元）	
	2022 年	2021 年
湛江	89.30	85.91
茂名	72.07	68.30
肇庆	63.23	60.55
清远	50.75	47.94
潮州	78.98	70.47
揭阳	325.62	305.00
云浮	27.17	25.90
不分地区	75.50	71.83

注：1. 邮电业务总量 1988 年及以前按 1980 年不变价格计算，1989—2000 年按 1990 年不变价格计算，2001—2010 年按 2000 年不变价格计算，2011—2016 年按 2010 年不变价格计算，2017 年起，电信业务总量按 2015 年不变价格计算，邮政业务总量仍按 2010 年不变价格计算。2021 年起，按 2020 年不变价计算。2022 年，电信按照上年不变价格计算。指数按可比价格计算。

2. 统计范围是辖区内全社会所有从事电信运营的企业和国家邮政企业，以及获得快递业务经营许可的快递服务企业。

资料来源：《广东统计年鉴 2023》。

广东省粤港澳大湾区交通物流发展促进会

广东省粤港澳大湾区交通物流发展促进会（以下简称“促进会”）是广东省交通运输厅主管的、由广东省内从事交通运输、物流行业和投融资业务的企业、物流与供应链研究机构、相关社会团体，主要利用社会资源自愿举办、从事非营利性社会服务活动的社会组织。

促进会于2021年11月23日成立，目前拥有一百多家会员企业和三十多名个人会员。促进会自成立以来，不断加强自身建设，为会员企业提供多项服务，包括团体标准（于2022年取得了开展团体标准化工作的资质）、湾区物流品牌评价、物流服务师、展会服务等。促进会迄今举办了“粤港澳大湾区交通物流高质量发展峰会暨网络货运诚信经营签约大会”和多场科学技术成果评价会，作为联合主办方，举办了“2022中国（广州）国际物流装备与技术展览会”。

广东省现代物流研究院成立于2009年4月17日，是根据中共中央政治局常委、原广东省委书记、十三届全国政协主席汪洋关于促进物流业发展的批示，在广东省政府相关职能部门指导下组建成立的，由广东省民政厅主管的5A级民办非企业单位。广东省现代物流研究院已建设成为一个既能为政府提供宏观决策依据，又能为企业提供物流与供应链管理解决方案和技术创新支持，在国内物流与供应链领域达到领先水平的研究机构，致力于打造我国现代物流与供应链研究和技术推广的高水平、跨学科、开放式平台。

（时任广东省副省长佟星为广东省现代物流研究院成立揭牌）

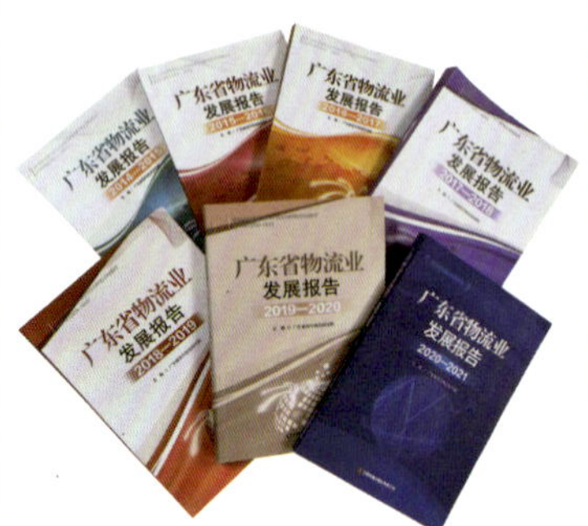

广东省人民政府办公厅文件

广东省商务厅
广东省发展和改革委员会
广东省经济和信息化委员会
广东省交通运输厅
广东省农业厅
广东省人民政府金融工作办公室
文件

广东省交通运输厅文件

广东亚太电子商务研究院

ASIA-PACIFIC E-COMMERCE INSTITUTE

广东亚太电子商务研究院是在广东省商务厅等有关部门的指导下，于2015年5月26日在广东省民政厅登记成立，具备法人资格的独立第三方智库。发展目标：立足广东，致力成为面向亚太地区的一流电商智库。发展定位：电子商务发展的智慧高地，电子商务新模式和新业态的推动者，“互联网+传统产业”的交流平台，互联网高端人才培育与服务基地。广东亚太电子商务研究院聚焦于电子商务研究、电商培训、电商论坛展会等业务领域，已成功承办四届中博会跨境电商展。

广东亚太经济指数研究中心

ASIA-PACIFIC ECONOMIC INDEX CENTER

广东亚太经济指数研究中心（ASIA-PACIFIC ECONOMIC INDEX CENTER）成立于2016年3月，是独立的第三方指数研究民间智库（民办非企业法人单位）。指数中心以客观、科学和个性化需求为工作原则，深耕工业经济、生产服务业、电子商务、物流等领域，研究分析先行指数与经济数据的关系，致力先行指数的研究、编制、发布、应用和咨询等服务；满足政府、行业和企业对数据服务、经济运行分析的需求，以采集、加工、整理、发布经济数据、指数及编制分析报告为主要任务，并做好政策咨询及研企合作项目。

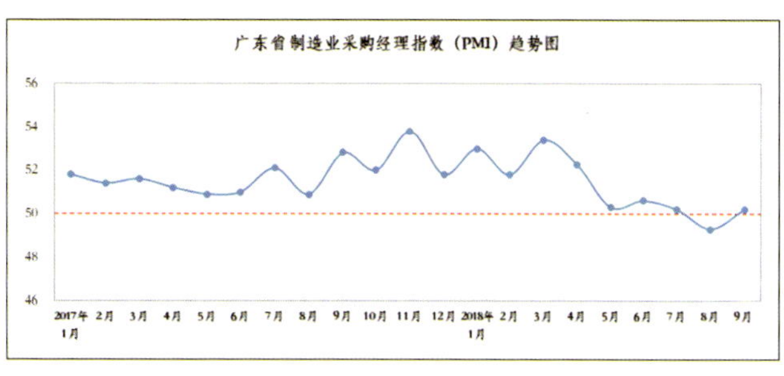

（广东省制造业PMI，广东亚太经济指数研究中心参与编制和发布）

2022年度广东省中小企业运行监测数据处理分析工作合同

2021年度广东省中小企业运行监测数据处理分析工作合同

广州市中小微企业生产经营运行监测项目（2022）

广州市中小企业智能化改造和质量提升的对策研究（2020）

白云区十三五招商引资及重点项目产业监管绩效评估合同（2021）

番禺区保产业链供应链稳定工作方案和企业情况综合数据分析报告（2020）

关于黄埔区、广州开发区工业互联网创新研究应用情况调研项目（2020）

广东省物流与供应链学会

SOCIETY OF GUANGDONG LOGISTICS & SUPPLY CHAIN

广东省物流与供应链学会成立于2014年1月，是由广东省不同种经济性质的物流与供应链服务企业以及有关联的事业单位、社会团体或热爱本行业的专家和学者自愿组成的非营利性社会团体组织，是广东物流与供应链学术研究的重要集聚中心。

2022年经广东省科学技术厅、广东省科学技术奖评审委员会批准，学会成功申请并设立了“广东省物流与供应链学会科学技术奖”。此奖项是广东省科学技术厅认定授权并登记备案的广东省内物流与供应链领域唯一的社会力量奖项。每年奖励一次，旨在充分调动业内企业和从业人员的积极性和创造性，深入贯彻落实创新驱动发展战略，促进广东省和我国物流与供应链行业高质量发展。

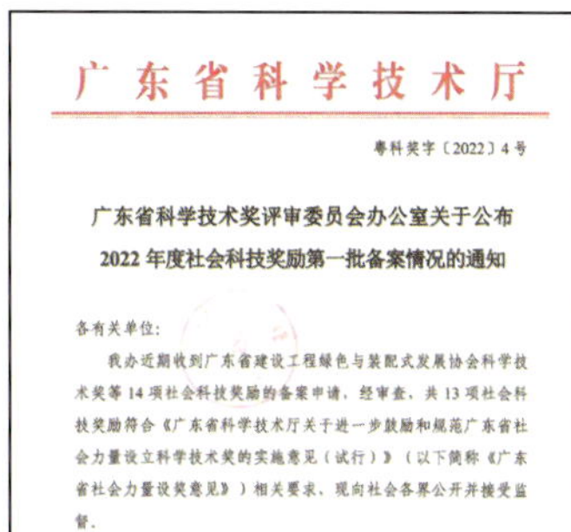

广 东 省 科 学 技 术 厅

粤科奖字〔2022〕4号

广东省科学技术奖评审委员会办公室关于公布2022年度社会科技奖励第一批备案情况的通知

各有关单位：

我办近期收到广东省建设工程绿色与装配式发展协会科学技术奖等14项社会科技奖励的备案申请，经审查，共13项社会科技奖励符合《广东省科学技术厅关于进一步鼓励和规范广东省社会力量设立科学技术奖的实施意见（试行）》（以下简称《广东省社会力量设奖意见》）相关要求，现向社会各界公开并接受监督。

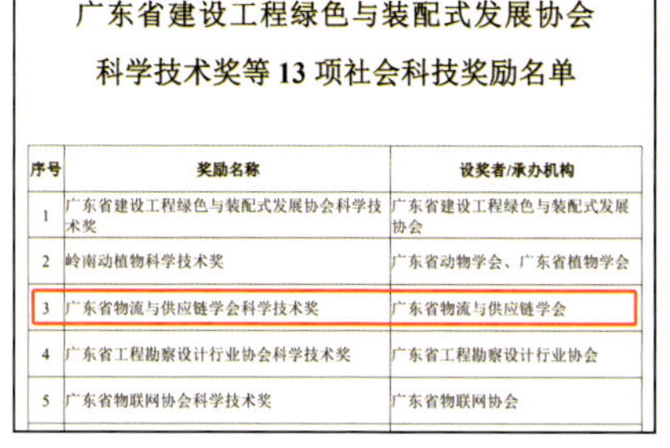

广东省建设工程绿色与装配式发展协会科学技术奖等13项社会科技奖励名单

序号	奖励名称	设奖者/承办机构
1	广东省建设工程绿色与装配式发展协会科学技术奖	广东省建设工程绿色与装配式发展协会
2	岭南动植物科学技术奖	广东省动物学会、广东省植物学会
3	广东省物流与供应链学会科学技术奖	广东省物流与供应链学会
4	广东省工程勘察设计行业协会科学技术奖	广东省工程勘察设计行业协会
5	广东省物联网协会科学技术奖	广东省物联网协会

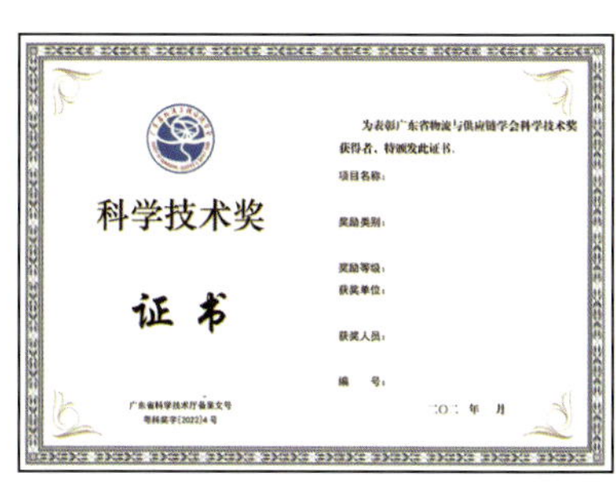

科学技术奖

证 书

为表彰广东省物流与供应链学会科学技术奖获得者，特颁发此证书。

项目名称：

奖励类别：

奖励等级：

获奖单位：

获奖人员：

编 号：

广东省科学技术厅备案文号

粤科奖字〔2022〕4号

二〇二 年 月